中国古代
CEO

红 霞 主编

中国科学技术出版社
·北 京·

图书在版编目(CIP)数据

中国古代 CEO/红霞主编. –北京:中国科学技术出版社,2010.7

ISBN 978 – 7 – 5046 – 5668 – 1

Ⅰ.①中… Ⅱ.①红… Ⅲ.①政治人物-生平事迹-中国-古代 Ⅳ.①K827 = 2

中国版本图书馆 CIP 数据核字(2010)第 133846 号

书 名	中国古代 CEO	
主 编	红 霞	
责任编辑	王明东	
封面设计	中文天地	
装帧设计	王震宇	
责任校对	林 华	
责任印制	王 沛	
出 版	中国科学技术出版社	
发 行	科学普及出版社发行部发行	
地 址	北京市海淀区中关村南大街 16 号	
邮政编码	100081	
电 话	62173865	
传 真	010 – 62179148	
网 址	www. kjpbooks. com. cn	
印 刷	北京玥实印刷有限公司印刷	
开 本	787 毫米 ×960 毫米 1/16	
印 张	17. 5	
字 数	300 千字	
版 次	2010 年 8 月第 1 版	
印 次	2010 年 8 月第 1 次印刷	
印 数	1 – 4 000 册	
定 价	35. 00 元	
标准书号	ISBN 978 – 7 – 5046 –5668 – 1/K·70	

本社图书均贴有防伪标志,未贴为盗版
凡购买本社图书,如有缺页、倒页、脱页者,本社发行部负责调换

前　　言

　　CEO 是首席执行官 Chief Executive Officer 的缩写,是指在一个企业中负责日常经营管理的最高级管理人员,又称作行政总裁(中国香港和东南亚的称呼)或最高执行长(日本的称呼)。在香港,大企业和大集团的 CEO 口头上也被称为"大班",这是一个带有褒义的尊称,是企业掌舵人的意思。

　　在中国古代的政治体制中,历朝历代的名臣良相类似于今天大企业中的 CEO。由于臣是相对于君而言的,是君主权力和意志的体现者与执行者。君臣构成了国家机器最重要的核心部分,而其余大小官吏则是这部机器上的各种部件,从中可以看出大臣所处的重要地位,他们的政治与经济思想是否正确将对国家发展起到极端重要的作用。成功的经济政策不仅可以使国家富强、广辟利源,也可以使社会稳定、百姓安乐。

　　本书从经济领域的角度出发,收集了历代名臣良相的经济思想和经济政策以及他们在经济领域所作的贡献。

目　录

极盛转衰的明清(238)

生机勃发的先秦

历史背景

先秦时期（又称先秦时代）是中国秦朝以前（即公元前 221 年以前）的时代的统称。上古时代、夏朝、商朝、周朝都是先秦的一部分。

中国在秦统一以前，经济观念和学说的产生、演变和发展，在年代上，可以分为殷周、春秋和战国三个时期，其中，出现了许多富有时代特点的经济思想，有不少演变成中国长期封建社会的教条。先秦经济思想是古代中国经济思想的出发点。

1. 社会等级　中国社会进入私有制，产生了阶级，对社会各职能逐渐产生了分职观念，对社会各种生产活动产生了分工观念。明确地认为社会有两大阶级，一为自士以上的王公侯卿大夫，一为自庶人而下的工商皂隶等。前者是务治的人，后者是务力的人。务治的人靠"贡"、"邑"、"田"租税贡纳来生活，务力的人则劳役，生产和转运货财，缴纳租税。由于社会经济专业化的发展，分职论又发展为各业内部分工和各业生产过程中分工。

2. "重本""富国"　战国时期，由于封建地主阶级逐渐取得统治地位，各国为了加强政治经济实力，政治家和思想家提出的"重本"和"富国"论，具有特定的含义。

李悝在魏国实行"尽地力之教"的政策，并认为"雕文刻镂"是害民之事，这是最早出现的重本抑末思想。到战国中期，商鞅在秦国变法，实行"事本禁末"和"富国强兵"政策。他认为农业既是衣食之本，又是战士之源，发展农业生产是国家富强的唯一途径。据此理论，他实行改革土地制度，鼓励开荒垦草、优待外来农户等政策。他还认为工商业易于谋利，如果不加以限制，就会产生人人避农、危害农业生产的恶果。为此，他提出禁止商人贩卖粮食，打击民众竞趋经商，禁止民间制造奢侈品等措施。在战国末期，韩非又继商鞅之后，认为工商业不是有用财富的生产者，而是有用财富的消耗者。商、韩都认为要"富国"必须使民众专力于农业，民众要把多余生产品上交国家，通过农民生产而使国富。商、韩这种"重本""富国"论及其政策，在于加强新兴封建地主阶级国家的财力和兵力，其政策实施使秦国统一了六国，影响深远。

3. 农业生产　从殷周起，政治家、思想家对于农业生产的关键因素不断有所论述。由于古代农业生产工具很原始，他们注意的生产要素是天时、土地和劳力。

4. 赋税思想　赋税是封建社会农业生产品的主要分配和再分配形式,是思想家论述经济最重要问题之一。在古代,"租"和"税"是同义的,同指田租。西周时,土地为各层贵族所占有,对农民实行授田,保留大片土地役使农民无偿耕种,名曰"公田"。"公田"收获全归土地所有者,这就是劳役地租,地租与赋税合为一体。

5. 商品经济　以货币为媒介的交换,在殷代即已出现,这说明商品经济早已产生。到了春秋时期,管仲开始把商业列为社会中一种专门职业,指出商人的职能是:审查各时节的需求,查明各地区的物资,了解市场上的价格,装车贩运,周转各处,以有易无,买贱卖贵,以图厚利。

6. 货币流通　在东周时期,已有铸币作为流通手段,根据它所含金属多少而成为一般商品的价值尺度。《管子》对货币流通和货币价值问题,有较多的论述。它明确指出,货币是商品的流通手段。特别值得注意的是,它说货币既不能充饥,也不能取暖,但可以用来作为国君控制全国财货的手段,这是最早的货币名目论。它也论述了货币的价值问题,认为货币价值的高低,决定于"藏"或"发"、"徐"或"疾"。就是说,国家用命令把货币集藏起来,货币价值就高,命令越是急迫,价值提高越快。反之,国家把货币散放民间,散放越快,货币价值就会越快降低。

7. 消费理论　古代王公贵族生活的奢侈或节俭,关系到财用的匮乏或富足,税敛的苛繁和薄简,国运的兴盛或衰亡。所以思想家在这个问题上多提倡节俭,反对奢侈。到了战国时期,奢俭思想有进一步的发展。《墨子》书中提倡"节用"、"节葬"和饮食衣服俭约,反对奢侈享乐。

因俗制宜的 CEO —— 姜太公

一、人物简介

吕尚,是河南省卫辉市人。其始祖佐大禹治水有功,被封于吕城。姜太公本姓姜,后来以封邑为姓,太公是他的号。周文王寻到他时,惊喜万分地说:"吾太公望子久矣。"所以姜太公又称太公望。姜子牙是姜太公的又一称呼,太公名"牙"的说法最早见于《孙子》:"周之兴也,吕牙在殷。"

吕尚是中国古代的一位影响久远的韬略家、军事家与政治家。历代典籍都公认他的历史地位,儒、道、法、兵、纵横诸家皆追捧他为本家人物,被尊为"百家宗师"。

二、生平事迹

姜太公早年曾当过屠夫，做过小贩，还当过佣人。《尉缭子·武议》载："太公望年七十，屠牛朝歌，卖食孟津，七年余而主不听，人人谓狂夫也。"但姜太公人穷志不短，无论是宰牛也好，还是做生意也好，始终勤奋刻苦地学习天文地理、军事谋略，研究治国安邦之道，期望能有一天为国家施展才华。

他曾在商朝做过官，因感商纣王昏残无道，辞官而去。游说诸侯，无所遇，遂隐居下来。《孟子》曰："太公避纣（乱），居于东海之滨。"

后来，姜太公听说周文王（西伯）崇贤尚老，就跋涉千里，迁徙陕西。这时的姜太公已是古稀之年，但他见闻广博，胸怀治国之道，心藏用兵之术，兴世强国之心不衰。相传，姜太公到陕西后，以长竿、短线、直钩、背身而钓的奇妙方式，垂钓于渭滨。周文王出猎相遇，两人一见如故，话语投机，周文王听了姜太公侃侃而谈治国安邦之策，赞赏不已，遂同载而归，立为掌管军事的"太师"。

姜太公老年得志，协助周文王、周武王励精图治，伐商灭纣，屡立奇功，是西周的开国功臣。

姜太公辅佐武王灭商纣有功，公元前11世纪，西周初年，周王朝封姜太公于齐地建立齐国，都治营丘（今山东淄博）。为齐国始祖，有太公之称，俗称姜太公，亦称"齐太公"。成王时，曾被授权可以讨伐有罪之小国，齐国逐渐强大起来，成为周初大国。

他文韬武略，治国有方，创建了泱泱大国，遗风犹存，累世相续，为后来的齐桓公"九合诸侯，一匡天下"，成为五霸之首奠定了基础。同时他也缔造了"齐国文化"。

太公卒后，归葬于故里，后人在太公泉上修建了太公庙、太公祠，以示怀念。世传其著兵法《六韬》六卷。

三、经济思想

姜太公作为文武兼备的一代伟人，不仅精通治国韬略与军事谋略，而且深通理财富国之道。他极为重视国家的经济建设、财富蓄积；十分关心民众的经济利益、物质生活。因此，他特别关注经济领域中的各种问题和涉及民众生产、生活中的实际问题，从而提出了一系列的发展经济的措施、主张，而因地制宜、开源节流是其主要内容。

姜太公从民本论出发，引申出仁政，而理财富国、富民聚民则是治国安民的基础。姜太公把理财富民、聚民阜财、发展生产作为立国、强国之本，并实际贯彻实行。

姜太公深知：国家爱民，必须利民，不能害民；利民必须予之，不能夺之；予之必须有财富，方可施与；财富靠发展生产而来，不是靠掠夺而来。

综观姜太公的经济思想，主要有以下几方面内容：

1. 君主简朴官吏廉洁 姜太公指出，明君贤臣、各级官吏治理国家，必须从自身做起，不能只顾自己花天酒地，贪图享乐，却不顾百姓疾苦，肆意侵掠、搜刮民财。国君要生活简朴，做好榜样，不为一人享乐而耗费民财民力，这才是圣明君主之政、之德。他以尧为法，说明贤君之治在于简朴、质朴，不在奢华、浮华。他说：尧治理天下之时，不用金银珠玉做装饰品，不穿锦绣华丽的衣服，不观赏珍贵奇异的物品，不玩弄珍贵的奢侈品，不听淫逸的音乐，不粉饰宫廷的院墙，不雕梁画栋，穿粗布衣服，吃粗粮食，喝野菜场。苦其心志，修炼自己，而不扰民。由于君主如此简朴，所以才能要求百官廉洁。当然要对那些廉洁清正爱民的官吏予以重用、奖励，"吏忠正奉法者尊其位，廉洁爱人者厚其禄"；对那些贪官污吏，"吏浊苛扰"民众者，要"重其罚"、"惩其罪"。此为精辟之论、圣智之见。

2. 不失民务不夺农时 姜太公深刻地认识到，积累财富，关键在于发展生产。在中国古代农业社会里，农桑是生产之根基，所以要劝民尽力农桑，务于耕织，切不可失此要务而害民。

由于农桑是有季节性的，时间要求很严格，这就要求当政的理财者们做到不扰农民，不误农时，使广大农夫、桑女，有其务，适其时，以成就农桑之业。"民不失务则利之，农不失时则成之"，"民失其务则害之，农失其时则败之"，故要对"尽力农桑者慰勉之"。人人都从事农桑之务，各有其务，各付其力，适时耕织，春种、夏锄、秋收、冬藏，这样就可以使"万民富乐而无饥寒之色"，"国无流饿之民"，这种国可富而民得治之政，就是贤君之治、之德。

3. 省刑轻役不苦民力 姜太公治国理民，注重教化，使用刑罚不严苛，不滥用。这不仅有利于治国安民，而且有利于保护民力，发展生产。姜太公主张，民有罪要量刑而罚之，或轻刑、少刑。如有罪重罚，无罪而罚，则是杀民。要先德后刑，重德教，省刑罚，使万民得以生存，有利于保护社会生产力。

姜太公还主张轻徭役以宽民力，反对重徭役而苦民力。他指出，如果统治者为了自己的穷奢极欲而大兴土木，修建宫室台榭，频征徭役，便是疲惫民力，苦杀民众，这不仅消耗大量的社会财富，而且破坏社会生产力，损害社会经济发展。因此，姜太公主张"俭宫室台榭"使民"乐之"，反对"多营宫室台榭以疲民力"，反对"多徭役以罢民力"。姜太公的这些千年古训，为中国历代统治者提供了宝贵的镜鉴。

4. 薄赋节敛勿夺民财　与省刑轻役、不苦民力的治国、富民思想主张密切相关的，是薄赋节敛、勿夺民财的思想主张。

姜太公指出，当权统治者为了自己的无穷享乐而积私敛财，就是夺民之财，其最终结局必然是国灭身亡。因此，他教告周文王、周武王要以殷纣王为戒，治国理民的要务之一是薄赋敛而勿夺民财。

姜太公认为，薄赋敛是给予民财，重赋敛是夺取民财。与民财而不取于民者，使民富而能与之，最终能取天下；夺民财而取于民者，使民贫而去夺之，最终则失天下。这就是与天下者天下与之，利天下者天下利之，夺天下者天下夺之，害天下者天下害之的道理。无取于民者而民富，民富则国富，民足则君足，如此则天下安。

5. 充实仓廪惠施于民　姜太公的富民强国思想的根本宗旨是推恩百姓，惠施于民。

姜太公认为，明君贤臣为国的要务是实现"爱民之道"，爱民必须有实际行动、具体内容和真实情感，不能只是空言虚语，说说而已，而是设身处地为民着想、为民办事，这才是真正的善于治国理财爱民者。所以说："善为国者，驭民如父母之爱子，如兄之爱弟，见其饥寒则为之忧，见其穷苦则为之悲，赏罚如加于身，赋敛如取己物。此爱民之道也。"推恩于民，惠施于民，使民富足，才是真正爱民。

姜太公主张通过发展生产，积累财富，充实府库，赈济灾民，救济鳏寡孤独，做到"官无腐蠹之藏，国无流饿之民"，这才是"贤君之治国也"。如果国家仓廪实，府库充，腐蠹藏，而人民却饥寒冻馁，饿殍满野，流离失所，便是害民、杀民。所以说："存养天下鳏寡孤独，赈赡祸亡之家。其自奉也甚薄，其赋役也甚寡。故万民富乐而无饥寒之色，百姓戴其君如日月，亲其君如父母。"救民之急，解民之患，百姓的安危冷暖、生活疾苦，都要挂在心上，时时关心，同忧同乐，同好同恶，这样对待百姓，当然受到百姓的拥护、爱戴了。这就是"明君之治"、"贤君之德"。反之，只顾自己聚财享乐，侵夺百姓，不顾百姓死活，便是暴君之政，民贼之行。

6. 三宝井重广开财源　富民富国，当然要靠发展生产，增加财富，而发展生产，增加财富，就必须讲究生财之道，故要广开财源，多途积财。姜太公对此思之其深,论之甚精,颇具开创性、远见性、独到性,为后世树立了光辉的典范。

姜太公指出,国家发展生产,增加财富,要广开财源,充溢其流,讲究生财之道,掌握生财之术,源流俱通,货殖无穷,以此便可以达到民富国强的目标。

姜太公的开源通流、积财蓄财的思想主张,尤为可贵的是"三宝并重",本末并举,务本通末的发展经济的方针政策。针对周文王之问,姜太公明确提出"三宝"和守"三宝"对国家的重要意义。

文王曰:"敢问三宝。"

大公曰:"大农、大工、大商,谓之三宝。农一其乡,则谷足;工一其乡,则器足;商一其乡,则货足。三宝各安其处,民乃不谋。无乱其乡,无乱其族,臣无富于君,都无大于国。六守长,则君昌;三宝完,则国安。"

"大"表示尊敬之意。他告诉文王:农业、工业、商业,是国家的"三宝",要三者并重,不可偏废。"三宝"对国家和万民的重要意义是:把农民组织起来聚集在一地从事农业生产,粮食就会充足;把工匠组织起来聚集在一地从事工业生产,器具就会充足;把商人组织起来聚集在一地从事贸易活动,财货就会充足。让这三大行业的人都能各安其处,各司其业,民众就不会谋虑变乱。不打乱这种区域的行业结构,不拆散居民聚居的家族组织,臣民不富于君主,城邑不大于国都,"三宝"发展完善,国家就会长治久安。

姜太公深刻认识到农、工、商对国计民生的重要意义。国无农无食不稳,国无工无器不富,国无商无货不活,故要农、工、商并重,协调发展。使人民有业可从,衣食饱暖,器具足用,财货流通,财政充裕。

重农。民以食为天,吃饭是人民生活中的大计,也是治国安民的根本。不重农则食不足、民不稳、国不安。因此,立国、治国必须以重农、足食为先、为要。姜太公深通治国安民之道,所以把重农、足食作为治国的首要任务。

重工。民以工为器,国以工为富,工与农同样是治国安民的要务。国无工则器不足、民无用、国不富,故要在重农的基础上重工、兴工。姜太公根据齐国的实际情况,注意发挥地方优势,开掘地方资源,发展传统工业,而使齐国工业蓬勃发展。

重商。与重工紧密相连的是重商。因为工业发展,财富增加,必然需要加强货物交流,促进经济的繁荣。这是姜太公"通工商之业,便鱼盐之利",政策的结果,亦是其富民强国政策的一个重要内容。

姜太公的"三宝并重",各有其功,并行发展,是发展生产、繁荣经济的良策,亦是中国古代经济发展的基本模式,对推动中国古代经济的发展起着重要的作用。

7. 货币政策开源节流　姜太公在"三宝并重","本末并利","上下俱足",广开财源的基础上,提出了他的货币政策,以确保财货正常流通,赋税正常缴纳,促进经济发展和市场繁荣。这种既开源又节流的经济、货币政策,实为国家经济发展的上策,亦是姜太公对中国古代经济发展所作出的一个重要贡献。

姜太公的货币政策,主要是他制定的九府圜法。这是一整套的货币制度:规定黄金方寸见方,重量一斤;钱,外圆而内方,轻重以"铢"来计量;布帛宽二尺二寸为幅,长四丈为匹。在姜太公创造的货币体系中,黄金最宝贵,刀币最便利,人们使用起来像泉水那样周流不息,像布帛那样分布在民间各地。

姜太公所建立的"九府圜法",是用行政手段保证财货的均衡流通和合理出入,使钱币与布帛不断流通,聚散适宜,无积滞,无匮乏。国以之富,民以之足。

"九府"是"掌财币之官"。查《周礼》的"九府"之职能,就在于"通货币,易有无"。除"九府"之外,还有其他各府,从而形成一个完整而严密的财政经济管理、监督的体制,以此保证了经济的有力发展。

姜太公的财政经济政策和金融管理制度,不仅为周朝的经济管理、财政监督、赋税收纳、货物保藏、货币流通等建立了完整、严密的管理体系、管理制度,而且为齐国的强大,为齐桓公和管仲的"九合诸侯,一匡天下"的霸业奠定了可靠的基础。

司马迁在《史记》中,对姜太公的功业做了一系列中肯的评价。称"太公之圣,建国本",主要是指太公所建立的一整套的政治、经济制度,即建国、治国方略和发展经济、富民强国的方针政策。"国本"当然是民众,"民惟邦本"。太公所"建国本",主要是其爱民富民、富民强国之道、之政、之策、之略。由于太公以民为本,处处为民众着想,所以采取了一系列的治国富民、仁民惠民的政治、经济制度,从而达到民富国强的目的。

吐哺归心的 CEO —— 周公

一、人物简介

周公姓姬名旦,(生卒年不详),又名叔旦,周文王姬昌第四子。因封地在周(今陕西岐山北),史称周公。是西周初杰出的政治家和军事家。他总结商纣淫暴贪婪、挥霍无度而导致灭亡的教训,建立了一套有利于巩固周朝统治的典章制度。

二、生平事迹

周公是周武王姬发弟。他在周灭商之战中,"常左翼武王,用事居多。"灭商两年后,武王病死,其子成王年幼,由周公摄政。武王的另外两个弟弟管叔和蔡叔心中不服。他们散布流言蜚语，说周公有野心，有可能谋害成王，篡夺王位。周公闻言，便对太公望和召公奭说："我所以不顾个人得失而承担摄政重任，是怕天下不稳。如果江山变乱，生民涂炭，我怎么能对得起列祖列宗和武王对我的重托呢？"周公又对将要袭其爵，而到鲁国封地居住的儿子伯禽说："我是文王之子、武王之弟、成王之叔父，论身份地位，在国中是很高的了。但是我时刻注意勤奋俭朴，谦诚待士，唯恐失去天下的贤人。你到鲁国去，千万不要骄狂无忌。"

不久，管叔、蔡叔勾结纣王的儿子武庚，并联合东夷部族反叛周朝。周公奉成王命，率师东征。经三年的艰苦作战，终于讨平了叛乱，征服了东方诸国，收降了大批商朝贵族，同时斩杀了管叔、武庚，放逐了蔡叔。巩固了周朝的统治。

周公平叛以后，为了加强对东方的控制，正式建议成王把国都迁到洛邑（今洛阳）。同时把在战争中俘获的大批商朝贵族迁居洛邑，派召公奭在洛邑驻兵，对他们加强监督。另外，周公封小弟康叔为卫君，令其驻守故商墟，以管理那里的商朝遗民。他告诫年幼的康叔：商朝之所以灭亡，是由于纣王酗于酒，淫于妇，以至于朝纲混乱，诸侯举义。他嘱咐说："你到殷墟后，首先要求访那里的贤人长者，向他们讨教商朝前兴后亡的原因；其次务必要爱民。"周公又把上述嘱言，写成《康诰》、《酒诰》、《梓材》三篇，作为法则送给康叔。康叔到殷墟后，牢记周公的叮嘱，生活俭朴，爱护百姓，使当地吏民安居乐业。

建都洛邑后，周公开始实行封邦建国的方针。他先后建置71个封国，把武王15个兄弟和16个功臣封到封国去做诸侯，作为捍卫王室的屏藩。另外在封国内推行井田制，将土地统一规划，巩固和加强了周王朝的经济基础。

周公辅佐武王，成王，为周王朝的建立和巩固作出了重大贡献。特别是他在受成王冤屈以后，仍忠心耿耿，为周王朝的发展呕心沥血，直至逝世。

周公年老病终前，叮嘱说："一定要把我葬在洛邑，以表示我至死也不能离开成王"。但成王心怀谦让，把他葬在毕邑，在文王墓的旁边。表示对周公的无比尊重。

周公是后世为政者的典范。孔子的儒家学派，把他的人格典范作为最高典范，孔子终生倡导的是周公的礼乐制度。

三、经济思想

在经济方面，周公认为统治者应"勤政裕民"，即统治者不能只顾自己的安逸和享受，应当体察民情。关于贡赋，他主张施恩惠要厚，用民力要平，收租税要轻，不能横征暴敛，只有这样才能有利于发展生产，安定人民生活。据此，周公制定了一套"式法制财"的财政制度。

1.九赋敛财贿 在财政收入方面，他提出九赋敛财贿。所谓九赋，即邦中之赋、四郊之赋、邦甸之赋、家削之赋、邦县之赋、邦都之赋、关市之赋、山泽之赋、币余之赋。前六项是根据地区远近不同农产品课征的赋税；关市之赋指商旅税；山泽之赋是指矿、林、渔业税；币余之税是指上述各类之外的其他赋税。

2.九式定支出 在财政支出方面，他提出以九式定支出项目。九式是指祭祀之式、丧荒之式、馐服之式、宾客之式、工事之式、币制之式、刍秣之式、匪颁之式和好用之式。

3."量入为出" 周公确定"量入为出"的财政收支原则。规定每年年底根据收入好坏和国家贮备的需要进行通盘计划，按预期收入来安排支出。

4.划分行政开支与王室费用 在周以前，统治者认为"朕即国家"，因此在财政开支上，公私不分，最终给财政带来很大困难。于是周公以"授田制禄"的方法，对王室的经费来源、用途、库藏等分别做了规定，并设专职负责王室收支，对王公、诸侯则以分田赐奴作为俸禄，不再另拨经费。并按"什取其一"的比例向诸侯征收贡赋。

5.健全的财政管理机构 建立了比较健全的财政管理机构，明确划分各部门的职责权限。如由太宰总管全部财政收支，并由太府全面掌握，天官冢宰管支出，地官司徒管收入。规定地方财政每年向中央政府报告收支情况，以便中央进行监督与考核。

周公的经济思想对后世产生了相当大的影响。

牧民辅霸的 CEO——管仲

一、人物简介

管仲（约前730～前645），齐国前期颍上（今安徽颍上县）人，春秋时期齐国著名的政治家、军事家。

管仲少时丧父，老母在堂，生活贫苦，不得不过早地挑起家庭重担，为维持生计,与鲍叔牙合伙经商,后从军,几经曲折,经鲍叔牙力荐,为齐国上卿(即丞相),被称为"春秋第一相"。

他适应时代潮流,大力整顿内政,调整生产关系,发展手工业和贸易,创行盐铁专卖,以致国富兵强,使齐桓公成为春秋时期的第一位霸主。

二、生平事迹

1. 管鲍之交　管仲的祖先是姬姓的后代,与周王室同宗。父亲管庄是齐国的大夫,后来家道中衰,到管仲时已经很贫困。为了谋生,管仲做过当时被认为微贱的商人。他到过许多地方,接触过各式各样的人,见过许多世面,从而积累了丰富的社会经验。他几次想当官,但都没有成功。

管仲有位好朋友鲍叔牙,两人友情很深。他俩一起经商。在经商时赚了钱,管仲总是多分给自己,少分给鲍叔牙。而鲍叔牙从不和管仲计较。对此人们背地议论说,管仲贪财,不讲友谊。鲍叔牙知道后就替管仲解释,说管仲不是不讲友谊,只贪图金钱。他这样做,是由于他家贫困。多分给他钱,是我情愿的。

管仲曾三次上战场,但三次都从战场上逃跑回来。因此人们讥笑他,说管仲贪生怕死,没有勇敢牺牲的精神。鲍叔牙听到这讥笑后,深知这不符合管仲的为人,就向人们解释说,管仲不怕死,因为他家有年迈的母亲,全靠他一人供养,所以他不得不那样做。

管仲同鲍叔牙的友谊非常诚挚,他也多次想为鲍叔牙办些好事,不过都没有办成;不但没有办成,反而给鲍叔牙造成很多新麻烦,还不如不办好。因此人们都认为管仲没有办事本领,鲍叔牙却不这样看,他心里明白,自己的朋友管仲是个很有本领的人。事情之所以没有办成,只是由于机会不成熟罢了。在长期交往中,他们两人结下了深情厚谊,管仲多次对人讲过:生我的是父母,知我的是鲍叔牙。

2. 各保其主　公元前 674 年,齐僖公驾崩,留下三个儿子,太子诸儿、公子纠和小白。齐僖公死后,太子诸儿即位,是为齐襄公。太子诸儿虽然居长即位,但品质卑劣,齐国前途令国中老臣深为忧虑。当时,管仲和鲍叔牙分别辅佐公子纠和公子小白。一双好友,给两个公子当师傅,实为美谈。不过鲍叔牙当初对齐僖公令其辅佐公子小白很不满意,常常称病不出,因为他认为"知子莫若父,知臣莫若君"。国君知道小白将来没有希望继承君位,又以为他没有才能,才让他辅佐小白。而管仲却不以为然,当他了解内情后,劝导鲍叔牙说:"国内诸人因厌恶公子纠的母亲,以至于不喜欢公子纠本人,反而同情小白没有母亲。将来统治齐国的,非纠即白。公子小白虽然没有公子纠聪明,而且还很性急,但却有远见。公子纠即使日后废兄立君,也将一事无成。到时不是你鲍叔牙来安定国家,还有谁呢?"这样,鲍叔牙听从了管仲的意见,出来接受任命,竭力尽心侍奉小白。

不久,齐襄公与其妹鲁桓公的夫人文姜秘谋私通,醉杀了鲁桓公。对此,具有政治远见的管仲和鲍叔牙都预感到齐国将会发生大乱。所以他们都替自己的主子想方设法找出路。

齐襄公十二年(前686年),齐国内乱终于爆发。齐襄公叔伯兄弟公孙无知因齐襄公即位后废除了他原来享有的特权而恼怒,勾结大夫闯入宫中,杀死齐襄公,自立为国君。公孙无知在位仅一年有余,齐国贵族又杀死公孙无知,一时齐国无君,一片混乱。两个逃亡在外的公子,一见时机成熟,都急忙设法回国,以夺取国君的宝座。齐国在公孙无知死后,商议拥立新君的各派势力中,正卿高溪势力最大,他和公子小白自幼相好。高溪又同另一个大夫国氏勾结,暗中派人急请公子小白回国继位。公子小白接信后又和鲍叔牙仔细分析国内形势,然后日夜兼程回国。

鲁庄公知道齐国无君后,也万分焦急,立即派兵护送公子纠回国。后来发现公子小白已经先出发回国。管仲于是决定自请先行,亲率30乘兵车到莒国通往齐国的路上截击公子小白。人马过即墨三十余里,正遇见公子小白的大队车马。管仲操起箭射中公子小白。管仲见公子小白已死既率领人马回去。

其实公子小白没有死,管仲一箭射中他的铜制衣带钩上,公子小白急中生智装死倒下。经此一惊,公子小白与鲍叔牙更加警惕,飞速向齐国挺进。当他们来到临淄时,由鲍叔牙先进城里劝说,齐国正卿高氏和国氏都同意拥立公子小白为国君,于是公子小白就进城,顺利地登上君位,这就是历史上有名的齐桓公。

齐桓公即位后,急需找到有才干的人来辅佐,因此就准备请鲍叔牙出来任齐相。鲍叔牙诚恳地对齐桓公说:臣是个平庸之辈,现在国君施惠于我,使我如此享受厚育,那是国君的恩赐。若把齐国治理富强,我的能力不行,还得请管仲。齐桓公惊讶地反问道:"你不知道他是我的仇人吗? 鲍叔牙回答道:"客观地说,管仲,天下奇才。他英明盖世,才能超众。"齐桓公又问鲍叔牙:"管仲与你比较又如何?"鲍叔牙沉静地指出:"管仲有五点比我强。宽以从政,惠以爱民;治理江山,权术安稳;取信于民,深得民心;制定礼仪,风化天下;

整治军队,勇敢善战。"鲍叔牙进一步谏请齐桓公尽释旧怨,化仇为友,并指出当时管仲射国君,是因为公子纠命令他做的,现在如果赦免其罪而委以重任,他一定会像忠于公子纠一样为齐国效忠。

3. 逃回齐国　　管仲与公子纠一伙认为公子小白已死,六天后才到齐国。到了齐国后,没想到齐国已有国君,新君正是公子小白。鲁庄公得知齐国已有新君后气急败坏,当即派兵进攻齐国,企图武装干涉来夺取君位。齐桓公也不示弱,双方会战,鲁军大败,公子纠和管仲随鲁庄公败归鲁国。齐军乘胜追击,进入鲁国境内。齐桓公为绝后患,遣书给鲁庄公,叫鲁国杀公子纠,交出管仲和召忽,否则齐军将全面进攻鲁国。

鲁庄公得知后与大夫施伯商量,施伯认为齐国要管仲不是为了报仇雪恨,而是为了任用他为政。因为管仲的才干世间少有,他为政的国家必然会富强称霸。假如管仲被齐国任用,将为鲁国的大患。因此施伯主张杀死管仲,将尸首还给齐国。

鲁庄公新败,闻齐国大兵压境,早吓得心颤胆寒,没有听施伯的主张。在齐国压力下,杀死公子纠,并将管仲和召忽擒住,准备将二人送还齐桓公发落,以期退兵。召忽为了表达对公子纠的忠诚而自杀。死之前对管仲说:"我死了,公子纠可说是有以死事之的忠臣了;你活着建功立业,使齐国称霸诸侯,公子纠可说是有生臣了。死者完成德行,生者完成功名。死生在我二人是各尽其份了,你好自为之吧。"管仲抱着"定国家,霸诸侯"的远大理想,被装入囚车,随使臣回国。

在回齐国的路上,管仲生怕鲁庄公改变主意,为了让役夫加快赶路,就心生一计,即兴编了一首悠扬激昂的黄鹄之词,以唱歌能解除疲劳为名,教他们唱歌。他们边走边唱,越唱越起劲,越唱走得越快,本来两天的路程,结果一天半就赶到了。

鲁庄公果然后悔,管仲乃天下奇才,若大用于齐,齐桓公无疑如虎添翼,不如先除掉此患。待他醒悟过来派兵追赶时,早已来不及了。

管仲一路恐慌,最后平安到了齐国,鲍叔牙正在齐国边境迎接他。老友相逢,格外亲切。鲍叔牙马上命令打开囚车,去掉刑具,又让管仲洗浴更衣,表示希望其能辅助齐桓公治理国家。

稍事休息后,管仲对鲍叔牙说:"我与召忽共同侍奉公子纠,既没有辅佐他登上君位,又没有为他死节尽忠,实在惭愧。现在又去侍奉仇人,那该让天下人多么耻笑呀!"鲍叔牙诚恳地对管仲说:"你是个明白人,怎么倒说起糊涂话来。做大事的人,常常不拘小节;立大功的人,往往不需他人谅解。你有治国的奇才,桓公有做霸主的远大志愿,如你能辅佐他,日后不难功高天下,德扬四海。"

4. 奇策治国　做好管仲的工作后，鲍叔牙赶回临淄，向齐桓公报告。经鲍叔牙的建议，齐桓公同意选择吉祥日子，以非常隆重的礼节，亲自去迎接管仲，以此来表示对管仲的重视和信任。同时也让天下人都知道齐桓公的贤达大度。

此后，齐桓公经常同管仲商谈国家大事。一次齐桓公召见管仲，把想了很久的问题摆了出来。"你认为现在的国家可以安定下来吗？"管仲通过这段时间的接触，深知齐桓公的政治抱负，但又没有互相谈论过，于是管仲就直截了当地说："如果你决心称霸诸侯，国家就可以安定富强，你如果安于现状，国家就不能安定富强。"齐桓公听后又问："我现在还不敢说这样的大话，等将来见机行事吧！"管仲被齐桓公的诚恳所感动，他急忙向齐桓公表示："君王免臣死罪，这是我的万幸。臣能苟且偷生到今天，不为公子纠而死，就是为了富国家强社稷；如果不是这样，那臣就是贪生怕死，一心为升官发财了。"说完，管仲就想告退。齐桓公被管仲的肺腑之言所感动，便极力挽留，并表示决心以霸业为己任，希望管仲为之出力。

后来，齐桓公又问管仲，"我想使国家富强、社稷安定，要从什么地方做起呢？"管仲回答说："必须先得民心。""怎样才能得民心呢？"齐桓公接着问。管仲回答说："要得民心，应当先从爱惜百姓做起；国君能够爱惜百姓，百姓就自然愿意为国家出力。""爱惜百姓就得先使百姓富足，百姓富足而后国家得到治理，那是不言而喻的道理。通常讲安定的国家常富，混乱的国家常贫，就是这个道理。"这时齐桓公又问："百姓已经富足安乐，兵甲不足又该怎么办呢？"管仲说："兵在精不在多，兵的战斗力要强，士气必须旺盛。士气旺盛，这样的军队还怕训练不好吗？"齐桓公又问："士兵训练好了，如果财力不足，又怎么办呢？"管仲回答说："要开发山林、开发盐业、铁业，发展渔业，以此增加财源。发展商业，取天下物产，互相交易，从中收税。这样财力自然就增多了。军队的开支难道不就可以解决吗？"经过这番讨论，齐桓公心情兴奋，就问管仲："兵强、民足、国富，就可以争霸天下了吧？"但管仲严肃地回答说："不要急，还不可以。争霸天下是件大事，切不可轻举妄动。当前迫切的任务是百姓休养生息，让国家富强，社会安定，不然很难实现称霸目的。"由于管仲系统地论述了治国称霸之道，使齐桓公的问题都迎刃而解，不久就拜管仲为相，主持政事，为表示对管仲的尊崇，称管仲为仲父。

管仲为齐相后，根据当时形势，又依据齐桓公的想法，提出"尊王攘夷"的口号，建立霸主体制。

5. 尊王攘夷　由于管仲推行改革，齐国出现了民足国富、社会安定的繁荣局面，齐桓公对管仲说："现在咱们国富民强，可以会盟诸侯了吧？"管仲谏阻道："当今诸侯，强于齐者甚众，南有荆楚，西有秦晋，然而他们自逞其雄，不知尊奉周王,所以不能称霸。周王室虽已衰微,但仍是天下共主。东迁以来,诸侯不去朝拜,不知君父。您要是以尊王攘夷相号召,海内诸侯必然望风归附。"

齐桓公二年(前684年),齐桓公出兵伐鲁。鲁国曹刿出来为鲁庄公出谋献计,在长勺(今山东莱芜东北)把齐国打败。鲁国胜利后又去侵犯宋国,齐国为了报复长勺之败,又勾结宋国来攻打鲁国。由于鲁庄公采纳大夫公子偃的建议,在秉丘(今山东巨野西南)打败宋军。宋军一败,齐军自然也就撤走。次年,宋国为了昭雪秉丘之耻,又兴兵攻鲁,鲁庄公发兵抵抗,趁宋兵还没站住阵脚就发动猛攻,结果宋军被打得惨败。宋国连吃败仗,国内又发生内乱。他们的力量大为削弱。

不久,齐国与鲁国和好,在柯(今山东东阿西南)会盟。这次会盟很隆重,会场布置庄严。修筑高坛,两边大旗招展,甲士列士,十分威武。齐桓公和管仲正坐坛上。就在这次会盟中,发生了著名的曹沫劫盟事件。

会盟规定,只许鲁君一人登坛,其余随员在坛下等候。当鲁庄公与卫士曹沫来到会场,将要升阶入坛时,会盟宾相告诉他,不准曹沫升坛。曹沫戴盔披甲,手提短剑紧跟鲁庄公身后,对宾相瞪大圆眼,怒目而视,眼角几乎都要瞪裂了,吓得宾相后退几步,鲁庄公与曹沫就顺阶入坛。鲁庄公与齐桓公经过谈判,然后准备歃血为盟,正在这时,曹沫突然拔剑而起,左手抓住齐桓公的衣袖,右手持短剑直逼齐桓公。顿时齐桓公左右被吓得目瞪口呆。此时管仲沉着勇敢,急忙插进齐桓公与曹沫中间,用身体保护住齐桓公,然后问"将军要做什么?"曹沫正然道:"齐强鲁弱,大国侵略鲁国,欺人太甚。现在鲁国城破墙毁,国家将要灭亡,桓公您扶弱济困,为什么不为鲁国着想?齐国仗恃强大,夺我汶阳的土地,今天如果归还,我国君就盟约!"齐桓公见形势不妙,马上答应归还占领的鲁国土地。曹沫收剑徐步回位,平息如初,谈笑如故。

会盟结束,鲁国君臣胜利回国。齐桓公君臣却愤愤不乐,许多人都想毁约,齐桓公也有这种想法。管仲不同意毁约,劝说齐桓公:"毁约不行,贪图眼前小利,求得一时痛快,后果是失信于诸侯,失信于天下。权衡利害,不如守约,归还占领的鲁国国土为好。"齐桓公听取了管仲的意见。

不久宋国叛齐,次年齐桓公邀请陈、曹出兵伐宋,又向周王室请求派兵伐宋。周王室派大臣单伯带领王师,与三国军队共同伐宋,结果宋国屈服了。

这时,鲁、宋、陈、蔡、卫都先后屈服齐国,谭、遂两国早已消灭,只有郑国还在内乱。管仲因此建议齐桓公出面调解郑国内乱,以此来提高齐国的地位,加速实现做霸主的目的。齐桓公联合宋、卫、郑三国,又邀请周王室参加,于齐桓公六年(公元前680年)在鄄(今山东鄄城)会盟。第二年齐桓公又以自己名义召集宋、陈、卫、郑在鄄会盟。这次会盟开的很成功,取得圆满成果。从此齐桓公已成为公认的霸主。

晋献公十年（前667年）冬，齐桓公见郑国已屈服于齐国，就召集鲁、宋、陈、卫、郑、许、滑、滕等国君，又在宋国的幽会盟。周惠王也派召伯参加。这是一次空前盛会，几乎全部中原国家都参加了这次会盟。在这次盟会上，周天子的代表召伯又以天子的名义，向齐桓公授予侯伯的头衔。从此齐桓公便成了名副其实的霸主。

晋献公十五年（前662年）鲁国发生内乱，鲁庄公死后，鲁闵公即位，不久被庆父杀死，鲁僖公即位，庆父畏罪自杀。僖公为了巩固君位，与齐国会盟于落姑，从此鲁国也安定下来。至此，齐桓公威望布于天下，德名远播诸侯。进一步扩大和巩固了他的霸业。

6. 九合诸侯　正当中原各国逐渐承认了齐国的盟主地位时，边境少数民族狄人和山戎人也逐渐发展起来。他们屡屡举兵犯境，给中原各国造成了严重威胁。周惠王十四年（公元前664年），山戎趁机统兵万骑，攻打燕国，企图阻止燕国通齐，燕庄公抵挡不住，告急于齐桓公。齐桓公为了集中力量对付南方楚国，本来不想支援燕国。但管仲认为：“当时为患一方的，南有楚国，北有山戎，西有狄，都是中原诸国的祸患。国君要想征伐楚国，必须先进攻山戎，北方安定，才能专心去征伐南方。如今燕国被犯，又求救于我国，举兵率先伐夷，必能得到各国的拥戴。”齐桓公深以为然，遂举兵救燕。山戎闻齐师大队人马将至，掳掠大量财物而去。齐军与燕军合兵一处，北出蓟门关追击，杀得山戎兵落荒而逃。

山戎首领带着残兵败将逃入孤竹国（今河北西北部）。齐兵根据管仲的意见，猛追到孤竹国，使孤竹国也投降了齐国。在胜利回师的途中，齐兵走进迷谷，一望无际的沙漠，无法辨别方向。长途行军，天气炎热，没有水，人马都渴得半死。全体将士焦急万分。管仲就对齐桓公说，老马可能认识路，不如选上几匹当地的老马带路，也许能找到出路。齐桓公接受了这个意见，果然老马把齐军带出迷谷。

在救燕时，鲁国也表示出兵支援，但实际鲁国按兵未动。对此齐桓公很气愤，想出兵惩罚鲁国。管仲不同意这样做，他劝说齐桓公：“鲁国是齐国的近邻，不能为了一点小事就出兵，影响不好。为了齐国的声誉，我们可主动改善两国关系。这次征燕胜利，得到一些中原没有的战利品，不如送给鲁国一些，陈列在周公庙里。”齐桓公听了觉得很有道理，就赞成了这个意见。这样做对鲁国上下震动很大，其他各国反映也很好。

当时西北方的狄人也起兵进攻中原，先攻邢国（今河北邢台），气焰嚣张。作为霸主的齐桓公，当然不能置之不理。管仲也很关心这个问题，他向齐桓公说：“戎狄性情十分残暴，贪得无厌。诸夏各国都是亲戚，彼此关心，一国有难，大家都应相助，不能袖手不理。满足现状的安乐是很危险的，出兵救邢才是上策。"齐桓公很欣赏管仲的想法，就派兵救邢国，邢国很快得救。

不久狄人又出兵攻卫国，卫懿公被杀，卫国灭亡。狄人又追赶卫国百姓到黄河沿岸。宋国出兵救出卫国百姓七百三十人。加上共、滕两邑的居民一共五千人。就在曹邑（今河南滑县）立卫戴公为国君。刚刚恢复的卫国，处境十分困难。齐桓公、管仲派了公子无亏带着五百乘车马和三千名甲士来武装卫国，戍守曹邑。又给卫君带来乘马祭服，还给卫君夫人带来乘车和锦帛。此外还有牛羊猪狗鸡等三百余只。又帮助修建宫殿。

邢国还未恢复，狄人又来第二次洗劫。晋献公十八年（前659年），狄人攻邢，形势十分严重。齐桓公和管仲立即联合宋、曹救邢。当齐、宋、曹军队到达时，邢国百姓如见亲人，纷纷投奔，狄人被打退。邢国已被狄人洗劫一空。于是齐桓公和管仲同宋、曹两国，帮助邢国把都城迁到夷仪（今聊城西南），这里靠近齐国，较为安全。使破乱的邢国得到安定。

楚国一直是南方的强国。自晋献公十一年（前666年）伐郑开始，一直在准备北上。晋献公十八年（前659年），楚国又出兵郑国。齐桓公与管仲约诸侯共同救郑抗楚。由于楚国不断攻郑，齐桓公和管仲约鲁、宋、陈、卫、郑、许、曹等八国组成联军南下，首先一举消灭蔡国，直指楚国。

楚国在大军压境的形势下，派使臣屈完出来谈判。齐桓公、管仲早就无意打仗，只是想通过这次军事行动来显示霸主的威风，吓唬楚国罢了。所以他们很快就同意与屈完谈判，并达成协议，将军队撤到召陵（今河南偃县）。齐桓公为了炫耀兵力，就请屈完来到军中与他同车观看军队。齐桓公指着军队对屈完说："指挥这样的军队去打仗，什么样的敌人能抵抗得了？指挥这样的军队去夹攻城寨，有什么样的城寨攻克不下呢？"屈完很沉静地回答；"国君，你若用德义来安抚天下诸侯，谁敢不服从呢？如果只凭武力，那么我们楚国可以把方城山当城，把汉水当池，城这么高，池这么深，你的兵再多，恐怕也无济于事。"回答得委婉有力。为形势所迫，齐桓公同意与楚国结盟。这样南北军事对峙的局面就体面的结束了。

公元前651年，周惠王去世。齐桓公会同各诸侯国拥立太子郑为天子，这就是周襄王。周襄王即位后，命宰孔表彰其功。齐桓公召集各路诸侯大会于蔡丘（今河南兰考、民权县境），举行受赐典礼。受赐典礼上，宰孔奉周襄王之命，因齐桓公年老德高，不必下拜受赐。齐桓公想听从王命，管仲从旁进言道："周王虽然谦让，臣子却不可不敬。"齐桓公于是答道："天威不违颜咫尺，小白敢贪王命，而废臣职吗？"说罢，只见齐桓公疾走下阶，再拜稽首，然后登堂受赐。众诸侯见此，皆叹服齐君之有礼。齐桓公又重申盟好，订立了新盟。这就是历史上有名的"葵丘之盟"。这是齐桓公霸业的顶峰。

至此,经过近三十年的苦心经营,齐桓公在管仲的辅佐下,先后主持了三次武装会盟,六次和平会盟;还辅助王室一次,史称"九合诸侯,一匡天下",齐桓公成为公认的霸主。

管仲虽然为齐桓公创立霸业立下了不朽的功勋,但他谦虚谨慎。周襄王郑五年(前647年),周襄王的弟弟叔带勾结戎人进攻京城,王室内乱,十分危急。齐桓公派管仲帮助襄王平息内乱。管仲完成得很好,获得周王赞赏。周襄王为了表示尊重霸主的臣下,准备用上卿礼仪设宴为管仲庆功,但管仲没有接受,最后他接受了下卿礼仪的待遇。

7. 病榻论相　周襄王七年(前645年),为齐桓公创立霸业呕心沥血的管仲患了重病,齐桓公去探望他,询问他谁可以接受相位。管仲说:"国君应该是最了解臣下的。"齐桓公欲任鲍叔牙,管仲诚恳地说:"鲍叔牙是君子,但他善恶过于分明,见人之一恶,终身不忘,这样是不可以为政的。"齐桓公问:"易牙怎样?"管仲说:"易牙为了满足国君的要求不惜烹了自己的儿子以讨好国君,没有人性,不宜为相。"

齐桓公又问:"开方如何?"管仲答道:"卫公子开方舍弃了做千乘之国太子的机会,屈奉于国君15年,父亲去世都不回去奔丧,如此无情无义,没有父子情谊的人,如何能真心忠于国君?况且千乘之封地是人梦寐以求的,他放弃千乘之封地,俯就于国君,他心中所求的必定过于千乘之封。国君应疏远这种人,更不能任其为相了。"

齐桓公又问:"易牙、开方都不行,那么竖刁怎样?他宁愿自残身肢来侍奉寡人,这样的人难道还会对我不忠吗?"管仲摇摇头,说:"不爱惜自己的身体,是违反人情的,这样的人又怎么能真心忠于您呢?请国君务必疏远这三个人,宠信他们,国家必乱。"管仲说罢,见齐桓公面露难色,便向他推荐了为人忠厚、不耻下问、居家不忘公事的隰朋,说隰朋可以帮助国君管理国政。

遗憾的是,齐桓公并没有听进管仲的话。易牙听说齐桓公与管仲的这段对话,便去挑拨鲍叔牙,说管仲阻止齐桓公任命鲍叔牙。鲍叔牙笑道:"管仲荐隰朋,说明他一心为社稷宗庙考虑,不存私心偏爱友人。现在我做司寇,驱逐佞臣,正合我意。如果让我当政,哪里还会有你们容身之处?"易牙讨了个没趣,深觉管仲交友之密,知人之深,于是灰溜溜地走了。

不久管仲病逝。齐桓公不听管仲病榻前的忠言,重用了易牙等三人,结果酿成了一场大悲剧。两年后,齐桓公病重。易牙、竖刁见齐桓公将不久于人世,就开始堵塞宫门,假传君命,不许任何人进去。有两宫女乘人不备,越墙入宫,探望齐桓公;齐桓公正饿得发慌,索取食物。宫女便把易牙、竖刁作乱,堵塞宫门，无法供应饮食的情况告诉了齐桓公。齐桓公仰天长叹，懊悔地说："如死者有知，我有什么面目去见仲父？"说罢，用衣袖遮住脸，活活饿死了。齐桓公死后，宫中大乱，齐桓公的几个公子为争夺王位各自勾结其党羽，互相残杀，致使齐桓公的尸体停放在床上六七十天无人收殓，尸体腐烂生蛆，惨不忍睹。

管仲的一生，不仅建立了彪炳史册的功勋，还给后世留下了一部以他名字命名的巨著——《管子》。书中记录了他的治国思想，对后世影响深远。

管仲是位思想家，他主张法治。全国上下贵贱都要守法，赏罚功过都要依法办事。他认为国家治理的好与坏，根本在于能否以法治国。管仲非常重视发展经济，他认为"仓廪实而知礼节，衣食足而知荣辱。"也就是国家的安定与不安定，人民的守法与不守法，与经济发展关系十分密切。管仲思想中有不少可贵的地方，如他主张尊重民意，他说"顺民心为本"，"政之兴，在顺民心；政之所废，在逆民心。"管仲的思想影响很大。

当然，管仲是春秋时代的历史人物，所以他也有历史局限。如为齐桓公创立霸业而加重了人民的负担，在改革中主要是代表统治阶级利益等。虽然这样，管仲仍不失为一位大政治家、思想家，在历史上有过巨大贡献。孔子曾称赞管仲说："管仲辅助齐桓公做诸侯霸主，一匡天下。要是没有管仲，我们都会披散头发，左开衣襟，成为蛮人统治下的老百姓了。"这话是有一定道理的。

三、经济思想

管仲少年时，家境贫寒，同好友鲍叔牙合伙经商，还"尝为圉人"，即养马人。在经商过程中，他不仅积累了生活经验，而且对当时的社会矛盾和危机也有了比较深刻的认识。这对于他当政后"对症下药"，推行一系列改革措施，非常有益。

1. 整顿国政开创霸业　春秋时期，奴隶制度已是危机重重，民众逃亡流徙。天子失势，诸侯争霸；诸侯倒台，卿大夫执政；卿大夫倒台，"陪臣执国命"。齐襄公更是著名的昏君，弄得国家岌岌可危。

齐桓公接过这个烂摊子后，励精图治，重用管仲，改革内政，暗图霸业。管仲利用并改进周时旧制，划定士农工商的居住区，设官管理，不许随便迁徙改业，也不得四民杂处。这样就保证了农业、手工业、劳动力的来源和军队的稳定。管仲改革的原则是"修旧法，择其善者而业用之"，即保留旧制度中可用的内容，修改其过时、不合用的内容。

管仲深知争取民心的重要，认为只有这样，才能"下令如流水之原，令顺民心"。他注意"俗之所欲，因而予之；俗之所否，因而去之"。完全根据人民的意愿行事，当然不是管仲所能做到的，他所考虑的主要是统治阶段的意愿。不过对民众意愿能加以考虑,因势利导,已难能可贵了。

除争取民心以外,管仲还强调法治。建立了一套层次严格、首长对国君负责的组织制度。值得注意的是,管仲开始收夺采邑主的行政权力,将之集中于国君。采邑主只食其邑,不治民事,渐开郡县制中央集权的先声。

管仲利用制度将国民组织起来,平时人民生活于管理严格的准军事组织之中,战时即可转化为武装力量。"居同乐,行同和,死同哀。是固守则同固,战则同强"。管仲注意隐蔽力量和意图。他主张借田猎之名行演习之实:"春以蒐振旅,秋以狝治兵"。当齐国经济和军事实力加强之后,齐桓公用管仲之谋,以"尊王攘夷"为己任,"以诛无道,以屏周室"。此时,对齐国而言,已是"天下大国之君莫之能御"。总计管仲相齐四十年中,齐"九合诸侯,一匡天下"。

图强称霸的资本是强大的军事实力,而军事实力的基础和后盾则是经济实力。管仲在财经方面的一系列改革,是齐国经济实力增强的基本原因。

2.调动农业生产者的积极性　春秋时代,牛耕和铁器的使用,推动了农业生产的发展。也使商周以来的"井田制"发生了动摇,走向崩溃。

农业生产力的发展,使一家一户为单位的小生产成为可能,也使井田之外的私田被大量开垦出来。按照旧制,农业赋税是按井田征收的,赋额的数量只考虑井田的数量而不管土质的好坏肥瘠。在力役剥削为主的阶段,农业劳动者的份地与为土地所有者所耕的役田在空间上是分开的,更不必考虑土地肥瘠。井田制动摇后,不但私田日渐增加,各户所使用的份地重新分配的间隔也越来越长。各户土地肥瘠不同,如果只按土地数量征税,就会加剧不公平的分配状况,挫伤劳动者的积极性。

管仲看到了社会矛盾的焦点,针对税赋不公的状况,提出了"相地而衰征"的改革措施。"相地而衰征",即按土地肥瘠和产量高低,分别按不同等级征收农业税。据记载,管仲规定高旱地和低湿地的租额都比"常征"减去几成,"衰征"的差等规定得较细。

"相地而衰征"使劳动者的税赋趋向公平,增产可以多得,激发了劳动者的积极性,所以可以使"民不移"。

管仲还注意了土地分配中的均平问题。他说:土地分配得合理,劳动者有田可耕,就不会怨愤不平。管仲还反对正税之外的随意掠夺,他指出"牺牲不略,则牛羊遂"。如果任意无定制地掠夺劳动者饲养的家畜,那么家畜饲养就根本无法存在。

管仲发展了传统的农时观念。他针对统治者任意征发徭役而妨碍农业生产的情况指出:"无夺民时,则百姓富"。统治者任意征发劳役而不考虑农时,是西周以来民怨极大的行为。《晏子春秋》曾记载了齐人报怨徭役无时的《岁暮歌》："岁已暮矣,而禾不获,忽忽矣若之何！岁已寒矣,而役不罢,惙惙矣如之何"。沉重的徭役使农人连已熟的庄稼也无法收获。我国最早的诗歌总集《诗经》中也早有"王事靡盬,不能艺稷黍"的呼喊。可见徭役耽误农时的遗害之久。管仲不夺民时,保护农业生产,有利于齐国的富强。

此外,管仲还注意到了对自然资源的保护。他主张"山泽各致其时,则民不苟"。山林水泽之产都有繁衍生长的季节,不顾时令,肆意滥伐滥捕,必定破坏资源的再生。管仲设官管理山林,强调"致其时",与"无夺民时"一样,强调了对自然规律的尊重。

3. 实行盐铁专卖　齐国历来有重视工商业的传统。管仲更是主张国家直接经营关键商品,利用专卖之权和商业规律,取得财政收入,而避免用加税的办法增加财政收入。在这方面,管仲最重要的创举是实行"官山海"政策,创行盐铁专卖。

商周时代,本有"工商食官"的旧制,至春秋时代这一制度已经松弛。管仲主张"官山海"并不是要恢复商周旧制,而只是主张国家垄断关系国计民生的重点商品。再者,他只是强调加强对流通领域的控制,对生产过程则放宽尺度,不强调官营,力图用私人经营来发展生产力。

"官山海",实行盐铁专卖,体现了管仲尽可能不用增加赋税的办法来满足国家需要的思想。管仲认为,征收房屋税,会使人民毁损已建成的房屋,征收林木税会影响人们植树,造成滥伐林木;征收牲畜税会促使人们屠宰牲畜,妨碍饲养业;征收人头税或户税,会使人们隐瞒户口。总之,这些公开的征收都使人民不满,产生副作用。相比之下,实行盐铁专卖,寓税于价,使人们难见征发之形,同时也可通过剥夺工商业者的利益来达到增加财政收入的目的。

当时有较严格的"书社"制度,即户口登记制度。这就使管仲可以计口售盐。在铁专卖方面,办法大致相同,只是不用计口出售的办法,而是采用在产成品上加价的办法。

管仲可以说是中国历史上盐铁专卖的创始人,轻税收而重专卖是管仲及管子学派的共同特点。

4. 通轻重之权调剂供求　《史记》和《汉书》对管仲通轻重之权均有记载。或曰"齐桓公用管仲之谋,通轻重之权"。所谓"轻重"是就一般商品和货币的关系而言。轻,对一般商品而言是价格低,对货币而言是购买力低;重,对一般商品而言是价格高,对货币而言是购买力高。通轻重之权,就是指由国家掌握货币发行权,并直接经营商业,通过商品与货币的交互收放来平衡物价,调剂供需。轻重理论由管仲提出后,在中国传统社会中,一直深受政治家特别是理财家的重视。

管仲通轻重之权的具体操作办法,据相关记载是,在物特别是粮食多而贱,即物"轻"时,官府大量收购,在物稀缺而贵,即物"重"时进行抛售,以平衡物价,防止暴涨暴跌,对经济造成剧烈冲击。后世对管仲的这一做法评价颇高。《史记·货殖列传》说:"其后齐中衰,管子修之,设轻重九府,则桓公以霸"。司马迁将桓公得以雄霸诸侯,归结为管仲行轻重之法的功劳。

管理物价,古已有之。西周时,市场设有贾正,其职责是以行政手段干预价格高低。这当然不能改变经济规律,随着供需关系的变动,价格肯定会随之而变,这是不以人的意志为转移的。管仲利用国家掌握的货币发行权和积贮的货物,利用经济手段来影响物价,证明他对经济规律的认识超越了前人。

管仲主张用商业手段增加财政收入。在物品的一买一卖中,实现财政目的。物价上涨时,政府以平价抛出货物,可以达到薄利多销的目的;物价低落时,政府购入货物,也可节约开支。

轻重理论中与一般商品对应的是货币。币值与物价成反比:物贵币轻,币重物贱。管仲对此有很清楚的认识,并懂得用调节货币流通量的办法来调节物价。他主张:"人君铸钱立币,民庶之通施"。"黄金刀币,民之通施也。故善者执其通施,以御其司命,故民力可得而尽也。"意思是货币是流通手段,人人不可或缺,钱币的铸造和发行权应在国家,不能散落于私人手中。而货币铸造和发行权归于国家,极易产生滥造滥发的情况。管仲认识到货币不可发行太多,钱的质量不能太次。钱币太多,物价就会高昂;币劣人们不愿使用,就不能起到流通手段的作用。

管仲认为:"国币之九在上,一在下,币重而万物轻,敛万物应之以币;币在下,万物皆在上,万物重十倍"。意思是,十分之九的货币由国家收回,只有十分之一的货币在民间流通,此时,物价将会下跌,政府借机收购物品,抛出货币,形成大部分货币在民间,而物资集中在国家手中,物资的价值可以上涨十倍。

管仲的后学者,对轻重理论进行了更深入的研究。《管子》一书中以论轻重问题的篇章最多。事实上形成了轻重学派。这种理论对以后的均输、平准、禁榷等制度的形成都有深刻的影响。

5. 推动对外贸易　《史记·货殖列传》记述到齐地物产时说:"齐带山海,膏壤千里,宜桑麻,人民多文采布帛鱼盐"。齐因靠海而盛产鱼盐,本国消费不尽,而这两项产品又非随处可产,所以,管仲主张免除与他国贸易的关税,以促进商品流通。关卡只稽查违法者,并不征税。向他国出口本国多余产品,好处是很多的:可以刺激本国生产,免得消费不足压制生产,以致民失所业;可以获取本国急需的物资;可以控制他国必需品食盐的供给,一旦双方交恶,即可用封锁出口来打击敌国经济。

为招徕他国商贾,除免税轻税外,管仲还对他国商贾施以种种优待。应该注意的是齐国所需要的商品大多为军需物资,事关国家军力,而管仲提供给外国商贾的,不过是一般生活物品。由于鼓励对外贸易、优待外来商贾,于是"天下之商贾归齐若流水"。

为达到促进诸侯国之间贸易往来的目的,管仲也不放过利用齐国的盟主地位,推动诸国向达到正式协定——盟约的办法,来为齐国的外贸铺平道路。

桓公七年(前 679 年),齐领导诸侯会于甄,约定"田租百取五,市赋百取二,关赋百取一",这样的税率应是很低的了,有助于商品在不同诸侯国间流通。桓公八年,齐与诸侯盟于幽,更进一步提出要整修道路,统一度量衡:"修道路,偕度量,一称数"。至桓公三十五年(前 651 年),齐会周、鲁、宋、卫、郑、许、曹于葵丘,盟誓中更约定:"敬老慈幼,无忘宾旅"、"无遏籴",即不要轻慢外来宾客,不要禁止外国来采购粮食。

由上述盟约内容来看,齐国一是要求轻关市之税,二是要求自由采购粮食。轻税则有利于齐国鱼盐等产品打入他国市场;粮食采购不受限制,齐国就可以满足本国人对粮食的需要,又可以加强战略储备。这些都反映了管仲重视利用商业流通来满足需要的思想,也反映了他的战略目光。

管仲在境外贸易问题上,还有一种认识十分先进,应当为后世注意的,那就是他已明确提出了利用转口贸易以盈利。相传一次桓公问管仲:"然则国无山海不王乎"? 意思是假如国家没有山海之利就不能称王天下了吗? 管仲答曰:"因人之山海假之"。意即可以借用他国的山海之利,也就是经营不同诸侯国之间的转口贸易,借他人之利为己利。当时,山东半岛海滨有莱夷。莱夷之地盛产鱼盐,铁器制作也有较高水平。齐国本身不乏鱼盐,引入东莱的鱼盐后,即可转销其他诸侯国。

6. 推广铁器振农足兵　在我国,商代已开始使用陨铁。1972 年在河北藁城台西商代遗址中出土了一件铁刃铜钺。该钺的刃部经科学鉴定,为经过锻打的陨铁。西周已有专门的冶铁业和奴隶了。春秋时代社会生产发展加快,生产力发展的主要标志是铁器的使用。恩格斯说:"铁使更大面积的农田耕作,开垦广阔的森林地区,成为可能;它给手工业工人提供了一种极其坚固锐利非石头或当时所知道的其他金属所能抵挡的工具"。又说铁"是在历史上起过革命作用的各种原料中最后的和最重要的一种原料"。

铁制工具是当时最先进的工具,管仲敏锐地发现了这一点。这和他长期生活在社会下层与劳动大众较接近有关。他主持齐国政务后,即大力推广铁制农具。管仲让罪人以铜铁赎罪,用铁来制造农具,用铜制造甲兵,既推动了农业发展,又达到了强兵的目的。

考古学者在勘察临淄古城时发现了冶铁遗址，其中就有东周时期的，且有相当规模，可见铁器的使用已相当普遍。《管子·海王》也记载当时齐国"一女必有一针一刀。若其事立。耕者必有一斤一锯一锥一凿，若其事立"。

《齐语》的记载说用铁制成农具，"试诸壤土"，可见正是管仲试验并推广了铁制农具。管仲发现新事物，并经试验而推广，既反映了其观察事物的敏锐，也反映了他的慎重。

铁制农具的使用，使耕地增加，劳动效率提高；大量金属兵器的使用也加强了齐国的军备。可见齐国称霸不是偶然的。管仲用支持新技术发展、新工具使用的方法，增强了国力，满足了财政需要。

7. 四民分业同行萃聚 在奴隶社会早期，"工商食官"，商人和手工业者是官府的奴隶，与仆役无二，其身份不但不能与士人相比，也在从事农业生产的平民之下。只是为贵族使用方便，才允许工商居住在城里，但绝不许与贵族、平民混居。

管仲提出四民分业定居，不得杂处。《国语·齐语》记载，当桓公问管仲："成民之事若何？"管仲回答："四民者，勿使杂处，杂处则其言哤，其事易"。也就是说士、农、工、商四民不可杂居，杂居则言谈杂乱，互相影响；互相影响，有人就要改变职业，造成混乱。

管仲为什么如此强调四民分业定居，这与财政又有何联系呢？

首先，四民分业定居，将工商的社会身份提高到了与士、农平等的地位，这是一种社会的进步。证实了管仲重视工商收入的思想。春秋时代，商周以来"工商食官"，工商业者属于卑下的奴隶身份。而此时，他们已是四民之一了。

其次，四民分业定居，保证了士阶层不会转而经商，只图追求利润，而逃避为国家服兵役的义务，保证了军队的人力来源。再者，防止农民弃农经商，而影响国家的粮食需要。与工商相比，只有农之"良为士者，必足赖也"，也体现了管仲对农民的格外重视，注意到农民是军队的重要补充来源。

四民分业定居，各保持一定比例，在自然经济占主导地位的时代，保证了国家的多种需要，体现了统筹兼顾的思想。顾炎武注意到了四民分业的意义，他说："士农工商谓之四民，其说始于管子"。

有的论者认为，四民分业定居，使同行萃聚，便于彼此交流经验，沟通信息，养成专业气氛，使人人能从小养成习惯，安于本业，不见异思迁，而且可进一步把专业变为世业，保证社会的各种职业分工世代相传下去。这可能是管仲规划的题中原有之意，可是，为什么在以后的漫长封建社会中，小农之间彼此沟通甚少，工商业者也很少彼此交流技艺，而技术要靠父传子，甚至"传子不传女"了呢？这是应该深思的问题。

管仲生活在社会经济政治剧烈变动的时代。他的财经思想构成了一个完整的体系,体现了社会的发展方向。他的思想大大超过了前人,对于后世也产生了深远影响。这种思想的形成与他出身清贫,长期深入社会实践有关。在经商的生活中,他学会了经营之道、赢利之法;齐国的中衰,也使他从反面认识到革新政治、缓和社会矛盾的必要性。此外,齐国长期重视工商业的传统也影响和滋润了他。春秋时代,周室衰微,时代呼唤着励精图治的强者,管仲是响应这种呼唤而走上历史舞台的第一人。

变法富国的 CEO —— 吴起

一、人物简介

吴起(约前 440 ～前 381)。他是战国初期著名的政治改革家,卓越的军事家、统帅、军事改革家。汉族,卫国左氏人。后世把他和孙子连称"孙吴",著有《吴子》,《吴子》与《孙子》又合称《孙吴兵法》,在中国古代军事典籍中占有重要地位。

二、生平事迹

1. 杀妻求将　吴起喜好用兵,一心想成就大名。《史记·孙子吴起列传》与《儒林列传》记吴起在鲁"尝学于曾子",至魏又拜子夏为师。孔门再传弟子

中,出现这样一位与"武圣"孙子齐名的大军事家,由此对研究孔子及早期儒家学者对军事的态度和素养很有说明和参考作用。

周威烈王十四年(前 412 年),齐国进攻鲁国,鲁国国君想用吴起为将,但因为吴起的妻子是齐国人,对他有所怀疑。吴起由于渴望当将领成就功名,就毅然杀了自己的妻子,表示不倾向齐国,史称杀妻求将。

鲁君终于任命他为将军,率领军队与齐国作战。吴起治军严于己而宽于人,与士卒同甘共苦,因而军士皆能效死从命。吴起率鲁军到达前线,没有立

即同齐军开仗,表示愿与齐军谈判,先向对方"示之以弱",以老弱之卒驻守中军,给对方造成一种"弱"、"怯"的假象,用以麻痹齐军将士,骄其志,懈其备,然后出其不意地以精壮之军突然向齐军发起猛攻。齐军仓促应战,一触即溃,伤亡过半,鲁军大获全胜。

吴起的得势引起鲁国群臣的非议,一时流言四起。鲁国有些人在鲁王面前中伤吴起说:"吴起是个残暴无情的人。他小时候,家资丰厚,他想当官,从事游说活动没有成功,以致家庭破产。乡邻都耻笑他,吴起就杀了三十多个诽谤他的人。逃出卫国而东去。他和母亲告别时,咬着臂膀发誓说:'不为卿相,不复入卫'。此后他就在曾参门下学习。过了不久,他母亲去世,他竟然没有回家。曾参为此很鄙视他的为人,和他断绝了关系。吴起这才跑到各国,学习兵法侍奉鲁君。鲁君对他有怀疑,他就杀了自己的妻子以争取做将军。鲁国是个小国,一旦有了战胜的名声,就会引起各国都来图谋鲁国了。而且鲁国和卫是兄弟国家,鲁君用吴起,就是抛弃了卫国。"鲁君听了这些话,由此生疑,就辞退了吴起。

2. 效力魏国 吴起离开鲁国后,听说魏文侯很贤明,想去侍奉他。文侯问大臣李克说:"吴起为人如何?"李克说:"吴起贪荣名而好色,但是,他用兵才能即使是司马穰苴也不能超过他。"

于是,魏文侯就任命他为将军,率军攻打秦国,攻克五座城邑。

魏文侯因吴起善于用兵,廉洁而公平,能得到士卒的拥护,就任命他为西河(今陕西咸阳一带)的守将,抗拒秦国和韩国。周威烈王十七年(前409年),攻取秦河西地区的临晋(今陕西大荔东)、元里(今澄城南),并增修此二城。次年,攻秦至郑(今陕西华县),筑洛阴(今大荔南)、合阳(今合阳东南),尽占秦之河西地(今黄河与北洛河南段之间地带),置西河郡,任西河郡守。这一时期他"曾与诸侯大战七十六,全胜六十四","辟土四面,拓地千里"。特别是周安王十三年(前389年)的阴晋之战,吴起以五万魏军,击败了十倍于己的秦军,成为中国战争史上以少胜多的著名战役,也使魏国成为战国初期的强大的诸侯国。

吴起治军主张兵不在多而在"治",在镇守西河期间,曾严格考选士卒,创建有战斗力的常备军"武卒"。吴起首创的考选士卒的方法是:凡能身着全副甲胄,执十二石之弩(十二石指弩的拉力,一石约今六十斤),背负五十支箭,荷戈带剑,携三日口粮,在半日内跑完百里者,即可入选为"武卒",免除其全家的徭赋和田宅租税。吴起对"武卒"严格训练,使之成为魏国的精劲之师。吴起治军,主张严刑明赏、教戒为先,认为若法令不明,赏罚不信,虽有百万之军亦无益。所以,吴起曾在一次战役中斩一未奉令即攻击敌军的战士以明法。

吴起做将军时,和最下层的士卒同衣同食。睡觉时不铺席子,行军时不骑马坐车,亲自背干粮,和士卒共担劳苦。士卒中有人生疮,吴起就用嘴为他吸脓。这个士卒的母亲知道这事后大哭起来。别人说:"你儿子是个士卒,而将军亲自为他吸取疮上的脓,你为什么还要哭呢?"母亲说:"不是这样。往年吴公为他父亲吸过疮上的脓,他父亲作战时就一往无前地拼命,所以就战死了。现在吴公又为我儿子吸疮上的脓,我不知他又将死到哪里了,所以我才哭。"

魏文侯死后,吴起继续效力于他儿子魏武侯。武侯曾与吴起一起乘船顺西河而下,船到中流,武侯说:"美哉乎山河之固,此魏国之宝也!"吴起对他说:"国家最宝贵的是君主的德行,而不在于地形的险要。如果君主不讲德行,就是一条船中的人也都会成为敌国的人。"武侯说:"你说得很对。"

吴起任西河的守将,威信很高。魏国选相,很多人都看好吴起,可是最后却任命田文(魏贵戚重臣)为相。吴起很不高兴,他向田文说:"请你和我比一比功劳可以吗?"田文说:"可以。"吴起说:"统领三军,使士卒乐于为国牺牲,敌国不敢图谋进攻我们,你比我怎样?"田文说:"我不如你。"吴起说:"管理各级官员,亲附人民,使财力充裕,你比我怎样?"田文说:"我不如你。"吴起说:"镇守西河地区,使秦军不敢向东扩张,韩国和赵国都遵从我们,你比我怎样?"田文说:"我不如你。"吴起说:"这三方面,你都不如我,而你的职位比我高,这是为什么?"田文说:"国君年少,全国忧虑,大臣没有亲附,百姓还不信赖,在这个时候,是由你来任相合适呢? 还是由我来任相合适呢?"吴起沉默了很久然后说:"应该由你来任相。"田文说:"这就是我所以职位比你高的原因。"吴起才知道自己不如田文。

田文死后,公叔任相,他妻子是魏国的公主,公叔对吴起非常畏忌,便设计谋害吴起。武侯因而对吴起有所怀疑而不信任他了。吴起害怕武侯降罪,于是离开魏国到楚国去了。

3. 治理楚国　　楚悼王平素听说吴起很能干,吴起一到楚国就被任为相。他辅佐楚悼王实行变法,采取了"明法审令"、"罢无能、废无用"(《史记·孙子吴起列传》)、精简机构、裁减冗员、取消公族特权、节约经费开支、加强军事建设等一系列重大改革措施,使楚国很快强盛起来。这就是著名的荆楚变法,这也是吴起在楚国的主要功绩。

春秋时期的政治大变动,终于促成了战国以来此起彼伏的变法运动。这些变法的主要共同点之一就是把矛头指向世袭贵族,充分调动中下层的力量,采用任人唯贤的政策,应付严峻的现实,吴起变法亦具有这一特点,且比"前辈"人物更彻底。他严明法令,撤去不急需的官吏,废除了较疏远的公族,把节省下的钱粮用以供养战士。主要目的是加强军队,破除纵横捭阖的游说。于是,楚国南面平定了百越;北面兼并了陈国和蔡国,并击退了韩、赵、魏的扩张;

向西征伐了秦国。因此诸侯都害怕楚国的强大。

　　但是吴起变法触犯了楚国贵族利益,贵族们想谋害吴起。周安王二十一年(前381年),楚悼王死后,王公大臣叛乱而攻击吴起,吴起跑到楚悼王的尸体旁,伏在尸体上,意在以此或者可使作乱者有所顾忌,若作乱者射吴起必中王。而楚国的法令规定,凡伤及先王尸体者,要一律被处死。但追杀吴起的楚贵族们还是射杀了吴起,箭也射到了楚悼王的身上。悼王下葬后,其子即位,就派令尹(楚国的最高军政官员)将因箭射吴起而同时射中悼王尸体的人全部杀掉。结果,由于箭射吴起被诛灭宗族的有七十多家。

　　吴起的改革没有像子产作刑书一样享受"与人之诵"的待遇,他虽然也曾让楚国日臻强盛,但终因树敌太多而未得善终。吴起变法所以会失败,一是因为迫使贵族开荒耕植,二是因为极大的扩充军备,把兵战之苦转嫁给下层人民,破坏了生产,使百姓怨声载道。后人以为他"以兵弱楚,"就是这个道理。与后来商鞅变法的主张相比,吴起的变法就缺乏那种以耕为首、以耕为战的特点。古人曾说:"吴起支(肢)解而商君车裂者,不逢世遇主之患也。"

　　4. 内修文德外治武备　　吴起在政治、军事诸方面积累了丰富的经验,他把这些经验深化为军事理论。《汉书·艺文志》著录《吴起》48篇,已散佚,今本《吴子》六篇(《图国》、《料敌》、《治兵》、《论将》、《应变》、《励士》),系后人所托。其主要谋略思想是:"内修文德,外治武备"。他一方面强调,必须在国家和军队内部实现协调和统一,才能对外用兵,提出国家如有"四不和",就不能出兵打仗;另一方面强调必须加强国家的军事力量。从《吴子》中,可以领略他杰出的军事思想。

　　吴起认为,战争是一种社会现象。为此,他对战争的根源作了论述。他说:"凡兵所起者有五:一曰争名,二曰争利,三曰积恶,四曰内乱,五曰因饥。"吴起这种看法停留在表面上,他对"争名"、"争利"、"积恶"、"内乱",是何原因引起,"因饥"的根源何在,并没有深入分析。但是,他从社会方面去寻找战争产生的原因,在当时还是有进步意义的。

　　在战争与政治的关系上,他强调把政治放在首位,但又非常重视军事。一个国君若是只讲求文德而废弃武备,或者依仗兵多能战,都会亡国。要使国家治理得好,必须既要重视政治,也要重视军事。从这个思想出发,吴起在西河一方面注重军事改革,一方面从事政治、经济的改革,为魏国的富强奠定了基础。

　　吴起从战争实践中认识到,只有一支训练有素的军队还不够,还必须有安定的后方。因此,他说:"必先教百姓而亲万民。"只有国内人民和前方军队团结一致,才能打胜仗。他主张:"有道之主,将用其民,先和而造大事。"他又说:"不和于国,不可以出军;不和于军,不可以出阵;不和于阵,不可以进战;不和于战,不可以决胜。"就是说,国内各种意见不统一,不可以出兵打仗;军队内部不团结,不可以出阵作战;出阵以后,军队不互相配合,不可以进行战斗;进行战斗以后,各部分战斗动作不协调,不能夺取胜利。他还进一步说:"百姓皆是吾君而非邻国,则战已胜矣。"吴起阐明了国家、军队和人民三者的关系,并认为人心向背是军事上取得胜败的关键。

吴起继承了孙武的"知己知彼,百战不殆"的思想,在《料敌》篇中强调了了解和分析敌情的重要意义,并且具体指出了处于六种情况的国家,不可轻易与其作战。他懂得战争是千变万化的,要根据不同的情况而采取应变的措施。在《应变》篇具体论述了在仓促间遭遇强敌、敌众我寡、敌拒险坚守、敌断我后路、四面受敌及敌突然进犯等情况下的应急战法和胜敌的策略。

《治兵》、《论将》和《励士》三篇主要阐述了他的治军思想。他认为,军队能否打胜仗,不完全取决于数量上的优势,重要的是依靠军队的质量。质量高的标准是:要有能干的将领,要有经过严格训练的兵士;要有统一的号令;要有严明的赏罚。他重视将帅的作用,尤其是重视将帅的谋略,强调好的将帅应有优良的品质和作风。重视士卒的训练,提高实际作战能力,强调赏功以励士兵。

三、经济思想

吴起不仅是卓越的军事家,还是著名的政治改革家,他的经济思想与经济政策主要体现在楚国的变法上。

春秋中期以后,晋国在以"尽灭群公子"、"灭公族"等手段打击国君近亲势力、加强国君权力时,楚国才开始任用公子执政。公子执政的初期,确实起到了强化王权的作用。但这实际是一种落后的任人唯亲的制度,其结果形成了王权旁落、大臣太重、封君太重的弊病。

战国初期,楚国民不聊生,饿殍遍野,楚声王竟致为"盗"所杀。而此时北方三晋正在兴起,国力强大,对楚步步进逼,楚国处于一种十分困窘的境地。

在楚国内忧外困之时,中原的政治家吴起从魏国来到楚国。吴起到楚国后,曾做一年的宛守。楚悼王早就听说吴起是一个贤能之士,具有治国平天下的才干。为了改变楚国国贫兵弱的形势和危机,公元前 382 年,楚悼王任用吴起为令尹,以治理楚国。吴起也深感楚悼王的知遇之恩,尽量地施展自己的才能及平生的抱负。吴起根据楚国爵禄不均的状况,从打击大贵族入手,"变其故而易其常",进行变法。取消了贵族对经济权利的垄断。变法的主要内容是:

1. 均爵平禄 楚国的爵禄是世袭的,而且受爵禄以亲以贵者居多,即先辈因功受爵禄,而后代子孙虽无功,但仍然享有丰厚的爵禄,然而一些在战争中建立新功勋者,却功大而禄薄,甚至无禄。这是一个极不公平的现象,极大地挫伤了将士的积极性。吴起乃"均楚国之爵，而平其禄，损其有余，而继其不足"，以此鼓励甲兵，争强于天下。

另外，吴起要取消世袭的封君，世袭的爵禄，把从封君那里得来的爵禄去奉养"选练之士"，即经过挑选出来的精锐士兵。这无疑是战国时期最先进思想指导下的进步政策。

2. 缩减开支　废除无用、无能的官职，剥夺王室贵族的威权，使他们不能徇私情，因私废公。"废公族疏远者，以抚养战斗之士"。"禁游客之民，精耕战之士。"吴起要缩减无用的开支，以奖励真正为国出力报效的战斗之士。

3. 封土殖民　春秋至战国时期，楚国用武力灭掉许多国家，开濮地、伐杨粤，移民西南等，得到了广大领土，但都未及开发。吴起责令楚国一些与王室关系疏远的贵族到僻远的地方去开发。

楚悼王付吴起以国政，言听计从。

吴起变法，旨在强兵，要在富国。变法的主要内容是均平爵禄，消灭世卿世禄制度，奖励耕战，任贤使能。吴起变法是一次打击世袭贵族政治经济特权的运动，是一场新旧势力的残酷的斗争。吴起变法打击了楚国大贵族既得的政治经济利益，遭到大贵族的激烈反对。楚之贵戚皆欲害吴起。

新法行之期年，楚悼王死去。在楚悼王的灵堂上，楚国贵戚大臣作乱而攻吴起，贵人们联合在一起射吴起。吴起伏在楚悼王的尸体上，大呼："群臣乱王，吴起死矣。"楚国作乱的贵族们射杀了吴起，但也射中了王尸。楚国之法："丽兵于王尸者，尽加重罪，逮三族。"群臣因射吴起并射中王尸者，尽当其罪，因而被夷宗死者七十余家，但是变法也因楚悼王和吴起的死而夭折了。

吴起变法失败的最主要的原因是旧贵族的反对。楚国"大臣太重，封君太众"，而这些人皆为楚王室的贵戚，他们在楚国拥有政治、经济大权，有深厚的社会基础。楚国政府的官员皆是楚王的近亲同姓，与楚的封君贵族有盘根错节的联系。由于历史条件的限制，吴起不可能改变楚国政府机构的组成和阶级基础。吴起变法主要是削弱贵族，而不是彻底地剥夺贵族，这样就使楚贵族能够利用其掌握的各种权利进行反扑。

楚国政府官员皆楚王室宗支，绝不许异姓插足。吴起作为一个外诸侯国的异姓政治家，跻身于楚贵族之间，依靠楚悼王的信任，采取打击大贵族特权和利益的措施，执法严肃，不为权势所容。变法所遇的阻力之大，反对之烈，相对其他诸侯国来说都是空前的。因此，楚悼王死后，大贵族联合起来进行反扑，就成为变法失败的主要原因。

但是，从后来楚国的发展历史看，吴起的变法使楚国国力强盛，曾与魏国"战于州西，西出梁门，军舍林中，马饮于大河。"

楚自庄王以后，又一次打到黄河岸边，使中原国家刮目相看。吴起又以战略家的眼光，向南扩展疆域，"吴起相悼王，南并蛮越，遂有洞庭、苍梧"。江南归入楚国势力范围。

吴起变法虽然失败，但变法却在楚国贵族政治中激起了巨大的波澜。吴起变法所采取的各项措施在楚国的政治生活留下了深刻的影响。如《韩非子·喻老》云："楚邦之法，禄臣再世而收地"；《淮南子·人间训》云："楚国之俗，功臣二世而绝禄。"这些现象与吴起变法中的"封君三世收其爵禄"的条文相合，应该说是吴起变法以后出现的。吴起变法促进了楚国贵族政治向官僚政治的转化。

为民谋利的 CEO —— 子产

一、人物简介

子产（约前 570 ～前 522），姓公孙，名侨，字子产，又字子美，因曾居住于车里，所以又称车里子产。郑穆公之孙，公子发子国之子，故称公孙侨。春秋时期郑国（今河南新郑）人，著名的政治家和思想家。

公元前 554 年任郑国卿后，实行一系列政治改革，承认私田的合法性，向土地私有者征收军赋；铸刑书于鼎，为我国最早的成文法律。他主张保留"乡校"、听取"国人"意见，善于因才任使，采用"宽孟相济"的治国方略，将郑国治理得秩序井然。子产在郑国执政 21 年，对内锐意兴革，对外"善事大国"，无论内政、外交都有卓越的贡献。

二、生平事迹

子产出生于贵族家庭，其父亲子国是郑国的司马，执掌国家实权。子产从少年时起就养成了关心时政、善于思考的习惯，对风云变幻的列国争霸形势，常常表现出敏锐的洞察力。

郑简公元年（前 565 年），郑国为了求媚于晋国，出兵攻打依附楚国的邻邦蔡国，活捉了蔡国司马。郑园士大夫皆喜，子产不随声附和。他说："小国无文德而有武功，祸莫大焉。楚人来讨，能勿从乎？从之，晋师必至。晋、楚伐郑，自今郑国不四、五年弗得宁矣。"(《左传·襄公八年》)当时子产仅十来岁,便遭到父亲子国的训斥,说他是个小孩子不得多嘴,否则,将招致杀身之祸。随后的事实证明,子产的忧虑并非多余。

这年冬天楚国便出兵攻打郑国,郑国无力与之抗衡,便想归顺楚国,这时晋国又以兵力做后盾出来加以干涉。本来就弱小的郑国夹在晋、楚两个大国之间,战祸连绵不断。外患引发内乱。公元前563年冬,郑国的司马、司空、司徒三大臣在动乱中被杀。年轻的子产在这场动乱中表现出惊人的应变能力。他一闻讯,立刻派兵守门,严禁出入,将府库上锁,然后率领兵车十七乘,先收其父亲子国的尸体,再列队向叛乱分子发动攻击。由于有援军的帮助,子产终于取得了这场平叛斗争的胜利。郑国这场乱子闹得很大,六个为首发动叛乱的,虽然最后只有一人漏网,但掌握国政的四位大臣死了三位。这时郑国已濒临崩溃的边缘。

公元前554年,子产被立为卿,开始参与郑国的国政,又过了整整10年,即公元前543年,子产才当了郑国的国相,执掌政权。他的前任是子皮,名罕虎,人称"虎帅",是郑国一位为人正直、办事果断的大臣。他经过长期的考察,认为子产贤良而又有才智,便主动让贤,让子产接替他为国相。子产当时没有把握,便推辞说:"国小而逼,族大宠多,不可为也。"意思是说国家小而又逼近大国,贵族力量大,受荣宠之人多,无法把国家治理好。子皮表态听从子产的,自然没有别的人敢于侵犯子产,子产担任国相就有了良好的条件。

从公元前543～前522年,子产在郑国执政二十一年。在这段时间里,由于有资格老而威望又高的子皮等人的支持,子产肩负重任,锐意兴革,办成了几件大事,使小小的郑国,在列国纷争中维护了独立,提高了地位。

子产执政的第一年,就"作封洫",改革田制。"封"是标明田块与田块之间界限的土堆和道路,"洫"是纵横于田块之间的灌溉沟渠。"作封洫"就是重新划定田界,开渠修路,但这不是简单的农田水利建设,而是通过对田块、沟渠的整理,承认农户开垦的私田,并把侵占他人的田地归还原主。这样做既顺应了郑国当时"公田"、"私田"并存的形势,承认私有土地的合法性,又可以对私田按亩征税,使国家稳定地增加收入。在清理田亩的同时,子产对居民住宅又进行了整顿,把居民按什伍制度编组起来,五家为伍,相互联保。

公元前538年,子产"作丘赋",改革军赋制度。对于"丘赋"的具体说法不一,有一种解释是根据新的田制,九百亩为一井,四井为一邑,四邑为一丘,每丘出军马一匹、牛三头,即是所谓"丘赋",也就是"军赋"。总之,是按一定的田地单位向私有主摊派军赋,以保证国家有必要的军费开支。而且,过去只有"国人"(居住在都市之人)才能当兵打仗,现在鄙野之民也能当兵,向国家提供"军赋",这便在客观上提高了鄙野之民在国家政治生活中的地位。

公元前536年,子产"铸刑书于鼎,以为国之常法"。把刑法条文铸造在金属鼎上,向百姓公开,这样,官吏就不能对百姓任意用刑,贵族也难于追求法外特权,对于社会的安定有积极作用。子产所铸刑文,是我国封建阶级明文公布的第一部刑法。鼎上的刑法条文虽然没有被史学家记载下来,但从当时诸侯国的反响来看,这部刑法对奴隶主贵族的特权,肯定进行了某些严格的限制,而对正在兴起的封建地主阶级是有利的。

　　与子产私交颇深而思想保守的晋国大夫叔向,始终反对子产在郑国的改革,当他一听说铸刑文一事,便实在按捺不住了,竟写信给子产进行抗议。在叔向看来,子产铸刑书,不仅不能把郑国治理好,反而会招来"乱狱"和"贿赂",使郑国败亡。子产的回信也很强硬,他说:如果要照你说的那样去做,我不能从命。叔向与子产的争论,是郑国由奴隶制向封建制过渡的大转变时期的产物。叔向主张礼治而维护旧制,子产主张法治而推行新制,冰炭不同炉,这就是争论的实质。郑国后来的实践证明,子产实行改革,包括铸刑文,并不像叔向所预言的那样"国将亡",而是由乱变治,逐步走向安定和繁荣。

　　至于"立谤政",更是叔向横加给子产的一项"罪名",指的是子产"不毁乡校",允许百姓议论国政一事。子产执政前期,郑国人常来国都的"乡校"游乐,有时议论子产执政的得失。有个叫然明的大夫怕影响子产的声誉,建议把"乡校"毁掉。这是钳人之口的愚蠢办法,子产当然不会同意。他告诉然明:我只听说尽忠行善可以减少怨恨、诽谤,没有听说作威作福可以减少怨恨、诽谤。防止百姓议论,有如防堵大川,大川一旦决堤,伤人必多,我无法救援,不如让它细水长流,小决疏导,使我听到议论当做良药治病。然明听了子产的话,非常佩服,改变了原来的主意,郑国的"乡校"因而能继续存在。

　　在外交方面,子产采取的是"善事大国"的方针,即运用灵活的外交手段和巧妙的外交辞令,不卑不亢,不即不离,周旋于晋、楚等大国之间,使郑国得以安然自立。外交方面发生了问题,他先和熟悉列国情况的公孙挥商量,次交有谋略的裨谌参谋,再交能断大事的冯简子决策,最后交外貌秀美的子大叔执行。由于智囊团的谋虑周到缜密,"是以鲜有败事"。

　　子产治郑,政绩斐然,郑国人作了一首歌唱道:"我有子弟,子产诲之;我有田畴,子产殖之;子产而死,谁其嗣之?"(《左传。襄公三十一年》)可见,子产当时确实得到郑国新兴地主阶级和自由民的拥戴。公元前 522 年,子产病逝,"郑人皆泣,悲之如亡亲戚。"

三、经济思想

　　子产虽然是奴隶主贵族阶级中的重要人物,但他的经济思想却充分代表了新兴商人及地主阶级的利益。

1.“作封洫”以改革田制　子产上台执政的当年（前543年）就积极推行了一些保护和发展生产的措施。他首先从改革田制入手，即对土地进行整理，按什伍加以编制，但整理、编制后私田仍归私人所有。这一政策得到了土地所有者的拥护。新兴土地私有者对子产编定私有田地的政策，即所谓“伍之”，最初是表示反对的，认为妨碍了他们的私有权力，后来觉察到私有田地经法令肯定后，对他们是有利益的，所以又非常拥护。

子产是强调“法制”的，他曾“铸刑书”（《左传·昭公六年》），即把刑法条文铸在铁鼎上，公之于众，使“民望而畏之”。他在田制与兵赋等制度的改革上，同样也强调有“法”可依。这样，司法有了准绳，谁也不能凭自己的好恶来滥施刑罚或以权谋私，这就在一定程度上打击了奴隶主贵族的特权势力，使平民们有了与贵族争讼的依据，故多少起到了限制贵族权力的作用。这比起“刑不上大夫，礼不下庶人”的“周礼”来说，无疑是一个很大的社会进步，有助于新兴地主阶级的成长。

正是因为子产“作封洫”的重大改革的主要目的是承认田地私有和给予个体农民的合法性，所以这一改革必然要侵犯到那些非法占田的大奴隶主贵族的利益，从而遭到了他们激烈的反对。大族丰卷就故意破坏国家法令，向子产挑战，借口祭祀用牲，向政府“请田”、“打猎”，子产不许，丰卷居然向子产动兵用武。子产打败了他并且将他驱逐出了国境。

“作封洫”使公私田亩得到了重新编制，为开殖田沟提供了可能。在改革田制的基础上，子产大事兴修水利以增加农业生产。他还采取措施保育山林，反对因迷信而大事砍伐。这些措施为郑国农业生产的迅速发展创造了条件。

2.“作丘赋”以改革赋制　子产“作封洫”以改革田制的目的是同增加国家的财政收入有关的，因为在“作封洫”之后五年（即公元前538年）又“作丘赋”（《左传·昭公四年》）。所谓“作丘赋”，就是仿效五十三年前鲁国所施行的办法，把每甸人民所应负担的军赋改由一丘（四丘为一甸）的人民负担。“作丘赋”表面上看来是军事问题，而实质上是财政问题，即加重人民的军赋问题，在原有军赋的基础上提高四倍。

不过，“作丘赋”的改革从历史记载来看，并未引起土地私有者的反对并且还受到了拥护，说明“作封洫”的改革已使农业生产得到了迅速发展，产量的大幅度增加使子产提高四倍军赋的财政榨取似乎也不显得特别的苛刻。

“作丘赋”的改革无疑保证了国家军费的收入，扩大了兵源，从而增强了郑国的实力。国力大为增强的郑国，加上子产在外交上的善于斗争，使郑国虽小并处于晋、楚两霸之间，却能维持郑国的独立和尊严，这和子产在郑国所实施的政策当然是分不开的。

不过,"作丘赋"这一改革的更重要的意义还不在于军赋的增加,而在于从负担军赋的这一角度去肯定了土地私有权的合法地位。因为在土地私有者负担军赋的场合,交纳军赋也是土地所有权被法律认定的一种报酬。同时,"作丘赋"还表明在承认土地私有的基础上,已给予了个体农民作甲士的资格,打破了以往甲士身份的限制,这必然加速阶级关系的变化。这是田制改革的必然结果。

3."市不豫价"以保护商人　子产所在的郑国是西周末年才分封的诸侯(前806年,即周宣王二十二年)。当分封开辟土地时曾得到商人很大的帮助,因而与商人订有盟誓。故商人资本在郑国一向得到国家政权的保护,有很好的发展场所。春秋时代的几个有名的大商人,如"犒师"的弦高和谋救荀莹的商人均是郑国人。

由于历史的影响,子产对商业的作用有较为清楚的认识,他当政后更是大力保护商人资本。晋国的韩宣子出使郑国,要求子产代为强购一只玉环,子产因不愿损害商人阶级的利益而不惜得罪晋国予以拒绝。子产除强调保护商人资本外,还主张对商业采取放任的态度。他不仅对商人经营的珍奇商品不予过问,在商品市场上也一反西周以来由官府监督价格的传统习惯。子产主张"市不豫价"(《史记·循吏列传》),亦即商品价格的贵贱应根据市场的情况而涨落,不必事先预为规定,这很有点让商品价格根据市场规律决定之意。

正是因为子产对新兴商人阶级和土地私有者的利益进行了坚决的维护,使得弱小的郑国人民得免于封建割据大国的军事侵略及蹂躏。他在郑国执政二十余年,司马迁在《史记·循吏列传》中称赞说:子产二年,市不豫价。三年,门不夜关,道不拾遗。司马迁的记载虽有夸饰成分,但亦不可谓尽不可信,因为当子产的死讯传出后,"丁壮号哭,老人儿啼,曰:子产去我死乎! 民将安归?"当不是虚言。

生财有道的 CEO —— 范蠡

一、人物简介

范蠡(前536~前448年)字少伯,春秋末期楚国宛邑(今河南省南阳市)人。享年高龄,几近百岁,春秋末期的政治家、军事家和经济学家。被称为中国商人圣祖。

公元前496年前后入越,辅助勾践二十余年,终于使勾践于公元前473年灭吴。范蠡以为大名之下,难以久居,遂乘舟泛海而去。后至齐,父子戮力耕作,致产数十万。齐人闻其贤,使为相。范蠡辞去相职,定居于陶(今山东定陶西北,另一说法为山东肥城陶山)经商积资巨万,称"陶朱公"。

范蠡既能治国用兵,又能齐家保身,是先秦时期罕见的智士,史书概括其平生"与时逐而不责于人"。

范蠡的很多经济思想,如"劝农桑,务积谷"、"农末兼营"、"务完物、无息币"、"平粜各物,关市不乏,治国之道也。"、"夏则资皮、冬则资絺、旱则资舟、水则资车,以待乏也。"等至今对现代的经济建设也有积极的现实意义。

二、生平事迹

范蠡出身贫寒,但聪敏睿智、胸藏韬略,年轻时,就学富五车,上知天文、下识地理,满腹经纶,文韬武略,无所不精。然纵有圣人之资,在当时贵胄专权、政治紊乱的楚国,范蠡却不为世人所识。

周景王二十四年(前 496 年),吴国和越国发生了槜李之战(今浙江嘉兴),吴王阖闾阵亡,因此两国结怨,连年战乱不休,周景王二十六年(前 494 年),阖闾之子夫差为报父仇与越国在夫椒(今江苏太湖中洞庭山)决战,越王勾践大败,仅剩五千兵卒逃入会稽山,范蠡遂于勾践穷途末路之际投奔越国,献"卑辞厚礼,乞吴存越"之策。议和后他向勾践慨述"越必兴、吴必败"之断言,进谏:"屈身以事吴王,徐图转机"。"待期时,忍其辱,乘其败,就其虚……"被拜为上大夫后,他陪同勾践夫妇在吴国为奴三年,"忍以持志,因而砺坚,君后勿悲,臣与"共勉"!

三年后归国,他与文种拟定兴越灭吴九术,是越国"十年生聚,十年教训"的策划者和组织者。为了实施灭吴战略,也是九术之一的"美人计",范蠡亲自跋山涉水,终于在苎萝山浣纱河访到德才貌兼备的巾帼奇女——西施,在历史上谱写了西施深明大义献身吴王,里应外合兴越灭吴的传奇篇章。

范蠡事越王勾践二十余年,苦身戮力,卒于灭吴,成就越王霸业,被尊为上将军。

"吴王亡身余杭山,越王摆宴姑苏台。"在举国欢庆之时,范蠡急流勇退,遂与西施隐姓埋名、泛舟五湖。

范蠡从齐国写信给文种说:"蜚(同"飞")鸟尽,良弓藏;狡兔死,走狗烹。越王为人长颈鸟喙,可与共患难,不可与共乐。子何不去?"大意是说:飞鸟射杀完了,好的弓箭就会被收起来。狡猾的兔子捕完了,猎狗就会被煮掉。越王为人阴险,工于心计。可以与他共患难却不能同享乐。你为什么还不快离开呢?

文种在收到信后便称病不上朝,但最终仍未逃脱赐死的命运。而范蠡却早早料到这一点,不得不说,他的智慧确实有过人之处。

范蠡在齐国,变姓名为鸱夷子皮,带领儿子和门徒在海边结庐而居。戮力垦荒耕作,兼营副业并经商,没有几年,就积累了数千万家产。他仗义疏财,施善乡梓,范蠡的贤明能干被齐人赏识,齐王把他请进国都临淄,拜为主持政务的相国。他喟然感叹:"居官致于卿相,治家能致千金;对于一个白手起家的布衣来讲,已经到了极点。久受尊名,恐怕不是吉祥的征兆。"于是,才三年,他再次急流勇退,向齐王归还了相印,散尽家财给知交和老乡。

一身布衣,范蠡第三次迁徙至陶,在这个居于"天下之中"(陶地东邻齐、鲁;西接秦、郑;北通晋、燕;南连楚、越)的最佳经商之地,操计然之术(根据时节、气候、民情、风俗等,人弃我取、人取我与、顺其自然、待机而动)以治产,没出几年,经商积资又成巨富,遂自号陶朱公,当地民众皆尊陶朱公为财神,乃我国道德经商——儒商之鼻祖。

史学家司马迁称:"范蠡三迁皆有荣名。";世人誉之:"忠以为国;智以保身;商以致富,成名天下"。

三、经济思想

1. 农业丰歉循环论　从事生产经营,要适应天气地理的变化,要有科学预测性。

范蠡认为,天时变化有一定规律,因而农业丰歉也有一定规律。人们要根据这种气候变化的大体规律来进行生产经营,早有预见,早做准备。"旱则资舟,水则资车",意为旱年时就预见到来年可能有水灾,应投资造船;水年则要预防旱年将接踵而至,就投资置车。这样,生产经营有预见性,有计划性,有备而无患,才不致陷于被动。

2. 本末协调农商俱利　注意从宏观上调控物价,使农、商各得其利,协调发展。古时,称农为"本",商为"末",有重农轻商的思想。范蠡则认为,农、商者获利应该有个适当的比例,使其协调发展。故称"二十病农,九十病末。末病则财不出,农病则草不辟矣"。实际是说,谷贱伤农,谷贵伤贾的意思。用现在的话,就是行业之间、产业之间的利益要协调,要大体均等,才能各业兴旺。如单是农业本身,粮食与牲畜的比价就是一个重要的指数,否则,各业不能协调发展,经营就会受到影响。那么,本末之间。即农商之间应该保持一个什么样的比例才合适呢?计然、范蠡认为:"上不过八十,下不减三十,则农末俱利,关市不乏,治国之道也。"这种要从宏观上协调好各行各业的私益分配关系,协调发展经济才能兴旺发达的主张,具有重要的现实指导意义。

3. 供求关系与商品价格 认识到供求关系会影响商品价格,经营者要注意价格的波动,以确定生产经营的方针和投资方向。

范蠡已经认识到物价变动的波动性及其部分原因。认为物价总在贵、贱两极之间上下波动,极则必反,所谓"贵上极则反贱,贱下极则反贵","一贵一贱,极而复之"。这很简洁明确地表述了物价变化的状况。

为什么物价会在上下两极之间波动呢?范蠡认为:"论其有余不足,则知贵贱"。意即看货物的有余还是不足,就能预知价格。实际上,范蠡认识到商品的价格受供求关系的影响;价格将会围绕其实际价值而上下浮动。上下浮动到一定极限,即"贵极"或"贱极",则向相反方向变化。这在某种程度上,认识到物价变化的一定规律性。根据这种认识从事生产、经营,可以避免因供大于求而造成的不必要的损失。这种认识水平是十分难能可贵的。

4. 平粜理论 平粜理论,是以农业丰歉循环说为论据;而平粜则是安民备战的重要手段。

农业有丰有歉,是客观存在,是由自然、社会多方面原因造成的。当时人认为丰歉是按特定规律循环的。既然农业收成有丰歉,而民需是常数,战争无法预测,所以国家要有储备。丰歉之年粮价不同,丰年粮价低,农民受其害;歉年粮价高,城居者无法承受。要解决这一问题,范蠡的办法是实行平粜,即由国家在丰年时,按平价买入粮食,歉年时平价卖出,使"农末俱利"。

这种思想强调国家在社会经济生活中的调节作用。此说不同于自由放任、无为而治,不同于消极的薄赋敛,更不同于重税盘剥。

5. 积蓄之理 积蓄之理与平粜论一样,也是主张国家利用商业规律,通过市场谋利,取得财政收入。据说越王勾践采用此策,"修之十年,国富……观兵中国,称号'王霸'"。

积蓄之理的具体内容:掌握商品供求规律,预测价格变动趋势;囤积有利可图的商品,并注意妥善保管,到价格上涨时,则要断然出手,不惜售。总之是"贵出如粪土,贱取如珠玉",使商品货币不断循环,达到增值。

以农为本的 CEO——李悝

一、人物简介

李悝(约前450～前390),又称李克,魏国人,战国初年著名的政治家,法家早期代表人物。魏文侯时任魏国国相,主持变法。主张废除奴隶主贵族的

世卿世禄制度，

在经济上，他推行"尽地力之教"、"废沟洫"，废除井田制以发展农业生产。认为只有发展好农业，才能使国家富裕。他还推行"平籴政策"，主张"收有余以补不足"，平衡粮食价格，防止因商人垄断粮价而造成"谷贱伤农，谷贵伤民"的现象，对提高农民的劳动积极性和发展农业生产，有着积极的意义。

《史记·孟荀列传》说："魏有李悝，尽地力之教"。但《史记·魏世家》有李克而无李悝。《史记·平准书》和《史记·贷殖列传》也只提到李克，前者说"魏用李克，尽地力，为强君"；后者说"当魏文侯时，李克务尽地力"。《汉书》将李悝和李克分为两人，《汉书·艺文志》记李悝有《李子》32 篇，李克有《李克》七篇，两书都已失传。李悝、李克都是魏文侯相，都主张尽地力，且悝、克声读音相近，当属同一人。本书按一人处理。

二、生平事迹

1. 为国之道　李悝为魏文侯到武侯时人，曾受业于子夏弟子曾申门下，做过中山相和上地守。上地在河西，故李悝经常和秦人交锋作战。桓谭以为李悝为文侯师，班固、高诱以为是文侯之相。由于先秦文献缺乏记载，故此说尚难证实。但可以肯定的是李悝能参与机密，为文侯心腹之臣。司马迁说："魏用李克尽地力，为强君。"班固称李悝"富国强兵"。这些记载都表明，文侯时魏能走上富强之路，李悝曾作出很大贡献。李悝是魏国丞相。

李悝以为"为国之道，食有劳而禄有功，使有能而赏必行、罚必当"，还要"夺淫民之禄，以来四方之士"。有赏有罚，唯才是用，这是战国时甚为流行的法家主张，当时不少国家都因贯彻这些主张走向富强。

在经济策略方面，尽地力之教是李悝的主要主张。他认为田地的收成和为此付出的劳动成正比，"治田勤谨则亩益三斗，不勤则损亦如之"。又认为善治国者必须兼顾士民工商和农民双方的利益。他指出五口之家的小农，每年除衣食、租税和祭祀等开支外，还亏空四百五十钱，这就是农民生活贫困和不安心于田亩的原因。他针对此情况作平籴法，即将丰年分成大熟、中熟、小熟三个等级，按比例向农民籴粮；把荒年也分成大饥、中饥和小饥，在大饥之年把大熟之年所籴的粮食发放给农民,其余则类推。这样可使饥岁的粮价不致猛涨,农民也不会因此而逃亡或流散。由于能"取有余以补不足","行之魏国,国以富强"。

2. 编订《法经》 《法经》的编订,是李悝在法律制度方面作出的重大贡献。春秋末年,晋、郑诸国作刑鼎或刑书,以公布新的法律条文。到战国时,随着历史条件的改变,出现了更多的新的成文法典。李悝"撰次诸国法",修订出《法经》六篇,包括盗、贼、囚、捕、杂、具。《法经》出现后,魏国一直沿用,后由商鞅带往秦国,秦律即从《法经》脱胎而成,汉律又承袭秦律,故《法经》在中国古代法律史上有非常重要的地位。

李悝的著作著录于《汉书·艺文志》者有法家类《李子》三十二篇,儒家类《李克》七篇;兵权谋家《李子》十篇,也可能是李悝所作。李悝的思想和治术都属于法家范畴,故其大多数作品被列入法家类。由于他和子夏学派有一定的关系,他的有些作品不免带有几分儒家色彩,《艺文志》将其列入儒家也不为无因。以上三种著作早已亡佚,但在魏晋或隋唐时尚有零简残篇传世。如《水经注》和《文选·魏都赋》注都引有《李克书》。由于《汉书》以李悝与李克为两人,后代也有不少学者认为李悝是法家,李克是儒家。

《法经》早已不存,唯桓谭《新论》中有关于《法经》内容的简述,《晋书·刑法志》也有类似的记载。《新论》已佚,桓谭介绍《法经》的一条保留在明人董说《七国考》之中,是我们今天了解《法经》的重要依据。

3. 不以私报恩 魏文侯对李说:"先生曾经教导我说:'家贫就想得贤妻,国乱就想得贤相'。如今要安排宰相,不是魏成子就是翟璜,这两个人您看怎么样?"

李推脱不在其位不谋其政。文侯再三追问,李答:"只要考察一下他们过去的表现就可以确定了。看他们平时喜欢亲近哪些人? 富裕时能给予别人什么? 显贵时能举荐什么人? 处于逆境时做什么事? 贫困时不要什么? 从这五个方面审察,就能决定谁当宰相了。"

文侯听后高兴地说:"先生回家吧,我的宰相已经决定了。"

李快步走出去,到翟璜家中拜访。翟璜说:"今天听说君主召见先生去选择宰相,结果是谁当宰相呢?"

李说:"魏成子当宰相了。"

翟璜气得变了脸色,他说:"就凭耳目的所见所闻,我哪一点比魏成子差? 西河的守将是我推荐的。君主对内地最忧虑的是邺郡,我推荐了西门豹。君主计划要攻伐中山国,我推荐了乐羊。中山攻灭后,无人去镇守,我推荐了先生您去任职。君主的儿子没有师傅,我推荐了屈侯鲋。你说,我哪一点比魏成子差!"

李说:"您向您的君主推荐,难道是为了结党营私来谋求做大官吗?您怎么能跟魏成子相比呢?魏成子有千钟俸禄,十分之九用在外边,十分之一用在家里,他从东方聘来了卜子夏、田子方、段干木。这三个人都是天下奇才,君主把他们奉为老师。您所推荐的那五个人,君主都任他们为臣,您怎么能跟魏成子相比呢?"

翟璜听了李的话后,终于醒悟过来,拜了两拜说:"我翟璜是浅薄的人,说话很不得当,我愿终身做您的弟子。"

三、经济思想

李悝所处的时代是韩、赵、魏、齐、楚、秦、燕等大国争霸,即谋求全国统一的历史时期。由于争霸的需要,和顺应春秋以来土地私有制确立的发展趋势,各诸侯国都以争取控制土地和劳动力作为巩固和发展自己的首先前提。魏文侯时,任用李悝、吴起、西门豹进行改革,其中属于财政经济方面的有:废除世卿世禄、尽地力之教和行平籴法。李悝的这些思想散见于《汉书·食货志》及《说苑》等书中。

1.废除世卿世禄 废除世卿世禄制度,就是废除奴隶制时代遗留下来的官爵世代相袭的食禄制度,按照"食有劳,而禄有功"的原则,把爵位赐给有功于国家的人,把俸禄按功爵大小进行财政分配,无功不得受禄的制度。企图通过俸禄分配的办法,招致有才干的人来管理国家。废除世卿世禄,因功授爵是项财政原则,它不仅惩治了那些无功而富有、奢侈浪费、伤害农功的奴主贵族,节约了国家的财政支出;同时,它又进一步发展了因军功受田宅的制度,军功地主势力的发展,有力的变革着奴隶制的财政关系,向封建地租制转化。

2.尽地力之教 "尽地力之教"是李悝发展农业生产,宽裕民力,充裕国家财力,增加封建国家赋税收入的思想表现。李悝是较早的重农思想家,认为农业是衣食之源,也是国家财政收入的主要来源,在考虑到魏国人多地少的具体情况,要发展农业生产,就要充分利用现有的土地。"尽地力之教",就是为实现这一思想采取的政策。其主要内容包括:

(1)把发展农业和发展家庭纺织业放在财政经济的首要地位 他一方面指出农业是人们的衣食之源,"农事害,则饥之本也;女工伤,则寒之原也",农业是人们衣食的根本,若衣食问题得不到解决,就必然遭到"饥寒并至","饥寒并至而能不为奸邪者,未之有也"。说明饥寒交迫必导致政治上的不稳定,地主阶级要想统治下去将是很困难的。另一方面,他指出农业是国家财政收入的主要源泉,他说:"农伤则国贫",反过来说,若农不伤则国富,所以只要农业生产发展得好,国家的财政收入就必然增多。

李悝根据魏国的人口和可耕土地的实际情况,主张把国家占有的土地,按好坏分配给农民。他说:"今一夫挟五口,治田一百亩,岁收亩一石半",即按他的估计,魏国每个农民可耕好地100亩(约合今31亩),分到土地的农民,要向国家交纳赋税和承担各种劳役。李悝根据当时的生产力水平,规定每亩土地的标准产量为一石五斗,并依此作为国家掌握平籴的依据。

(2)提高劳动生产率,以增加国家财政收入　李悝对魏国的财政充满信心,他认为已经获得解放并已分得土地的农民,其生产积极性会有不同程度的提高,假若通过提高农民的劳动强度,改进其耕作技术、挖掘其增产的潜力,亩产量定会增加,粮食收入增加是有保证的。李悝以一个县为例进行估算说:以地方百里计算,大凡有土地九百万亩,把其中山泽和城乡住宅区不能耕种的地方若占的三分之一除去,还剩有耕地六百万亩。在调动农民生产积极性的基础上,每亩可以增产三斗,六百万亩耕地共可增产粮食一百八十万石。若不勤谨耕种,则相应减少粮食一百八十万石。

此外,李悝还提出:"必杂五种,以备灾害,力耕数耘,收获如寇之至"。这是说,谷物耕植须采取多种经营形式,种植粮食,要杂种五谷以备灾害,如若这种作物受到自然灾害,还有其他作物可以收获。耕地要深,除草要勤,收获时间要抓紧,像防备寇盗那样急速,以免作物遭到损失,影响收获量。李悝如此充分肯定劳动生产率的作用,其目的就在于,农业产量增加了,当然交给国家的赋税也就随之增加了,国家财政收入自然就增加了。李悝这样精打细算的来谈论地力之教,一方面是发挥土地的潜力,以增加粮食收入,另一方面也是计划着怎样增加封建国家的财政收入。

3. **行平籴法**　李悝认为在生产力比较低的情况下,自然因素对农作物收获量的影响很大,农业产量的多少必然影响着粮食价格的波动。要使农民不受粮食价格波动的影响、安于生产,政府就要善于调节粮价,使"民无伤而农益劝"。为此,他提出"平籴政策"。"平籴",就是稳定粮食价格。平籴政策,则是以丰补歉的一种财政方法。它是我国历史上主张由国家收购或抛售粮食以稳定粮价的经济理论。丰年时由政府平价购进余粮,荒年时由国家将米谷平价发卖,"取有余,以补不足"。李悝指出:"籴甚贵伤民,甚贱伤农。民伤则离散,农伤则国贫。故甚贵与甚贱,其伤一也。善为国者,使民毋伤而农益劝"。李悝提出平籴政策的目的,在于防止商人垄断市场粮价,国家控制粮食,既可保持市场粮价的稳定,又能使国家掌握有足够的粮食储备,这对稳定小农经济,保护税源是十分必要的。

李悝认为,要解决粮食的产量和粮食的价格问题,实行其平籴政策,必须对农民的每年收入和费用加以估算,找出粮价昂贵的原因。

这笔帐算得很细:亩年产一石半,百亩就是一百五十石;除交什一税十五石,尚余一百三十五石。每人每月吃粮一石半,五口人共吃九十石,除吃剩余四十五石。把四十五石全部出售换钱,每石值三十钱,共值一千三百五十钱。扣去各种祭神、祭祖费用三百钱,剩一千零五十钱。衣服每人大概用三百钱,五人共一千五百钱,于是还短缺四百五十钱。若遇上疾病或死亡的费用,以及官府的征赋都还未计入在内,这就造成粮价的昂贵。

解决粮价的昂贵,就要行平籴法,其具体办法是:假定百亩田的常产量是一百五十石,上熟年份产量可达六百石,中熟四百五十石,下熟三百石,小饥则只有一百石,中饥七十石,大饥三十石。政府可以根据年代的变化,在上熟年份收购余粮三百石,中熟收购二百石,下熟收购一百石。留下的粮食,使农民够用,当粮食回升到平常的水平时,就停止收购。遇到荒年就粜出粮食,大饥年份就粜出大熟年份收购的粮食;中饥粜出中熟年份收购的粮食;小饥粜出小熟年份收购的粮食,"取有余,补不足","使民适足,贾平则止"。这样,当遇上饥馑水旱也能收到"粜不贵,而民不散"的效果。

李悝的平籴法和计然的平粜法不同。计然的平粜主张是"农末俱利",它规定的粮价波动幅度较大,使商人有利可图。李悝的平籴法则主张"使民适足,贾平则止",要做到的是"民无伤而农益劝",不考虑商人的利益。李悝的由国家收购余粮,再在荒年抛出,在很大程度上限制了商人的粮食投机活动。可见李悝的平籴政策具有明显的抑商性质。平籴政策,使粮食小受农业丰歉影响而保持平稳,这对限制商人的兼并活动和防止农民的破产有一定的作用。

从李悝的平籴改革中,可以看到它要达到的目的是努力做到保证农民生产的积极性,使国家能掌握有充足的粮食储备,从而保证社会安定和国家的富强。表面上看似乎是没有提到平籴政策对增加国家财政收入的作用;然而实际上,平籴法打击了粮食投机商人,稳定了小农经济,自然保障了国家的财政收入,这是平籴法实行的必然结果。

雷厉风行的 CEO —— 商鞅

一、人物简介

商鞅(约前 390～前 338),卫国人。战国时期政治家,思想家,著名法家代表人物。卫国国君的后裔,公孙氏,故称为卫鞅,又称公孙鞅,后封于商,后人称之商鞅。应秦孝公求贤令入秦,说服秦孝公变法图强。孝公死后,被贵族诬害,车裂而死。在位执政十年,秦国大治,史称商鞅变法。但最后还是死于自己的法。

二、生平事迹

1. 寻求发展 《史记·商君列传》载:商鞅"少好刑名之学",也就是喜好主张以法治国的法家学说。鲁国人尸佼,"非先王之法,不循孔氏之术",也就是不奉行儒家仁义之说,而力图改变先王之法,其学"兼儒墨名法",而法家色彩最浓,商鞅曾向他请教。

商鞅出生于卫国,战国时已沦为魏国的属国,商鞅二十多岁即到魏寻求发展。在战国诸国中,魏国是最先变法的国家。周威烈王二年(前424年)魏文侯即位。在他执政期间,任用李悝实行变法。这次变法废除了旧时代残留下来的世袭禄位制,按照"食有劳而禄有功"的原则,培植新兴的军功地主;在魏国推行"尽地力之教",鼓励个体农民积极生产,以保证兵源和税源;创行"平籴法",规定年成好时由政府平价收购粮食,坏年成时政府再以平价卖出,以防粮价剧烈波动,影响社会稳定。李悝"撰次诸国法",编成了我国历史上第一部比较有系统的地主阶级法典《法经》。

由于李悝变法,魏国是战国初期的强国,也是地主阶级生机勃勃、法家思想浸润甚深的地区。在这里,商鞅进一步研究了法家思想,总结了李悝、吴起等人变法的得失。李悝所著"法经"更被商鞅奉为经典。

商鞅在魏国期间,思想上已成熟而坚定了,可在政治上并未取得很大进展,不过是做了魏相公叔痤的家臣。公叔痤很赏识商鞅,但并未能让商鞅步入政坛,因为魏惠王是个不识贤才又无远见的昏庸君主。公叔痤临终向魏惠王推荐商鞅:"痤之中庶子公孙鞅,年虽少,有奇才,愿王举国而听之"。当知道魏王终不会用商鞅时,公叔痤出于对魏国利益的考虑,也出于一种绝望情绪,劝魏王杀掉商鞅。但是,魏王认为,此系公叔痤的重病昏言,以至对商鞅不用不杀。

2. 实施变法 商鞅听说秦孝公下令国中求贤者,欲收复秦之失地,便携带李悝的《法经》到秦国去。通过秦孝公宠臣景监,三见孝公,商鞅畅谈变法治国之策,孝公见商鞅高谈阔论、泛泛而语、不着边际,听了一会儿就睡觉了,一连三次如此。商鞅没有气馁，最后以"伯术"为题展开话题，却正中孝公下怀，两人交谈三日三夜，孝公不觉困倦。孝公大喜，封他为左庶长。于是，商鞅果断颁布变法之道。他想测试一下民众对变法的态度，更为了取信于民，以便新法能顺利地贯彻、实施下去。

商鞅派人把一根三丈长的木头放在闹市中，下令说："谁能把木头搬到北门去，就奖赏十金"，老百姓纷纷来看，但都抱怀疑的态度，无人去搬；商鞅把赏金加到五十金，大家更加猜疑：秦国可是从来没有出这么重的奖赏的。但有一人不信邪，心想：虽然没有这么多的奖金，但总不会有什么害处吧。他扛起木头，搬到北门，跟随的观众很多。商鞅如数地兑现了奖金，大家这才相信：商鞅出令必行！随后，商鞅颁布新法，并使新法顺利地实施了下去。

周显王十三年（前356年）和十九年（前350年）先后两次实行变法，变法内容为"废井田、开阡陌，实行郡县制，奖励耕织和战斗，实行连坐之法"。

这样大规模的改革，当然要引起激烈的斗争。许多贵族、大臣都反对新法。有一次，秦国的太子犯了法。商鞅对秦孝公说："国家的法令必须上下一律遵守。要是上面的人不能遵守，下面的人就不信任朝廷了。太子犯法，他的师傅应当受罚。"结果，商鞅把太子的两个师傅公子虔和公孙贾都治罪。一个割掉了鼻子，一个在脸上刺上字。这一来，一些贵族、大臣都不敢触犯新法了。

变法日久，秦民大悦。秦国道不拾遗，山无盗贼。秦国越来越富强，周天子打发使者送祭肉来给秦孝公，封他为"方伯"（一方诸侯的首领），中原的诸侯国也纷纷向秦国道贺。

3. 车裂之刑　公元前340年，商鞅奉秦孝公命令攻打魏国，魏将公子昂原是商鞅在魏国时的朋友，商鞅就请公子昂和谈，公子昂顾及友情毫不怀疑，结果商鞅在会谈后生擒魏将公子昂，趁机大破魏军，迫使魏割河西之地与秦，将人民迁居至大梁，此时魏惠王大怨："寡人恨不用公叔痤之言也。"商鞅因此大功，受封于商（今陕西商县东南商洛镇）十五个邑，号为商君。

商君之法太过刻薄寡恩，设连坐之法，制定严厉的法律，增加肉刑、大辟，有凿顶、抽肋、镬烹之刑。秦国贵族多怨。赵良劝说商君勿积怨太深，商鞅不听。

公元前338年，秦孝公去世，太子即位，即秦惠王。公子虔等人告发商鞅"欲反"，秦惠王下令逮捕商鞅。商鞅逃亡至边关，欲宿客舍，客舍主人不知他是商君，见他未带凭证，告以商君之法：留宿无凭证的客人是要治罪的。由于店家害怕"连坐"不敢留宿，商鞅自是"作法自毙"。商鞅想到魏国去，但魏国因他曾背信生擒公子昂，拒绝他入境。后来商鞅回到商邑，发邑兵北出击郑国，秦国发兵讨之，杀鞅于郑国渑池，死后被秦惠王处"车裂之刑"，灭商君之族。

三、经济思想

战国时期,各国纷纷变法以适应生产关系乃至整个社会政治经济制度的变化。其中最深入、成功,对历史影响最深远的当属秦国的商鞅变法。由于商鞅变法,使秦国由地处西部的边远、落后国家,一跃成为富强、先进的国家,为日后秦统一六国奠定了基础。在中国存在了 2000 年以上的土地制度和租佃制小农经济,很大程度上与商鞅变法有关。

战国时代,地主阶级通过长期反复的斗争,夺得了统治地位。一种新的社会制度诞生了。诸侯国之间的兼并战争也愈演愈烈。要在激烈的竞争中巩固新生的地主封建制政权,要避免被其他国家吞并,而且要兼并其他国家,就要摒弃已经过时的社会政治制度,变法图强。

仍然地处偏远的秦国,自进入战国后,国势衰微,屡受东邻魏国的攻击,没有资格参加东方诸国的盟会。秦孝公即位后,继承其父秦献公的事业继续改革泰国制度,以自立于强国之林。他下令求贤,其求贤令承诺:"寡人思念先君之意,常痛于心。宾客群臣有能出奇计强秦者,吾且尊官,与之分土"。这一纸求贤诏书,引来了震动中国历史的商鞅。

商鞅变法分两次推行,变法内容反映了如下一些经济思想。

1. 力主耕战抑制工商　重农抑商在中国历史上曾长期存在,但是把耕与战紧密结合起来;主张农是手段,战是目的则是商鞅的创举。

变法中,商鞅规定:尽全部努力从事耕织,而且收获量大的免除当服的徭役,从事工商业及懒惰而致贫者,连同妻子、儿女没入官府为奴。通过这种严酷的办法,奖励男耕女织的小农生产,打击工商业。

发展农业的目的,在商鞅看来就是为了打仗。《商君书·壹言》说:"事本不可不抟",要"朝夕从事于农",使"民喜农而乐战"。

将农战两者结合在一起,首先是农业能为战争提供粮食、饲料和其他用品。只有"兵出粮给而财有余",才能在兼并征战中战胜敌国、立于不败之地。商鞅注意到评价一国战斗力时,不能只看其第一线兵力。他讲:"臣之所谓兵者,非谓悉兴尽起也",而是要看后勤供给能力。

《商君书》讲到战法时说:军队一动,先要衡量敌国诸方面的力量。如国家治理不如敌国,就不要和它作战;粮食不如敌国多,就不要和它相持,而应速战速决;敌人兵多,我方就不要主动进攻;敌国一切均不如我,就要毫不犹豫地进攻它。可见商鞅是非常重视战争的准备工作,特别是后勤准备的。

商鞅认为农民容易被培养成勇于战斗的兵士。人民专心务农,就朴实而容易治理,忠厚而容易役使,诚信而可以守土,可以进行战争。人民意志专一,就不会欺诈,王者才可以用赏罚来督促他们,可以用来对外作战。在商鞅看

来,工商游食之民,在战争中是无用的。农战政策的具体措施:

(1)招诱三晋无地农民入秦　　秦国原来地广人稀,三晋则恰好相反。于是商鞅招诱三晋无地者入秦,除给予田宅外,还免其三世徭役。这样,三晋逃民种地供给军粮,忠勇的原秦地民从军作战,耕战很好地结合在一起了。

就是商鞅认为工商游食之民,于国家毫无益处,不过是蟊之类的害虫。要重农抑商,首先必须实行粟爵粟任、武爵武任。官爵是名利的集中体现。商鞅认为:"凡人主之所以劝民者,官爵也"。朝廷让人如何得到官爵具有导向作用。他主张:"兴兵而伐,则武爵武任,必胜;按兵而农,粟爵粟任,则国富"。

粟爵粟任,就是让民向国家交纳余粮,国家根据交纳量授予官爵。即"民有余粮,使民以粟出官爵"。

武爵武任,就是按军功授爵。《韩非子·定法》记载说:"商君之法曰:斩一首者爵一级,欲为官者为五十石之官。斩二首者爵二级,欲为官者为百石之官。官爵之迁与斩首之功相称也"。

以粟换官爵,可以壮大地主阶级力量,扩大地主阶级分子入仕为官的门径,同时也可以不断聚集民力,推动农业生产。在商鞅看来,百姓手中粮食多了,就会惰于农事。让他们将余粮换取官爵,余粮就转移到国家手中,得爵而失粟者又要去努力生产,如此循环往复,国家可以得到越来越多的粮食。

(2)实行"不农之征必多"的赋税政策　　这其中包括"訾粟而税",即赋税征粟。征粟给工商游食之民造成了极大不便。对于俸禄厚、养有很多闲人的贵族,则按其吃饭的人口数目收取人口税,并加重他们的徭役。加重工商税役的结果,是"农逸而商劳"。

(3)实行"市利尽归于农"的价格政策　　由于客观经济生活的需要,抑商并不能彻底消灭工商业,也就不能消灭市场。商鞅可以做到的,是提高粮食价格,使"食贵则田者利,田者利则事者众"。再就是禁止商人经营粮食买卖。

商鞅主张农战,重农抑商的思想,是战国这一特定时代的产物。从商鞅的相关措施中,可以看出,他看到了物质利益的趋动作用。意识到了价格、赋税的杠杆作用。但是,商鞅过分相信和依赖国家的政权的行政力量,以为严刑峻法可以达到一切目的。这就颠倒了经济基础与上层建筑的关系。

农战二者在商鞅的时代,是互相促进的,但也有相互妨碍的一面。商鞅及其后人也看到了这一点。"夫秦之所患者:兴兵而伐,则国家贫;安居而农,则敌得休息"。至于秦统一以后,农战两者就应以农为主,非不得已不可以战为耕的目的。

2.国富民贫的重税政策　　先秦诸学派,多主张富民。惟有商鞅主张国富民贫。这一观点不是空前绝后,也是十分特殊的。

商鞅将国家与人民完全对立起来。他认为："民弱国强,国强民弱,故有道之国务在弱民","民富而不用"。意即国家应努力使人民弱,如国民富了就不易驱使。而"民弱则尊官,贫则重赏"。人民贫弱才会尊重官吏,才会重视赏赐。他认为人民可以享用的,应该只是交足公仓所需后的剩余。总之,他的理想是"家不积粟,上藏也"。人民应家无储积,一切余粮全部集中于国家。

商鞅富国的目的是强国;贫民的目的是使民一心于耕战,只有耕,才能得到活命所需的粮食,只有战才能获得封赏。

对于工商业,商鞅主张征重税。如对酒肉之租他曾提出"令十倍其朴",即按原价课征十倍的赋税,其目的不全是为增加财政收入,主要是为了抑制工商业发展。

在农业方面,商鞅设立了种种赋税优惠政策以鼓励人民"僇力于本业"。但是,在工商业受到抑制的情况下,农民的负担也不会太轻。《史记·商君列传》载:商鞅之法"行之十年,秦民大悦……家给人足"。我们不能据此判断商鞅的政策获得了劳动者和剥削者的一致拥护。因为,商鞅施政的终极目标是巩固地主阶级政权,并最终兼并与秦争雄的其他国家。农民不过是为了一小块私有土地,而被驱使从事农战。这颇似德国斐特烈二世以农民的土地所有权驱使农民为他服兵役,拿破仑用赐给农民小块土地的办法换取他们对战争的支持。农民是用自己的鲜血才换得了土地私有权。商鞅强调"利出一孔",即只有僇力于耕战才能取得名利,这一孔就是吮吸农民血汗之孔。

3.开阡陌封疆巩固地主土地私有制 由于对中国历史的分期问题有不同认识,所以,有的学者认为在封建地主制占统治地位之前,中国历史上曾存在封建领主制,也有些学者认为中国是从奴隶社会直接进入了地主封建制。但不管是奴隶社会,还是领主封建社会,其共同特点是"普天之下,莫非王土"和"田里不鬻"的世袭大土地所有制。

春秋战国时代,地主阶级作为新兴阶级走上了历史舞台,并陆续在各国取得统治地位。商鞅变法的主要目的就是建立和巩固地主阶级政权。

商鞅在第一次变法中就规定:贵族的爵位、属籍是与土地的世袭占有联系在一起的。王侯大夫的子孙,世代既占有土地,又在封邑内行使行政权力。商鞅此举,改变了国君嫡系以外一切贵族的世袭特权,如无军功,一律不准登录在宗名册。形成"利禄官爵,专出于兵,无有异施也"的局面。当年李悝在魏国变法后,就曾制定"食有劳而禄有功"等原则,商鞅的做法显然受到了李悝的影响。商鞅将世袭爵禄制改为二十等军功爵制。新的军功爵受领者,只能享受荣誉和一些免役特权,再也不能在封邑内享有世袭与土地占有权结合在一起的行政权力。

贵族大土地所有制就是井田制。井田各有一定的疆界,封住四周,故称封疆。封疆之内分配给劳动者耕作或灌溉,又有划分土地的封洫。史载"秦孝公用商君,坏井田,开阡陌,急耕战之赏"。坏井田,开阡陌,就彻底摧毁了贵族对土地的世袭垄断特权,使土地得以自由买卖。既培养了秦政权的支柱——军功地主,又培植了大量自耕小农,以作地主政权敲诈驱使的对象。

史载商鞅"为田开阡陌封疆而赋税平",说明商鞅对原贵族的土地与民有地一体征税,只有如此,才能说是"赋税平"。从此以后,地主土地所有制在中国 2000 年的历史上占据了统治地位。所谓"不出不入"的大地产,除个别时期曾出现外,基本上退出了历史舞台。商鞅可说是地主封建制的第一功臣。

地主土地所有制将土地的占有权与行政管理权剥离开来。那么就要有一种新的政治体制与之相适应。这就是中央集权的郡县制度。商鞅把许多乡、邑、村落合并为县,建了四十一个县。县设县令、县丞、县尉等官吏。县令是一县之长,县丞管理民政,县尉执掌军事。

秦孝公十三年(前 349 年)"初为县有秩史",就是在县官以下设置有固定禄食的吏,县的行政机构具有了此后 2000 年大体未变的体制。县的官吏听命于朝廷,任免由君主决定,既适应了地主经济的要求,又加强了中央集权制度。各县的政治制度都是一个形态,则人人遵从,邪恶的官吏不敢玩花样;接替的官吏不敢也不必变更制度,有错误的官吏也无法隐匿其罪行。

在打击世卿世禄制的同时,为了巩固地主封建制的生产关系,商鞅还通过赋役制度,大力维护男耕女织的小农经济。

4. 注重战争需要轻视货币作用　　由于商鞅追求的目的只有一个:不断征战,兼并对手,所以,他不能将邻国视为贸易伙伴,而只能视为交战对手。他讲:国家输入一两黄金,就要流失十二石粟,而粟的减少就意味着兵弱,国家就会灭亡,结果是"金、粟两死,仓府两虚"。反之,如果"国好生粟于竟内,则金粟两生,仓府两实,国强"。也就是说,交换是无用的,只要国强,就可以有金又有粟,仓府两实。其取得手段,商鞅不言,只有后人自行体会。但他轻视交换,轻视货币作用的观点已表露无疑了。秦国在商鞅死后三年(前 336 年)才开始使用铸币,与楚、齐等国在春秋末就有铸币相比,晚了很多年。货币的发展程度,是商品经济发展程度的反映。

在古代,军事力量的科技含量低,经济发展水平低的国家民族,击败或灭亡经济水平高的对手,屡见不鲜。元灭宋、清代明统治全国都是例证。商鞅造就的是一个军力强大的秦国,而不是一个经济发展水平高的秦国。商鞅有意识地利用国家权力,包括财政政策达到巩固地主阶级地位,维护小农经济,抑制工商业发展的目的。在这一点上,他是成功的。

商鞅"极身无二虑，尽公不顾私"，乃至为此献出了生命。他推行改革雷厉风行的作风，与坚韧的毅力是很可敬的。商鞅应是中国封建专制主义中央集权制度的奠基者，而不仅是一个理财家。但是，从经济发展的角度考虑，商鞅的思想和做法过于极端，在特殊的历史条件下才能发挥作用。"商鞅虽死，但秦法未败"。一个生机勃勃却无法兼有刽子手和牧师两者职能的秦始皇统一了六国，事业是轰轰烈烈的，但只维持了十几年，秦朝的大厦便轰然倒塌，这应该引起后来者对商鞅思想的辩证分析。

天下一统的秦汉

历史背景

秦朝是由战国时代后期的秦国发展起来的统一大国,是中国历史上第一个多民族的统一的中央集权制封建帝国,秦王嬴政自称始皇帝,中国从此进入了长达两千多年的封建社会。商鞅变法以后,秦国的经济体制就全面转入"耕战"。即重视农业生产和对外战争,以农业生产支持对外战争,以军功授爵赐予土地。同时由国家法令具体指导农业生产。

汉朝是中国历史上继秦朝之后出现的朝代,分为"西汉"与"东汉"两个历史时期,合称两汉。西汉为汉高祖刘邦所建立,建都长安;东汉为汉光武帝刘秀所建立,建都洛阳。汉朝是一个强大的帝国,创造了辉煌的文明,代表着中国帝制时代中最强盛的年代。汉朝统治时期所确立的社会与政治制度,一直延续到 20 世纪。

汉朝的土地所有制与秦朝相同,土地私有,并可自由买卖。土地所有者须向国家缴纳耕地税。西汉早期,自耕农是农民阶层的主体。到西汉中后期,土地集中日益严重,自耕农大量破产,沦为佃农。豪强庄园势力日益强大。东汉后,这一现象更甚,地主庄园势力的膨胀,亦间接导致了三国局面的形成。

汉朝时期,铁制农具已经成为主要的生产工具,著名的农具种类有铁犁壁、矩犁、全铁曲柄锄等。牛耕是最主要的犁地方式,最重要的犁地法是两牛抬杠。一些新式耕田法,如代田法、区田法相继诞生。

国家注重兴修水利,尤以关中地区为最。著名的水渠有成国渠、六辅渠、白渠等。在洛水附近有一条龙首渠,由于附近地区土质松软易坍塌,就用凿井的方法代替地上管道,叫做井渠,极类似于今天新疆地区的坎儿井。东汉时期,出现了翻车和渴乌等水利工具,增加了农业生产效率。著名的农书有《氾胜之书》。

西汉早期,冶铁业分国营(中央政府)、官营(地方经营)和民营三种类型。当时著名冶铁家有卓王孙、南阳孔氏等。汉武帝于元狩三年收冶铁为国营,自此之后冶铁业开始衰落,但由于此对国家财政较有利,之后一直没有改变此政策。到了东汉,冶铁业由社会自营,加上水排的发明,冶铁业更加发达。铜器虽出现变少,但在两汉时期仍是重要的金属器。漆器则是两汉时期重要的工艺品。汉朝的纺织业亦有国营与民营之分,民间著名纺织业者有陈宝光,他是织花机的发明者。到东汉时期,蚕桑养殖在长江流域和岭南等地开始推广,特别是四川地区。蜀锦更价值连城,在三国时期甚至成为蜀汉一大财源。麻葛制品中,最出名的是产于会稽地区的越布。

西汉早期奉行重农抑商政策,商人地位低下。文帝时期,在晁错的建议下,改行贵粟政策,商人竞买爵位,国家存粮大涨,商人的地位也有大幅度提高。西汉时期,全国已有数个商业中心,如长安、洛阳、邯郸、江陵、吴、寿春、番禺、成都等,各大都会间亦有河渠或大道想通。丝绸之路是当时世界最重要的商路。而海上交通也有出现。在边疆地区,与外国定期有"合市"供交换有无。伴随着商业的发展,一些经商哲学纷纷出现。到东汉时期,中原地区商道线路发达,各地货物往来更加频繁。

善于投机的 CEO —— 吕不韦

一、人物简介

吕不韦(约前 285～前 235 年),战国末年著名商人、政治家、思想家,秦国大臣。

吕不韦是阳翟(今河南省禹州市)的大商人,他往来各地,低价买进,高价卖出,所以积累起千金的家产。

二、生平事迹

1. 奇货可居 秦昭王四十年(前 267 年),太子悼死在魏国,运回国葬在芷阳。到了昭王四十二年(前 265 年),把他的第二个儿子安国君立为太子。而安国君有二十多个儿子。安国君有个非常宠爱的妃子,立为正夫人,称之为华阳夫人。华阳夫人没有儿子。安国君有个排行居中的儿子名叫子楚,子楚的母亲叫夏姬,不受宠爱。子楚作为秦国的人质被派到赵国。秦国多次攻打赵国,赵国对子楚也不以礼相待。

子楚乘的车马和日常的财用都不富足,生活困窘,很不得意。吕不韦到邯郸去做生意,见到子楚后非常喜欢,说:"子

楚就像一件奇货,可以囤积居奇。以待高价售出"(成语"奇货可居"的出典)。于是他就前去拜访子楚,对他游说道:"我能光大你的门庭。"子楚笑着说:"你姑且先光大自己的门庭,然后再来光大我的门庭吧!"吕不韦说:"你不懂啊,我的门庭要等待你的门庭光大了才能光大。"子楚心知吕不韦所言之意,就拉他坐在一起深谈。吕不韦说:"秦王已经老了,安国君被立为太子。我私下听说安国君非常宠爱华阳夫人,华阳夫人没有儿子,能够选立太子的只有华阳夫人一个。现在你的兄弟有二十多人,你又排行中间,不受秦王宠幸,长期被留在诸侯国当人质,即使是秦王死去,安国君继位为王,你也不要指望同你兄长和早晚都在秦王身边的其他兄弟们争太子之位啦。"子楚说:"是这样,但该怎么办呢?"吕不韦说:"你很贫穷,又客居在此,也拿不出什么来献给亲长,结交宾客。我吕不韦虽然不富有,但愿意拿出千金来为你西去秦国游说,侍奉安国君和华阳夫人,让他们立你为太子。"子楚于是叩头拜谢道:"如果实现了您的计划,我愿意分秦国的土地和您共享。"

2. 扶植子楚　吕不韦于是拿出五百金送给子楚,作为日常生活和交结宾客之用;又拿出五百金买珍奇玩物,自己带着西去秦国游说,先拜见华阳夫人的弟弟阳泉君和姐姐,把带来的东西统统献给华阳夫人。顺便谈及子楚聪明贤能,所结交的诸侯宾客,遍及天下,常常说"我子楚把夫人看成天一般,日夜哭泣思念太子和夫人"。夫人非常高兴。吕不韦趁机又让华阳夫人姐姐劝说华阳夫人道:"我听说用美色来侍奉别人的,一旦色衰,宠爱也就随之减少。现在夫人您侍奉太子,甚被宠爱,却没有儿子,不趁这时早一点在太子的儿子中结交一个有才能而孝顺的人,立他为继承人而又像亲生儿子一样对待他。那么,丈夫在世时受到尊重,丈夫死后,自己立的儿子继位为王,最终也不会失势,这就是人们所说的一句话能得到万世的好处啊。不在容貌美丽之时树立根本,假使等到容貌衰竭,宠爱失去后,虽然想和太子说上一句话,还有可能吗?现在子楚贤能,而自己也知道排行居中,按次序是不能被立为继承人的,而他的生母又不受宠爱,自己就会主动依附于夫人,夫人若真能在此时提拔他为继承人,那么夫人您一生在秦国都要受到尊宠啦。"华阳夫人听了认为是这个理,就趁太子方便的时候,委婉地谈到在赵国做人质的子楚非常有才能,来往的人都称赞他。接着就哭着说:"我有幸能填充后宫,但非常遗憾的是没有儿子,我希望能立子楚为继承人,以便我日后有个依靠。"安国君答应了,就和夫人刻下玉符,决定立子楚为继承人,安国君和华阳夫人都送了好多礼物给子楚,而请吕不韦当他的老师,因此子楚的名声在诸侯中越来越大。

3. 封为丞相　秦昭王五十年(前 257 年),派王龁围攻邯郸,情况非常紧急,赵国想杀死子楚。子楚就和吕不韦密谋,拿出六百斤金子送给守城官吏,得以脱身,逃到秦军大营,这才得以顺利回国。赵国又想杀子楚的妻子和儿子,因子楚的夫人是赵国富豪人家的女儿,才得以隐藏起来,母子二人竟得活命。秦昭王五十六年(前251年),昭王去世了,太子安国君继位为王,华阳夫人为王后,子楚为太子。赵国也护送子楚的夫人和儿子政回到秦国。

安国君继秦王位,守孝一年后,加冕才三天就突发疾病去世了,谥号为孝文王。子楚继位,他就是秦庄襄王。庄襄王尊奉为母的华阳王后为华阳太后,生母夏姬被尊称为夏太后。庄襄王元年(前249年),任命吕不韦为丞相,封为文信侯,河南洛阳十万户作为他的食邑。

庄襄王即位三年之后死去,太子政继立为王,尊奉吕不韦为相邦,称他为"仲父"。秦王政年纪还小,太后常常和吕不韦私通。吕不韦家有奴仆万人。

4. 一字千金 在那时,魏国有信陵君,楚国有春申君,赵国有平原君,齐国有孟尝君,他们都礼贤下士,结交宾客。并在这方面要争个高低上下。吕不韦认为秦国如此强大,自己却不如他们,实在是一件令人羞愧的事。所以他也招来了文人学士,给他们优厚的待遇,门下食客多达三千人。那时各诸侯国有许多才辩之士,像荀卿那班人,著书立说,流行天下。吕不韦就命他的食客各自将所见所闻记下,综合在一起成为八览、六论、十二纪,共二十多万言。自己认为其中包括了天地万物古往今来的事理,所以号称《吕氏春秋》。并将之刊布在咸阳的城门,上面悬挂着一千金的赏金,遍请诸侯各国的游士宾客,若有人能增删一字,就给予一千金的奖励。

5. 自杀而死 秦始皇越来越大了,但太后一直淫乱不止。吕不韦唯恐事情败露,灾祸降临在自己头上,就向太后推荐门客嫪毐,假装让人告发嫪毐犯下了该受宫刑的罪。吕不韦又暗中对太后说:"你可以让嫪毐假装受了宫刑,就可以在供职宫中的人员中得到他。"太后就偷偷地送给主持宫刑的官吏许多财物,假装处罚嫪毐,拔掉了他的胡须假充宦官,这就得以侍奉太后。太后暗地里和他通奸,特别喜爱他。后来太后怀孕在身,恐怕别人知道,假称算卦不吉,需要换一个环境来躲避一下,就迁移到雍地的宫殿中居住。嫪毐一直跟着太后,得到的赏赐非常丰厚,而太后凡事也都由嫪毐决定。嫪毐的仆人有数千人,希望成为嫪毐的门客,而自愿成为太监的,也有上千人。

秦始皇七年(前240年),庄襄王的生母夏太后去世。孝文王后叫华阳太后和孝文王合葬在寿陵。夏太后的儿子庄襄王葬在芷阳,所以夏太后另外单独埋葬在杜原之东,称"向东可以看到我的儿子,向西可以看到我的丈夫。在百年之后,旁边定会有个万户的城邑"。

秦始皇九年(前238年),有人告发嫪毐实际并不是宦官,常常和太后淫乱私通,并生下两个儿子,都把他们隐藏起来,还和太后密谋说"若是秦王死去,就立这儿子继位"。于是秦始皇严查此事，把事情真相全部弄清，事情牵连到相国吕不韦。这年九月，把嫪毐家三族人众全部杀死，又杀太后所生的两个儿子，并把太后迁到雍地居住。秦始皇十年（前237年）十月，免去了吕不韦的相邦职务。等到齐人茅焦劝说秦王，秦王这才到雍地迎接太后，使她又回归咸阳，但把吕不韦遣出京城，前往河南的封地。

又过了一年多，各诸侯国的宾客使者络绎不绝，前来问候吕不韦。秦王恐怕他发动叛乱，就写信给吕不韦说："你对秦国有何功劳？秦国封你在河南，食邑十万户。你对秦王有什么血缘关系？而号称仲父。你与家属都一概迁到蜀地去居住！"吕不韦一想到自己已经逐渐被逼迫，害怕日后被杀，就喝下毒酒自杀而死。

三、经济思想

在经济上，吕不韦强调重视农业，兴修水利，增强国家实力。吕不韦出身于商人，多年在下层社会的经商经历，使他明白巩固国家根基的关键在于，只有人民安居乐业，致力于生产，经济得到很大的发展，才能为国家提供大量的物力和财力，才能为以后要进行的兼并战争做充分的物质准备。

在《吕氏春秋》中就有专讲农事的《上农》、《任地》、《辨土》、《审时》四篇文章。这四篇文章从不同的角度探讨了关于农业的问题。《上农》篇，讲的是国家的农业政策；《任地》、《辨土》、《审时》三篇，讲的是农业方面的精耕细作技术。

1.**《上农》篇**　《上农》篇，上就是"重"的意思，即重农，阐述农业生产的重要性，反映出农业与政治的关系，列举了一些国家关于鼓励农桑的政策和措施。如《上农》篇中开篇就说：上古的圣王教导百姓的方法，是要他们首先致力于农业。百姓从事农业生产，为人就会淳朴，这样就很好管理；百姓服从管理，就可以使得国家安宁，君主的地位也就能长治久安。如果让他们舍弃农业这个根本而致力于工商等末节，他们就会不听从号令，不听从君主的号令就不能守卫国土，不能与敌作战。国家就会产生危机。所以国家的君主要采取很多的措施，以身作则，用政策和法令来保证、鼓励农业生产的正常进行。

2.**《任地》篇**　《任地》篇，谈到土地利用的总原则。先从勘测土地、利用土地和改良土壤讲起，涉及到耕作保墒、锄草通风等，论述了使农作物健壮生长、获得高产的十个重要问题。接着提出了一个重要观点：要考虑到土壤的坚硬和黏和；休整和耕作；贫瘠和肥沃；紧密和疏松；潮湿和干燥。就是在耕地的同时，要考虑到各种矛盾因素的并存，并适当进行矛盾的转化，土地利用的根本原则，是要通过劳作来进一步改良土壤的性质，使它适于耕种。

3.**《辨土》篇**　《辨土》篇，是谈如何具体使用土地，首先是对品质不同的土壤在耕作时间上要作不同的安排。即要遵循一定的"耕道"。接着谈了由不良的耕作方式引起的三种弊端,俗称"三盗",就是"地窃"(耕作过程中播种过稀)、"苗窃"(农田中缺苗)、"草窃"(田中杂草妨害庄稼的正常生长)。最后谈不合理的庄稼结构布局的危害,以及播种和耕作中所涉及的具体的技术原则。

4.《审时》篇 《审时》篇主要论述了掌握农时的重要性。《吕氏春秋》中的《上农》等四篇,是先秦时代最系统的农业学著作,除农业技术以外,也包括农业政策。这几篇文章反映了吕不韦和秦国政府对农业问题的高度重视。这也从侧面印证了吕不韦在经济上采取的措施是符合当时社会的发展的。

吕不韦还注意兴修水利,他第二次任相期间,修建了著名的郑国渠,此渠的修建成功,大大改善了关中地区的灌溉条件,明显地提高了产量,终于使得秦国成为富庶一方的大国。

《史书》上记载,当初修建这个郑国渠的背后还隐藏着一个惊心动魄的故事。战国后期,秦国逐渐强大起来,要出兵讨伐其他六国。秦国首先把目光投向了身边的韩国,因为韩国正挡住了秦国向东扩张的通道。面对强秦的威胁,有人给韩王出主意,想出了一个对付秦国的办法——疲秦计。韩国派一名优秀的水工到秦国去,游说秦王修建一个浩大的工程——连通关中地区的大水渠。韩国人想,因为秦王政好大喜功,如果劝说他修建这样一个巨大的水利工程,让他投入大量的人力、物力、财力,这样一来,就会牵制他很多的力量,他也就无暇东顾了,这样韩国暂时就安全了。于是,韩王派出水工郑国。

郑国来到秦国,见到当时的相邦吕不韦,陈说了自己的主张:"我打算帮助秦国修建一条巨大的水利工程,这样一来,会使关中地区受益无穷。"因为,秦国自商鞅变法以来,就有兴修水利的传统,并且秦昭王时,就有水利专家李冰修建的都江堰。这个都江堰是世界水利史上的惊世之作,它对四川平原的影响一直持续到今天。所以,吕不韦也深知兴修水利对秦国的发展是意义重大的。于是,在征得秦王政的同意之后,这一浩大的工程就开始了。随后,秦国大量的人力物力便通过郑国的要求,在吕不韦的指示调动下汇集到了关中大平原上。据说当时兴修水利的场面非常壮观,大约有十万人参加了这次工程,就这样原本用于打仗的人力现在都束缚在了这个修建大渠的土地上,郑国对于韩王的任务也算是完成了。

公元前237年,就在郑国渠快要完工之际,一件意外的事情发生了,秦国识破了韩国的阴谋,知道了韩王派人来秦修建水渠的真正目的是为了要拖垮秦国。秦王政大怒,要处死正在修建大渠的郑国,在情势非常危急的情况下,郑国为自己辩解说:"当初我确实是韩王派来作为间谍来向您建议修渠的,这确实是一条疲秦之计,可是您设想一下,虽然修建这样一个浩大的水利工程,会竭尽了秦国之力,可能暂且无力伐韩,但对弱小的韩国来说,也只是延缓他的灭亡罢了。但是大渠一旦修建成功,却可为秦国造福万代啊。您现在杀掉我郑国不算什么,可是眼看快要完成的工程半途而废,这才是秦国真正的损失啊!"一番话掷地有声,情势陡转,郑国的话终于打动了秦王政,这条大水渠得以继续修建。

公元前 236 年,经过上万民众的艰苦努力和辛勤劳动,在水工郑国的指挥下,这项巨大的水利工程从它戏剧性的开始——作为"疲秦计"的砝码,大约花了十年时间终于完工,这时天下的人们看到了一个崭新的秦国。大渠建成之后,总长近三百华里,灌溉面积约四万余顷。渠中的流水中含有大量的淤泥,在灌溉田地的时候极大地增加了土壤的肥力,使它所流经的很多贫瘠的土壤得到改良,使每亩可以收获粮食六石四斗,使关中成为沃野,此后关中大地再也没有荒年,秦国因此富强起来。整个关中地区成了日后秦国攻打六国的天然大粮仓,那里的老百姓们为了纪念郑国的伟大业绩,就把这条渠命名为"郑国渠"。虽然后人有人分析说,当初吕不韦答应修建郑国渠是为了增加自己在政治上的砝码,所以力劝秦王政答应修建该渠,后来修渠以疲秦的阴谋败露,吕不韦也受到了牵连。但我们且不去管吕不韦的初衷到底是什么,单从鼓励兴修水利这个方面看,吕不韦这样做,使得秦国的政局稳定,国力明显增强,在实力上远胜于其他的东方六国,这些都为秦的最后统一全国奠定了稳固的基础。

竭尽智力的 CEO —— 李斯

一、人物简介

李斯(前 280 ~ 前 208)字通古。秦代著名的政治家、文学家和书法家。战国末年楚国上蔡(今河南上蔡西南)人。早年为郡小吏,后从荀子学帝王之术,学成入秦。初被吕不韦任以为郎,后劝说秦王政灭诸侯、成帝业,被任为长史。秦王采纳其计谋,离间各国君臣,又任其为客卿。秦王政十年(前 237 年)李斯上《谏逐客书》,为秦王政所采纳,不久官为廷尉。在秦王政统一六国的事业中起了较大作用。秦统一天下后,被任命为丞相。他建议拆除郡县城墙,销毁民间的兵器,以加强对人民的统治;反对分封制,坚持郡县制;又主张焚烧民间收藏的《诗》、《书》、百家语,禁止私学,以加强专制主义中央集权的统治。还参与制定了法律,统一车轨、文字、度量衡制度。秦始皇死后,他与赵高合谋,伪造遗诏,迫令始皇长子扶苏自杀,立少子胡亥为二世皇帝。后为赵高所忌,于秦二世二年(前208年)被腰斩于咸阳闹市,并夷三族。

二、生平事迹

1. 不甘寂寞赴秦施才　李斯年轻时做过掌管文书的小吏。他曾经发出了这样的感慨:一个人要想在社会上出人头地,就应该像在粮库里偷吃粮食的老鼠,才能为所欲为,尽情享受。可以看出,在战国时期人人争名逐利的情况下,李斯也是不甘寂寞,想做出一番事业来。为了达到飞黄腾达的目的,李斯辞去小吏,到齐国求学,拜荀卿为师。荀卿是当时著名的儒学大师,他是打着孔子的旗号讲学的,但是,他不像孟子那样墨守成规,而是从当时的政治形势出发,对孔子的儒学进行了发挥和改造,因而很适合新兴地主阶级的需要。荀子的思想很接近法家的主张,也就是研究如何治理国家的学问,即所谓的"帝王之术"。

李斯学业完成以后,他分析了当时的形势,认为"楚国不足事,而六国皆弱",唯有秦国具备统一天下,创立帝业的条件,于是他决定到秦国去施展自己的才能与抱负。

临行之前,荀卿问李斯为什么要到秦国去,李斯回答说:"做事业都有一个时机问题,现在各国都在争雄,这正是立功成名的好机会。秦国雄心勃勃,想奋力一统天下,到那里可以大展身手。人生在世,卑贱是最大的耻辱,穷困是莫大的悲哀。一个人总处于卑贱穷困的地位,那是会令人讥笑的。不爱名利,无所作为,并不是读书人的想法。所以,我要到秦国去。"李斯告别了老师,到秦国去实现自己的愿望了。

2. 谏逐客书展现才智　公元前247年,李斯来到秦国,先在秦相吕不韦手下做门客,很快就得到吕不韦的器重,当上了秦王政的近侍,有了接近秦王的机会。他对秦王说:凡是做成事业的人,都必须要抓住时机。过去秦穆公时虽然很强,但未能完成统一大业,原因是时机还不成熟。自秦孝公以来,周天子力量衰落下来,各诸侯国之间连年战争,秦国才趁机强大起来。现在秦国力量强大,大王贤德,消灭六国如同扫除灶上的灰尘那样容易,现在是完成帝业,统一天下的最好时机,千万不能错过。

李斯的见解是正确的,秦王政欣然接受了李斯的建议,先任命他为长史,命其制定吞并六国,统一天下的策略和部署。李斯劝秦王派人持金玉去各国收买、贿赂,离间六国的君臣,果然收到了效果,他又被封为客卿。

正当秦王下决心统一六国的时候,群臣对外来的客卿议论很大,对秦王说:"各国来秦国的人,大抵是为了他们自己国家的利益来秦国做破坏工作的,请大王下令驱逐一切来客。"秦王下了逐客令,李斯也在被逐之列。

李斯在被逐离秦途中,写了《谏逐客书》,劝秦王收回成命。他在《谏逐客书》中,列举了大量历史事实,说明客卿辅秦之功,力陈逐客之失,劝秦王为成就统一大业,要不讲国别,不分地域,广集人才。这就是有名的《谏逐客书》。

李斯在《谏逐客书》中说:"我听说群臣议论逐客,这是错误的。从前秦穆公求贤人,从西方的戎请来由余,从东方的楚国请来百里奚,从宋国迎来蹇叔,任用从晋国来的丕豹、公孙支。秦穆公任用了这五个人,兼并了二十国,称霸西戎。秦孝公重用商鞅,实行新法,移风易俗,国家富强,打败楚、魏,扩地千里,秦国强大起来。秦惠王用张仪的计谋,拆散了六国的合纵抗秦,迫使各国服从秦国。秦昭王得到范雎,削弱贵戚力量,加强了王权,蚕食诸侯,秦成帝业。这四代王都是由于任用客卿而使秦国富强起来。客卿有什么对不起秦国的呢?如果这四位君王也下令逐客,只会使国家没有富利之实,秦国也没有强大之名。"

李斯还说:"秦国的珍珠、宝玉都不产于秦国,美女、好马、财宝也都是来自东方各国。如果只是秦国有的东西才要的话,那么许多好东西也就没有了。"李斯还在信中反问:"为什么这些东西可用而客就要逐,看起来大王只是看重了一些东西,而对人才却不能重用,其结果是加强了各国的力量,却不利于秦国的统一大业。"李斯的这封上书,用充分的说理论述了广罗人才,不能受地域限制、不能因噎废食。不仅情词恳切,而且确实反映了秦国历史和现状的实际情况,代表了当时有识之士的见解。因此,这篇《谏逐客书》成为历史名作。

秦王明辨是非,果断地采纳了李斯的建议,立即取消了逐客令,李斯仍然受到重用,被封为廷尉。

经过这一次反复,秦国仍旧坚持招揽和重用外来客卿的传统,这些外来的客卿在秦国统一中国的过程中发挥了重要作用。

在取消逐客令不久,魏国大梁人尉缭也来到了秦国。当时的形势是,秦王已经除掉内部的反对派吕不韦等,大权进一步集中,积极向外扩张,东方各国都个个自危。尉缭向秦王建议说:当前,以秦国的力量消灭东方各国是毫无问题的。但是,如果各个诸侯国联合起来,合纵抗秦,结果就很难说了。因此,不要吝惜财物,向各国掌权的"豪臣"行贿,破坏他们的联合,只用三十万金,就可以达到兼并各个诸侯国的目的。秦王采纳了尉缭的计谋,在同各国进行斗争的过程中,多次是用此策而取得胜利的。当然,秦国的反间计是以武力为后盾的,正如李斯所讲:"不肯者,利剑刺之"。

秦国坚持接纳、使用客卿的政策,对其经济、政治、军事、文化的迅速发展,都作出了积极的贡献。如秦始皇时代的客卿就有:王龁、茅焦、尉缭、王翦、李斯、王贾、李信、王离、蒙恬等。李斯的《谏逐客书》，对秦网罗天下人才是有功绩的。

3.辅佐秦王妒杀韩非　正当李斯步步高升的时候，秦王却十分喜爱韩非的才华。韩非和李斯是同学，他继承了荀子的学说，并在此基础上，把"势"、"法"、"术"结合起来，并加以丰富和发展，形成了一套完整的君主专制理论。韩非是战国末期的一位大思想家，学问比李斯大得多。韩非因说话口吃，不善辩说，但善于著述。韩非回到韩国以后，看到韩国太弱，多次上书献策，但都未能被采纳。于是，韩非发奋著书，先后写出《孤愤》、《五蠹》、《说难》等。他的书传到秦国，由于讲的都是"尊主安国"的理论，秦王非常赞赏韩非的才华，并说："我要是能见到此人，和他交往，死而无恨。"

韩非在韩国时给秦王嬴政写了封信，说韩国服从秦国已有三十多年，一旦灭韩，秦国就会结怨天下，有利于秦的世仇强赵。因此，替秦国考虑，理应存韩。秦王政阅后，把信给李斯看。李斯层层反驳，依然力主亡韩，还自告奋勇地出使韩国，去诱骗韩王入秦，以便扣作人质，逼韩割地求和。秦王政也同意了。不料李斯入韩后，非但没有见到韩王，连上书陈词都得不到答复。李斯认为这是韩非作梗。急于事功的李斯，长途跋涉，空劳往返，当然十分愤慨。

不久，因秦国攻韩，韩王不得不起用韩非，并派他出使秦国。秦王很喜欢韩非，但还没有决定是否留用。李斯知道韩非的本事比自己大，害怕秦王重用他，对自己的前途不利，就向秦王讲韩非的坏话。他说："韩非是韩王的同族，大王要消灭各国，韩非爱韩不爱秦，这是人之常情。如果大王决定不用韩非，把他放走，对我们不利，不如把他杀掉。"秦王轻信李斯的话，把韩非抓起来。根据秦国法令的规定，狱中的囚犯无权上书申辩。韩非在狱中想上书辩白，苦于没有机会。

韩非到秦国以后，曾经得罪了姚贾。姚贾为秦国立过功，深得秦王的重用，被任命为上卿。韩非却向秦王说，姚贾出身不高贵，当过大盗，在赵国做官时被赶跑了，认为用这样的人是很不应该的，使得秦王很扫兴。事后秦王又向姚贾问起韩非，姚贾当然不会讲韩非的好话。在李斯和姚贾的串通下，韩非没有办法，只好吃了李斯送来的毒药，自杀而死。

韩非的死是李斯促成的。李斯是抱着当"仓中鼠"的愿望入秦的，一心要在秦国找个最有利的位置，他不希望韩非成为比他更受秦王器重的人，这也不难理解。还有一个因素是，李斯与韩非的政治立场不同。一个要亡韩，一个要存韩，如同水火不容，韩非要想活着回去，几乎是不可能的。

李斯竭尽智力，辅佐秦王兼并六国，到秦王朝建立时，他已是掌管全国司法事务的廷尉，位居九卿之一。

4.力驳分封定制颁法　秦王政二十六年（前221年），秦王结束了长期分裂的割据局面，统一了中国，建立了一个东到大海，南达岭南，西至甘青高原，北至今内蒙古、辽东的空前规模的封建大一统国家。秦王，这时已称为秦始皇了。为了巩固这个封建统一的国家，李斯也是作了一定贡献的。

秦统一以后，丞相王绾首先提出全国地方太大，难以管理，要求像周代那样，封秦始皇诸子为王。秦始皇召开群臣会议讨论，群臣都赞同王绾的意见，只有李斯提出不同的意见。他说：周文王、周武王封的子弟很多，后来一个个都疏远了，互相视为仇敌，经常发生战争，周天子也不能禁止。现在天下一统，应实行郡县，天下才得以安宁。秦始皇也认为，天下已经统一了，再立许多国，不利于统一，安宁也没有保障，所以支持李斯的意见。于是，他把全国分为三十六郡，郡以下为县。郡县制比之分封制是一个进步，有利于国家的统一。

按照李斯制定的法令，那是相当残苛的。凡是秦记以外的史书，不是博士（指掌管古今文史典籍的官）所藏的诗、书、百家语都要烧掉，只准留下医药、卜筮、种树之书。此后，如果有敢再谈论诗书者"弃市"（指在闹市区执行死刑，并将尸体暴露街头，称为弃市）；"以古非今者族，（指一人有罪，父母兄弟妻子皆受刑，称为族）"；官吏如果知道而不检举者，与之同罪；令下后三十日仍不烧者，黥（意为用刀刺刻额颊等处）再黥上墨为"城旦"（一种刑罚，输边筑长城四年）。有想学习法令的，要以吏为师。

这次焚书的原因，是由于讨论是否分封的问题而引起的，无论是主张分封还是反对分封的大臣，都是为了秦始皇长久统治打算。他们并无根本利益上的对立。李斯借题发挥，最后竟造成焚书的结局，也不是没有缘由的。

秦国自商鞅变法以来，一直是以法家理论作为治国的指导思想。秦始皇统一天下之后，也是以法家治国的。在他当皇帝的九年中，主要精力是用在建立中央专制政权，划定全国疆域，统一文字度量衡，修筑长城等，对文化思想方面很少注意。以儒家思想为秦始皇出谋划策，是不利于秦的中央集权统治的。善于领会秦始皇意图的李斯，为了打击儒家势力，巩固统一政权，提出了焚书的主张，得到了秦始皇的同意和批准。于是，秦始皇下令焚书，先秦许多文献古籍都被烧掉了，使中国文化遭到了巨大的损失。

在焚书的第二年，即秦始皇三十五年（前212年），两个术士暗地里诽谤秦始皇，并亡命而去。秦始皇得知此事，大怒，派御史调查，审理下来，有四百六十余人因此被坑杀。这就是历史上的"坑儒"事件。虽然后世称此事为"坑儒"，但其实被坑杀的是术士，与儒生无关。司马迁在《史记·儒林列传》中已有明言："及至秦之季世，焚诗书，坑术士。"可见，并没有真正杀害儒生。

5. 二世帮凶腰斩灭族　由于秦始皇的赏识，李斯不仅官运亨通，他的子女也都跟着"鸡犬升天"。李斯的长子李由做三川郡守，掌握了一定的军政大权，其他子女也都与帝室结了婚姻关系。有一次，李由回到咸阳，李斯摆设家宴，百官都来赴宴祝酒。在这种热闹的酒席上,李斯想起了他的老师荀卿告诫他的"物忌太盛"这句话,感慨地说:"我是个平民百姓,今天却做了丞相,可以说是富贵到了极点。但是,物盛则衰,我还不知道将来会有什么样的结局呢",由此可见,李斯并没有完全陶醉于高官厚禄之中,他对现实的认识还是比较清醒的。

秦朝建立以后,由于秦始皇对广大人民实行残暴的统治,各地人民群众的反抗从来没有停止过。除了武装斗争形式外,广大人民还以歌谣的形式咒骂秦始皇,如说:"阿房阿房,亡始皇"等。人民群众的不满和反抗,使地主阶级也很担心。因此,秦始皇在统一后的十余年间,先后进行了五次远途巡行。其目的就是到各地耀武扬威,加强对全国的控制。

尽管秦始皇到各处巡行,残酷镇压人民群众,然而反抗还是不断发生,如有人拦截皇家使者,有人公开咒骂秦始皇:"今年祖龙(秦始皇)死。"所以,在秦始皇三十七年(前210年),秦始皇决定第五次巡行。

这一次巡行,丞相李斯和秦始皇宠爱的小儿子胡亥等一同前往。巡行的路线是:从咸阳出发,出武关,沿丹水、汉水流域到云梦,再沿长江东下直至会稽(今浙江绍兴市南)。登会稽山,祭大禹,并刻石留念。在北归之时,秦始皇得了重病,不久死在沙丘(今河北钜鹿县东南)。

秦始皇死后,李斯怕引起天下大乱,每日照常令人送水送饭,不让外人知道死讯,按照惯例,应由秦始皇长子扶苏继位。扶苏思想倾向于儒家,不同意秦始皇的焚书坑儒,当面提过反对意见,惹得秦始皇生气,把他派到西北大将蒙恬那里。这时,宦官赵高也正在进行阴谋活动,他曾是胡亥的老师,极力想让胡亥称帝,他就可以大权在握了。唯一需要注意拉拢的是李斯,所以他就想方设法争取李斯也同意胡亥上台。赵高口才极好,善于雄辩,与李斯有这样的一段对话。

赵高说:"皇帝临死前,曾召扶苏参加葬礼的这封信,没等送出去,皇帝就死了,这封信没有人知道,现在胡亥手里。决定由谁来继位;全由胡亥和我来决定,你认为如何?"这是探听的口气。

李斯说:"这是亡国的言论,不是人臣应该议论的。"反映出李斯对赵高的不满。但赵高早就对李斯的为人了如指掌,他让李斯和蒙恬进行对比,李斯自觉不如蒙恬。于是,赵高趁机又说:"扶苏刚毅而勇敢善战,他继位后必将任用蒙恬为丞相",这话很能抓住李斯当时的心情。赵高接着又威胁说,现在天下实际上掌握在胡亥和他的手里,扶苏、蒙恬、李斯的命运也全都攥在他们手里。李斯见形势不妙,就只好听从赵高的调遣了。胡亥、赵高将秦始皇召扶苏来咸阳送葬的书信,改为斥责扶苏"无尺寸之功"、"不孝"的信,令他自杀;同时责备蒙恬"不忠",也令他自杀。结果扶苏乖乖地自杀了,蒙恬不肯自杀,后被囚禁,最后还是服毒而死。

秦二世元年(前209年),胡亥继承了帝位,开始了比秦始皇更加残忍的统治。李斯与胡亥、赵高的结合,是为了互相利用,所以后来他们之间勾心斗角,也就是自然的事情了。

在李斯,赵高的怂恿下,秦二世胡亥更加奢侈腐化,胡作非为。为了镇压农民起义,不断地从关中征发人民去打仗,给人民造成极大的负担,秦二世胡亥为了修好阿房宫,征发徭役,把人民推向苦难的深渊。当时全国人民的反秦起义已经风起云涌,为了统治阶级的共同利益,李斯同右丞相去疾、将军冯劫劝秦二世胡亥停建阿房宫,减少一些徭役。当时,秦二世正与宫女宴饮作乐,见李斯等人上书十分恼怒,下令将他们逮捕入狱。李斯在狱中多次上书,都被赵高扣留。赵高借机说李斯与其儿子李由谋反,对李斯严刑拷打,刑讯逼供。李斯被迫承认谋反,在秦二世二年(前208年)七月被杀死。

李斯的处世哲学是"老鼠哲学"。人是一只老鼠,同样的老鼠,但有粮仓老鼠和过街老鼠之分。"我"要当一只粮仓里的老鼠。为这一目标,李斯奋斗了一生。临死的时候长叹一声"仓鼠上越高,摔越远。"

三、经济思想

1. 农工并重事各有序　李斯有不少思想是积极有益的,在经济思想方面,重视农业这一点,表现得很突出。李斯重视农业,当时还未受到他的老师荀子、同学韩非以及商鞅、吕不韦等人有关"重农抑末"思想的影响,而是农工并提、将两者等量齐观的。《焚书奏》说:"今天下已定,法令出一,百姓当家,则力农工。"这里不但提到了农,而且强调了工,工与农的地位是同等重要的。

在我国历史上,农业兴起很早,远在古代就有神农教民稼穑和艺五谷的传说。《尚书·无逸》篇也谈到"稼穑之艰难",可见农本思想是我国固有的传统思想,一般谈农本,并不能说明一个人经济思想的时代特征。在这一方面李斯思想所包含的一个重要内容,就在他并非是一般地强调以农为本,而是主张农工并重。这是有其特定历史意义的。因为到了秦代,不但以副业形式出现的农村手工业大量存在,而且还出现了独立于农业之外的手工业生产,比如炼铁、煮盐的兴起就是很明显的例子。李斯农工并重的经济思想,恰恰反映了这个历史特点。

2. "黔首自实田"　"黔首自实田"是李斯经济思想在秦王朝所体现出的一个带根本性的政策措施。它以国家立法的形式宣布了封建领主经济农奴制的非法,使封建地主经济取得了合法地位。

农奴的使用在当时农业生产中还大量存在,仍然成为领主经济的社会支

柱,有了这个支柱,封建领主便得以"成奸伪之业,遂朋党之权"。不清除这个
祸根,封建地主阶级的土地所有制无从巩固。农奴制是西周以来领主经济的
残余,它在商靶变法以后虽然遭到基本破坏,但并未完全肃清,李斯时代所实
行的"黔首自实田",有着进一步扫除领主经济残余的历史意义。清人俞正经
在其《癸巳类稿》卷三《王制东田名制解义》中指出:"黔首自实田"实际上是
"续开商鞅未开之阡陌",允为灼见。

3. 重视经济手段的策略思想 战国末期,各国之间矛盾重重,关系复杂,
彼此虚实相应,诈欺错见。所谓"百相交也,百相欺也"。这时秦用李斯之谋,
不泥守千法,其最突出的表现之一就是运用经济手段解决政治问题。这种策
略思想,对于秦王朝事业的开拓和统一帝国的建立,起了不可估量的作用。

据《李斯列传·统一奏》记载:李斯为了辅佐秦始皇吞并六国,开创帝业,
在与诸侯国间的交往中,常常是恩威兼施,文武并用,对关东各国有争取,有分
化,力求运用经济手段为政治目的服务。李斯经常派遣谋臣智士"赍持金玉,
以游说诸侯"。并对使者提出:"诸侯名士可下以财者,厚遗结之;不肯者,利
剑刺之",必须根据不同情况,区别对待。

李斯的这种策略,不单运用于国际关系之中,同时也运用于对内政策。始
皇二十六年(前221年),战乱方休,天下始定,为了镇压六国残余势力,防止叛
乱阴谋,秦王朝曾"徒天下豪富于咸阳十二万户",措施十分严厉果断,同时又
不忘加恩行惠,安定人心。所有这些,都是李斯这一思想在对内政策上的运
用。而且也都收到了良好的效果,出现了"平定海内,放逐蛮夷,日月所照,莫
不宾服"的大一统局面,形成了一种"皆遵度轨,和安敦勉,莫不顺令"的良好
社会秩序。

李斯这种以经济手段为政治目的服务的思想,从师承关系上来看,出于荀
子。李斯是荀卿的学生,荀卿就是这一策略的最早倡导者。《荀子·王制》篇
所说"勉之以庆赏,惩之以刑罚",就是这种策略的总原则,在这一原则指导
下,荀子主张"以善至者,待之以礼;以不善至者,待之以刑"。李斯这种一手
拿钱、一手持剑的策略正是荀子儒法合一、恩威互济思想的具体运用。

4. 主张对外开放反对闭关自守 在国与国间的经济关系方面,李斯积极
主张对外开放,扩大国际间的经济交往,反对闭关自守的锁国政策。他著名的
《谏逐客书》就是在这一思想指导下提出来的。李斯认为,一个国家只要以其
所有,易其所无,以其所余,易其不足,彼此取长补短,互惠互利,必能达到国家
富强、经济繁荣的目的。为此,李斯主张在国与国之间的关系方面,应当做到
"地无四方,民无异国",打破闭关自守的锁国政策,消除隔阂,敞开大门,加强
国与国间的正常交往,发展经济关系,这样才可能实现政治上"跨海内,制诸

侯"的大一统事业,使国家真正走上富强的道路。应该肯定,李斯关于国际经济关系的议论,是透彻和精辟的。这种观点,出于两千多年前的李斯之口,也是可贵的。

5.重视对自然资源的保护和利用　　孟子在论仁政时说:"不违农时,谷不可胜食也;数罟不入洿池,鱼鳖不可胜食也,斧斤以时入山林,材木不可胜用也。谷与鱼鳖不可胜食,材木不可胜用,是使民养生丧死无憾也。"孟子的这一段话是他对梁惠王说的,充分反映了他对保护和利用自然资源的看法。此后的封建统治阶级就较少有人在这一方面发表意见。上述《云梦秦简》中的《田律》,则有不少关于保护自然资源的法令条文,这说明秦王朝对于自然资源是重视的。《田律》是从第十一号墓中发现的,十一号墓的墓主葬于秦始皇三十年,由此可以肯定,《田律》中一些关于保护自然资源的规定就是秦始皇三十年前后的法律条文。这时正值李斯当权,所以把保护自然资源的措施,归之于李斯的思想是恰当的。

《田律》关于保护自然资源的条文,主要内容是防止对自然资源的滥用和破坏,举凡山林、材木、飞禽、走兽以至沟渠水道犀角象齿等自然财富,都列为国家法令保护的对象,不准任意采伐和破坏。《田律》明白规定:无论官吏和平民,一律"毋敢伐材木、山林及雍(壅)堤水"其有特殊需要,如有人死亡,需要树木准备棺材者,需要经官府同意,始可采伐。文字虽然不多,但足以说明秦代在李斯当权时期,对自然资源的保护和利用是重视的,国家已用法律形式明令公布出来。

6.薄赋与节约　　李斯在经济思想上主张薄赋节约,反对赋敛无度和奢侈浪费。秦王朝淫靡奢侈,浪费空前,二世尤甚,二世即位,加重了人民负担。并决定"复作阿房宫",以完成始皇未竟之事,因此"赋敛愈重,戍徭无已",百姓不堪其苦,以至揭竿而起,相继起义。朝廷虽屡发兵进击,"然犹不止"。其原因,李斯认为在于人民不堪忍受赋敛漕戍之苦。他从维护二世的封建统治出发,建议二世"缓刑罚,薄赋敛,以遂主得众之心",并"请止阿房宫作者,"。不料此议一出,招致二世极大的不满,斥责李斯"欲罢先帝之所为,是上毋以报先帝,次不为朕尽忠力",李斯因此下吏治狱,"就五刑"。

李斯轻徭薄赋的思想,在秦代历史上曾起过很大作用,这一点,从《云梦秦简》中可以得到证明。云梦睡虎地发掘的始皇三十年墓葬中有秦简《为吏之道》,其中记载有这样的条文:"凡为吏之道",必须"安静毋苛",不得"赋敛无度",鱼肉百姓。并进一步指出,敢有"临事不敬……苛难留民者",须受到法律制裁。这个条文的精神可以说与李斯的轻徭薄赋思想完全吻合,说明李斯的经济思想曾以立法形式固定下来。之所以到了二世李斯竟然为此遭到打击,只不过表明他的这一思想虽已体现为法律,实际上仅属具文,并未付诸实施而已。

至于侈靡浪费现象,秦代尤为惊人。见诸史策记载者,有阿房宫的建造、骊山陵墓的修筑等,其规模之大更属史无前例。地下出土文物更提供了确凿的材料,如出土的秦代铜车、铜马,雕梁画栋,头皆金饰。据考证,这些极度奢华的器物,都是仿照当时最高统治阶级所使用的实物制造而成。李斯目睹如此侈靡现象,表示坚决反对,并痛切指出:"凡古圣王,饮食有节,车器有数,宫室有度。"而今"大为宫室,厚赋天下,不爱其费",乃是亡国之兆。又说,"夫节俭仁义之人立于朝,则荒肆之乐辍矣",荒肆之乐辍,"则国家富"。像他这样把反对浪费和提倡节约的最后立脚点归结到忠君忧国的高度,是符合当时的历史条件和李斯本人的身份的。李斯提倡节约,特别注意到粮食的浪费问题。据《云梦秦简》中《田律》的规定:为了避免粮食浪费,一般人不得任意酿酒。为了认真贯彻执行这一法令,还指派基层官吏经常深入民间检查,一旦发现有不从令者,立即治罪。

可贵的是,李斯的节约思想不仅是把节约单纯作为"制欲"来看待,而是要积极通过节约措施达到"兴利致富……诸产繁殖"的目的,强调节约必须以"于民有利"为原则。李斯指出:凡国家"出令造事,加费而无益于民利益,禁!"所以,国家开支是否得当,要以是否"于民有利"为标准。处在那样的历史时代,李斯能有这种思想,应该说是难能可贵的。尽管当时的所谓"民"与今天的"人民",含义有所不同,这种思想总值得加以肯定。

7.广揽人才严明吏治 李斯在广揽人才问题上有几点做法是值得重视的:

(1)从一般百姓中选拔人才 即"审能民,以赁(任)吏",这就打破了世族相继、宦门相袭给予人的限制,用人一律以才能为准,为一般百姓为官受职开辟了途径。

(2)以降将制降国 六国覆灭,韩亡最早。而韩国的灭亡又是由于韩国南阳守腾投降所导致的。韩国南阳守腾是第一个向秦军投降的高级将领。南阳守腾投降后,随即受到秦国的重用,次年被任为内史,并利用其熟习韩国内部情况的有利条件,让他担负起反戈击韩的重任,结果,韩王安被俘,韩国遂灭。始皇二十年(前227年),又使腾负责镇压南阳的韩国残余势力,执行以降将制降国的策略。这些事例,说明李斯敢于放手使用降将,也是他辅佐秦王速成帝业的原因之一。

(3)主张国与国间的人才交流 李斯《谏逐客书》谈到:秦孝公重用商鞅,实行新法,移风易俗,国家富强,打败楚、魏,扩地千里,秦国强大起来。秦惠王用张仪的计谋,拆散了六国的合纵抗秦,迫使各国服从秦国。秦昭王得到范雎,削弱贵戚力量,加强了王权,蚕食诸侯,秦成帝业。

李斯在重视人才的同时,还十分强调吏治。吏治是否严明,是一个国家是否兴旺发达的重要标志。对于那些"授之政,而不达"的人,或者"与之爵而不衡"不能称职的人,一概予以辞退。对于那些贪赃枉法、假公济私等不法行为,必须依照《金布律》惩办。对于"府中公金钱",有敢私自挪用者,一律"与盗同法"。《金布律》对于货币流通也有规定,必须保证良币与劣币同样流通,不得拒用,倘敢有所挑剔,或拒而不用,不论百姓、官吏即以犯罪论处。如果官吏知而不告或者察而不严,其罪亦与当事人等。这些史料反映了李斯的思想在经济立法与吏治问题上是严明的。

无为而治的 CEO —— 陆贾

一、人物简介

陆贾(约前 240～前 170)汉初思想家,政治家。楚人。早年随刘邦平定天下,口才极佳,常出使诸侯。刘邦即帝位后,他受命出使南越,说服赵佗接受汉朝赐予的南越王印,称臣奉汉约,被任为太中大夫。刘邦即位之初,重武力,轻诗书,他乃建议重视儒学,"行仁义,法先圣",提出"逆取顺守,文武并用"的统治方略,遂受命总结秦朝灭亡及历史上国家成败的经验教训,共著文十二篇,高祖称善,故名其书为《新语》。

陆贾在哲学上提出宇宙万物都是"天地相承,气感相应而成者",反对神仙迷信思想,但也有圣人"承天诛恶"和天人感应的神秘思想。后人称《新语》开启贾谊、董仲舒的思想,成为汉代确立儒家思想统治地位的先声。还著有《楚汉春秋》等。

二、生平事迹

据《史记·郦生陆贾列传》记载,陆贾一生所做最引人注目的事情主要有以下几件。

1.两次出使南越 汉朝成立初期,因战乱多年,汉高祖刘邦不想用兵征伐已在番禺自立为南越武王的赵佗,于是派陆贾南下说服赵佗归顺汉朝,还代表汉朝廷授印封赵佗为南越王。陆贾因此有功,高祖大悦,拜陆贾为太中大夫。刘邦死后,太后专权,视岭南一带为蛮夷之地。赵佗不满再次自立为南越武帝。后汉孝文帝再次派陆贾南下,又一次说服赵佗归顺汉朝。前后 17 年间,陆贾两下番禺,为维护国家统一作出贡献。

2. 劝高祖重视儒学 陆贾劝说刘邦读《诗》、《书》。

汉高祖本人出身农民,素无文化,通过多年的农民战争和统一战争而得天下,对知识和知识分子更是报有很深的偏见,常说:"为天下安用腐儒?"当陆贾向他强调知识的作用时,他很不以为然,骂陆贾说:"乃公居马上而得之,安事《诗》、《书》!"陆贾则回答:"居马上得之,宁可以马上治之乎?且汤、武逆取而顺守之,文武并用,长久之术也。昔者,吴王夫差、智伯极武而亡。秦任刑法不变,卒灭赵氏。向使秦已并天下,行仁义,法先圣,陛下安得而有之?"陆贾以秦亡汉兴为例的这番话,使虽无文化,但却聪明的刘邦茅塞顿开。他令陆贾总结"秦所以失天下,吾所以得之者何,及古成败之国"的历史经验。陆贾遵照刘邦的要求,"每奏一篇,高帝未尝不称善,左右呼万岁,号其书曰《新语》"。这就是说,《新语》乃是刘邦为陆贾所奏起的书名。说明刘邦对陆贾所讲的治国道理十分赞同,并有着深切的感受,自然也就将之采纳成为汉初治理国家的基本理念。

《新语》大旨是为汉天下作长久计。《新语》在稽查古今成败之理方面有其独到之处。在《新语》十二篇中,陆贾多次论及秦失天下的原因。可以说,关注秦亡天下,从中引出经验教训的是陆贾《新语》的重要内容。

汉得天下以后,举国上下一片欢腾。这时,陆贾能率先看到隐藏在歌舞升平背后的危机,以其思想的前瞻性向沾沾自喜的刘邦进上一言,对于维护两汉四百年的基业无疑是有积极作用的。由于陆贾提出的问题是亟待解决的问题,因此,势必要引起思想先锋人物的高度重视。换言之,陆贾思想的先行性和敏锐性,使他成为汉初最富有思想的先锋人物,正是他开启了贾山、贾谊以秦喻治乱之理的先河。

陆贾劝刘邦读《诗》、《书》,从中悟治乱之理。刘邦在陆贾的影响下,开始意识到了自己过去轻视儒生的错误,还告诫太子要尊重儒生,按照儒家的治国理念管理国家。

3. 平定诸吕之乱 刘邦死后,吕氏称制,大封诸吕为王,刘氏天下岌岌可危,陆贾乃称病免职家居。随后他劝说丞相陈平与太尉周勃摒弃前嫌团结一致,联络汉代大臣和宗室王侯,从而为日后平定诸吕之乱,迎立文帝起了很大作用。

三、经济思想

1. 陆贾的主要经济思想　　陆贾经济思想的特点是继承先秦儒家的经济思想,倡导经济自由主义。这一经济思想集中体现在其《新语·无为》篇中。在《无为》篇中陆贾对自由主义的经济思想作了正反两方面的对比论述,他说:舜和周公都是因实行自由主义的政策而达到天下大治的。而秦始皇则兴作兵革,赋役繁苦,严刑峻法,结果是"事逾(愈)烦天下逾乱,法逾滋而天下逾炽,兵马益设而敌人逾多。他建议刘邦应实行与民休息,不要过多地干预老百姓的日常生活,实行"无为而治"。

《新语》一书还提出了重农、崇俭和轻徭薄赋的经济政策主张。

《新语》一书是总结秦亡教训和"古今成败之国"的经验的,同时也是在探讨西汉政权应如何治理天下,所以陆贾的"重农"主张也当然是其自由主义、与民休息的经济政策内容之一,重农的目的是为了恢复和发展国民经济。

并且主张更是非常明确。在论述"古今成败之国"的经验中,它把骄奢纵欲看作是亡国的一大原因。面对汉初经济凋敝的现实,陆贾明确主张"损上而归之于下"。认为百姓富裕了,国家的财政才能富足。

2. 对汉初经济政策的影响　　《新语》一书所阐发的自由主义的思想对汉初的经济政策产生了极为重要的影响。西汉政权建立后,汉高祖刘邦和朝廷大臣对如何避免亡秦覆辙,稳定和巩固自己的统治是十分关心的。但是,当权统治者中大多出身社会下层,文化低下,不懂得也不重视知识和历史经验对治理国家、巩固政权的重要性。

陆贾在《新语》中所提出的实行自由主义的无为而治,与民休息,重农、崇俭及轻徭薄赋的经济思想也就奠定了汉初经济政策的基础。无为而治用现代经济学语言来说就是实行自由主义的经济政策,减少政府对经济活动的不必要干预;重农就是大力发展农业这一基础性产业;崇俭就是设法增加储蓄,避免奢侈浪费。它有助于增加发展生产所需的资本积累;轻徭薄赋就是减税,提高人民的税后收入,藏富于民,促进民间消费和投资的增加,增进经济的发展。

陆贾提出的上述经济政策被刘邦采纳,实施的结果对汉初经济的恢复和发展发挥了明显的作用。史载在楚汉战争一告结束,汉高祖针对当时大量农民流离失所的情况,制定了招抚流民还乡,鼓励农民生产的许多办法。使逃避战乱的人各归故土家园,恢复他们的田宅,释放因战争饥荒而沦为奴婢的百姓,优待从军吏卒,给爵免役,优先分配他们田宅。这些政策实施的目的,是使在战争年代与土地分离的劳动力重新归农,恢复生产。

刘邦之后的汉文帝继续了这一自由主义的经济政策。仅仅三十余年,满目疮痍的汉初经济明显好转,天下大定,户口数也大量增加。《汉书·功臣表》载:文景之时,流民归乡,户口繁息,封国的户数比原来大都增加了一至三倍。与此同时,社会经济也由恢复走向了繁荣。

蓄积财力的CEO —— 贾谊

一、人物简介

贾谊(前200～前168年),又称贾太傅、贾长沙、贾生。西汉洛阳(今河南洛阳市东)人,汉族。西汉初年著名的政治家、文学家。18岁即有才名,年轻时由河南郡守吴公推荐,二十余岁被文帝召为博士。不到一年被破格提拔为太中大夫。但是在23岁时,因遭群臣嫉恨,被贬为长沙王的太傅。后被召回长安,为梁怀王太傅。梁怀王坠马而死后,贾谊深感歉疚,直至33岁忧伤而死。著作主要有散文和辞赋两类。散文如《过秦论》、《论积贮疏》、《陈政事疏》(一称《治安策》)等都很有名;辞赋以《吊屈原赋》、《鵩鸟赋》最著。

二、生平事迹

1. 少年有为破格提拔 贾谊从小就刻苦学习,博览群书,先秦诸子百家的书籍无所不读。少年时,就跟着荀况的弟子、秦朝的博士张苍学习《春秋左氏传》,后来还作过《左传》的注释,但失传了。他对道家的学说也有研究,青少年时期,就写过《道德论》、《道术》等论著。他又酷爱文学,尤其喜爱战国末期的伟大诗人屈原的著作。汉高后五年(前183年),贾谊才十八岁,就因为能诵《诗经》、《尚书》和撰著文章而闻名于河南郡。

当时的河南郡守吴公,是原来秦朝丞相李斯的同乡,又是李斯的学生。吴公了解到贾谊是一个学问渊博的优秀人才,对他非常器重,把他召到自己的门下,十分宠爱。吴公很有学问,贾谊在他门下学习,受到很大的教益。

吴公治理河南郡,成绩卓著,社会十分安定,被评定为天下第一。

汉高后八年(前180年),高后吕雉死,右丞相陈平、太尉周勃杀诸吕,迎立高帝刘邦庶子代王刘恒为帝,即汉文帝。第二年,即汉文帝刘恒元年(前 179 年),吴公被征召到中央政府,任命为廷尉(最高司法长官)。吴公没有忘记他的得意门生,就向汉文帝推荐说:贾谊颇通诸子百家之书,是个年轻有为的人才。汉文帝就把贾谊召到中央政府,任命为博士。从此,贾谊步入了政治舞台。当时贾谊才二十一岁,在当时所有的博士中,他是最年轻的。

每当汉文帝提出问题让博士们议论时,许多老先生一时讲不出什么来;但是贾谊与众不同,因为他学识渊博,又敢想敢说,因此对文帝提出咨询的问题对答如流,滔滔不绝,说得有理有据。其他的博士们都认为贾谊说出了自己想说而说不出来的看法,非常佩服他的才能。这使汉文帝非常高兴,在一年之中就把他破格提拔为太中大夫(这是比博士更为高级的议论政事的官员)。

贾谊认为汉朝已经建立二十多年了,政局大体稳定,为了巩固汉朝的统治,他向汉文帝提出了一系列建议,进行改革。他的改革建议,是针对汉承秦制而发的。他认为汉朝承袭了秦朝的败俗,废弃礼义,应该移风易俗,使天下回心而向道。他建议制定新的典章制度,兴礼乐,改正朔,易服色,改变官名等。改正朔,就是改变秦以“水”为德,以十月为一年之始这样的历法;易服色,就是改变秦的服色尚黑的制度,主张汉的服色应该尚黄。由于当时文帝刚即位,认为条件还不成熟,因此没有采纳贾谊的建议。

但是对贾谊的其他建议,文帝是采纳的。如文帝二年,贾谊提出了一个著名的《论积贮疏》,指出当时社会上出现的“背本趋末”(也就是弃农经商)的现象对统治者不利,主张实行重农抑商的政策,发展农业生产,加强粮食贮备,预防饥荒,以达到安百姓治天下,即巩固汉王朝统治的目的。汉文帝采纳了他的建议,下令鼓励农业生产,这对恢复经济、建立封建统治的经济基础起了积极作用。但是重农抑商作为封建统治者长期的既定政策,限制了商品经济的发展,越往后它的消极作用就越明显。

在当时,贾谊还帮助汉文帝修改和订立了许多政策和法令,以及遣送列侯离开京城到自己封地的措施,汉文帝都采纳了。但这些法令和措施的实行,还是有阻力的。例如,遣列侯到自己的封地去,实行起来就很困难,很多功臣不愿离开京师。当时丞相陈平已死,功劳最大、权最重的是绛侯周勃,汉文帝让周勃带个头,就免了他的丞相职务,到自己的封地去。这样一来,列侯们才陆续离开京师。由于这个建议是贾谊提出的,这就难免得罪了这些功臣元老。

2. 权贵毁谤被贬长沙　贾谊初到中央政权,短短的时间里就施展了自己的才能,被破格提拔,真可谓是一帆风顺,少年得志。汉文帝看到贾谊是一个很有见识、年轻有为的人,对他十分赏识。于是,就提出让贾谊担任更高的公卿职位,委以重任,并把这个意思交给大臣们讨论。不曾想到,这样一来;却遇到了重重的阻力。

阻力首先来自功臣显贵们，周勃原是以织苇薄为生的小手工业者（还兼作吹鼓手），灌婴原是贩布的小商人，他们跟随刘邦东征西讨，战功显赫，是汉朝的开国功臣；后来又除诸吕立文帝安刘氏再立新功。他们封侯拜相，位高权重；但他们又是一些没有文化的"大老粗"。到了文帝朝，他们已经年老，自恃功高，思想守旧，胸襟狭隘。当贾谊这样学识渊博又有革新思想的年轻知识分子在汉王朝崭露头角时，这些老臣显贵们一方面因他年纪轻资历浅而看不起他；另一方面又因他才华出众而心怀妒忌。让贾谊当个博士、太中大夫之类只议论而无实权的官职，他们还能容忍，而一旦要让他升到公卿之位委以重任，和这些显贵们平起平坐，他们就难以忍受了。他们就众口一词地攻击贾谊："这个洛阳人，小小年纪，学识浅薄，一心想专擅权力，要把国家的许多大事搅乱了！"当时文帝即位不久，而周勃、灌婴这些人是先帝的旧臣，权重势大，文帝虽爱贾谊的才能，但也不能违背权贵的意愿而进一步提拔他。

当时在贾谊面前还有一个不可逾越的障碍，这就是文帝的宠臣邓通。当时贾谊恰好和邓通一起随侍文帝，地位也相当。但贾谊讨厌这个没有才能而受文帝宠爱的佞臣，常常在文帝面前讥讽他。邓通也在文帝面前说贾谊的坏话，使得文帝逐渐疏远贾谊。

就这样，外有大臣攻击，内有邓通进谗，内外夹攻，使贾谊不但不能施展他的才能和抱负，连在西汉朝廷中立足之地也没有了。其结果，是贾谊被贬出京师，到长沙国去当长沙王的太傅。

长沙国地处南方，离京师长安有数千里之遥。当时交通不发达，长途跋涉，历尽千辛万苦，自不必说。贾谊想到了爱国诗人屈原，也是遭到佞臣权贵的谗毁而被贬出楚国都城，最后投汨罗江而死。他想自己的遭遇与屈原相似，就更加怀念屈原。当他南行途经湘江时，望着滔滔的江水，思绪联翩，就写了一首《吊屈原赋》，以表达对屈原的崇敬之心，并抒发自己的怨愤之情。

长沙国是当时唯一的一个异姓（非刘氏）王国，从来是安分守法的王国。贾谊到长沙时，正是长沙靖王吴著（吴芮的后代）在位。贾谊当长沙王太傅，事情不多，就有足够的时间来研究学问。长沙虽远离长安，但贾谊以天下事为己任，对朝廷的政治和经济大事，给了极大的关注，遇有机会，就上疏文帝，提出自己的看法和建议。

就在贾谊被贬到长沙的同一年（文帝三年，前177年），周勃到了自己的封地绛县（今山西省绛县）。绛县地属河东郡。绛侯周勃怕人害他，在郡守、郡尉巡视到绛县时，常常披甲带着亲兵持兵器出迎。第二年，有人就因此而诬告周勃想谋反。文帝一时糊涂，就把这个案子批给廷尉来办。廷尉把周勃逮捕到长安，关在监狱里,受尽了狱吏的凌辱。后来,因为文帝的母亲薄太后为周勃辩护,才得到赦免。贾谊在长沙得知此事,为周勃愤愤不平,就给文帝上疏,说了一番君主应该以廉耻礼义对待大臣的道理,实际上是对文帝提出了批评。文帝也很后悔,感到贾谊说得对,就采纳了他的建议。从此以后,凡是大臣有罪,都让他自杀,而不逮捕入狱受刑罚。

当时,文帝把蜀郡的严道铜山赐给邓通,允许他自铸钱,因此,"邓氏钱"遍布天下;又有吴王刘濞开豫章铜山铸钱,吴钱也遍布天下。这样,币制就混乱了。贾谊在长沙又向文帝上了《谏铸钱疏》,尖锐地指出,私人铸钱遍布天下,于国于民都很不利,建议文帝下令禁止。但邓通是文帝的宠臣,铜山又是文帝赐给他并允许他铸钱的,文帝怎会禁止呢? 而吴王刘濞远在东方,天高皇帝远,又禁止不了。因此,贾谊的这个建议在当时是不可能被采纳的,只不过增加了邓通对他的嫉恨而已。

贾谊在长沙第三年的一个黄昏,有一只鵬鸟飞进了他的住房里。鵬鸟就是猫头鹰,当时人们认为这是一种不吉利的鸟。贾谊谪居长沙,本来心情就忧郁,自以为寿命不长,如今猫头鹰进宅,更使他伤感不已。于是就写了一篇《鵬鸟赋》,对世界万物的变化和人间世事的沧桑做了一番感叹,同时也借此来宽慰自己。此时此地,贾谊思想感情是十分复杂的。

3. 居安思危切中时弊　汉文帝七年(前173年),文帝想念贾谊,又把他从长沙召回长安。贾谊到长安后,文帝在未央宫祭神的宣室接见了他。当时祭祀刚完,祭神的肉还摆在供桌上。文帝对鬼神的事有不少疑问,就问贾谊。贾谊具体如何回答的,史书上缺乏记载。只知贾谊关于鬼神的见解,使文帝感到很新鲜,听得很入神,甚至挪动坐位,凑到贾谊跟前,一直谈到半夜方止。事后,文帝感叹不已地说:"我好久没有见到贾生了,自以为学问赶上了他,现在听了他的谈话,还是不及他啊!"对于这件事,唐朝诗人李商隐很不以为然,写了一首绝句来抨击汉文帝:"宣室求贤访逐臣,贾生才调更无伦。可怜夜半虚前席,不问苍生问鬼神。"

不过,对贾谊来说,他所关心的似乎不是自己职务上的升降,而是国家的政治形势。在当时,西汉王朝的政治局势基本是稳定的,但也面临两个矛盾,并逐渐尖锐化起来。一个是中央政权同地方诸侯王之间的矛盾,另一个是汉王朝同北方匈奴奴隶主政权之间的矛盾。这两个矛盾的尖锐化,在当时已见端倪。贾谊透过当时政治局势的表面稳定,看到了其中潜伏着严重的危机,对此深为关切和忧虑。他接连多次向文帝上疏,向文帝敲警钟。其中最著名的,是在文帝前之七年(前173年)他从长沙回长安后所上的《治安策》(也称《陈政事疏》)。

《治安策》一开头,贾谊就大声疾呼:我看天下的形势,可为痛哭的有一个问题,可为流涕的有两个问题,可为长叹息的有六个问题,其他违法背理的事就更多了,难以一一列举。他斥责那些认为天下"已安且治"的人,认为这种人不是无知,就是阿谀奉承,都不是真正懂得治乱大体的人。他形象地说:把火放在柴堆之下,而自己睡在柴堆上,火还没有燃烧起来,就说平安无事。当今的形势,同这有什么两样呢?

贾谊指出危害西汉王朝政治安定的首要因素,是诸侯王的存在以及他们企图叛乱的阴谋。他回顾历史,列举事实说明分封诸侯王的害处。起初,汉高祖刘邦分封异姓王,结果是"十年之间,反者九起",一年也不得安宁。异姓王的叛乱虽然被平定了,但又不能从中汲取教训,又分封了一批同姓王。在文帝初即位时,天下还算安定,为什么呢? 因为大的诸侯王年纪尚幼,而汉王朝派去的太傅、相还能掌握实权。但是,几年之后,诸侯王们大都长大,血气方刚,而汉王朝派去的傅、相年老多病,有的被罢免了,各诸侯王国的丞、尉以上的官职,都被诸侯王们安插了自己的亲信来担任。这样的形势发展下去,要想使国家政治安定,恐怕连尧、舜也是办不到的。

贾谊指出,有人把异姓王叛乱归结为同汉王朝(即刘氏)关系疏远,这是不对的。他指出济北王刘兴居(文帝的侄子)、淮南王刘长(文帝的弟弟)相继叛乱的事实,说明同姓王虽"亲",也是靠不住的。因为这些同姓王虽名为臣,其实都有布衣昆弟之心,也有称帝为皇的野心。他们在自己的国里擅自授人爵位,赦免死罪之徒,甚至使用皇帝的宫室和仪仗,使汉朝的法令在他们的独立王国里面行不通。

贾谊指出,诸侯王的叛乱,并不取决于是疏、是亲,而是取决于"形势",取决于他们力量的强弱。他回顾汉初七个异姓诸侯王反叛的历史事实,认为大都是强者先反。如韩信当楚王时势力最强,所以就最先反;韩王信依靠匈奴,接着也反了……燕王卢绾力量比较弱,最后才反。异姓王中也有不反的,这就是长沙王吴芮。长沙国只有两万五千户,实力最小,同皇帝的关系比较疏远,反而最忠于朝廷。这并不是因为吴芮的性情与别人不同,也是形势所造成的。这样从"形势"来解释诸侯王反叛与否,是贾谊的独到见解。他甚至假设,如果让樊(哙)、郦(商)、绛(周勃)、灌(婴)据数十城而为王,他们也会反叛,因而被灭亡;相反,如果让韩信、彭越这些人作为列侯而居,他们也不见得会反叛,至今也还可能完好而存。正因为给予诸侯王以相当大的地盘和实力,那么,他们不管是异姓还是同姓,都有可能反叛。因此,贾谊得出的结论是:"疏者必危,亲者必乱"。

《治安策》除了论述了地方诸侯王的问题外,还对其他政治问题,以及经济、军事等问题提出了自己的看法。其中特别值得注意的是北方匈奴的问题。

从汉高祖刘邦开始,由于军事上失利,对北方的匈奴采取和亲政策,将公主

（实际上多由宗室女顶替）嫁给匈奴单于为妻，每年还要交送大量的金银和丝织品。文帝时也曾派军抗击匈奴的侵扰，因诸侯王叛乱而撤军，又恢复和亲政策。贾谊认为，和亲并不能制止匈奴统治者经常侵扰的祸患，他表示愿意出征北伐。贾谊认为，应该扩大汉朝的政治影响，以争取匈奴的人民大众；并且用声色口腹的物质享受为手段，来分化匈奴贵族。这些论述虽是豪言壮语，但毕竟不那么切合事实，因此鲁迅认为贾谊论匈奴"乃颇疏阔"。

　　贾谊《治安策》的可贵之处，在于居安思危。如毛泽东所说："《治安策》一文是西汉一代最好的政论，贾谊于南放归来著此，除论太子一节近于迂腐以外，全文切中当时事理，有一种颇好的气氛，值得一看。"这个评价，是非常确切的。

　　4. 忧郁而死其功不灭　　汉文帝十一年（前 169 年），梁怀王刘揖入朝，骑马摔死了。贾谊感到自己身为太傅，没有尽到责任，深深自责，经常哭泣，心情十分忧郁。尽管如此，他还是以国事为重，为文帝出谋献计。因为梁怀王刘揖没有儿子，按例他的封国就要撤销。贾谊感到，如果这样做，将对整个局势不利，不如加强文帝的两个亲子淮阳王刘武和代王刘参的地位。为此，贾谊建议，为梁王刘揖立继承人，或者让代王刘参迁到梁国来；扩大梁国和淮阳国的封地，使前者的封地北到黄河，后者南到长江，从而连成一片。这样一来，如果一旦国家有事，梁王国足以抵御齐赵，淮阳王国足以控制吴楚，陛下就可以安然消除山（指华山）东地区的忧患了。文帝听了贾谊的建议，因代王封地北接匈奴，地位重要，没有加以变动，就迁淮阳王刘武为梁王，另迁城阳王刘喜为淮南王。从后来吴楚七国之乱中梁王刘武坚决抵御的作用来看，根据贾谊的这个建议所作的部署，确实是深谋远虑的。

　　文帝十二年（前 168 年），贾谊在忧郁中死了，当年他才三十三岁。纵观贾谊一生，虽受谗遭贬，未登公卿之位，但他的具有远见卓识的政论和建议，文帝还是比较重视，大略是实行了的；这是那些身居高位而庸庸碌碌的公卿们所不能比拟的。正如北宋的改革家王安石所说的："一时谋议略实行，谁道君王薄贾生？爵位自高言尽废，古来何啻万公卿。"

　　贾谊的进步主张，不仅在文帝一朝起了作用，更重要的是对西汉王朝的长治久安起了重要作用。如景帝刘启时，晁错提出"削藩"政策，是贾谊主张的继续；景帝三年（前 154 年）吴楚七国之乱，证明了贾谊对诸侯王的分析的正确性；平定吴楚七国之乱之后，汉王朝就趁机削弱地方诸侯王的力量，使他们仅得租税，而失去了直接治理王国的权力。到了汉武帝刘彻的时候，颁行主父偃提出的"推恩令"，允许诸侯王将其封地分为若干块，分给自己的子弟，从而实际上分散和削弱了诸侯王的力量。贾谊关于禁止私人铸钱、由中央统一铸钱的主张，汉武帝时也实行了。汉武帝还胜利地进行了对匈奴的战争，实现了贾谊废弃和亲政策的心愿。贾谊对西汉王朝的长治久安作出了如此杰出的贡献,使汉武帝十分感念,为了纪念他,就提拔了他的两个孙子为郡守。

贾谊作为杰出的政治家和思想家而载入史册,他的历史贡献是不可磨灭的。

三、经济思想

贾谊的经济思想,是他对当时中央皇权所面临内外矛盾的认识,以及他所欲追求的国家统一、刘汉王朝长治久安这一政治目标在经济上的反映,其主要内容有下述四个方面。

1. 割地定制与益壤措施　马克思在《资本论》中说:"劳动和土地,是财富两个原始的形成要素。"李斯曾说"人广者粟多,国大者人众。"贾谊是一个面向实际,头脑清醒的政治家。他从历史经验的总结和对社会现状的观察中,认识到要维持国家统一、实行中央集权,归根结底要靠包括经济力量在内的力量对比。

根据这一基本观点,贾谊向文帝献策:想要使天下太平,莫过于多封一些诸侯,并减弱每个诸侯国的力量。力量单薄就容易使他们遵守朝廷法纪,国土狭小则不会有邪念。

贾谊提出的"割地定制",就是在非嫡系的藩王中,采取割地承袭制,即代代分割,越割越小,使藩国多而力小,不足以同中央抗衡。在贾谊看来,实行这种"割地定制"有五大好处,即所谓"五美"。

(1)可以让天下之势　像身体指使臂膀,臂膀带动手指,没有不服从的。诸侯国的君主不敢有什么异心,像车辐归聚轴心那样,归心于天子。

(2)可以削弱诸侯力量　把诸侯国的每一寸土地、每一个辖民都分封给诸侯国子孙,给天下造成"天子都不据为己有,只是为了国家稳定而已"的印象,所以天下人都会体会到陛下的英明。

(3)分土制度确立之后　皇室宗族的子孙都不愁做不成王了,下面没有背叛的念头,上面没有诛伐的打算,所以天下之人都理解陛下对他们的仁爱。

(4)法令制定了无人触犯　命令发布后无人反对,叛谋就不会产生,反计也不会萌发,百姓安于本业,大臣更加恭顺,因此天下人都领会到陛下的法理用心。

(5)地制一定,即使是年幼小儿做皇帝天下也会安定　甚至扶植遗腹子为君,或以亡君的礼服接受朝拜,天下也不会乱,使当代天下大治,后世歌颂圣明。

总之,在贾谊看来,"割地定制"是"一动而五美附",似乎刘汉王朝由此可以长治久安了。

在对非嫡系诸侯王采取"割地定制"以削弱其对抗中央力量的同时,对于中央皇权的支柱——文帝嫡系的封国,贾谊主张增加他们的封地,扩大其力量,使他们成为钳制和监视非嫡系诸侯王的力量。这便是他称之为"益壤"的措施。

贾谊从维护中央集权和加强中央皇权力量的目标出发,提出"益壤"措施,要扩大代、梁、淮阳三个嫡系封国的力量,并且根据形势需要,对三个嫡系封国的疆界作合理的调整,使成倚角之势,以便监视和钳制非嫡系的藩国。"益壤"和"割地"一充一削,相辅相成,目的都是为了强干弱枝,巩固中央皇权。

2.控制货币发行,反对废除"禁盗铸钱令"　在实行"割地"和"益壤"并行的强干弱枝经济政策的同时,为了维护和加强封建主义中央集权的经济基础,贾谊还针对当时存在的问题提出三条措施,即反对废除"禁盗铸钱令",主张通过垄断币材控制全国的货币发行;主张"一通",取消关卡,消除封国界限,实行中央一统;用"定经制"的办法进一步强化包括消费在内的封建等级制度。

贾谊提出通过垄断币材控制全国货币发行的主张。文帝五年(前 175 年)颁布除"禁盗铸钱令",听任民间放铸,使得贾谊写了"谏铸钱疏"。这一奏"疏"已成为历史上有关钱法的一项重要文献。

文帝除"禁盗铸令"时,为贾谊抵达长沙的次年,他上疏反对这一决定,理由也就是《汉书·食货志》所引他在奏疏中列举的以下三条:

(1)听民私铸,是驱民犯法　"民铸钱者,大抵杂铅铁,"非此,"则不可得赢"。但按照法律,"敢杂以铅铁为它巧者,其罪黥。"在这种情况下纵民放铸,岂非"悬法以诱民,使入陷阱?"

(2)私铸易使钱币大乱　市场没有标准"法钱",钱的轻重成色纷然杂陈,钱法大乱必不可免。

(3)私铸妨碍生产,败坏社会风气　贾谊反对私人铸钱,办法不是颁布一项法律来加以禁止,而是由国家垄断币材,不让铜流布于天下,这样可以一举两得:既禁止私铸,以免币制混乱;又能控制货币流通,加强中央的地位。他认为"就是越禁私铸的人获利越大,利越大,私铸越多,蹈法网的人愈众。如果由国家对币材铜加以垄断,不令散布,结果必可除大祸而致七福。

在贾谊提出反对意见后六十二年,即汉武帝元鼎四年(前 113 年)经桑弘羊采取措施"悉禁郡国无铸钱,专令上林三官铸,钱既多,而令天下非三官钱不得行。诸郡国所前铸钱,皆废销之,输其铜三官。而民之铸钱益少,计其费,不能相当。唯真工大奸,乃盗为之。"这时,西汉的货币铸造权始由中央统一,五铢钱也取得了法钱的地位。另外,贾谊关于"割地定制",用以削弱诸侯王权力的主张,也是在他死后近五十年才由汉武帝从主父偃的建议,行"推恩令"而实现的。

值得提出的一点是:贾谊在《谏铸钱疏》中所说"奸钱日繁,正钱日亡"这两句话,恰恰是货币流通中劣币(奸钱)驱逐良币(正钱)这一规律,亦即英国财政家格雷欣规律的最好说明。早于格氏一千七百多年的贾谊就能认识到这一现象，而且作了"奸钱日繁，正钱日亡"八个字的概括，实在难能可贵。

3. 关于"一通"的主张　为了从根本上消除地方割据和诸侯反叛的祸害，贾谊在他三十三岁，即逝世的这一年，写了《一通》篇，提出"行兼爱无私之道，罢关一通"；"疏山东，蘗诸侯，不令似一家者"的主张。

建立关卡，正是诸侯分裂、地方割据的产物。秦居关中，为防山东诸侯而建武关、函谷关和临晋关。西汉初期，承秦制，关卡未除，出关用傅（符证）方可通行。这样，天下虽然一统于天子，但仍保留着春秋战国时诸侯分割的痕迹。这在坚决维护皇权、主张集中统一的贾谊看来，其害有二：一是造成藩国人民对诸侯的依附性，反而使"诸侯得众则权益重，其国众、车骑多则力益多"；二是"不服人心，害兼覆之义，不便"，也就是说妨碍了各地区间的交流，也损害了天下一统的大义。所以，靠设立关卡不但不能防备"多其力"的诸侯，相反倒是资助了诸侯而有损于中央皇权。

贾谊从上述认识出发，主张取消关卡，以"普天之下莫非王土，率土之滨莫非王臣"的观念示天下，建立皇帝的最高权威。贾谊以为：这样一来，山东诸侯就不会各"似一家"。

汉文帝十二年（前 168 年），三月，汉文帝诏令废除出关用傅（符证）的制度，这一点可能同贾谊的献策有关。废除以邻为壑的国内关卡制度，对于消除地方割据，维护全国统一，促进地区间的经济、文化交流，发展社会生产力，都是有重要意义的。《一道》篇，文字不多，但其着眼点和作用是很深远的。

4. 按等级定消费的"定经制"　贾谊在他的《新书》里还向文帝提出了"定经制"这样一个纲领性的意见。所谓"定经制"就是要明确封建社会——自天子以至庶人——人与人关系间的等级地位和制度。他在"阶级"一文中非常形象地描绘这种关系说："天子如堂，群臣如陛，众庶如地……故古者圣王制为列等，内有公卿、大夫、士，外有公侯伯子男，然后有官师、小吏，施及庶人，等级分明，而天子加焉，故其等不可及也。"

贾谊这一席话的精髓就在集国家的统治权力于中央，尽量提高皇帝的地位，摆正君臣关系，使地方听命于中央。一个国家能够做到这一点，才可以谈到长治久安。值得注意的是：贾谊在这里把他文章的题目使用了"阶级"这一概念。他所谓的"阶级"包括这样三种人，即"君上"，也就是封建社会的最高统治者个人；如陛的"群臣"，也就是地主统治集团中的大小官吏；最后为"众庶"，就是包括工商业者在内的一般百姓，绝大多数当是劳动农民。

贾谊为"定经制"采取的第一个措施是"等级制的消费论"。贾谊认为人的面貌、形容，天生没有什么不同，但人类到底是要区别贵贱尊卑和社会地位高低的,那就得靠下列四件事来判断,即等级、势力、衣服和号令。一句话,就是要依人们在封建社会里的贵贱尊卑来规定消费标准;或者相反,也可以由消费标准的表现,来辨别人们身份的高低。

从这里可以看出:贾谊所说的"等级、势力、衣服和号令"并非是一般抽象概念,而是贯穿到衣食居行等物质生活的各个方面的。从理论依据上看,确实是"万变不离其宗",连提出这种封建等级制的消费论也是从巩固中央集权的专制主义出发的。他认为,如果举国上下每个人都按照规定的消费标准来生活,坚决做到"下不凌等""臣不逾级""谨守伦纪",其结果必然可以实现"主位安而乱无由生"这样一种太平盛世。

贾谊"定经制"这一纲领的第二个措施是力图消磨农民意志,束缚农民手脚,使广大劳动人民甘居卑贱之位,满足于阶梯最底层的生活而不敢"犯上作乱"。为要做到达一点,贾谊在他的《治安策》中提出了一个"安"字,他说:"牧之之道,务在安之而已。""安民可与为义,而危民易与为非"。安民具体办法有两条,一是"驱民而归之农,皆著于本,则天下各食于力"。其次是化民。

贾谊是鄙视广大劳动人民的,但从农民起义中,却又见到人民的伟大力量。他说:"故夫民者,至贱而不可简也,至愚而不可欺也;故自古至今,与民为仇者,有迟有速,而民必胜之"。贾谊不否认人民的力量,说人民是根本,"国以为本,君以为本,吏以为本"。怎样固本呢? 就是驱民归农,使之皆著于本,然后化之,或者说发展农业生产,轻赋少事,约法省刑,用以"安"民。

5. 重农抑末重视积贮　贾谊十分重视经济力量在增强国防、安定社会秩序中所起的决定性作用。他把蓄积财力看作是国家的"大命",还认为:民足可治,非足则不可治。所以,在贾谊看来,经济力量是国家的命脉,是社会安定的基础。他的"积贮论"和"重农抑末"的本末观,都是从这一基本思想出发的。他给文帝专门上了"论积贮疏"来说明这一问题,又在《新书·优民》篇进一步作了分析。其中举出了历史上成功的典型,叙述了国家保持一定数量积贮对治国安民,防止自然灾害,加强国防,以及提高人民物质精神生活等各个方面的重大意义。

贾谊考察了西汉当时的现状,认为实际情况很不好。于是他对文帝提出批评说:"汉兴三十年了,不但无十年之蓄,反而在闹饥荒,天不下雨,人人揪心,一朝下雨,欢若再生。像这样不顾积贮,可谓登峰造极! 负责这方面工作的人不闻不问,而为人主的人自己又不关心。"在当时的条件下,一个人能对皇帝如此责难,可谓大胆而且痛切。

贾谊对于积贮如此重视主要原因有以下四个方面:一是从巩固封建地主阶级的中央集权出发,惟恐农民因饥寒交迫而革命,危及地主阶级的政权。贾谊是主张牧民之道在安民的,要安民,首先就要让人民能生活下去;年岁丰收能生活下去,遇到灾荒也要能生活下去;二是为了维护封建道德,必须有一定的物质生活为前提,物质生活是第一位的;三是为了国防与战备上的需要;四是以有余补不足,为经济循环作准备。

随着重视积贮这一思想的逻辑发展,贾谊反对当时社会上普遍存在侈靡风气是必然的。因此贾谊指出,现在商人卖奴隶,给奴隶穿上古时天子后妃祭祀时才穿的绣衣、丝鞋,关在木栅栏里。现在皇帝穿的衣服不过是普通的黑色丝织品,而富民的墙上竟挂上了文绣;皇后装饰衣领的东西,富的婢妾们却用来缝鞋边。商人富民这样穷极奢侈,后果是严重的:一百人做衣服还不够他们一人穿,想全国人不受寒挨冻,怎么可能呢?一人耕田,十人聚食,想全国人不挨饥受饿,是不可能的,饥寒迫使老百姓痛苦不堪,想使他们不造反.是办不到的。国家已无能为力,"盗贼"不过在等待时机而已,但是献计的人却说政治上以"毋动"为上策;这些富人大商习俗奢侈,太不尊重国家制度,太冒犯皇帝的尊严了,但献计的人还说"毋为",不要改革,这真是可以长叹息的事啊!

重农贵粟的 CEO —— 晁错

一、人物简介

晁错(前 200 ~ 前 154 年),颍川(今河南禹州)人。年轻时学法家学说,汉文帝时为太子家令,有辩才,号称"智囊"。汉景帝时为内史,后升迁御史大夫。曾多次上书主张加强中央集权、削减诸侯封地、重农贵粟。吴楚等七国叛乱时,他被景帝错杀。晁错的经济思想,散见于《汉书》的《食货志》、《爰盎晁错传》等篇。

晁错和贾谊是同一年出生的。晁错和贾谊的经历,前期大体相同,后来的遭遇却不尽一样。在文帝朝,他们都以切中时弊的政论而闻名,都主张改革,但因文帝主静而未付诸实施。晁错比贾谊活得时间长,到景帝时受到重用,作出一番大事业,这是贾谊所不能比拟的。

晁错是一位有条理和系统地分析当时问题的务实的政治家。他劝景帝勇敢地对付诸王的挑战；他总结了影响与匈奴关系的战略和战术；他力主采用为国家增加农业生产的措施。和贾谊一样，他也很清楚秦的错误和缺点。

二、生平事迹

1. 太子智囊深受宠信　晁错年轻时，曾在轵这个地方向一个名叫张恢的先生学习先秦法家申不害和商鞅的学说。因此司马迁曾说："贾谊和晁错明申商"，就是说他们都是法家。但是，应该补充说，他们并不是纯粹的法家，因为他们都不同程度地受到了儒家思想的影响。如晁错，曾以文学（指一般的学问）为太常掌故（负责祭祀的太常的一种属官），在此期间，被派到济南伏生那里，去学习儒家经典《尚书》。学习回来以后，就向文帝讲述《尚书》的内容和他自己的一些看法，很得文帝的赏识。文帝便任命晁错为太子舍人，后又改为门大夫（这两种都是太子的属官），再升为博士。

大约在任博士期间，他写了《言太子宜知术数疏》，文章指出：一个君主所以能够建立留传后世的功业，关键就在于通晓"术数"，即治国的方法和策略。他认为，君主必须懂得怎样统驭臣下，使得群臣"畏服"，懂得怎样听取下面的奏报，而不受欺骗和蒙蔽；懂得怎样使万民生活得安定并且得利，那么海内就一定服从。懂得怎样使臣、子以忠孝事上，那么臣下和子女的品行就完美了。这四项，是我为皇太子考虑的当务之急。

晁错驳斥了一些朝臣认为皇太子不必知道治理国家的事的意见，认为以前的君主有的不能保持政权而被臣下杀害，就是由于不懂得治国的"术数"的缘故。现在太子书读得很多，但是如果不通晓治国的方法，只知背诵书本，那是劳而无功的。他建议文帝选择圣人之术中在当今切实可用的，赐给皇太子学习，经常让太子在皇帝面前陈述自己的看法。文帝采纳了晁错的意见，认为说得很对，于是就拜他为太子家令。太子家令是太子府内的一个比较重要的属官，职责是主管庶务。由于晁错善于分析问题，提出中肯的意见，深得太子刘启的喜爱和信任，被太子家誉为"智囊"。他的言行，对刘启有重要的影响。

2. 出谋划策真知灼见　在文帝朝，晁错除了辅佐太子外，还对当时国家大事发表意见，提出建议。这些意见和建议，大都切合实际，见识深刻，不但在当时起了积极作用，而且对以后也产生了深刻的影响。如《言兵事疏》、《守边劝农疏》、《贵粟疏》和《举贤良对策》等，都是当时杰出的政论文。

文帝十一年（前169年），匈奴侵扰狄道，陇西军民以少击众，打败了匈奴军队。晁错趁机向文帝上了《言兵事疏》，对过去的历史经验和当时的事实进行总结，论述了抗击匈奴的战略和策略思想。

他论述了战争中激励士气和选择良将的重要性，着重分析了战争中地形、士卒训练有素、武器锋利三者之间的关系。这是讲的地形与兵器使用的关系。

士兵不经过挑选和训练，作风拖拉，行动不齐，战机有利时不能及时赶到，不利时不能迅速转移，不能听从指挥，这样的军队百不当十。由此他得出结论说：武器装备不精良，等于把士兵断送给敌人；士兵不会作战，等于把将领断送给敌人；将领不懂用兵，等于把君主断送给敌人，君主不善于选择良将，等于把国家断送给敌人。这四项，是军事上的要领。

文帝对《言兵事疏》很赞赏，赐给晁错诏书，以示嘉奖。晁错接着又向文帝上了《守边劝农疏》和《募民实塞疏》，提出用移民实边的办法来代替轮番戍边的办法，这是一个极为重要的创新的建议。

晁错首先总结了秦朝戍边政策的历史教训。那时，从远地戍边士兵不服水土，运粮困难，病死不少；加上秦法严酷，误期要判死罪，终于激起陈胜、吴广起义，秦朝灭亡。他又分析匈奴军时来时去、经常骚扰的特点，汉军轮番戍边的办法无法对付，缺点很明显。因此，他提出了移民实边的新政策，其要点是：一是招募内地百姓到边塞地区，长期安家落户，先由政府供给衣食、住房、耕作器具，规划耕地，直到能够自给为止；二是按军事组织编制移民，并实行军事训练，平时耕种，战时出击；三是建筑防御工事，高筑城墙，深挖壕沟，并设滚木、蒺藜。这些措施，切实可行，足以巩固边防。同时，晁错又在《论贵粟疏》中建议，全国百姓向边塞输纳粮食，以换取一定爵位或用以赎罪，这叫纳粟授爵。对晁错提出的移民实边、寓兵于农的政策，文帝立即付诸实施。这个政策不仅在当时起到防御匈奴的作用，而且开了历代屯田政策的先河，对后世影响很大。汉武帝时赵充国实行军屯，三国时曹操的屯田政策，都是晁错移民实边政策的继承和发展。

文帝十五年（前165年），文帝令大臣们推举贤良、方正、文学之士。晁错在太子家令任内被推举为贤良。文帝亲自出题，就"明于国家大体"等重要问题，提出征询（这叫"策问"）。当时贾谊已死，参加对策的一百多人中，以晁错的回答为最好。晁错的《举贤良对策》成了西汉一篇著名的政论文。

在回答"明于国家大体"的问题时，晁错以古时五帝的事迹来阐明。

在回答"通于人事终始"的问题时，晁错以历史上三王之事来阐明。

在回答"直言极谏"的问题时，晁错以五霸之事来阐明。

在回答"吏之不平，政之不宣，民之不宁"的问题时，晁错以秦朝的教训来说明。

最后，晁错指出，陛下即位十六年了，但百姓还没有十分富裕，盗贼还未减少，边境尚未安宁。所以会这样，想来是陛下没有亲自管理国事，而一味依靠臣下的缘故。而那些大臣才能不及陛下，恐怕会把有的大事耽误了。我虽愚昧无知不自量力,但也深深为陛下惋惜。

晁错的对策,深得文帝的嘉许,因此,文帝就把他由太子家令提升为掌管议论政事的中大夫。

3. 加强集权力主削藩 对地方诸侯王危害西汉王朝的问题,晁错与贾谊的看法是一致的。因此,晁错曾多次上书文帝,提出削诸侯和改革法令的建议。文帝虽没有采纳他的建议,但十分赏识他的才能。当时,太子刘启很赞成晁错的建议,而不少大臣、功臣则持反对态度。

汉文帝后元七年(前 157 年),文帝去世,太子刘启即位,这就是景帝。景帝立即提升晁错为内史(京师长安的行政长官)。晁错多次单独晋见景帝,议论国家大事,景帝对他言听计从,其宠信程度超过了九卿,许多法令是经他的手修改订立的。丞相申屠嘉对此心中十分不满,但无法伤害晁错,只好寻找机会。正巧,内史府坐落在太上庙(刘邦父亲的庙)外面的空地上,门朝东开,进出不方便;晁错就另开一个从南面进出的门,凿通了太上庙外空地的围墙。申屠嘉知道后大怒,想借此过失,报请皇帝杀掉晁错。晁错得到消息后,立即单独向皇帝说明情况。等到申屠嘉到景帝面前告状,说晁错擅自凿开庙墙开门,请把他送交廷尉处死时,景帝对申屠嘉说:"晁错凿开的不是庙墙,只是庙内空地上的围墙,没有犯法。"申屠嘉只得谢罪而退,一气之下,发病不起,不久就死了。这样一来,晁错就更加显贵了。

申屠嘉死后,景帝提升御史大夫陶青为丞相,提升晁错为御史大夫。从此晁错位列三公,这是景帝二年(前 155 年)的事。晁错位高权重,就向景帝再提削藩的建议,这就是有名的《削藩策》。

晁错指出,高祖封同姓王,仅齐、楚、吴三个王的封地就分去了天下的一半。他主张对犯罪有过错的诸侯王,削去他们的支郡,只保留一个郡的封地,其余郡县都收归朝廷直辖。晁错特别指出危险性最大的吴王刘濞,先前因为吴太子和文帝的皇太子(即后来的景帝)下棋时被打死,吴王就心怀怨恨,假说有病,不来朝见,按法律本应处死;文帝不忍治罪,赐给几杖,恩德极厚。但吴王不改过自新,反而更加骄横放肆,公然开铜山铸钱,煮海水熬盐,招诱亡命之徒,蓄谋反叛作乱。晁错认为,对于吴王刘濞,削他的封地会反,不削他的封地也要反。削他的封地,反得快,祸害小;不削他的封地,反得迟,祸害就大。晁错认定刘濞等诸侯王必定反叛,确实很正确;但他所提出的削地的办法,却有人为地激化矛盾的因素在里面,与贾谊的"众建诸侯而少其力"的逐渐削弱的办法相比,不免性急了一些,效果也是不同的。

这个《削藩策》一提出来,立即在朝廷内引起极大震动。景帝下令,让公卿、列侯和宗室共同议论,大多数人知道景帝是完全支持晁错的,因此没有敢公开表示反对;只有窦婴(皇太后的亲戚)公开站出来表示反对,同晁错争论起来,从此他们之间就结下了怨仇。

4. 替罪羔羊腰斩东市　朝廷讨论削吴国封地的消息传到吴国,刘濞就策划发动叛乱。他先派中大夫应高到胶西王刘卬那里去密谋,约好以声讨晁错为名,共同起兵,并夺天下,"两主分割"。刘濞听了应高的回报,怕刘卬反悔,自己又乔装打扮,秘密到胶西,亲自与刘卬订立了叛乱的盟约,刘卬又发使串联齐地诸国,刘濞发使串联楚、赵诸国,相约一起反叛。

景帝三年(前154年)正月,吴王刘濞首先在都城广陵(今江苏扬州市)起兵叛乱,并向各诸侯王国发出了宣言书,以"清君侧"为名,攻击晁错"侵夺诸侯封地,专以劾治污辱诸侯为事,不以诸侯人君之礼对待刘氏骨肉,所以要举兵诛之"等。同月,胶西王刘卬带头杀了朝廷委派的官吏;接着胶东王刘雄渠、淄川王刘贤、济南王刘辟光、楚王刘戊、赵王刘遂,也都先后起兵,共同向西进攻。这就是历史上著名的"吴楚七国之乱"。

七国叛乱的消息传到朝廷,景帝立即在军事上作了部署:太尉周亚夫率领三十六将军为主力,进攻吴楚军;曲周侯郦寄攻赵军;将军栾布攻齐诸军;拜窦婴为大将军,屯兵荥阳,监视齐赵方向,作为后援。景帝召见窦婴时,窦婴以有病为由加以推辞。景帝对他说:"现在国家有危急,王孙(窦婴的字)难道可以推辞吗?"窦婴这才接受了任命。

吴楚等七国联兵反叛,以诛晁错为名,使晁错的处境十分危险。当此之时,晁错本人又有两件事处置失当,更增加了这种危险。一件是他向景帝提出建议,让景帝御驾亲征,而自己留守京城长安,使景帝产生了对他的怀疑,也给其他大臣提供了攻击他的借口。一件是追究袁盎预知吴王刘濞阴谋反叛之罪。但是,却有人给袁盎通风报信,把晁错的话告诉袁盎。袁盎惊恐万分,连夜去见窦婴,商量对策。他们都是晁错的对头,决定以谋害晁错的办法,来保护袁盎。

于是窦婴入宫,请求景帝召见袁盎。当时,景帝正与晁错商议调拨军粮的事。景帝召见袁盎时,晁错也在座。景帝问袁盎:"你曾经当过吴相,现在吴楚反叛了,你的看法如何?"袁盎说:"不用担忧,一定可以破吴。"景帝说:"吴王近山采铜铸钱,煮海水为盐,招引天下豪杰,头发都白了,还起兵反叛,如果不是策划得十分周密,他会这么做吗?你有什么根据说他无能为力呢?"袁盎说:"吴王铸钱、煮盐取利是有的,但哪里有豪杰可引诱呢?假如吴王真的得到豪杰,那也只会帮助他做正当的事,而不会反叛了。吴王所招引的,都是些无赖子弟和私铸钱币的亡命之徒,所以他们互相勾结作乱。"这时,晁错插话了:"袁盎你策划个好办法出来!"景帝也问袁盎:"你有什么对策?"袁盎趁机说:"请陛下命令左右的人退出。"景帝叫左右都退下,独留晁错在场。袁盎说:"我所讲的话,臣下都不该知道。"景帝只好让晁错也退下。晁错退到东厢,心中十分愤恨。袁盎对景帝说:"吴楚所发书信,说是晁错擅自抓住诸侯过错,削夺封地,因此以反为名,要杀晁错,恢复原来封地就罢兵。当今之计,只有斩晁错,派使者宣布赦免吴楚七国,恢复被削夺的封地,就可以不流血而统统罢兵。"袁盎这番话,完全重复了吴王刘濞叛乱宣言中的"清君侧"的策略。景帝没有识破它,同时也因为吴楚兵势大,心中害怕,就听信了袁盎的这番话。景帝沉默了好久,然后说:"且看真实情况如何,假如真像你所说的那样,为了对得起天下,我不会爱惜某一个人。"这实际上是同意袁盎的主张,准备以牺牲晁错的性命来乞求吴楚等国退兵了。于是,景帝就封袁盎为太常,要他秘密整治行装,出使吴国。

过了十多天,丞相陶青、廷尉张欧等联名上了一分弹劾晁错的奏章,指责晁错提出由景帝亲征、自己留守长安以及作战初期可以放弃一些地方的主张,是"无臣子之礼,大逆不道",应该把晁错腰斩,并杀他全家。景帝为了求得一时苟安,不顾多年对晁错的宠信,昧着良心,批准了这道奏章。这时,晁错本人还完全不知情。

诛杀晁错完全是一种突然袭击:景帝派中尉(主管京城治安的武官)到晁错家,传达皇帝命令,骗晁错说让他上朝议事。晁错穿上朝服,跟着中尉上车走了。车马经过长安东市,中尉停车,忽然拿出诏书,向晁错宣读,这个忠心耿耿为汉家天下操劳的晁错,就这样被腰斩了。忠臣无罪,惨遭杀害,这真是一个悲剧啊!

5."清君侧"骗局破产　　景帝杀了晁错以后,就派袁盎以太常官职出使吴国,告知已杀晁错,并恢复被削封地,要求吴王退兵。这时刘濞已打了几个胜仗,夺得了不少地盘。和袁盎同去的宗正先见刘濞,要他拜受诏书。刘濞狂妄地大笑说:"我已为东帝,还拜什么诏书?"于是不肯见袁盎,却把他留在军中,想让袁盎参加叛军,任命他为将领,袁盎不肯。吴王刘濞就派一名都尉带五百兵把袁盎围守在军中,还想把他杀了。袁盎得到消息后,连夜逃出吴军营地,最后回到长安。这样,吴王刘濞就自己揭穿了所谓"清君侧"是一个骗局。

这时,从前线回长安来汇报军情的校尉邓公来见景帝。景帝问他:"你从前线回来,晁错已死,吴楚退兵了吗?"邓公说:"吴王谋反,已经准备几十年了,为削他的封地而发怒,要求诛晁错,不过是个借口,本意并不在反对晁错一个人。现在杀了晁错,我恐怕天下之士从此闭口,再也不敢说话了。"景帝问:"为什么呢?"邓公说:"晁错担心诸侯王国越来越强大,朝廷不能控制,所以建议削夺他们的封地,目的是为了加强中央政府的地位,这是对万世都有利的打算啊。计划刚刚开始施行,竟全家被杀,这样对内堵塞了忠臣之口,对外却为诸侯王报了仇,我认为陛下这样做是不可取的。"听了邓公的一番精辟的分析,杀了晁错吴楚仍不退兵的事实,使景帝如梦初醒,他叹了一口气,对邓公说:"你说得很对,我也悔恨了。"但后悔已经晚了。邓公这番话,显示了他的见识高深,得到了景帝的赏识。于是,就拜邓公为城阳中尉。

用牺牲晁错和恢复被削封地的妥协办法不能使吴楚七国退兵,景帝就只有坚决使用军事手段来平定叛乱。二月中,景帝下了一道诏书,号召将士奋力杀敌,同时下令严惩参加叛乱的官吏,从而鼓舞了汉军的士气。在周亚夫等路军队的攻击下,吴王刘濞兵败被杀,其他六个叛王有的畏罪自杀,有的被处死。刘濞经过长期准备发动的叛乱,不到三个月就被彻底粉碎了。

晁错虽然牺牲了,但晁错为之奋斗的事业还是被继续下去。景帝在平息吴楚七国叛乱之后,趁机在政治上做了一番改革。他下令诸侯王不得继续治理封国,由皇帝给他们派去官吏;他又改革诸侯国的官制,改丞相为相,裁去御史大夫等大部官吏;这就使诸侯王失去了政治权力,仅得租税而已。这样一来,中央政权的权力就大大加强,而诸侯王的力量就被大大地削弱了。晁错在历史上是一个争议颇多的人物。晁错当然不是完人,他的缺点很明显,但是,在那个时代,他是一个进步的杰出人物和政治家。明代李贽曾说:"晁错可以说他不善谋身,不可说他不善谋国",热情赞扬了晁错为了国家利益而不顾个人安危的献身精神。应该说,这种精神是很宝贵的。

三、经济思想

晁错在财政经济方面先后提出《减收农民租》、《守边劝农疏》和《论贵粟疏》等主张,其中尤以《论贵粟疏》集中反映了他的经济思想。

1. 重农贵粟　晁错非常强调粮食的生产和储备。他在《论贵粟疏》中说:"粟者,王者大用,政之本务","尧、禹有九年之水,汤有七年之旱,而国亡捐瘠者,以畜积多而备先具也",即是说因有粮食贮备,遇水旱之灾也不害怕。还说,神农时因为重视粮食的生产和贮备,在取得战争胜利中起了决定的作用。晁错针对当时国家统一、连年又无灾害,然而农民粮食却储备不多,国家财政也不富裕,商人阶层却相当富裕。他把当时农民和商人的生活进行了比较,一个五口之家的农民,至少有两人参加劳动,耕田百亩,收获不过百石。他们一年到头忙个不休,除种田外,还要"伐薪樵,治官府,给徭役。春不得避风尘,夏不得避暑热,秋不得避阴雨,冬不得避寒冻,四时之间亡日休息",而且还要"送往迎来,吊死问疾,养孤长幼"。虽然他们如此辛苦,但他们的收入却没有保障,既有遇到"水旱之灾"之险,又有遭到国家"急政暴赋"之难,甚至有"赋敛不时,朝令而暮改",以致"有卖田宅鬻子孙以偿责者"。这是什么原因呢?

他认为这是由于商人兼并农人,使"农人所以流亡"。他认为,虽然当时国家政府法令规定重农抑商,但实际上因农人负担过重,却愈来愈贫,对商贾兼并的放纵,商人则愈来愈富。结果,国家法令贯彻不下去,国家财富也积蓄不起来。他指出,商人"大者积贮信息,小者坐列贩卖,操其奇赢,日游都市,乘上之急,所卖必倍"。若不改变这种情况,"欲国富法立,不可得也"。要想农业生产不断的发展,粮食贮备不断地增加,财政力量得以充裕富足,非抑制商人势力不可。

晁错认为,重农的关键是贵粟。要贵粟,就得贱金玉。晁错认为珠玉金银之所以价贵,并不是本身具有较高的价值,也不是由于有某种使用价值,而只是因为"上用之故"。由于金玉不足以御饥寒,所以不足为贵;商人要兼并农民,妨碍农民从事粟米布帛的生产,所以应加以轻贱。

为了贵粟,晁错又提出"使民以粟为赏罚"的主张。人们只要纳粟给政府,就可以拜爵或免罪。国家给的爵,不过只是虚名,而收得的则是实物。商人地主,为了获得名利,或者换以免罪,也愿意用大量的粮食入爵除罪。这样,农民生产的粮食,由于富人有买爵除罪的需要,就可扩大销路,从商贾那里取得粮款,对农业生产也因粮食需要增加而重视。

晁错认为实行这一政策可以得到三点好处,"顺于民心,所补者三:一曰主用足(即财政收入充裕),二曰民赋少(人民赋税减轻),三曰劝农功(农业生产发展)"。另外,他还提出纳粟的人要直接运粟到边塞,即"使天下人入粟于边,以受爵免罪",指出这样做不过三年,就可使"塞下之粟必多。"文帝采纳了他的建议后,一年内就使"边食足以支五岁",边防军需粮食得到了满足。此后,晁错又建议在郡县纳粟。因为国家的粮食贮备增加了,加之政府提倡农耕,抑制商人,使文帝时能实行免收天下农田租税十二年,减少人民口赋和徭役的负担等政策。

商鞅曾提出过贵粟主张,其含义一是提高粟价;二是提高粟的地位。即余粮上交官府的可以得到官爵。晁错贵粟属于后者,收效较好。

2. 募民实边 为了巩固边防,文帝十一年(前 169 年)晁错多次上书,提出了抗击匈奴的战略思想,以募民实边巩固其国防。他指出戍卒一年一换,不如移民到边塞成家立业,一边耕作,一边守边。他提出了一系列的具体措施:

(1)**移民对象** 晁错提出三种人:第一种是流放罪人;第二种是以丁奴婢赎罪者和输奴婢拜爵者;第三种是自由民,大致是破了产的自耕农和手工业者。

(2)**为了使移民能安居乐业,对他们要实行优待政策** 在政治上要给应募的自由民赐以高爵,并免除其家人的劳役;对有罪的要加以赦免;属奴婢身份的恢复其自由。在经济上,要供给初到边境的移民以生活资料,直到他们能自足为止。政府要为移民造好房屋,准备好农具,免其赋税,供给衣服和粮食,一直到能够自给为止。移民没有夫或妻的,由政府买来给以婚配。若能够从匈奴手中夺回被劫掠的财产,拿出一半给夺回者所有。有人被匈奴俘虏的,由政府给予赎回。

(3)严密移民组织,以适应守边御敌的需要　在移民中实行军事化的组织体制,按伍、里、连、邑进行编排,日夜防范匈奴的侵犯。

(4)选拔良吏进行管理　从移民中选拔有贤才而知民心者,使用这些土生土长的官吏,"居则习民于射法,出则教民于应敌。"

(5)充分做好移民前的一切准备　包括:移民点的选择;城邑、里宅、道路的建筑,田界的划分,住房、器物、粮食,以及配置看病医生。做好了上述工作,能使"民至有所居,作有所用";"如是,则邑里相救助,赴胡不避死",这种做法是用物质利益来激励人们守边的积极性,"使民乐其处而有长居之心"。

晁错的募民实边主张,开了中国历史上屯田的先声。他有关的实边规划和措施,对后世产生了巨大的影响。

理财非凡的 CEO —— 桑弘羊

一、人物简介

桑弘羊(前152年~前80年),汉武帝时大臣。出身于洛阳商人家庭,自幼有心算才能,以此十三岁入侍宫中。自元狩三年(前120年)起,终武帝之世,历任大司农中丞、大司农、御史大夫等重要职务,与担任大农丞的大盐铁商东郭咸阳、孔仅两人深得武帝宠信。

武帝后元二年(前87年),桑弘羊由搜粟都尉迁任御史大夫,与霍光、田千秋、金日磾、上官桀四人同受遗诏辅佐昭帝。始元六年(前81年),昭帝召集各地贤良文学至长安,会议盐铁等国家大事。贤良文学反对盐铁官营和均输平准等与民争利的政策,力主改弦更张,桑弘羊与之展开辩论。由于桑弘羊的坚持和封建国家财政方面的需要,当时除废止酒类专卖改为征税外,盐铁官营等各项重要政策仍沿袭不变。次年,桑弘羊因与霍光政见发生分歧,被卷入燕王旦和上官桀父子的谋反事件,结果被处死。

二、生平事迹

1. 商人之子少年得志　　西汉景帝四年(前152年),在洛阳的一个富有商人的家里,生下了一个儿子,他就是汉武帝时著名的理财家桑弘羊。

桑弘羊成为著名的理财家,协助汉武帝处理财政问题几十年,和他的家庭与故乡有很大的关系。洛阳是周朝建立的一个军事和政治重镇,周公征服殷人后。把俘虏的殷人以"顽民"的称号安置居住在洛阳,这些人当然不让他们参与政治活动,因而多数就去经商。到了战国时期,经商已经成为洛阳人的重要职业。一些人经商致富后,就参与了政治活动。如有名的苏秦、白圭、师史、贾谊等政治家和商人,都是洛阳人。

桑弘羊的家庭一定是洛阳很富有的大商人,否则他十三岁不可能就做了汉武帝的侍中。侍中是一种加官,上至列侯、将军、卿、大夫,下至太医、郎中,都可以加官为侍中。当了侍中,就可以经常出入禁中,接近皇帝,所以它很为大家所重视,成为升官的一个重要途径。但当侍中,除了贵家子弟和著名的儒生外,一般人很难得到。才十三岁的桑弘羊,既非贵家子弟,也非名儒,他怎么能当了侍中呢? 结论只能是用钱买的。西汉初年,要当比较大的官,有两条途径:一条是由郡太守、诸侯王这样二千石以上的官吏,定期向中央政府推荐,他们当然是推荐自己的子弟,桑弘羊不会有这种机会;另一条是拿钱买官,也就是"入粟补官",桑弘羊作为商人的儿子,在十三岁的时候,他家就给他花钱买了个侍中,走上了仕途。

汉武帝时,为了培养一批忠于自己的得力官吏,选拔了很多有才干的青年在他的身边作侍中。如:朱买臣、卫青、霍去病、霍光、桑弘羊这些以后的文武大臣,就都当过他的侍中。在汉武帝的这些侍中,并不仅仅是帮助他做点身边的琐事,往往也与他们商量一些军国大事,遇有意见与大臣不合时,还常常让他们出面与大臣们进行辩论。如汉武帝元朔三年(前126年),汉武帝为了抗击匈奴的侵扰,决定在河套筑朔方城,御史大夫公孙弘多次上书反对,汉武帝就让侍中朱买臣等人与公孙弘辩论,说服了公孙弘,使他转变为筑朔方城的积极支持者。

桑弘羊在当侍中期间,参加了很多汉武帝制定军国大事的讨论,他了解汉武帝的为人和抱负,自己也深受汉武帝思想的影响。这期间,他虽然没有什么突出的表现,因而也没有受到汉武帝的重用,但他却学习和锻炼了参加国家大政的能力,为以后的从政准备了条件。

2. 担任大农丞　桑弘羊从十三岁作侍中,一直到三十九岁出任大农丞,当了二十六年的侍中。这期间,由于汉武帝大规模的对匈奴用兵,国家的府库余财已经用尽,财政发生了困难。元狩三年(前120年),主要负责财政的大农令郑当时,为了弥补财政的亏空,向汉武帝推荐山东的大盐商东郭咸阳和河南南阳的大冶铁商孔仅,担任大农丞,利用他们经商的经验和技术,负责管理盐铁事务,通过盐铁收归官营,来增加国家的财政收入。

桑弘羊这时已经三十四岁,他由于善于计算经济问题,汉武帝让他帮助东郭咸阳和孔仅估算研究盐铁官营的规划。这个规划经过一年的起草才完成,主要是将原属少府管的盐铁划归大农令管,由国家垄断盐铁的生产,不许私人经营。汉武帝很快就批准了这个计划,并派孔仅和东郭咸阳到全国各产盐铁的地区,设立盐铁官营的机构,任命原来经营盐铁生产的商人为各地官营盐铁的主管官。

汉武帝对经营盐铁政策的改变以及孔仅、东郭咸阳和桑弘羊对这一新政策的执行,在经济上是取得了较大成效。三年之后,孔仅就升任为大农令,桑弘羊也被提拔为大农丞。大农令是封建政府掌管财政的最高官员,大农丞是他的主要助手,从这时开始,桑弘羊在理财上就显示出了他的突出才干,越来越受到汉武帝的重用。

元狩年间以后,在桑弘羊的参与和主持下,先后实行了盐、铁、酒官营,均输、平准、算缗、告缗,统一铸币等经济政策。此外,还组织了60万人屯田戍边,防御匈奴。这些措施都在不同程度上取得了成功,暂时缓解了经济危机,史称当时"民不益赋而天下用饶"。桑弘羊以此赐爵左庶长。

3. 降职搜粟都尉　桑弘羊家属的情况,史无记载,只知道他有一个弟子,在天汉三年(前98年)和卫皇后的弟子,因为犯了法,同被执金吾(负责京师的治安)杜周所逮捕。看来他们犯得不是一般的法,因为以卫皇后和桑弘羊当时的地位和权势,他们的子弟如果犯了一般的法,是比较容易开脱的。而相反的是,由于杜周对他们追捕有功,一下子从执金吾越级提拔为御史大夫,这说明这个案子的重要和汉武帝的重视。

按照汉律,子弟犯法,父兄要连坐。所以桑弘羊在第二年,大概是这个案件了结的时候,由大司农被降职为搜粟都尉。但是桑弘羊被贬职后,直到昭帝始元六年(前81年)杨敞被任命为大司农止,中间有十六年,大司农的职务一直空缺着。这可能是由于桑弘羊昆弟子犯法,照汉律他必须连坐受处分,所以降职为搜粟都尉,但是桑弘羊在理财上深受汉武帝的信任,而大司农一职当时又找不到合适的人选,所以汉武帝就采取了一个折中的做法,就是一方面罢了桑弘羊大司农的职,另一方面又让他代理大司农的职务。这样既尊重了法律,又继续发挥了桑弘羊在理财上的特长,确实是一个两全其美的办法。

4.轮台屯田建议　汉武帝晚年,由于赵破奴、李广利先后败降匈奴,各损失兵马十多万,将多年的积聚之力消耗殆尽,对他是个很大的打击。同时,国内的矛盾已开始激化,农民起义不断发生。汉武帝认识到这一形势,因而决定改变自己的内外政策,对外暂时变攻为守,对内恢复休养生息的办法,以缓和激化了的矛盾。桑弘羊对汉武帝这一政策上的转变,没有足够的认识,而仍然热衷于积极的进取,这表现在他于征和四年(前89年)约同丞相车千秋、御史大夫商丘成给汉武帝上书,建议屯田轮台(今新疆轮台县),继续对匈奴采取进攻的政策上。

桑弘羊的这个建议认为,轮台一带是汉朝与西方交通的必经之地,又是匈奴经常出没的地区,在那里屯田,可以有供开垦的水浇地五千多亩。屯田发展好了,在那里站住了脚,不但可以增加粮食,还可以成为对匈奴作战的前线基地。

桑弘羊的这一意见,从长远来看,确实是征服匈奴的有效办法。后来昭帝时,霍光就曾采用这个办法在轮台屯田,到宣帝、元帝的时候,收到了很好的效果。但是它却不适合汉武帝当时的形势,所以汉武帝抓住这个问题,下了有名的轮台诏,进一步说明国内外政策改变的必要。在诏书中,批评桑弘羊的建议是"扰乱和给百姓增加负担,对百姓毫无好处"。为了表示今后不再扰民,让百姓休养生息,特封丞相田千秋为富民侯。从屯田轮台这一事件上可以看出,在汉武帝晚年,桑弘羊与汉武帝在思想上已经有了差距。汉武帝看到形势不妙,因而马上急速转弯,由进取改为保守;而桑弘羊却没有认识到形势的变化,仍然坚持继续进取的方针。所以,他的一些主张不再像以前那样,事事被武帝采纳,也就是理所当然的了。

5.辅政大臣雄心勃勃　汉武帝在轮台诏中对过去自己的好大喜功做了自我检讨,并改变了对内外的政策后,过了三年,在后元二年(前87年)就病死在游幸途中。汉武帝死后,立少子弗陵为昭帝,这时他只有八岁,所以汉武帝以遗诏命霍光、桑弘羊、金日磾、上官桀、田千秋为辅佐昭帝的顾命大臣,共同掌握朝政。

武帝留给昭帝的这五位顾命大臣中,田千秋年老不多管事,金日磾第二年就去世了,实际上只是霍光、桑弘羊、上官桀三个人。霍光是以大司马、大将军领尚书事而为顾命大臣的,汉武帝病危时又明确地让他行周公辅成王的事,所以昭帝即位之后,一切大权都掌握在霍光手中。

上官桀的儿子上官安,娶霍光的女儿为妻。他们本来是儿女亲家。上官安有个女儿,这时通过昭帝的姐姐鄂邑公主的关系,入宫被立为皇后。鄂邑公主有个情夫丁外人,上官桀父子为了感谢鄂邑公主,就要求霍光按照列侯尚公主的成例,封丁外人为列侯。但因丁外人并不是公主的真正丈夫,所以霍光没有答应。上官桀本来在武帝时已官至太仆,地位比霍光高,这时又因孙女入宫为皇后,父子并列为将军,对霍光的掌权看不顺眼,霍光又不顾他们的情面,不答应他们封丁外人为列侯的请求,所以上官桀对霍光不满,他们之间开始发生了矛盾。桑弘羊也因为自己论资格和功劳都在霍光之上,对霍光的掌握大权不服气,他又想替自己的子弟谋官,也遭到了霍光的拒绝,所以也越来越敌视霍光。这样,在三个有实力而又都雄心勃勃的顾命大臣之间,就形成了对立的两派,桑弘羊与上官桀联合起来,反对霍光的独揽大权。

6.盐铁会议纵横辩论　杜延年是因为捕桑弘羊弟子有功而被提升为御史大夫的杜周的儿子,他是霍光的亲信。在昭帝始元六年(前81年),他向霍光建议:"现在年景不好,一些农民还流落在外乡,应该恢复孝文帝时的政局,提倡节俭,对下宽和,争取百姓的支持。"霍光同意了他的意见,就让各郡国推举贤良文学之士六十多人,集中到首都开会,讨论民间有什么疾苦,国家应该采取什么措施的问题。

贤良是已经取得功名的儒生,文学是在某种学问上有一定成就的名士,他们都不是国家的官吏,而属于民间的知名人士。参加这次会议的六十多名贤良文学中,留下姓名的有茂陵唐生、鲁国万生、汝南朱子伯、中山刘子雍、九江祝生等。

丞相田千秋是这次会议的主持人,但他发言不多,只是在双方辩论激烈的时候,讲一些折中调解的话。政府方面的主要发言人,是御史大夫桑弘羊,他共发言一百一十四次。参加会议的还有丞相府的属官丞相史和御史大夫的属官御史,他们是作为田千秋和桑弘羊的助手参加的,但在会上御史也发言十九次,丞相史发言十五次。

这次会议可以说是分两个阶段进行的,前一个阶段是正式的讨论会;会议结束之后,贤良文学要返回郡国时,他们向丞相和御史大夫辞行,因为前一段讨论激烈,言犹未尽,所以在辞行的时候,又接着进行了辩论,这可以算是非正式的讨论会。

这次会议讨论的问题涉及面很广,有政治问题如应重刑罚还是重德教,有军事问题如抗击匈奴好还是与之和亲对,更多的是汉武帝所施行的盐铁、均输、酒榷、币制、算缗、告缗等一系列财政经济政策。汉宣帝时汝南人桓宽根据当时会议的记录,整理成《盐铁论》一书,所以一般都把这次会议称做"盐铁会议"。

这次会议,以桑弘羊为代表的政府一方,与以贤良文学为代表的民间一方,互相辩论得非常激烈,它实际上是对汉武帝时期推行的各项政策进行总的评价和估计。桑弘羊代表了全面肯定汉武帝轮台诏以前各项政策,并希望继续推行这一政策的一方意见;而贤良文学则代表了否定汉武帝轮台诏以前的各项政策,要求加以全面地评估和修改的一方意见。

霍光没有出席这次会议,但他对这次会议是重视的。他显然不同意桑弘羊的意见,这从他当政之后所施行的政策看,他是按汉武帝轮台诏的精神进行的。这就是他和桑弘羊在政见上的分歧所在。但是霍光也不完全赞同贤良文学全面否定汉武帝政策的看法,他没有接受贤良文学要求全部罢除盐铁、均输等官营事业的建议,而只是罢去郡国酒榷和关内铁官;他也没有采纳贤良文学主张对匈奴实行感化政策,放弃防御和抵抗,而仍然加强了边防建设。但是,霍光通过这次会议,利用贤良文学的激进情绪,批评和打击了自己的政治对手。所以,这次会议从政治上来说,是有利于霍光而不利于桑弘羊的。会议结束之后,给参加会议的贤良文学一个列大夫的官爵,就说明了霍光对他们的优待。

7. 争权夺利可悲下场　盐铁会议后的第二年,昭帝元凤元年(前80年)九月,发生了燕王旦与昭帝争夺皇位的斗争,历史上叫做"燕王之变",桑弘羊也被牵连到这一事变中,结果桑弘羊一家都被霍光处死了。

汉武帝有六个儿子,太子刘据因"巫蛊事件"被迫自杀,齐王刘闳早死,剩下的四个儿子中燕王旦最大,他理应立为太子,但汉武帝不喜欢他。在齐王刘闳和太子刘据死后,燕王旦就上书汉武帝,要求到汉武帝身边帮助他,以太子的身份入宫宿卫,引起汉武帝的不快,把他派的使者都杀了。后来他又因为窝藏逃犯,将他的封国削去三县。所以汉武帝死的时候,没有选他为继承人,而立小儿子弗陵为昭帝。

燕王旦是一个很有政治野心的人,他好读书,很有谋略,到处招罗人才,决心与昭帝争夺皇位。他首先散布谣言,说昭帝不是汉武帝的儿子,汉武帝也不想立他为太子,而是汉武帝死后几个大臣违背他的意愿拥立为皇帝的,所以他继承帝位不合法,号召大家反对他。他知道维护昭帝地位的主要是霍光,就挑拨霍光与昭帝的关系,上书诬告霍光外出检阅羽林兵时,用天子礼仪,有谋反的野心。这时昭帝已经十四岁,他对这些人攻击霍光的话,已经有所警惕,并不相信,有时他听烦了,还对他们发怒说:"霍光是我父亲留下来帮我辅政的忠臣,你们要再攻击他,我就要治你们的罪了。"燕王旦一伙发觉,用攻击霍光的办法来挑拨他和昭帝的关系,难以达到清除霍光的目的,于是他们决定改用暗杀霍光的手段,来达到推翻昭帝的目的。

昭帝的姐姐鄂邑公主在他小的时候抚育过他,姐弟俩感情很好,但公主与上官桀父子相勾结,求封她的情夫丁外人为列侯时,被霍光所拒绝,因而对霍光不满。这样,燕王旦与上官桀父子就与公主勾结,再加上因求封子弟为官而为霍光所拒的桑弘羊,设置了一个圈套,让鄂邑公主亲自出面宴请霍光,乘其不备将他杀死,然后废帝,迎立燕王旦为帝。这个阴谋被公主的一个舍人发觉,他告诉了他父亲燕仓,燕仓是大司农下属的农官代理稻田使者,他马上向自己的上司大司农杨敞告了密,杨敞觉得事关重大,不敢出面告发,就以自己有病为名,将此事透露给谏大夫杜延年,杜延年立即告诉给霍光,于是上官桀等人的阴谋很快就被霍光粉碎了。燕王旦、鄂邑公主被迫自杀,上官桀父子和丁外人被杀,年已七十四岁的桑弘羊和他的儿子桑迁,也被霍光处死。而杜延年却因告发有功,被提升为太仆右曹给事中,封为建平侯。

"燕王之变"是昭帝的几个辅佐大臣之间矛盾斗争激化的结果。桑弘羊被牵连,固然与他追名逐利,要为子弟请官被霍光拒绝,因而对霍光不满有关,更重要的是,他与霍光的政见出现了分歧。霍光接受了汉武帝轮台诏的思想,要采取休养生息的办法,以恢复民力和国力;而桑弘羊却仍坚持轮台诏之前那种积极进取的方针。桑弘羊与霍光政治主张的分歧,就使他必然站在反对霍光势力的一边,所以他被牵连在"燕王之变"的事件中,并不是偶然的,而是斗争的必然结果。但是,汉武帝时代在治理国家财政上作出了很大贡献的桑弘羊,在年逾古稀之年,被霍光杀了头,灭了族,对他来说,毕竟是一个很大的悲剧。

三、经济思想

1. 算缗与告缗   算缗是封建国家向商人征收的一种财产税,告缗是与商人瞒产漏税作斗争的方法。这也是由于大规模的对匈奴用兵,而山东一带又遭了水旱灾,为了弥补财政不足而对工商业者采取的一种筹款措施。最初提出这个办法的是御史大夫张汤,武帝元狩四年(前119年)颁布了推行的法令。但是由于当时的大农令颜异不赞成此事,所以未能认真贯彻执行。桑弘羊出任大农丞后,才在全国雷厉风行地加以推行。

所谓算缗,就是凡工商业者,都要如实向政府呈报自己的财产数,二缗抽取一算的税(一缗为一千钱,一算为二百文钱);小工商业者可以减半抽税。凡有乘坐马车的(官吏和战士除外),一乘抽税一算,运货的马车抽二算,船五丈以上的抽一算。所谓告缗,就是对不如实呈报财产的人,鼓励大家告发,经调查属实者,除了被告发人的财产被全部没收、戍边一年外,告发的人可得到被没收财产一半的奖赏。

算缗和告缗的法令颁布后,遭到了工商业者的顽强反抗,他们采用各种办法转移和藏匿财产,不报或少报自己的财产数。为了与这些工商业者作斗争,汉武帝让杨可专门主持告缗的事。这时作为右内史(管理京师的官)的义纵,站在商人的立场上,指责告缗的人不是好人,竟然加以搜捕,公开和告缗令作对。这件事报告给汉武帝以后,就以义纵有意破坏告缗为理由,杀了义纵,并将对算缗和告缗持消极态度的大农令颜异,也借它故撤职并判了死刑。这样,就从政府机构中清除了推行算缗和告缗的障碍,使杨可得以放手进行。

　　桑弘羊当了大农丞后,为了支持杨可把告缗坚持下去,又重申了告缗令。这样,告缗的活动就在全国普遍推开了,中等以上的工商业者,大都受到了告发。政府派出官吏到各地处理算缗和告缗的事,政府得到以亿计的财物,成千上万的奴婢,没收的田地,大县数千顷,小县百余顷,还有很多房屋。中等以上的工商业者纷纷破产,而政府的国库却充实起来,有力地支援了汉武帝的对外战争。

　　算缗和告缗的活动,桑弘羊一直是积极的支持者。张汤提出这个意见的时候,桑弘羊虽然还是个侍中,但已经因为他会算计经济问题,引起了汉武帝的注意。所以汉武帝在研究和决定采用张汤意见的过程中,桑弘羊起了积极的作用。算缗和告缗的法令公布后,内外的阻力一直都很大,迟迟未能贯彻执行。桑弘羊当了大农丞后,就可以直接插手此事。所以后来杨可的主持告缗,以及对反对告缗的一些官吏采取的镇压措施,桑弘羊都是参与了汉武帝的决策的。因而可以说,算缗和告缗虽然不是桑弘羊直接出面推行的,但他是决策的积极参与者。

　　2. 整顿货币　汉朝初年,国家对钱币的铸造采取放任的政策。当时不但钱的大小、轻重不一,钱币的重量与实际重量相差悬殊,因而盗铸钱的风气盛行,影响了经济的正常流通和通货膨胀。到了汉文帝五年(前175年),政府更撤除了禁止私人铸钱的命令,放任大家自由铸钱,因而币制更加混乱。一些豪强和大商人,常常在铜内杂入铅、铁,铸大批的劣钱来谋取暴利。政府虽然一再禁止和打击,但因为有利可图,而且铸钱者又多是一些有权有势的人物,所以并不能制止私铸的大量劣钱混入市场,破坏社会的正常经济生活。

　　汉武帝为了整顿财政,曾在元狩四年(前119年)整顿过一次货币,但效果不好。当时造了三种货币:一是皮币,用禁苑里养的白鹿皮制成,每个一尺见方,上面还绣上五彩花纹,每个值钱四十万,它是作为诸侯王朝觐皇帝时垫璧的礼品,所以只在上层贵族中流通和使用,另一种是白金,这是用少府库存的银、锡作的合金币,分值钱三千、五百和三百三种;第三种是取消半两钱改铸的三铢钱。还规定,盗铸钱者要处死。这次改革因为品类复杂,币值的规定又不合理,所以不但使用不便,而且一些人纷纷去盗铸比值很大的白金币,所以第二年就放弃了三铢钱而改铸五铢钱。当时虽然因盗铸钱政府抓了数十万人,仍不能制止盗铸劣钱,所以市场和货币仍然比较混乱。

　　元鼎四年(前113年),为了彻底整顿货币,汉武帝采纳了桑弘羊的意见。他的意见主要是:取消郡国铸钱的权利,由中央政府指定掌管上林苑的水衡都尉下属钟官、技巧、辨铜三官分别负责鼓铸、刻范和原料;郡国把所铸的旧钱销毁,把铜送到中央;废除过去铸的一切钱币,而以上林三官铸的五铢钱为全国唯一通行的货币。

这次币制改革是成功的,从此以后基本上制止了私铸劣质钱币的流通,从而不但增加了国家的财政收入,而且稳定市场和流通,起到了巩固西汉统治的作用。

为什么这次整顿货币比较成功呢? 因为这次货币改革,首先将全国的铜材集中在中央,由上林三官统一调拨,使私铸者得不到铸钱的原料;其次,价格标准与重量标准一致,这次所铸的三官五铢钱,实际重量也是五铢,因而减少了货币毁销改铸的流弊;第三是铸币技术提高了,铸造的工序比较复杂,盗铸者造起来比较困难,容易得不偿失。

这次币制改革是中国历史上第一次将铸币权完全收归中央政府的一次创举,它最终将汉朝的币制稳定下来,使汉朝的五铢钱成为质量稳定的钱币,一直流通至隋朝七百余年而通行不废。这与桑弘羊的经济思想是分不开的。

3. 盐铁官营　盐铁收归官营,早在元狩六年(前 117 年)汉武帝就派孔仅与东郭咸阳进行了。但是他们在各地设立盐铁官的时候,由于多选用商人担任,所以不但执行的不彻底,而且也产生了一些诸如质量低劣、价格太高等问题。桑弘羊为治粟都尉兼领大司农之后,就在原有的基础上对盐铁问题进行了整顿。

他选派了得力的大农部丞数十人,分头到各郡国,在整顿原有盐铁官的基础上,新增加了一批盐铁官。据《汉书·地理志》的记载,全国二十七郡有盐官共三十六处,铁官在四十郡中有四十八处。其分布在东北远至辽宁的盖县,西南至云南的安宁,西北达内蒙古的河套西北,南抵广州,东南到浙江的海盐。其分布之广,规模之大,都是空前的。

盐的生产,是由政府招民自备资金,盐官供给煮盐的工具和粮食,在盐官的监督下将煮成的盐全部售给国家,然后由国家出售给人民,个人不得私售。这是一种由公私联合经营生产,但由国家统一购销的办法。

铁的生产,是在郡国出铁处设铁官进行生产,不出铁者置小铁官负责销售,其生产和销售完全由国家进行控制。因为铁的冶炼不但技术比煮盐要复杂得多,而且成本和规模也要大,所以它主要采取国家经营的方式。根据对西汉时冶铁遗址的发掘情况看,一般都有十几座直径达一米六的冶铁炉,需数百名工人。由于官营冶铁资金比较雄厚,生产设备比较齐全,技术比较先进,而且是按统一设计的规格进行协作生产,所以它比起原来私营的小规模冶铁业,显然有更多的优越性。这一点桑弘羊是看到了,并且在公开的场合一再宣传他的这一看法。

盐铁的官营,从增加政府的财政收入,打击地方豪强的势力,以及发挥某些大规模生产协作的优点上来说,是起了积极的作用。但是由于地方的某些盐铁官吏的不良,以及大规模统一生产经营中必然会出现的问题,在盐铁官营之后,对农民也有很多不利之处。如政府为了增加收入,对盐铁的销价定得太高,而质量和品种也有问题,一些官吏又常常强制农民购买,因而增加了农民的负担和不便。桑弘羊对盐铁官营中出现的这些问题,他也是有所认识的。当有人以此来攻击盐铁官营问题本身时,桑弘羊就说:"这是一个如何选择好盐铁官吏的问题,而不是盐铁官营本身造成的。"

4. 移民屯边假民公田　汉武帝在对匈奴的战争中取得相当的胜利后,为了巩固边防,从根本上解决边防军的粮食供应,就在桑弘羊的大力支持下,继续大规模地执行汉文帝时晁错提出的募民实边的办法。汉武帝初年,已经在元朔二年(前 127 年)募民十万屯卫朔方(今内蒙古杭锦旗西北),元狩四年(前 119 年),又徙关东贫民七十多万至今甘肃一带。桑弘羊任大农丞后,又在元鼎六年(前 111 年)先派吏卒五六万人到今甘肃永登一带屯戍,接着不断扩大到上郡(今陕西绥德东南)西河(今内蒙古东胜县)及新建的武威、张掖、敦煌、酒泉(均在今甘肃境内)四郡,人数增加到六十万人。这样大规模的移民实边,不但开发了西北边疆的农业生产,就地解决了边军的粮食供应,而且加强了西北的边防,巩固了对匈奴战争取得的战果。所以它在当时的边防建设上,是具有深远意义的一项措施。

在算缗和告缗取得重大成果后,政府在各地没收了一批田地,为了经营和管理这些土地,在水衡、少府、太仆、大农等四个机关,都设置了农官,负责将这些土地租给农民,政府收取田税。桑弘羊对这件事是竭力支持和赞扬的。但是由于政府经营和管理不善,租种的农民不愿在上面种桑榆菜果,而且这些土地又常常被官僚豪强等有权有势的人所侵占,因而对封建政府和租种的农民都得不到好处。有人因此提出要停止出租时,桑弘羊认为,它仍然是利多弊少,如果因为地力未尽,获利不多而罢去,不但会影国家收入,对租地的农民也没有好处,所以桑弘羊是一直主张坚持执行下去的。

5. 扩大均输法建立平准法　西汉初实行一种由地方郡国定期贡纳实物的政策,各郡国贡纳的数量和种类,看来是由中央政府主观决定的,所以贡纳的货物不一定都是当地的特产,这样就使一些郡国为了交纳贡物,而必须到别的地方去购买。因为购买的数量大,时间也比较集中,因而一些商人趁机哄抬物价,从中牟取暴利。购买之后,还有一个运输问题,一些运输路线长而又易损坏的货物,运输中的费用和损耗往往要比货物本身要贵数倍。所以这种办法,不但增加了人民的负担,连地方政府的官员也深感不便。

元鼎二年(前 115 年)桑弘羊为大农丞时,就开始试行均输法。什么是均输法呢?就是各郡国上交中央的贡品,一律按照当地的市价,折合成当地出产的产品,交纳国家后,由均输官统一调运到缺乏这些产品的地区出售。这样不但各郡国再也不用为了贡物而派人四出采购物品了,而中央政府却借货物的地区差价,从中获得了很大利润。显然,均输法对中央和地方政府都有利,也减轻了百姓的负担,打击了商人的暴利。但是在均输法开始实行的时候,由于盐铁这两项重要的货物还把持在孔仅的手中,所以均输法还难以全面地铺开实行。

当桑弘羊代理大农令后,一方面由于均输法试行了五年,已积累了一定的经验;另一方面盐铁等一切财经大权,这时都已掌握在桑弘羊的手中,因而他开始在全国普遍推行均输法。他在向各郡国派出盐铁官的同时,也派出了均输官,由于盐铁是均输的两大重要物资,所以某些地方均输官可能是由盐铁官兼任的。因为这些均输盐铁官,都是由大农部丞统一管理。均输法在全国推行之后,货物的流通渠道比较畅通了,国家在全国各地征的贡赋,通过均输官源源不断地运到首都和边疆地区,因而大大地加强了汉武帝对外斗争的经济实力。

平准法是桑弘羊为了配合均输盐铁政策的推行而实行的另一项经济改革。过去,西汉中央政府各部门所需的物资,都是由各部门自行采购。由于各部门采购的货物多而又比较集中,为了按时完成采购任务,各部门的官员之间互相争购,因而哄抬了首都的物价,这不但对人民生活有影响,也使国家蒙受损失,商人却得了暴利。为了解决这个问题,桑弘羊在算缗告缗和盐铁均输政策实行后,由于国家手中已掌握了大量的物资,有经济实力可以控制首都的物价了,所以他又创立了平准法。

平准是桑弘羊在首都设立的一个机构,它通过国家掌握的由大农诸官和各地输进的货物以及工官制造的产品,在首都市场上贵卖贱买,以稳定首都的市场物价。中央各个机关采购物资,也就可以从平准官那里以平价购到所需的东西。所以平准法的创立,不但解决了均输官运到京师的多余货物的出售,也解决了政府一些部门对货物的采购,由于它沟通了政府各部门之间货物的供求,因而就减少于市场物价的波动,打击了投机倒把的商人。无论是对封建政府的利益,还是对人民群众,平准法的实行都是有利的。

盐铁、平准、均输,这是桑弘羊整理和改革财政经济的三个支柱。在汉武帝好大喜功,连年对外进行大规模战争的情况下,国家的财政开支急剧增加。桑弘羊此时担任封建国家的主要财政负责人,他能在不太多地增加农民赋税负担的情况下,满足汉武帝浩繁的财政需求,这确实是一大功劳。所以他一直受到汉武帝的信任和支持。

6. 酒的专卖　汉代饮酒风很盛行,酒的消耗量很大。据司马迁在《史记》中统计,汉代经营工商业可以致富的行业共有三十多种,而把酿酒列在第一等行业,可见当时酒类的利润之高。天汉三年(前98年)少府丞令建议实行酒榷,就是国家对酒类实行专卖,这一建议得到了桑弘羊的支持,报请汉武帝批准后,就立即付诸实行了。

负责酒类专卖的机关是榷酒官,它的组织和经营的情况不太清楚。根据后来王莽实行的酒类专卖看,它可能基本上和桑弘羊实行的一样。这就是由官府供给私人酿酒者以谷物和酒曲等原料,根据政府制定的酿造要求,由私人进行酒的酿造。关键是个人酿造的酒只能按公家规定的价格卖给国家,私人不得出售。这样,国家就垄断了酒类的全部销售。酒类专卖后的赢利一定是相当可观的,因为它当时与盐铁、均输并称为国家主要财政来源的"三业"。昭帝始元六年(前81年),酒类专卖实行十七年之后,在一部分人的反对下,把郡国的酒榷和三辅的铁官罢去了,但京师禁止私卖酒的命令仍在严格执行,这可能已经不是出于经济的考虑,而是由于社会治安的原因了。

乱世五百年的三国两晋南北朝

历史背景

东汉末年,各军事集团割据混战,社会动荡,国家分裂,这种局面实质上是东汉以来豪强地主势力发展的必然结果。曹操势力逐渐强大,一度统一北方,但赤壁战败,统一中国的企图未能实现,孙、刘势力发展,形成三国鼎立的局面。

东汉以来世家豪族势力的膨胀,使政治分裂倾向日益加剧;南方得到开发,孙、刘两集团的经济实力日趋雄厚,而北方生产遭到破坏,曹魏时虽有恢复,也未超过两方的水平,因而在全国形成三个经济实力相对平衡的区域,为分立提供了物质基础;魏、蜀、吴之间形成军事实力的某种均衡,彼此都无力消灭对方,因而导致三国鼎立的局面。这种局面虽然属于政治上的分裂,但与东汉末年相比,却是一个种历史的进步。三国是在各自统治范围内的统一,这种局部统一较之东汉末年众多军阀割据混战是一种进步,它给社会生产和人民生活提供了相对安全的环境,各国统治者又都重视发展生产,注意发展经济,为全国的再次统一奠定了基础。

南北朝,东晋之后,南方四朝相互更替,史称南朝。南朝时,由于南北人民的共同开发,江南经济有了较大发展,开始赶上北方。但政治上,则在地主阶级中形成了士族制度,它们在政治上、经济上都享有特权,极端腐朽。而此时的北方,继前秦统一失败后,北魏又曾一度统一北方。此后北方出现了民族大融合的趋势,北魏孝文帝的改革适应了这一趋势,并使北方经济得以恢复和发展。后来北魏分裂为东魏、西魏,不久,东魏、西魏又分别为北齐和北周所取代。北周又一度统一北方,为以后隋的统一奠定了基础。

三国两晋南北朝时期,由于民族大融合,北方经济的恢复和发展,江南的开发,我国的科技文化得到进一步发展,在不少领域取得领先世界的成就,出现了祖冲之、贾思勰等著名科学家和杰出的文学艺术家。与此同时,佛教盛行,对当时的社会生活、思想文化及以后都产生了重大影响。

神机妙算的 CEO —— 诸葛亮

一、人物简介

诸葛亮(181~234年),字孔明,号卧龙(也作伏龙),汉族,琅琊阳都(今山东临沂市沂南县)人,蜀汉丞相,三国时期杰出的政治家、外交家、发明家、军事理论家。在世时被封为武乡侯,谥曰忠武侯。

二、生平事迹

诸葛亮父亲诸葛圭早逝,诸葛亮与其弟诸葛均便由叔父诸葛玄抚养。后来朝廷选朱皓代替诸葛玄之职,而诸葛玄又与荆州牧刘表有旧交,便带同诸葛亮前往依附。诸葛玄去世后,诸葛亮和弟弟在南阳郡襄阳隆中(一说南阳卧龙岗)务农。诸葛亮平日好念梁父吟,又常以管仲、乐毅比拟自己,当时的人对他都不以为然,只有好友徐庶、崔州平、孟建、石韬相信他的才干。他与当时的荆州名士司马徽、庞德公、黄承彦等有结交。黄承彦曾对诸葛亮说:"闻君择妇;身有丑女,黄头黑色,而才堪相配。"诸葛亮应许这门亲事,立即迎娶她。

建安十二年(207年),诸葛亮二十七岁时,刘备三顾茅庐,会见诸葛亮,问以统一天下大计,诸葛亮精辟地分析了当时的形势,提出了首先夺取荆、益州作为根据地,对内改革政治,对外联合孙权,南抚夷越,西和诸戎,等待时机,两路出兵北伐,从而统一全国的战略思想,这次谈话即是著名的《隆中对》。刘备听了诸葛亮这一番精辟透彻的分析,思想豁然开朗。他觉得诸葛亮人才难得,于是恳切地请诸葛亮出山,帮助他完成兴复汉室的大业。诸葛亮遂出山辅佐刘备,联孙抗曹,赤壁之战大败曹军。形成三国鼎足之势,夺占荆州。建安十六年,攻取益州。继又击败曹军,夺得汉中。二十六年,刘备在成都建立蜀汉政权,诸葛亮被任命为丞相,主持朝政。

章武三年(223年)春,刘备在永安病危,召诸葛亮嘱托后事说:"君才十倍于曹丕,必能安国,终定大事。若嗣子可辅助,便给以辅助;若其不才,您可取而代之。"诸葛亮忙哭道："臣必竭心尽力相辅,效忠贞之节,死而后已。"后主即位。

蜀汉后主刘禅继位,诸葛亮被封为武乡侯,领益州牧。建立丞相府以处理日常事务。当时,全国的军、政、财,事无大小,皆由诸葛亮决定,赏罚严明。对外与东吴联盟,对内改善和西南各族的关系,实行屯田,加强战备。建兴五年(227 年,上疏《出师表》于刘禅,率军出驻汉中,前后六次北伐中原,多以粮尽无功。十二年,终因积劳成疾,病逝于五丈原军中,将后事托付姜维,归葬定军山勉县的武侯墓。

三、经济思想

诸葛亮治理蜀汉不仅在政治方面取得了很大成绩,而且在经济方面也卓有成效。

蜀汉初期,诸葛亮面临的经济形势是十分严峻的。当时,蜀汉在魏、蜀、吴三国中国土最小,人口最少,其经济实力也最弱。特别是在刘备、诸葛亮集团刚刚夺取益州伊始,由于刘备与益州的统治者刘璋进行了将近三年的攻夺战争,致使益州百姓"饥膏草野",府库消耗殆尽,刘备攻占成都后又纵兵抢掠,府库为之一空,且"置酒大飨士卒,取蜀城中金银分赐将士",乃至"军用不足,(刘)备甚忧,使他不得不采纳刘巴的建议,"铸直百钱,平诸物贾,令吏为官市",以充实府库。刘备采用发行大面额货币的办法是一种转嫁经济危机的手段,虽然可以聚敛财富解决暂时的困难,但它不能从根本上解决经济问题,且必然要对益州社会经济造成一定的破坏。

随后,刘备与曹魏,与孙吴又不断进行战争和军事行动。例如,建安二十年(215 年),刘备亲率大军五万下公安,欲同孙权争夺零陵、桂阳、长沙三郡。后因听说曹魏进攻汉中而匆忙回师;同年,张飞与曹魏大将张郃在三巴地区进行大战;建安二十三年(218 年)和建安二十四年(219 年)刘备与曹操争夺汉中之战;章武元年(221 年)和章武二年(222 年)刘备为报关羽被杀之仇而进行的讨伐东吴的战争等。这些战争,大量耗费了蜀汉的人力、物力、财力,使得益州经济一直得不到恢复,并且增加了人民的负担,从而激化了阶级矛盾,终于建安二十三年(218 年)在郪和资中县一带爆发了马秦、高胜领导的有数万农民参加的起义。尤其是吴蜀夷陵之战,刘备遭到惨败之后,使蜀汉元气大伤。紧接着在蜀汉的西南地区又接连发生了汉嘉太守黄元、益州大姓雍闿、牂牁太守朱褒、越巂王高定等相继反叛。这样,诸葛亮在刘备白帝城托孤之后所面临的是一个危机四伏、经济凋敝、民心不安、社会动荡的局面。诸葛亮在南征时,命令兵士种蔓青于山中,"以济军食",虽然被人传为佳话,但仔细推敲起来,实际上是当时蜀汉经济困难,军粮难以供给,不得不靠种植蔓青来接济军食的危艰情况的写照。就是在这种十分困难复杂情势下,诸葛亮以他卓越的智慧和才干致力于蜀汉经济的恢复和发展。经过建兴元年至四年"务农殖谷,闭关息民"和建兴五年至十二年的北伐期间的以农为本、手工业、商业一起发展的"耕战"经济这样两个阶段,一共十多年时间,使蜀汉社会经济出现了"田畴辟,仓廪实,器械利,积蓄饶"这样一种欣欣向荣的景象。

蜀汉经济之所以能够较为迅速地得到恢复和发展,并且取得较为显著的成效,是与诸葛亮治理蜀汉的经济思想和依照其经济思想所制定的经济政策分不开的。

纵观诸葛亮治蜀期间所施行的经济政策,可以看出他的经济思想主要表现在以下四个方面。

1. 务农殖谷闭关息民　　农业是古代社会一个决定性的生产部门,只有农业生产发达,封建经济基础巩固,封建国家经济实力雄厚,才能有力地推行各项改革措施,以及进行统一战争。起于"布衣"的诸葛亮深知这一富国强兵之根本。他说,治国就要"务立其本"。"农耕"、"山林"、"川泽"是务地之本,如若"地失其常,则有枯败",他把农业发展与否与朝代的兴亡更替联系起来看,这是很有见地的。他根据益州前统治者"割剥百姓"、"赋敛烦扰",使农民破产流亡,田地荒芜的情况,提出"务农殖谷,闭关息民"的方针,以"闭境劝农,育养民物"为指导思想,在保证成都平原的经济继续稳定发展的前提下,如对作为"农本,国之所资"的都江堰水利工程,诸葛亮专门设置堰官,精心管理,并派一千二百多人常驻在堰区,负责保护和维修,使成都平原"沟洫脉散,疆里绮错,黍稷油油,粳稻莫莫",呈现一片繁荣景象。

诸葛亮重点发展两个较为落后的地区——汉中和南中。

汉中地区,地形平坦,土地肥沃,气候温暖,雨量丰沛,物产富饶,史称"厥壤沃美,赋贡所出,略侔三蜀(指蜀、广汉、犍为三郡)",汉高祖刘邦攻取关中时,"萧何常居守汉中,足食足兵"。东汉末年,张鲁政权也以汉中作为根据地,在韩遂、马超之乱时,"关西民从子午谷"逃奔来汉中的就有"数万家",因此汉中"户出十万,财富土沃"。但曹操在降服张鲁后"徙民弃汉中"时,曾"拔汉中民数万户以实长安及三辅"。其驸马都尉杜袭又使汉中"百姓自乐出徙洛、邺者,八万余口。"曹操又"恐刘备北取武都氐以逼关中",于是又"徙氐五万余落出居扶风、天水界。"汉中人口几乎被迁徙一空,蜀汉虽攻取了汉中,但只"得地而不得民也。"为使汉中恢复旧有的繁荣,诸葛亮命李严移民二万人充实汉中。又招募五千人到汉中,终于使一度荒凉的汉中重新得到开发,"男女布野,农谷栖亩"成为财阜民安的富庶之地。

南中地区是指蜀汉南部的越巂、益州、永昌、牂柯四郡。虽然四郡土地广袤,物产丰富,但是居住在这里的少数民族(汉代称之为西南夷)仍过着十分贫困的生活,不仅社会制度还处在原始社会末期或奴隶社会时期,而且经济文化处于极端落后的状态,"诸郡为贫。"诸葛亮平定南中后,一方面"命人教打牛以代刀耕",另一方面将他们由山林"徙居平地,建城邑,务农桑","夷众感悦","诸夷"从此"渐去山林",开始农耕生活。此外,为充分利用南中地区的自然资源,诸葛亮还组织夷人煮盐冶铁,派人传授织锦方法,提高生产技术,还修复了近百年不通的旄牛道和沿途亭驿,使之"千里肃清,复古亭驿",方便商旅往来。诸葛亮对南中地区经济的开发,不仅促成其政治稳定,社会经济的发展,出现"纲纪粗定,夷汉粗安",而且也使蜀国的经济实力和兵力得到源源不断的补充。诸葛亮的经济政策在南中地区收到了显著的成效,并产生着深远的影响,西南夷各族人民对诸葛亮是"爱之如祖考",在他死后"百姓巷祭,戎夷野祀。"就是有力的印证。

2. 盐铁官营蜀锦为主　诸葛亮在重点发展农业的同时,又根据益州资源丰富的特点,充分发挥地方优势,大力发展手工业生产。

蜀地素产盐铁,自古以来,煮盐、冶铁业很发达。西汉时卓氏和程郑都在临邛以冶铸业成为巨富。汉文帝曾以蜀之严道(即蜀郡之雅州,治所在今四川雅安)铜山优赐给上大夫邓通,他便"以铸钱财过王者"成为富翁。东汉中期以后,"罢盐铁之禁纵民煮铸",盐铁由政府专卖的制度逐渐瓦解,大地主控制了盐铁经营权。诸葛亮为了抑制豪强地主的"专权自咨",增加政府财政收入,重新恢复了盐铁官营的制度,并任命王连、吕乂为司盐校尉,张裔为"司金中郎将,典作农战之器。"由于诸葛亮重视盐铁业的发展,使蜀汉盐铁"利入甚多,有裨国用。"

西汉时,蜀地就有织锦业,《蜀都赋》中说:"尔乃其人,自造奇锦"。这说明蜀锦已自成特色,但这时数量少,并不出名。到东汉时期,蜀锦有了较大的发展。蜀锦成为益州的一大产业,诸葛亮为充分发挥这一地方优势,大力发展织锦业,并把它放在"决敌之资"的战略地位上去认识。他一方面提倡养蚕种桑,开辟丝源,并身先士卒在成都郊外双流县东北八里的家中,种桑八百株。在他的带动下,川西平原上"栋宇相望,桑梓接连";另一方面又设置锦官,专门组织和管理蜀锦的生产和调拨。蜀锦从而得到突飞猛进的发展,几乎独占中国市场,总之,诸葛亮把蜀锦生产放在发展手工业的首位,不仅使蜀锦成为了蜀汉政府的主要财政来源和对外经济贸易的主要商品,而且使成千上万的以养蚕织锦为业的益州人民的生活来源得到了保障。经济上的发展,带来了蜀汉政权政治统治的进一步稳固。

3. 轻徭薄赋百姓安居　诸葛亮最理想的政治社会是粮饷丰,财货多,百姓安。他说:"圣人之治理也,安其居,乐其业","上下和睦,百姓安乐"。要达到这一"富国安家"的政治目的,就不能"克食于民",否则"人有饥乏之变,则生乱逆。"唯一的办法是："唯劝农业，无夺其时；唯薄赋敛，无尽民财。"实行轻徭薄赋、与民休息的政策，反对"妨害农事"。同时适当地约束豪强地主过分压榨农民，以免造成"强弱相侵，躬耕者少"，"民如浮云，手足不安"的现象。总之，"使民心不乱"，才能使经济得到发展，政治得到稳定。为此，诸葛亮把成都附近一些荒芜土地归还给因战乱和灾荒逃亡的农民，他还组织兵士屯田，以增加军粮收入，减轻农民负担；在平定南中后，诸葛亮"不留兵，不运粮"，以安定少数民族人民的情绪，为了缩减军事开支，诸葛亮还实行"减兵省将"，把兵员控制在一定数量之内，对军队实行定期的轮换制，即使在战争频繁岁月，也坚持大部分兵力在前线作战，一部分换回后方，以保证有一定的劳动力从事生产。

诸葛亮休养生息的政策，不仅使社会经济得到发展，阶级矛盾也得到缓和。农民起义是测量政治气候的温度表，曹魏因为"百姓凋敝"，陈寿评曰"民不堪役"，而发生农民起义二十四次；孙吴也因"良田渐废"，统治者"肆行残暴"，造成"人民穷困"，"不复堪命"被迫举行起义达二十三次之多。而这一时期的蜀汉却只有三次农民起义。史籍记载诸葛亮"行法严而国人悦服，用民尽其力而下不怨。"当蜀军得知后主刘禅投降邓艾，并敕令姜维降曹魏时，"将士咸怒，拔刀砍石"。这些记载虽有夸大溢美之处，但诸葛亮轻徭薄赋的经济思想及其政策，对人民生活的相对安定，阶级矛盾的相对缓和，无疑是起着积极的促进作用的。

4. 提倡节流积蓄，反对奢侈风气　诸葛亮极力反对"时俗奢侈"的坏风气。他主张"躬耕勤苦，谨身节用"，"丰年不奢，凶年不俭，素有蓄积，以储其后"。他要求蜀汉各级官吏"清心寡欲，约己爱民。"作为蜀汉丞相、百官之长的诸葛亮严于律己，带头为官清廉，不增私产，他家仅有"桑八百株，薄田十五顷"，"随身衣食，悉仰于官"，内无余帛，外无赢财，这种清俭的作风和豪强地主的"田亩连于方国"不可比拟，就连曹操、孙权也为之逊色，堪称蜀国官吏的表率。

诸葛亮反对厚葬的风气。那些达官贵人、豪室之家在婚葬之时，钱财花费之大，随葬器物之多，达到惊人的地步。诸葛亮一反这种腐败之风，主张"殡仪从简"，并"遗命葬汉中定军山"，"因山为坟，冢足容棺，敛以时服，不须器物。"可以说，诸葛亮为矫治社会不良风气树立了楷模。

汉末官僚地主嗜酒成风。诸葛亮坚决反对嗜酒，并宣布禁酒，"酿者有刑"。

由于诸葛亮带头反对东汉以来官吏贪残昏暗，浮华虚伪的腐败庸俗作风，从而使蜀国的吏治比较清明，举国上下，"人怀自厉"，节俭成风。大小官员，皆"清素节约"，"宅舍弊薄，资财无余"，有的甚至"出入不从车骑，无异凡人"，其家属子女"皆布衣素食"，"死之日家无儋石之财"。

总之，蜀汉在诸葛亮的治理下，出现了经济繁荣景象。虽然，诸葛亮的经济思想及其政策，不可能超越地主阶级对农民进行政治压迫和经济剥削的范围,也不允许违反蜀汉最高统治集团的根本利益,但它在客观上促进了社会经济的发展,政治局势的稳定,这是应该实事求是地予以正确的评价和肯定的。

博学能文的CEO —— 傅玄

一、人物简介

傅玄(217～278年),字休奕,北地郡宜阳(今陕西耀县东南)人,西晋初年的文学家、思想家、教育家。

二、生平事迹

傅玄出身于官宦家庭,祖父傅燮,东汉汉阳太守。父亲傅干,魏扶风太守。父亲早逝,家境大变,傅玄只得随家离乡避难,过着困苦的生活,但他学习很用功。青年时代即以"博学善属文,解钟律"而著名。"性刚劲亮直,不能容人之短"。清高、孤赏、不落俗尘,同情农民。

傅玄举秀才后,选为著作史,参与编写《魏书》。后参安东、卫军军事,转温令,再迁弘农太守,领典农校尉。精心政务,忠于职守,数次上书,陈说治国之策,指出时弊。

晋武帝即位,傅玄进爵为鹑觚子,加驸马都尉,与散骑常侍皇甫陶共掌谏职。傅玄以敏锐的眼光,提出在阶级、民族矛盾的实际情况下,应以"舜之化,开正直之路,体夏禹之至俭,举清远有礼之臣,以敦风节,武帝赞同。还针对晋社会依靠氏族,封官许愿,任人唯亲唯势,机构庞杂的情况,提出要以才录官,考察官员政绩,减少机构,使宦不废职于朝,国无旷官之累。又针对农业衰败,弃农商经,富豪子弟游手好闲,不学无术的情况,提出"尊儒尚学,贵农商贱"。武帝甚悦,拜为侍中,成为近臣。

泰始四年(268年),傅玄提出有名的"五条政见",针对当时水旱灾的情况,表达了他重农爱民的政治主张及反对"天命"的唯物观点,晋武帝十分赞许下令按"五事"办理,并于泰始五年(269年)加傅玄为太仆。转司隶校尉。

傅玄一生,喜爱读书、写书。博学能文,虽显贵,而著述不废,曾参加撰写《魏书》,与文集资卷合为一书,起名《傅子》,刊行于世。文辞之美,深为世人所赞,足可以与《墨子》、《孙子》、《孟子》齐名。傅玄作诗以乐府诗体见长,今存世六十余首。

咸宁四年(278 年)傅玄卒于家中,年六十二岁,谥为"刚",追封清泉侯。

三、经济思想

傅玄的经济思想涉及的范围比较广,其中比较重要的是他的租税思想。傅玄的有关经济思想,代表着中小地主阶级的利益,对自耕农所受的沉重剥削也予以同情。

1. 分业定人　面对东汉末年及三国以来的军阀混战和豪强地主的土地兼并,使大量农民离开土地,流散四方,从而直接影响着西晋的社会秩序的安定和赋税征收的稳定。于是稳定封建财政的收入,就成为西晋政权的迫切任务。然而稳定财政,要达到"上用足而下不匮"的目的,傅玄认为,必须把社会上不同的人群,按其职能安排在不同的岗位上,以发挥各自的特长,做到人人能各尽其力而不相乱,到那时国家就可以由富而安,社会秩序也就得以稳定。因是按职业编组定人,强调其定业,各能发挥专长,其财政收入会得以改观,其意义是很大的。

傅玄在总结前人经验的基础上,认为职业分工是组织社会生产和生活的很好方式。士农工商各守自己的职业道德,就能达到国家上下富足。傅玄指出,百官未知莅事而坐享天禄,农工多度其业,商贾追逐赢利而离其事,诸如这些都是由于没有分业定人,才闹出这么多乱子。傅玄针对当时社会游手多而亲农少,工器不尽其宜的现实,要求在位者应该接受这些失败的教训。

他建议晋武帝赶快制订制度,为士的人数须足以适应补充封建官吏队伍的需要。为农的人数,须使其生产的产品足以保证每一年能储存全社会所需粮食的三分之一。为工的人数,须能保证社会对手工业产品的需要。为商的人数须能实现社会商品的流通。傅玄强调的是要求规定各业的从业人数,强调其定业,至于人们是否像管仲要求的那样分业定居,四民的行业是否是世袭,这对财政的影响似乎不太大,所以傅玄对此没有严格的要求。

傅玄要求规定四民的从业人数,其财政意义在于,这样作可以对劳动力进行再编制,有效地驱使游民从业,其增加财政收入的意图是很明显的。傅玄不可能规定出四民的从业人数,他的分业定人思想,主要还是要保证绝大多数的劳动力从事农业生产。这样,一方面可以促使因长期战争而造成的经济破坏得以恢复;另一方面因田租户调是本时期财政的主要收入来源,无论是按田征赋或按户征调,都需要有大量从事农业的人口作为基础。傅玄重视农业的思想,恰是他经济思想的体现。

西晋在太康以前,其田制因袭曹魏旧制。政府的军政开支,主要仰仗屯田的收入。但这时的屯田制,出现了两种弊病,一是剥削率提高;一是只强调扩大耕地面积,忽视单位面积的产量。对前者傅玄主张恢复曹魏时期的分配比例,即屯田兵用官牛耕种的,分配时官得六分,兵得四分;用私牛耕种的,官兵各半。他认为今朝(西晋),用官牛耕种的官得八分,兵得二分;用私牛及无牛者,官得七分,兵得三分。这种剥削率必然导致"人失其所,必不欢乐",将大大挫伤人们的劳动积极性。对后者,他认为精耕细作要比广种薄收效果好。

2. 赋役思想 傅玄在赋役方面,有着比较新颖的观点。他不是一般的主张轻徭薄赋,而是要求依客观实际来订赋役之轻重。傅玄在赋役问题上提出了几条重要的原则。

(1)"量民力以役赋"的原则 即要考虑所订的赋役人民能否负担得起,可以叫量力原则。

(2)"用之至平","计民丰约而平均之",即赋役公平的原则 傅玄不拘泥于一味只讲轻徭薄赋,认为赋役是否公平,要看具体实际是否需要。赋税的轻重,也应根据客观的需要,客观情况就是公平的准则。

(3)"积俭而趣公"的原则 "积俭"是指赋役征课应从俭约考虑。"趣公",是指赋役的征课应该为公利,不应为封建统治者个人的私利。他在《傅子·平赋役》中举例夏禹治水,说禹"过门不入。薄饮食,卑宫室,以率先天下","而天下之所以乐尽其力,不敢辞劳"是由于贯彻了"俭而有节,所趣公"的原则,即为公利而不是为个人私利的原则。

(4)"有常"的原则 即赋税的征课要有规定的制度。如果"役赋无常,不堪其命",那将会造成民危困而国不安了。傅玄把"黄帝之至平,夏禹之积俭,周制之有常"定为制定赋役政策必须注意的三个基本原则。傅玄的这些赋役理论,是前人不曾论及的,相当新颖。

此外,傅玄还主张赋税要征当地人们的劳动产品。他认为封建统治者向农民征课非农民所生产的实物,就等于加重了对人民的剥削。征课非农民所出,农民就必须贱卖其产品以高价向商贾购买官府所征课的实物,这无疑是加重了农民的负担。

3. 节用反奢 在财政支出方面,傅玄主张节用反奢。他说:"用有尽之力,逞无穷之欲"是非常有害的。他把节制封建君主荒淫无耻的欲望看作是节省国用的最根本办法,这样他也就抓住了封建财政开支的最关键的问题。更为严重的是,由于皇帝骄奢淫逸,而带来的是上行下效,臣下自然从风而靡。《晋书·傅咸传》指出，统治阶级的"奢侈之费，甚于天灾"，然而"诸所宠给，皆生于百姓"，傅玄提出的节用反奢，是节省封建国家财政支出的根本途径。

傅玄指出，节约财政开支的具体措施，是使冗散的官吏改业。他认为当时文武官吏太多，有名无实，人浮于事；当时服兵役的人数太多，几占农民人数之半。每年国家仅俸禄开支方面，晋武帝泰始三年（267 年），以薄俸不足以养廉为由，增加官俸，官俸较前大为增加。因为三国至晋官俸较薄，节约财政支出，却不能采取降低官吏俸禄的办法，采取使冗散官吏改业比较妥善。裁减官吏不仅能使财政开支节省，人民易于供应；而且裁减中可留用其精干者，以提高从政的效率。

4. 冗官归农的思想 傅玄主张裁冗散之官归入农业生产。对于这些"冗散无事"之官，若"不督使学，则当使耕"，以免他们"坐食百姓"。因此他要求"使冗散之官为农，而收其租税，家得其实，而天下之谷可以无乏矣"。当冗散之官归农后，国家可以征收他们的租税，他们自己也因耕种家得丰实，同时还使国家不缺乏粮食，可谓一举数得的美事。

为了论证冗散之官应当参加农业生产，他引证古人轶事借以说明，对于称职的官，他主张重其爵禄，他认为，即使伯夷、叔齐那样的贤人，如果俸禄太低的话，也不可能做到"顾公制而守死"。重爵禄主张，从东汉末年以来，虽常有人提及，但由于薄俸一直未得以解决，傅玄重提这一问题，更说明这在当时确是一个值得研究和重视的问题。

偏安江左的 CEO —— 王导

一、人物简介

王导（276～339 年），字茂弘，琅玡临沂（今山东临沂）人，士族出身。东晋初年的大臣，在东晋历仕晋元帝、晋明帝和晋成帝三代，是东晋政权的奠基者之一。琅玡王氏，从太保王祥以来，一直是名门望族，王祥族孙王衍累任至司空、司徒、太尉，是朝中数一数二的人物。王导是王衍的族弟。王导的祖父王览，官光禄大夫；父亲王裁，任镇军司马。东晋建立后，身历要职。咸康五年（339 年）病逝终年六十四岁，谥文献。

二、生平事迹

1. 拥立元帝建立东晋 王导在少年时代就很有识量，陈留高士张公曾对他的从兄王敦说："此儿容貌志气不凡，是将相之器也。"及长为司空刘寔所知，被任为东阁祭酒，迁秘书郎、太子舍人。后参东海王司马越军事。

王导素和晋宣帝司马懿的曾孙、琅琊王司马睿友善。永嘉元年（307年），晋怀帝任命司马睿为安东将军，出镇建邺（后改建康，今南京）。王导相随南渡，任安东将军司马。他主动出谋划策，联合南北士族，拥立司马睿为帝（晋元帝），建立东晋政权。王导官居宰辅，总揽元帝、明帝、成帝三朝国政，从兄王敦都督江、扬六州军事，拥兵重镇，群从弟子布列显要。当时有"王与马，共天下"之说。

王导出身中原著名士族，是老练的政治家，是东晋朝的实际创造者。元帝向来缺少才能和声望，在晋室中又是疏属，他能够取得帝位，主要靠王导的支持。元帝因此把王导比做自己的"萧何"，极为倚重。长江流域建立汉族政权以后，有利于抵抗北方少数民族的侵入，经济和文化也逐渐发展。曾有晋墓砖铭赞道：

> 永嘉世，天下灾，但江南，皆康平；
> 永嘉世，九州空，余吴土，盛且丰；
> 永嘉世，九州荒，余广州，平且康。

表明东晋南方经济上升，文化更是远远超过北方，这是东晋和南朝在历史上所起的积极作用，首先创立东晋政权的晋元帝和王导是有功劳的。

2. 南北士族绥抚新旧 当时南方战乱较少，社会相对安定，荆扬两州，户口殷实；但形势异常复杂，政局不稳，流民问题严重，王导为政务在清静，每每规劝司马睿要"克己励节，匡主宁邦"。司马睿初镇建业时，嗜酒废事，王导劝他不要喝了，司马睿请求再喝一次，喝完后，把酒杯翻过来往桌上一扣，从此戒了酒，以示励精图治。王导又提出四条重要建议："接纳士人要谦虚，日常开销需节俭，为政要力求清静，南北之人应安抚。"司马睿把这四条作为施政方针，从而逐渐赢得了南北士族的共同拥戴。

王导在政治上的主要措施，首先是"绥抚新旧"，也就是善于调剂新来的北方（中原）士族和旧居的南方（江东）士族之间的矛盾。永嘉五年（311年）

六月，匈奴汉国大将刘曜、王弥攻破洛阳，俘晋怀帝，杀王公以下士民三万余人，北方陷入空前的战乱之中。为了躲避战乱，中原士民渡江而南的占十分之六七，王导劝司马睿从中收罗有道德才能的人，与他们共图大事，司马睿听从了王导的建议。

西晋灭吴以后，南方士族被排斥，仕进很困难，当然不满意。王导想要在原东吴境内建立以北方士族为骨干的东晋朝，联络南方士族便成为极其重要的事务。司马睿初到建康，南方士族都不理他。过了好久，还没有人来求见。王导意识到这个问题的严重性，正好王敦来朝，王导对他说："琅玡王仁德虽厚，名威尚轻，你的威风已振，应该有所匡助。"于是安排在三月初三上巳那天，让司马睿肩舆出巡，王敦、王导以及北方名士骑马随从。隆重的仪仗，威严的行列，使南方士族体会到司马睿可能就是北方士族拥戴出来的江东之主。于是"江南之望"的顾荣、纪瞻等都很惊惧，相率拜于道左。王导趁此对司马睿说："古来想要成王霸之业的，莫不礼敬故老，虚心求教，以招揽贤俊，何况当前天下变乱，大业草创，更加急需人才！顾荣、贺循是南方士族的首领，如果这两人招来了，其余的人自然没有不来的。"司马睿使王导亲自去招顾、贺，两人应命来见，被分别任命为军司马和吴国内史。司马睿有一次对顾荣说："寄人国土，时常怀惭。"顾荣跪对说："王者以天下为家，殷商从耿迁亳，东周由镐及洛，古来如此，愿陛下勿以迁都为念。"从两人的问答语中可以窥知，双方已有某些合作的默契。从此，南方士族归附，成为东晋政权的一个构成部分。

但是，在南北士族之间仍然界限分明，矛盾很深。北方的"亡官失守之士""多居显位"，而南方士族，如贺循后任太常，纪瞻官居侍中，只是虚名具位，并无实权，难免使"吴人颇怨"。王导为了联络南方士族，常常学说吴语。以说洛阳话为正统的北方士族，曾讥讽他没有什么特长，只会说些吴语罢了。王导曾向南方士族陆玩请婚，陆玩推辞说："小山上长不了大树，香草臭草不能放在一起，我不能开乱伦的例。"

江南望族有两种，一为文化士族，一为武力强宗，前者较易笼络，后者难以驯服。王导当时为了争取南北士族之间的相对平衡，基本上是采取的忍让态度，并取得一定的成功。

王导调剂南北士族矛盾，争取相对平衡的关键，在于分别给他们以经济利益。南方各级士族，自然就是各级地主，其中强宗大族，如吴郡顾氏、义兴郡周氏，都是拥有部曲的大地主，不允许北方士族侵犯他们的利益。与此同时，王导又实行"侨寄法"，即在南方士族势力较弱的地区，设立侨州、侨郡、侨县：侨州多至司、豫、兖、徐、青、并等六州，侨郡、侨县为数更是繁多。这种侨州郡县大都在丹阳、晋陵、广陵等县境内，形势上可以保卫建康。名义上是安置北方逃来的士族和民众,实际上是让北方士族凭借势力在寄居地继续剥削奴役逃亡民众,逼迫他们当奴隶或佃客,为自己创立新产业。颜之推说:"中原冠带,随晋渡江者百家,故江东有百家谱。"这百家都是拥有部曲、佃客的北方士族。侨州、郡、县有大量的各级文武官职,当然是流亡士族的出路。"侨寄法"虽然是紊乱行政系统、加深人民苦难的恶劣制度,但对东晋政权说来,却是安置流亡士族、缓和南北士族矛盾的重要措施。同时,对于一些地广人稀、荒凉贫瘠的地区,也起了一定的开垦繁殖、发展经济的作用。据元和郡县图志记载,旧晋陵地广人稀,且少陂渠,田多恶秽,自淮北民众徙来之后,进行垦殖,又在晋陵内使张闿的创议下,于丹徒县东北三十里修建了一座新丰湖,增加灌溉之利,促进了这个地区农业经济的繁荣发展。

3. 维系伦纪 义固君臣 王导在政治上的另一项措施是"维系伦纪,义固君臣",也就是调剂王氏势力和司马氏势力的矛盾。大兴元年(318 年),晋元帝即位受百官朝贺时,再三请王导同坐御床受贺,王导再三辞让不敢当。原来晋元帝除了名义上有皇族血统,其他任何称帝的实力都不具备。他在政治上完全依靠王导,军事上完全依靠王敦,重要官职多被王氏占有。作为一个开国皇帝,要请一个大臣同坐受贺,可以想见司马氏的微弱了。

晋元帝登帝位以后,不满意王氏的骄横,想削弱王氏势力。他引用善于逢迎的刘隗、酗酒放肆的刁协作心腹,并且暗中作军事布置,释放扬州地区内沦落为僮客的北方流民,把他们组成军队,任命南方士族戴渊为征西将军,都督兖、豫等六州军事;刘隗为镇北将军,都督青、徐等四州军事,各率万人,分驻合肥、淮阴,名义上是北讨石勒,实际上是对付王敦。王导因此被疏远,但他仍能保持常态,不作计较,说明他胸有成府。王敦本来是个野心家,趁机以反对刘隗、刁协,替王导诉冤为借口,于永昌元年(322 年)自武昌举兵,攻入建康,杀了戴渊、刁协等人,刘隗逃奔石勒。王导认为佞臣扰乱朝纲,同意王敦来"清君侧",但当这些人被杀逐以后,帝室势力退缩回去,王敦还想进一步篡夺政权,王导便表示坚决反对,出面来维护帝室。原来西都覆没、四方劝进的时候,王敦欲专国政,恐怕元帝年长难制,想更议所立,王导不从,及至王敦攻入建康以后,对王导说:"那时不听我言,几乎全族被灭。"但王导始终不为所动。王敦无法实现他的野心,只好退回武昌。

太宁元年(323 年),晋元帝病死,晋明帝(司马绍)继位,王导辅政。

王敦以为有机可乘,又加紧图谋篡夺,王导站在维护帝室立场坚决反击。这时王敦病重,不能自将,其兄王含为元帅,以水陆军五万陈于江宁南岸。王导致信王含说:"你今天这番举动,恰似王敦当年所为。但形势已完全不同:那年是因为有佞臣乱朝,人心不定,就是我自己也想外离以求自济;可是今天,先帝虽然去世,还有遗爱在民,当今圣主聪明,并无失德之处。如果你们竟妄萌逆念,反叛朝廷,作为人臣,谁不愤慨?"并坚决表示"宁为忠臣而死,不为无赖而生"。同时具体部署兵力坚决抵抗。先是王导听说王敦病重,就率子弟为敦发丧,将士们以为王敦真的死了,大大鼓舞了士气。在一个夜晚,王导命将军段秀、中军司马曹浑率甲兵千余人渡江偷袭,王含无备,被杀得大败。王敦得报以后,气急败坏地大骂王含:"这个老婢,坏了我的大事!"不久就死了。王敦无子,以王含子应为嗣。军败,王含父子西奔荆州,被王含从弟荆州刺史王舒沉杀于长江。王敦虽因谋反而死,但王导却以保卫帝室有功,以司徒进位太保,从弟王彬为度支尚书,王彬的儿子王彪官至尚书令,王氏仍然是当时最大的望族。

太宁三年(325年),晋明帝病死,幼主成帝(司马衍)继位,王导与外戚庾亮辅政。历阳(今安徽和县)内史苏峻又自淮南举兵入都。后为荆州刺史陶侃、江州刺史温峤联军消灭,收复建康。王导是坚持维护司马氏政权的。

4. 镇之以静　群情自安　　王导为政的措施之三,是"清静为政",即用"镇之以静,群情自安"的方法,来处理东晋统治集团和广大民众之间的矛盾。实际上是在有势力的大族相互牵制下,以民众为牺牲,对于这些大族和代表他们利益的官吏压迫百姓的行径,不加干涉。

东晋初年,石头仓米一万斛为豪强所盗,朝廷不去追究,却以处置仓库监守来塞责。江南万顷江湖,尽被世家豪族霸占,百姓下一网、安一篆,都要被没收鱼器和罚绢十匹。有民谣愤怒地唱道:

　　廷尉狱,平如底;有钱生,无钱死!

这就是王导的"举贤不出世族,用法不及权贵"方针的具体执行。王导作扬州刺史,派属官到本州各郡考察政治。考察官回来都向王导报告郡太守得失,只有顾荣的族子顾和不说话。王导问他听到些什么事?顾和说,你是国家首辅,让能吞舟的大鱼漏出网去,何必计较地方官的好坏?王导连声称赞他说得对,其他人都自悔失言。他晚年常说,人家说我糊涂,将来会有人想念我这糊涂。的确东晋就是靠糊涂来求安静的。如陈頵曾致信王导说:西晋所以颠覆的原因,在于用人不当,重虚名不重实用,看门第不看真才,政事败坏,不可挽救。现在应该改变旧习,分明赏罚,拔贤选能,共谋中兴。可是王导不听他的劝告,听任参佐避事自逸,清谈误国,而且把屡发正论的陈頵贬出去当郡太守,明帝死后,王导和庾亮同受遗诏,共辅幼主。当时庾亮出镇于外。有人曾经向王导进谗,说庾亮可能举兵内向,劝他密为之防。王导说:"他若来了,我就'角中还第',有什么可怕呢?"表现恬淡无为,不计进退;可是王导心里对庾亮很不服,骂庾是"尘污人"。

5. 偏安江左　和睦共处　王导平日性情谦和宽厚,心有恻隐仁爱之心,故能忍让、调剂各方面矛盾,基本上做到和睦共处。当时王恺、石崇以豪侈为尚。石崇每次请客饮酒,常让美人斟酒劝客。如果客人不喝酒,他就让侍卫把美人杀掉。一次王导与王敦一道去石崇家赴宴。王敦原本很能喝酒,却硬拗着偏不喝。敬酒的美人悲惧失色,而王敦傲然无视。结果石崇斩了三个美人,他仍是不喝。王导责备王敦,王敦说:"他自己杀他家里的人,跟你有什么关系!"王导向来不能喝酒,但怕石崇杀人,每当美女行酒时只好勉强饮下。

但王导也有徇私伤害别人的事情。当王敦起兵反晋的时候,王导每天带领宗族子弟诣阙待罪,曾苦苦相求尚书左仆射周顗(字伯仁)相救。当时周顗口里未应而实际却上表力辩王导的忠诚,王导并不知情因此内心含恨。王敦攻入建康后,曾经请示王导如何处置周顗,首先问:"可为三公?"导不答;又问:"可为尚书令?"又不应;最后王敦说:"那么,只有把他杀了!"王导仍然不表态。于是王敦就将周顗杀了。等到清理宫廷档案时,发现了周顗相救王导的表章,王导才叹悔说:"我不杀伯仁,伯仁由我而死。"后来这句话传下来变为一句成语。

总之,王导为政的基本点就是收揽一批北方的士族作骨干,联络南方士族作辅助,自己作为南北士族的首领;在自己上面,安置一个姓司马的皇帝。但是由于北方士族与南方士族之间、王氏与司马氏之间都存在着矛盾,不能调剂这些矛盾使之处于相对平衡的状态,就不可能建立东晋朝。王导一生的事业就是调剂这些矛盾,因而造成偏安江左的局面。这个局面也是王导和晋元帝所专注和希冀的。至于北伐恢复中原,虽然当时有祖逖等名将积极主张,而且祖逖曾率部曲百余家渡江北上,在淮阴铸造兵器,募兵得二千余人,屡次击败石勒军,收复黄河以南大片土地,但祖逖后来并未得到王导和晋元帝的支持和信用,以致忧愤而终。这不能不说是王导政治思想的一个消极方面。

咸康五年(339年),王导病逝,终年六十四岁。皇帝举哀于朝堂三日,遣大鸿胪持节监护丧事,仪式赠物之礼,比照汉代的霍光及西晋的司马孚,中兴名臣没有可以同他相比的。

三、经济思想

王导的经济思想主要体现在"侨寄法"。

王导与从弟王敦素与琅玡王司马睿为善。当他看到天下已乱,晋室衰弱,遂倾心推举琅玡王中兴晋朝。西晋怀帝永嘉元年(307年),琅玡王被任为安东将军,都督扬州、江南诸军事,镇守建康(今南京),他率领宗族相偕渡江南迁,中原地区人民也大量南徙。过江后任司马,掌军机政要。

公元316年,西晋愍帝被俘,晋亡。次年,王导联合士族,推司马睿为帝,是为晋元帝,王导任宰辅,其族弟王敦都督六州军事,成为"王与马,共天下"的权要人物。时洛京倾覆,中原士族和北方人口大量南迁,摆在东晋政府面前的是如何安排好这些徙民。王导劝元帝收揽北方士族,联络南方士族,实行清静政治,造成国内安定的局面;用侨寄法以缓和南北士族的矛盾,用平衡经济利益的办法,国家牺牲一部分财政收入来维持士族大地主的统治。

东晋政权是建立在北南世家大地主联合支持的基础上,在巩固其政治统治,调和南北大士族间政治经济诸方面的矛盾利害关系方面,王导起了重要的作用。

在政治上,王导劝说元帝司马睿,要"谦以接士,俭以足用,以清静为政",才能够"抚绥新旧",使"江东归心焉"。他以西晋灭亡为历史借鉴,西晋之所以灭亡,其中原因之一就是公卿世族以豪侈挥霍为事,不遵法制。面对当时库藏空虚,民饥无食,王导倡导"俭以足用",并身体力行,自着练布单衣,希图达到"镇之以静,群情自安"上行下效的目的。

面对北方世家大族纷纷带领自己的宗族、乡里、宾客、部曲大量渡江南下的事实,首先遇到的又是迫切需要解决的是土地占有问题。江南膏壤沃野,自东吴以来,久为江东世家大族所据有,现在北来的世族到江左,自然引起江南士族的顾忌。王导劝说司马睿,如要依仗南渡士族,招引南方士族,建立起侨姓和吴姓士族的联合政权,就必须在经济上对南方士族让步,使南方士族大地主占有的土地不受侵犯,而在南方士族统治势力薄弱的地区,安置北方南迁的士族。于是北方来的世家大族在王导的建议下转发东土浙、闽地区,由于避开了江东世家大族在太湖流域的经济利益,使南北士族间矛盾缓和,使两大地主集团在利益一致的基础上偏安二百七八十年之久。

王导对北来的士族给予多方面的优待,对这些北方来的士族,可以保持原来的籍贯,可以充任官吏,可以吸收部曲、佃客,他们的户口和土地不列入政府的编户,不向政府纳赋税;只需在侨州郡户口簿上注籍,就可以免除调役。相对当时因国家租调和兵役使编户农民陷于破产来说,这在财政上是极大的优待。

"侨寄法"的财政目的,是东晋政权以不纳封建租赋、不入封建国家户籍对北方士族的经济优待,以换取北方士族对其政权的支持;同时,由于侨民的不编户、不纳赋税,将进一步吸引北方人民南迁,从而扩大其东晋政权的统治基础。其次,侨寄法也是一种调和南北士族矛盾冲突的一种方法。侨州、侨郡、侨县多设在南方士族力量薄弱的地区,于是南北士族在地域上彼此划分了经济力量范围,东晋政权以平衡经济利益的办法,承认和保护南北士族既得的利益,虽然封建国家暂时牺牲一部分政府财政收入,但换来的则是封建国家的安定。

"侨寄法"给户籍带来极大的混乱。随便分合地区和随便侨置州县,使得"紊乱无纪,名实俱违"。如此户籍之混乱,使得掌握疆域图籍的官吏根本无法处理。这些优待侨州郡县人民的做法,虽然在稳固东晋政权方面起过一定的作用,一旦政权巩固,政府为了"财阜国丰",自然要调整地方行政机构,以利于财政的征收,于是后来东晋,特别是南朝的刘宋就大力推行"土断法",通过对户籍的整理,便于封建政府对编户齐民的财政剥削。

政绩卓著的CEO —— 李冲

一、人物简介

李冲(450~498年),北魏大臣。原名思冲,字思顺,北魏陇西郡狄道(今甘肃临洮)人。少孤,好交游,有气量。西凉李皓之曾孙。父李宝封敦煌公。孝文帝初年(471年)任秘书中散,掌宫廷文案,迁内秘书令、南部给事中。太和十年(486年)建议废止宗主督护制,提出均田制、三长制,孝文帝采纳,实行三长制,以五家为一邻,五邻为一里,五里为一党,各设一长。三长的职责是检查户口,征收租调,征发徭役。又建议颁行新的租调制度,防止豪强多占民户,限制宗主贪污中饱,以增加政府收入。北魏国力大增。继迁中书令,赐爵陇西公,极受恩宠,孝文帝不直呼其名而称中书。孝文帝南伐萧齐,以冲兼左仆射,留守洛阳,继迁尚书仆射。493年,北魏迁都洛阳,任镇南将军、侍中少傅,曾领将作大匠主持新都洛阳的修建工程,后病卒,谥曰"文穆"。葬于覆舟山。杜预早生李冲一百五十多年,两人并称"李杜"。

二、生平事迹

1. 出生陇西世家　　李冲的家族自西汉以来就是陇西颇有名望的汉族世家。十六国时期,中原大乱,李冲的曾祖父李暠趁机于400年(晋安帝四年)在敦煌(今甘肃省敦煌县西)建立了西凉政权,自称凉公。不久,西凉政权又迁到了酒泉(今甘肃省酒泉县)。西凉国与战火连绵的中原地区相距数千里,相对来说是比较安定的地方。李暠建国以后,在政治上立志要"席卷河陇,扬旌秦川",恢复汉族在今陕西、甘肃一带的统治;经济上注意发展农业,因此西凉不久便五谷丰登,百姓乐业,成了当时汉族人民向往的地方,不少汉族士大夫也到这里来避难。由于汉族士大夫的聚集,这一地区一直保持着汉族的文化传统。但是好景不长,西凉国仅仅存在了二十年,传了两代,就被北凉灭亡了。西凉灭亡后,李暠之孙、李冲之父李宝率领西凉遗民经过一番艰难曲折之后归附了北魏王朝。444年(北魏始光二十一年),李宝到达北魏国都平城(今山西省大同市),这时候正是北魏太武帝拓跋焘统治时期,李宝家族受到了太武帝优厚地接待扣安顿。六年以后,450 年(北魏始光二十七年),李冲在平城出世了。

李宝去世时,长子李承二十九岁,他承担了扶养李冲的责任。由于家庭环境的熏陶,李承颇有才干学识,他担任荥阳太守后以严明清正而著称,李承对子弟们管束得也十分严格,这些对李冲影响极大。

北魏时期,世家大族势力在中原占据着统治地位,他们凭借着传统的社会地位和宗族姻亲的党援,在地方上享有着特殊的政治权力和经济利益,形成了所谓的宗主豪强。他们的子弟也仰仗着父兄的荫庇而横行乡里。地处黄河以南的荥阳郡在当时是比较富庶的地方,宗主豪强的势力尤其强盛,纨绔子弟胡作非为的现象比比皆是。李冲的家族在当时是十分显赫的,可是他却与一般纨绔子弟迥然不同。他善于交游,却绝无轻浮的举止。当一般纨绔子弟沉醉于声色犬马之中时,他却努力攻读经籍,研究典章制度,试图从中找出治国的方略来。李承对他十分器重,曾经预言李冲必将有所作为,从而振兴李氏门户。这一预言后来被证实了。

2. 议立三长制　　李冲青年时期就在政界崭露头角了。475 年(孝文帝延兴五年),李冲的长兄李承去世。这时年仅二十六岁的李冲已经当上了秘书中散,不久又被提升为内秘书令。内秘书令是掌管皇帝诏令、臣僚奏章和宫禁图书的负责官员,秘书中散为其僚属。内秘书令的职务使李冲既可以了解北魏政府各部门和全国各地区的情况,从而对整个社会形成一个全面的看法;也可以阅读到更多的经典图籍,进一步熟悉古代的典章制度。

经过调查和研究以后,李冲深深地感到,孝文帝时代北魏虽然呈现了一片繁荣的景象,但也潜伏着不少严重的社会危机。尤其是他在荥阳曾亲眼目睹的宗主豪强势力的恶性膨胀,正在直接侵害着北魏王朝的切身利益。因此,李冲认为,有必要首先铲除他们掌有的政治特权,即所谓的宗主督护制度。

原来,北魏前期,在中原地区没有能建立起完善的基层政权机构。北魏王朝把基层行政权力交给了宗主豪强,任命他们为宗主督护,让他们以宗主的名义督护地方,替朝廷征收租赋;同时,也让他们与朝廷分享剥削劳动人民的权利。

但是,宗主豪强并不以此为满足,他们依靠盘根错节的宗族势力和督护地方的政治特权,公然无视政府法令,与北魏王朝争夺户口,并且为所欲为地增加田租与赋税。在宗主督护制下,许多农民被迫依附于宗主豪强的名下,成为所谓的荫附户。荫附户不在国家户籍上注册,不向国家交纳税赋,但是要向宗主豪强交纳数倍于国家定额的地租和赋税,还要为他们服沉重的徭役。这样既影响了北魏王朝的财政收入,又加重了劳动人民的负担,唯独让宗主豪强们可以巧取豪夺。

孝文帝时,这种"人困于上,官损于下"的状况,达到了极为严重的地步。在宗主督护下,三五十家注册为一户的现象比比皆是,甚至百家千室合为一户的也不乏其例;这种状况既使北魏社会内的阶级矛盾不断加深,也使北魏王朝与宗主豪强之间的矛盾日益激化。

青少年时期在荥阳长大的李冲亲眼目睹过宗主豪强欺压农民的情况,也曾为担任荥阳太守的长兄李承对宗主豪强势力束手无策而忧虑。他认识到,要改变这种人困官损的状况,就必须改革地方行政机构。他认真研究了大量的古代经典文献,决心以古为法,按照《周礼》等书中记载的模式,结合当时的现实情况,建立一套适应于形势需要的地方行政制度。一场北魏王朝从宗主豪强手中夺取民户的斗争迫在眉睫了。李冲勇敢地充当了急先锋的角色。

489年(北魏太和十年),李冲上书北魏王朝,建议废除宗主督护制,在全国范围内建立整齐划一的新的基层行政制度——三长制。

要废除宗主督护制,必然会遭遇到宗主豪强的强烈反对,他们的代表人物是中书令郑羲。

李冲关于废除宗主督护制,建立三长制的建议,直接触犯了郑羲和他所代表的宗主豪强的利益。因此,他首先跳出来反对。在朝廷讨论李冲的上书时,他对孝文帝的祖母、执掌朝政的文明太后说:"李冲的这个办法,看起来似乎很好,实际上是行不通的。"接着,他又以威胁的口吻说:"不信你就试试,以后失败时就知道我说得不错了。"

出身鲜卑贵族的拓跋丕与郑羲意见相反,他认为李冲的想法很好。他从整个北魏王朝的长远利益出发,看到三长制的推行无论对朝廷还是对个人都是有利的。因而,他积极支持李冲。

郑羲在士大夫中是很有影响的人物。他担任的中书令是中书省的长官,中书省是秉承君主旨意发布政令的机构,权力很大。因此朝臣中的大部分人都奉迎郑羲,反对李冲的建议。有些人找借口拖延,说:"眼下正是农忙时节,派人下去清查户口,废除宗主督护制,恐怕会使百姓骚动起来,影响农事。不如等到冬天农闲以后再来议论。"

对此,李冲坚决反驳道:"要改,趁农忙时节最好。如果老百姓知道建立三长制以后可以减轻赋税和徭役的负担,那么,不仅改起来容易,而且会有利于今年的农作物收获。"

李冲力排众议,终于得到了文明太后的支持。她在听取了朝臣们的议论后作出结论说:"建立了三长制,就可以使多年隐匿的户口清查出来,户口有了确切的数据,征收赋税就有了可靠的保证,那有什么不好呢?我看三长制是可以实行的!"

李冲的建议得到了批准,这是他一生中取得的最大成就。这一年,他三十七岁。

三长制从表面上看似乎是一种复古的措施,实际上并非如此。三长制的依据虽然来自《周礼》,但《周礼》中的记载只是古人的一种理想,李冲却将这种理想变成了现实。从此北魏王朝有了一套比较系统而完善的基层行政体制。这一体制使北魏王朝的政治触角深入到了中原地区的广大乡村之中,同时,也使北魏王朝达到了在基层检查户口,向基层直接催督租赋,征发徭役和兵役的目的。

三长制建立以后,大量原先依附于宗主豪强的农民成了国家直接控制下的编户。这样,不仅减轻了农民的经济负担,而且也增加了北魏王朝的财政收入,从而在一定程度上限制了宗主豪强势力的恶性膨胀,缓和了阶级矛盾。对于促进社会经济的发展、巩固中央集权的统治是有积极意义的。

三长制还是北魏实现另一项重大改革——均田制的保证,三长组织是推行均田制的具体执行机构。可以这么说,如果没有三长制,均田制就只能是一座空中楼阁。

三长制的成功使李冲深受文明太后和孝文帝的宠信。数年之间,他的职务屡经升迁。他先后出任了中书令、侍中、吏部尚书,最后当上了尚书仆射。侍中执掌机要,接近皇帝,位置十分显要,人们将它比喻为小宰相;吏部尚书掌管官吏的任免、升降等事项,不是皇帝十分信赖者是不会被任命的;尚书仆射是尚书省的长官,尚书省是北魏王朝执行政务的总机构,因此,尚书仆射同于宰相之职。

由于李冲身居要职,他组织和参与了对于当时的官制、礼乐和律令制度等一系列上层建筑的重要改革。甚至有关改革的诏书也都是他和孝文帝一起刊定的。此外,北魏迁都洛阳时,他还主持了新都的营建工作。

李冲在北魏文治上的成就是多方面的,他是北魏一代出色的改革家和政治家。

3. 知人善任　李冲不仅政绩卓著,而且善于发现人才和使用人才。

北魏是门阀政治兴盛的时代。当时,世家大族享有许多政治特权,他们的子弟青少年时期就可以出任中央或地方官职,三十岁左右就可能一步登天,升居高位。相反的,也有不少很有才干的青年却因出身卑微而埋没终生。

李冲虽然出身世家大族,但却敢于冲破旧的门阀观念,不以衣冠取士。李冲还在朝廷上公开地宣布自己的这一主张。北魏太和二十年(496 年),孝文帝与群臣讨论选举人才的制度时,问道:"现在的用人方针是根据被用者不同的出身门第授予不同的职位,不知这样做的结果究竟如何?"李冲立即反问道:"不知道上古以来设置的那些官位是为了安排那些纨绔子弟呢? 还是为了安邦治国?"孝文帝答道:"当然是为了安邦治国!"李冲又问:"既然如此,那么陛下在选拔官吏的时候,为什么单单考虑门第的高低,而不考虑才能有无呢?"李冲的这种思想在当时的社会条件下是十分难能可贵的。由于李冲执掌了重要的职权,他的主张能部分地得到实现,一些家世寒微的有识之士经他举荐得到了重用,有了发挥才干的机会。其中,比较典型的是李彪和蒋少游。

李彪出身卑微,家境贫困,从小就死了父亲。但他胸怀大志,好学不倦。李冲发现他以后,多次向孝文帝推荐,李彪遂被朝廷重用。以后,他逐渐升官至御史中尉。御史中尉是专管检举臣僚们不法行为的官职。李彪担任御史中尉以后,向朝廷检举了许多大臣的不法行为,因而贪官污吏们对他十分畏惧,他们的行为也稍有收敛。孝文帝因此十分赞赏李彪,对大臣们说:"我有李彪就如同汉代有了汲黯一样。"汲黯是西汉有名的敢于进谏和检举不法的直臣。从孝文帝给予李彪如此高的评价,可以看出李冲是很善于发现人才的。

蒋少游是北魏对宋战争中的俘虏,他被俘后沦落于平城,以为人抄写为业,勉强糊口度日。他聪明能干,是一位颇有造诣的建筑大师。经人推荐,他依托于李冲门下。后来,经李冲举荐先后被委以营建平城和洛阳城的具体事务。他乐此不倦,常常亲自操作于现场。平城与洛阳的许多重要的宫殿建筑,都是经他精心设计而建成的,其宏伟壮丽众所公认。由此可见李冲又是很善于使用人才的。

当然,李冲毕竟出身于世家大族,他的用人路线中也不可避免地夹杂着维护本家族利益的营私现象。他的兄弟、子侄都被授予了官职和爵位。他的亲属中,有的人虽然呆傻耳聋,也能被一再地破格提拔。而且,由于世家大族的阶级烙印和仕途上的一帆风顺,他的性格中也存在着不足的一面。他功成名就以后。器量逐渐狭小起来,听不得反对的意见;感情也逐渐脆弱,经受不住精神上的刺激。曾经受他荫庇和举荐的李彪,由于性格刚烈豪放,在朝廷上争论政事时冒犯了李冲。虽然李彪并不是出于个人私利而与李冲作对,而且以李彪的地位也绝不能动摇和取代李冲,但是李冲却深为愤慨,感情上难以承受李彪的无礼,竟然突发暴病,言语错乱,扼腕谩骂。十几天后,李冲因肝脏伤裂而去世,时年四十九岁。

李冲死后,孝文帝和诸位大臣对李冲十分怀念,丧葬之礼备尽哀荣。以李冲这样一代名臣,本来可以有更多的作为,仅仅由于一时的意气而病故,实在可惜。

三、经济思想

李冲的经济思想主要是与宗主争丁赋的三长制和"轻税入官"的新租调制。

1.三长制　三长制是与均田法相配合而设置的一种制度。三长制就是地方行政基层组织。北魏初年,行宗主督护制,百姓多荫附宗主。荫附宗主的人都没有官役,而豪强征敛,往往是公赋的几倍。所以行三长制的目的之一,就是破除当时以豪强为主建立起来的宗主督护制,以限制其多占民户,把以往在宗主督护制下的荫庇户解脱出来,成为封建国家所直接掌握的编户。

北魏的赋税,是以户为征收对象的,每户每年规定征绸帛、絮、丝、粟等物。这些荫附户口,因为国家的劳役十分繁重,他们宁愿忍受地主的比国家赋税加倍的田租剥削,也不愿为官府服役。由于豪族荫附下的农户,有宗主的督护,可以免去官役,所以有不少农户荫附于宗主之下,为其耕种,受其剥削。

北魏初年,为了通过豪强大户以收容逃亡的农民,封建国家承认其宗主督护制度,并通过这一制度以取得赋税。这样,宗主既分占了土地人口,又分占了国家的财政收入,而封建国家反而要从豪强大户的手中分取剥削的剩余。李冲为了削弱宗主的势力,建议魏孝文帝采取措施把宗主所控制的农业人口解放出来,按照个体家庭或丁口进行编组,变农业劳动力由宗主控制为封建国家直接来控制。拿这样的办法分化宗主督护制,把大户化为小户,促使荫附户自立门户,自然削弱了宗主势力。一旦国家规定一夫一妇交纳较轻的租调时,一下就把这些荫附民争取到了国家手中。

2."轻税入官"的租调思想　李冲主张用三长制来保证检校户口,实行轻徭薄赋的政策。他建议魏孝文帝实行三长制的同时,颁布新的租调制,使均田制、三长制和租调制相辅而行。他认为:三长制的设立,是为了执行"轻税入官"改善财政收入的一种措施。李冲的经济思想,在新租调制度中有较充分的体现。

针对一夫一妇的均田要求,在税制中李冲改变了过去以户为计算单位的纳税制度,规定交纳赋税要以一夫一妇为计算单位。这种改变,不仅是要求税制和田制要保持一致性,更重要的则是通过这一变化,以减轻自由民的租调负担。三长制颁布前,还是实行"九品相通"法,每户调租是按品级分摊的,由于大族是几十户、上百户聚居为一家,若把租调平均下来,大族的负担还是比较轻的。况且,豪族们所负担的租调力役,多转嫁到农民的身上,使农民"倍于公赋",负担相当沉重。三长制实行后,李冲提出按个体家庭及按丁征收的方法,详细地订出一夫一妇、未婚男子、奴婢、耕牛所纳的税额,如按一夫一妇能得到露田六十亩的规定,则每亩税额只有三升多一点。这种轻税政策自然吸引着农户脱离宗主,成为封建国家的编户,而且也使几代同堂的大户被打破,分出来的新户也扩大了封建国家的纳税来源,这就是新的租调虽然规定得很轻,但封建国家财政收入却大为增加的原因。

　　新租调制中,也曾不同程度地反映出李冲的"均赋税"思想,过去那种漫无限制的,以大户为征收单位而出现的负担畸轻畸重现象,在新的租调制中得到了纠正;原先经宗主之手进行征纳而产生的贪污中饱,也得到一定的限制,从而起到了均衡赋税的作用。

　　设立三长制和改革租调制与均田制是相辅而成的。他反映了李冲对整顿和改善当时财政状况的思想认识。通过整顿编户,改革税赋,有力地促进了农业生产的发展,北魏的财政收入大为增加。迁洛之后,北魏出现了库满仓盈的景象。

中华盛世的隋唐

历史背景

隋朝,从公元581年隋文帝杨坚建立,到618年隋炀帝杨广被杀,共存在了37年,是典型的短命王朝之一。隋文帝创立新的选官制度,废除北周的六官制度,建立起三省六部制,还制定了新的法律,刑罚不再像南北朝时那么残酷。创立《开皇律》,开创义仓,创立科举制度,简化地方官制,影响后世千年。隋炀帝创立科举进士制,收集三百年战乱失散的文献,修造大运河。隋炀帝的残暴在历史上也很有名,由于其横征暴敛,激起民怨沸腾,被杀于江都,隋朝宣告灭亡。

唐朝,从公元618年建立,到907年被朱温灭掉,共存在了289年。唐朝分前期和后期,中间以安史之乱为界限,前期是昌盛期,后期则是衰亡期。唐高祖建立了唐朝,而唐太宗李世民领兵用十年时间完成了统一大业。历经玄武门之变,李世民登位之后,经过励精图治,使唐朝在中国封建社会空前繁荣,出现了"贞观之治",在政治、经济、文化等各方面都居于当时世界领先地位。此后,唐玄宗时期又出现了"开元盛世",国强民富,升平之世再次出现。但同样也是在唐玄宗时期发生了安史之乱,从此唐朝走向了衰亡。

1. 经济生产发达 封建社会的主要经济生产部门农业,在隋唐时期有了较大的发展。农业生产工具锄、铲、镰、犁都有大的改进。水利设施得到修复和新的开凿,而更为广泛和完善。长期积累的从犁地、播种、施肥、灌溉等一整套的农业生产经验得到推广、良种普遍使用、经济作物得到发展。隋唐五代的农业生产上到了一个新的台阶,农田大批开垦、粮食单产超过汉代一倍,一粒种子可收获二十至四十粒,最多者达百粒,而欧洲最先进的国家之单产,仅及中国的十分之一至二十分之一。手工业、商业,欧亚北非各国更是难望中国之项背。

2. 长期统一稳定 自开皇九年(589年),隋重新统一以后,隋唐时期的中国是当时世界上唯一长期保持统一的大国。分裂割据只占短暂的时间。中国是当时世界上最强、最大的国家。统一思想深入人心,统一局面基本稳定。唐朝版图超过秦汉,加之统一、集权,给中国经济文化的发展提供了有利的条件,也加深了中国文化对世界历史发展的影响。

3. 经济交流频繁 隋唐对外采取较为开放的政策,中外经济文化交流频繁,长安成为当时的国际大都会,在长安有各国使臣、商人,有胡人所开的店铺。汉唐都有中西交流的丝绸之路,而汉代中外直接交往还只限于中亚、印度,最远的是班超副使甘英到达波斯湾。

隋唐时,尤其唐朝,中国与中近东及印度、日本和南洋群岛的联系大大加强。商人、使臣来往不绝。满载货物的商船在南中国海和印度洋上扬帆航行,大队的骆驼、马匹奔驰在丝绸古道之上,中国的丝绸、瓷器、造纸术、印刷术西传,印度、中亚文化也给中国文化发展以深远的影响,如服饰、习俗、饮食、语言、艺术、科学、历法、数学、医药、各种宗教、物产纷纷传入中国,勇于并善于接受有益新鲜事物的隋唐皇朝和中国人民,通过吸收外域文化,丰富和发展了传统文化。

隋唐五代时期的中国先进、文明、繁荣、强大,成为当时亚洲的中心,也是世界中心地区之一。

直言不讳的 CEO —— 高颎

一、人物简介

高颎,字玄昭,又名敏。是隋朝杰出的政治家,著名的军事家、谋臣。自称系渤海蓨县(今河北省景县)人,可能与北齐皇族同宗,乃汉化了的鲜卑族。父亲高宾,背叛北齐,投归北周,做了北周大司马独孤信的僚佐,被赐姓为独孤氏。高颎辅佐隋文帝杨坚取得政权,统一华夏,是一位开国元勋。但炀帝杨广即位不久,就将他杀害。

二、生平事迹

1. 镇压尉迟迥的反叛 北周宣帝宇文赟病死后,周静帝宇文衍年幼,左丞相杨坚专政,总揽朝政,权倾内外,阴图禅代。有个叫元谐的人对他说:"你没有党羽,就像水中的一堵墙,太危险了。"也许他知道杨坚会这样做,只不过为了表示忠心,特意加以提醒罢了。在杨坚所收罗的党羽中,高颎是一个重要的成员。杨坚与高颎早就相互熟悉,因为高颎是独孤信的家客,独孤信的女儿是杨坚的妻子。当然,杨坚之所以看重高颎,不仅仅是因为他与自己私人关系密切,更重要的是看重了他的才华,他的胆识,看重了他不但能文,而且能武。

高颎从小聪明能干,十七岁开始做官,参与了平定北齐的战争,立过战功,受过爵赏。杨坚看重了他,派心腹与他面谈,他欣然接受杨坚的招纳。他对杨坚说:"愿意听从你的指使,即便你的事业不能成功,我高颎全家被杀,也是心甘情愿。"于是杨坚让他在丞相府担任司录,官虽不大,却很被重用。

杨坚为丞相,遭到了北周一部分统治者的激烈反对。首先举兵反叛的是尉迟迥,继之者还有司马消难、王谦等人,一时天下骚动,大有山雨欲来风满楼之势。尤其是尉迟迥的叛乱,影响特别大。当时有人评论说:"尉迟迥据有北齐的故地,乘杨坚刚刚执政之机,人心浮动,指挥军队,联合各方势力,占据了全国九州的三州,拥有全国人口的十分之六。"面对这种局势,怎么办呢? 只能是武力镇压,仗打胜了,就可使政权获得巩固;仗打败了,就可能要垮台。杨坚派韦孝宽率军前往,军至河阳(今河南孟县),停顿下来,没有人敢向前冲,原因是军心不稳,部将有异心。形势颇为紧急。只有派一名既忠心耿耿,又有魄力,能压得住阵脚的人去做监军,才有可能战胜敌人。

杨坚首先挑选了崔仲方,崔仲方以父亲在敌方境内为理由,辞不就任。接下来最适合的人选是郑译、刘昉,他们都是拥戴杨坚上台的中坚人物。但他们由于个人目的没有达到,所以心怀不满。郑译想当大司马,结果当了相府长史;刘昉想当小冢宰,结果当了相府司马,因而他们愤愤不平;他们还利用职权,大发横财,与富商大贾们打得火热,并且玩忽职守,消极怠工。杨坚要他们去作韦孝宽的监军,对他们说:"需要心腹之人去统率大军,你们二位,谁能去呢?"刘昉说,他没有当过带兵的将领,不能去。郑译说,他有老母在堂,离不开。这种情况让杨坚很是失望,闷闷不乐。

就在这时,前线送来密报,说是"大将梁士彦、宇文忻、崔宏度都接受了尉迟迥的贿赂金,军中骚动,人心大变"。怎么办呢? 有人主张另派三人去代替那怀有异心的三员大将。朝臣李德林不同意这种意见,他认为这样做恐难收效,甚或会引起其他问题。他对杨坚说:"依我的看法,只派一个既是你的心腹,又明于事理,能够随机应变,且向来为诸将所信服的人,快速赶赴军中,观察形势,看看内情究竟如何。这样,即便有人图谋不轨,也不敢妄动。"一席话,点醒了杨坚,他说:"要不是你说,几乎要坏大事。"高颎见此情势,乃自告奋勇,甘负重任。杨坚欣然同意。高颎当即出发,来不及回家,只派人去向他的母亲告别。

高颎到达军中,军心大振,形势迅速改观。原来韦孝宽的军队停顿在沁水(今沁河,在山西省东南部)的西边,向敌人袒露出一种胆怯、观望的态势。高颎到达后,为了改变形势,就造桥渡河。他估计敌人会从上游以火烧桥,乃预先防备,使敌人的破坏未能得逞。大军既渡,他乃沿用古人破釜沉舟、背水列阵的故事,烧掉新造的桥,以示决一死战。随即深入敌境,与宇文忻、李询等人商量,设策以破敌军。

尉迟迥据守邺城(今河北省临县境,漳水之南),军威尚盛,那时,两军对阵打仗,旁边往往有许多老百姓观看。这次宇文忻征得高颎的同意,挥军攻入旁观者人群,引起人群大乱,宇文忻趁机大呼:"敌人打败了!"于是尉迟迥军大乱,高颎、宇文忻等挥军乘势,攻入邺城。

2. 平陈的主要策划人 开皇元年(581 年),杨坚登上皇位,正式建立隋王朝。高颎任尚书左仆射,兼纳言,就是说当上了宰相。隋朝建国之初,他与苏威协力同心,大小政事,文帝都是先同他们商量而后施行,故而数年之内,天下安定。

隋朝是直接继承北周政权的,而北周的法律,则繁杂而不得要领。文帝下诏,要高颎、郑译、杨素、裴政等人修订法律;他们所修订的法律,不仅为隋朝所施行,而且亦为后世所沿用。

苏威的父亲原在西魏任官,曾主持增加赋税,但他认为增税只是解一时之急,要让后人来减轻税额,故苏威主张减税;他的这一意见由于得到高颎的支持而得以实现。在文帝下诏检查户口,以防止偷漏赋税时,高颎又提出"输籍法",凡民间赋税,皆记其数于籍账,使州县长吏不得随意增加减少。苏威关于改革地方建置的意见,与李德林的意见发生了矛盾,也是由于高颎的支持,才得以付之实践。新都大兴城的建设,他是主办人。他还带兵抵御过北方强族突厥。他主持办的事很多,只是由于他的文稿没有保存下来,故而史书多阙载。他办事很认真,很勤恳,退朝以后,常常以粉盛于盆内,置于卧榻之侧,想起了什么,就记在上面,以便天明以后办理。他恐怕是我国最早使用记事牌的一个人。

隋朝建立之后,文帝在高颎等人的辅佐下,政局安定,经济、文化得到了恢复与发展。摆在王朝面前的课题是,要使统治得到更进一步的巩固和发展,只是注意管辖统治区域内的事是不够的,还必须北服突厥,南平陈朝。在完成这两项任务的过程中,高颎的功绩尤其突出。特别是在平陈方面,他起了重大作用。

如何战胜陈朝,使南方半壁江山与中原统一起来,这是包括高颎在内的隋朝君臣所经常考虑的问题。

文帝问高颎平陈的具体策略,高颎说:"江北地寒,收获稍晚;江南气温高,水田庄稼熟得早。在江南收获季节,稍稍集中兵马,说是要出战江南。他们看到这种情况,必定要屯兵守御,这就可以耽误他们的收获时间。当他们集中军队时,我们就解散军队。我们反反复复地这样做,他们必定习以为常,从而麻痹大意起来。然后我们再调集军队,他们不会相信我们要出征。当他们犹豫之际,我们趁机渡江,登陆作战,士气必定高涨。江南土质不好,房子都是竹子茅草做的,所有积藏,都不是在地窖里。我们秘密地派人过去,乘风放火;如再修复,则再烧之。这样骚扰几年,他们的财力自可枯竭。"杨坚按照他的设想去做,果然取得很理想的效果。

平陈之役完成于开皇九年(589 年),共分三路大军,晋王杨广、秦王杨俊及杨素为各路元帅,而统归杨广节度。高颎是晋王府长史,掌握着实际的指挥权。东路大军将领贺若弼早有准备,他下令江防军队,每次换防之际,一定要到广陵集中,并且大排旗帜,营房帐幕遍于田野。开始陈军看到,以为隋军要渡江，就急急忙忙准备抵御，结果发现隋军是换防，就习以为常，不加警惕了。贺若弼又经常派兵沿江狩猎，人马喧嚣，如此反复，也使江南陈军麻痹起来。结果贺若弼由广陵渡江，陈军还不知道。与此同时，另一支军队在韩擒虎的率领下也渡江到了采石（今属安徽省马鞍山市）。贺若弼渡江后军容整肃，纪律严明，有个士兵违纪到民间买酒喝，立即被斩首。他俘虏了陈军六千人，全部予以释放，发给粮食，打发他们回去，并将隋朝诏书，交给他们带着，要他们宣传隋朝伐陈的政策。结果，所向无敌，陈军纷纷降附。隋军迅速攻入建康（今南京市），抓到了陈帝陈叔宝，陈朝灭亡，隋朝大体统一了全中国。

高颎在平陈之役中，起的主要作用是非常明显的，所以在一次宴会上，文帝说："高颎平定了江南，虞庆则使突厥降服，可以说是功勋卓著啊！"《隋书》在评价高颎时，也说：高颎"克服了东夏，平定了南国，参谋帷幄之中，决胜千里之外"。

3. 受到猜疑和失宠　　到了开皇末年，高颎开始失宠。文帝皇后独孤氏虽不失为一位女中豪杰，然而她特别妒嫉。她把皇帝看得紧紧的，不准他接触后宫的妃嫔。尉迟迥有个女儿长得很漂亮，因为父罪被没入后宫。一次，皇帝见到了她，很是喜爱。独孤氏知道后，气愤极了，乘皇帝上朝的机会，将她杀死。皇帝得知大发雷霆，骑上马跑出皇宫，一下子在山谷间跑了二十多里。高颎、杨素等人随后追赶，抓住皇帝的马缰苦谏。皇帝说："我贵为天子，却不能自由！"高颎说："皇上你怎么能够因为一个妇女而轻易地丢开天下呢！"皇帝听了这句话，情绪稍稍和缓了些，骑在马上久久地停着不动，到了半夜才返回宫中。皇后在宫中守候着，见皇帝回来了，就边哭边磕头赔礼，高颎、杨素也从中调解，并且摆上宴席，痛痛快快地吃喝了一顿，才收了场。这本来是件生活小事，可是却给高颎深深地埋下了祸根。他本是独孤氏的家客，独孤氏本来想倚重高颎，可是自高颎说独孤氏是一个妇女之后，她就怀恨在心，不与他来往了。

就在这个时候，太子杨勇也开始失去皇帝和皇后的欢心。高颎的儿子娶了杨勇的女儿做儿媳妇，所以这也关系到他的政治生命。太子杨勇因为爱奢华、讲排场、声望渐高，触犯了皇帝的吝啬心与忌妒心，使得皇帝不喜欢太子。加上因为他爱女色和受了晋王杨广的挑拨与离间，更使得皇后也不喜欢太子。

杨勇宠爱一个姓云的女人，他的原妃突然死去，皇后怀疑是有意害死的。等到云氏独自执掌太子的家政后，皇后就更加怒不可遏。杨广得知此情，一方面自我矫饰，以博得皇后的欢心，另一方面恶言中伤太子。于是皇帝与皇后都渐渐产生了废立太子的意向。有一次，皇帝试探高颎说："有神灵告诉晋王（杨广）妃说，晋王一定要统有天下，你看怎么办？"高颎跪倒在地，回答皇帝道："谁长谁幼，是有次序的，这怎么能够废呢？"意思是说，杨勇是长子，应该做太子，是废不得的。皇后知道高颎的主张是不可改变的，就想暗地里找机会对付他。

　　皇帝要挑选东宫(太子宫)的卫士作自己的卫士,高颎以为不应这么做,他说:"若尽把强壮的卫士挑选走了,恐怕东宫的保卫力量太弱。"皇帝听了很不高兴,对他说:"我时常东奔西跑的,故需要有较强的卫士。太子留在东宫,身边何必要有那么多壮士。重兵保卫东宫这个办法流弊极大。依我看,东宫的保卫由皇宫卫队兼管着就行了!我熟悉前朝的旧法,你不要走过去的老路。"这说明皇帝已经不信任太子了。

　　高颎的夫人死了,皇后对皇帝说:"高仆射年岁已高,夫人去世,皇上应该帮他再娶一位。"皇帝将皇后的话转告高颎,高颎婉言谢绝说:"我现在已老,退朝以后,只是坐在书斋里读读佛经罢了。皇上是很爱惜我的,至于娶妻之事,我则没有这个打算。"事情说过也就算了。可是不久,高颎的一个爱妾生了男孩,消息传到宫内,皇帝很是高兴,但皇后却不然。皇帝不了解皇后的心意,就问她为什么不高兴?皇后说:"你还信任高颎吗?你要为他娶妻,他却心存爱妾,当面欺骗你。现在他的欺诈已经败露,怎么还能够信任他呢!"从此文帝对高颎就更加疏远了。

　　开皇十八年(598年),文帝欲出兵辽东,高颎坚决不同意,但文帝坚持要打,并派高颎为事实上的主帅,高颎只好服从。结果因为疾疫流行,军队十之八九病死,无功而返。皇后因此在皇帝面前中伤高颎,说"高颎根本就不愿意去,你强迫他去了,我就知道准是无功而还"。她的意思是说,高颎阳奉阴违,消极抗命。这次统军主帅名义上是汉王杨谅,高颎则掌握实际指挥权。高颎为人,比较耿直,自觉责任重大,常常以大局为重,不避嫌疑。对于杨谅的意见,也多不采纳。杨谅十分生气,返京后在皇后面前告状说:"儿万幸没有被高颎杀掉。"对于这些事情,文帝既不调查,也不分析,信以为真,对高颎更加愤愤不平。

　　凉州总管王世积有个亲信犯了法,逃到王世积处,王世积不收留,结果被捕受罚。这个亲信怀恨在心,反诬王世积谋反,王世积被处决。据说,在审理王世积案时,涉及到了一些宫禁中的事,而且这些事是从高颎那里得到的。事情越闹越大。当朝大臣贺若弼等联合为高颎申辩,文帝不但不听,反而将他们与高颎一起予以法办。高颎被免官,带个齐公的虚衔回家闲居。

　　不过事情还没有就此了结,投井下石的事总是要应运而生的。齐公国内的官员报告说:"高颎的儿子对高颎说:'司马懿假托有病,不上朝,结果取得了天下。你现在得到这样遭遇,怎么知道不是一件好事呢?'于是高颎就被抓了起来。又有人报告说,有个和尚对高颎说:"明年皇帝要死。"有一个尼姑对高颎说:"开皇十七、十八年,皇帝有大灾难,十九年无论如何过不去。"这些都属于大逆不道的行为。有人建议把高颎治罪斩首。文帝念及他以前的功劳,只将他除名为民。

高颎胸襟豁达,虽屡遭不幸,亦处之泰然,即使是撤职为一个平民百姓,他不但不怨恨,反而感到高兴。母亲的教导,在培养他的这种品德方面,起了很重要的作用。他刚做宰相时,母亲就告诫他说:"你的富贵已经到了头了,剩下的就是一个砍头,你要谨慎啊!"

4. 以诽谤朝政罪被杀　高颎削职为民后,没有几年,文帝驾崩,炀帝即位。炀帝启用高颎为太常卿。他对炀帝也是克尽臣道,见有不正确的地方,就直言不讳,这就很快地招致炀帝对他的怨恨。大业三年(607 年),他以诽谤朝政罪被杀。同时被杀的还有宇文弼、贺若弼。苏威被免官。

三、经济思想

隋文帝的所有重大决策,包括平陈、实行均田制、租调制、输籍法和输庸停防等重大财经措施中,无不掺有高颎的思想和决策。

1. 通过稳定户口来确保赋役来源　隋及其以前,国家通过土地分配来固定农户,通过对人户征收租调来保证军政需要。当土地集中、农户失地而逃亡,或因赋役苛重而啸聚山林时,农民脱离了户籍,国家失去了纳税对象和服役的人丁,对国家政权的经济存在是个威胁;同时,财富集中于富户、豪强,从政治上也构成对王朝的隐患。

隋初,"山东尚承齐俗,机巧奸伪,避役惰游者十六七。四方疲人,或诈老诈小,规免租赋"。于是,文帝于开皇五年(585 年)下令全国州县"大索貌阅",按人查对户口。规定:"户口不实者,正长远配,而又开相纠之科。大功(堂兄弟)已下,兼令析籍(都要分居),各为户头,以防容隐"。这次检籍的结果,"计帐进四十四万三千丁,新附一百六十四万一千五百口"。

高颎积极参加了检查户口的活动,但他认为,政府虽然每年按定额征收租调,但军事的调发,徭役、差役的征用,附加税的收取,以及控田的先后,都和户等有关。因此,长吏肆情,户等划分不实,还是户口的一大障碍。为了使农民比较愿意离开豪强,做国家的编民,他建议由中央确立划分户等的标准,叫"输籍定样"。即将人们所输租税,按照每家资财多寡评定户等,定出交纳的标准,从轻定额,写成"定薄",发至全国。然后,每年正月五日,由县令派人出查,令就近的百姓三百家到五百家为一团,根据既定的标准划分户等,依各户贫富等级确定各户纳税的定额。这样编成的户籍定簿,既弄清了户口和人民应纳的税额,人们难以逃避,地方官也不能营私舞弊。更重要的,像杜佑所说的高颎的"输籍法"是"设轻税之法。隋代之盛,实由于此"。

依轻税定户税定额,所订赋税比世家大族对所荫庇户口的剥削为轻,有利于把世家大族的荫户吸引过来,"自是奸无所容矣";同时,又由于这种办法,使富户增加一点负担,贫者减少一点负担,不仅为封建国家提供了赋役征收的可靠依据,同时也有利于封建国家增加人口控制、增加财政收入的稳定增长。至于打击了士族,加强了中央集权和促使封建经济的稳定发展,以及对组织和发展封建政府的新税源,也都有重要意义。在推行输籍法的过程中,高颎获得了很大的成功。

史称高颎为人谦让、正直、顾全大局,"执政将二十年,朝野推服,物无异议,治致升平,"文帝称领"公犹镜也,每被磨莹,皎然益明"。《通典·食货·轻重》说:"隋氏资储遍于天下"为"近代以来未之有",其原因是高颎在财政制度的规划中起了十分重要的作用。此后,州县检查户口已成为一种经常性的制度。

2. 反对奢侈重役 隋炀帝时,生活"侈靡,声色滋甚,又起长城之役。"高颎为此十分担忧,语于太常丞:"周天元以好乐而亡,殷鉴不遥,安可復尔。"炀帝以诽谤罪将其杀害,人皆感到痛惜。如果炀帝能引以为戒,则隋朝的历史将又是另一番景象。

理财辅政的 CEO —— 苏威

一、人物简介

苏威(534～621年),字无畏,京兆武功(今陕西武功西北)人。隋初,苏威袭爵邳国公,兼纳言、民部尚书。历大理卿、京兆尹、御史大夫、刑部尚书诸职。开皇九年(589年),拜尚书右仆射。其父苏绰(498～546年)在西魏时为度支尚书,曾行"计账户籍之法",通过严格户口、土地和籍账,控制赋役征收,以尽地利,均赋役。苏威理财,受其父影响很大。

二、生平事迹

高颎多次向隋文帝称苏威贤能,文帝也一向重视他的名望,就征招他。来了之后,文帝请他进卧室,跟他交谈,非常高兴。任命他为太子少保,不久又让他兼作纳言、民部尚书。苏威上书陈情辞让,高祖下诏说"大船当负荷重载,骏马当长途奔驰。因为你一人兼有许多人的才华,不要推辞多任事务。"苏威才没有推辞。

当初苏威的父亲在西魏任度支尚书,因为国家资财不足,制定了征税的法令,被认为很重。不久苏威的父亲就感叹说:"现在做的就如同拉紧弓弦,不是平常时代的法令制度,后代的君子,谁能够放松它呢?"苏威听到了这些话,常常把这作为自己的责任。到了此时,苏威奏请皇上,减轻赋税和劳役,致力于采用较轻的制度,皇上全都听从了他。

苏威见到皇宫中用白银做帷幔的钩子,就极力陈说节俭的美德来告诫皇上。皇上为此对于旧有的雕琢文饰的器物,全都命人清除。

不久苏威又兼任了大理卿、京兆尹、御史大夫,原任的官职全部依旧。治书侍御史梁毗认为苏威兼任五个职务,贪恋于繁多的权位,没有举荐贤能代替自己的心思,就上表极谏弹劾苏威。皇上说:"苏威早晚勤勉不懈,有远大的志向,在举荐贤能方面有些缺点,为什么要急忙地逼迫他呢!"于是就对朝中的大臣说:"苏威没有遇到我,就没有办法施行他的见解;我没有得到苏威,又靠谁来实行我的主张?杨素才辩,天下无双,至于说到古今得失,帮助我宣扬教化,是无法与苏威匹敌的。"他就是这样被看重。

隋朝接续于战争之后,法令规章杂乱混杂,皇上命令朝臣改正旧的法令,作为一朝通用的典章制度。法令的标准、样式,大多是苏威制定的,世人都认为他有才能。

国子博士何妥上奏揭发苏威和礼部尚书卢恺等人相互勾结,成为朋党,皇上就命令蜀王杨秀、上柱国虞庆则等人共同处理这个案件,所揭发的事情都得到了验证。皇上拿史中有关朋党的问题让苏威阅读。苏威害怕,脱下了官帽叩头认错。皇上说:"认错已经晚了。"于是就免除了苏威的官职和爵位。由于苏威而获罪的知名人士有一百多人。

此后,苏威屡次被起用,但屡被免官。大业元年(605年),他继杨素为左仆射。三年,因事罢免,后又以太常卿、纳言参掌朝政,加开府仪同三司,颇受尊重,不久又被罢免。他对隋炀帝暴政不敢直言进谏,遇事多承望风旨。

隋末,宇文化及杀炀帝,以苏威为光禄大夫。宇文化及败,苏威降李密;李密败后,苏威又归降王世充。王世充称帝,苏威为太师。唐平定王世充后,苏威求见秦王李世民和唐高祖李渊,均遭拒绝。武德六年(623年)病死于长安。

三、经济思想

苏威之父苏绰是西魏的度支尚书,他曾说,今天我为西魏制订的课役方法,只是为了解决国用不足问题,并未解决人民负担过重的问题。他希望后来的理财者,能改变他那种状况,要解决人民负担过重的问题。

苏威每以父言为己任。公元581年,杨坚代周称帝后,苏威向文帝奏议:"减赋役,务从轻典"。文帝采纳。苏威损益当时实行的南北朝旧制,奏请于公元583年开始实行减课役,受田年龄十八岁仍遵旧制,但负担力役的年龄可由十八岁改为二十一岁,从而力役减少了三年。同时,他又将每年的服役期限,由旧制的三十天,减为二十天;调绢也由原来一匹(四丈)减为二丈。公元590年,又规定年满五十岁的人,可以用布帛代替力役。于是,农民的服役期限缩短了,征调的绢也减少了。当时,民间课输无定簿,多妄称老,小以免赋役,在公元585年文帝接受高颎行检籍时,苏威也于公元589年奏请文帝置卿正、里正,请以五百家置卿正,使治民、简辞讼。以百家为里,置里长一人,以配合之。这些措施大有利于检籍的推行。公元594年苏威任纳言,以后任仆射,公元616年除纳言,此期间,隋朝的检籍活动不时地在进行,裴蕴公元609年的输籍法也在这个时期进行。所以,在此期间内,隋朝的赋役制度方面是检籍、输籍和减课役彼此推进,交错进行。苏威发挥了理财辅政的作用。

安定民生的 CEO —— 刘晏

一、人物简介

刘晏(718～780年)字士安,曹州南华(今山东东明)人。唐代著名理财家。幼时聪颖,被誉为"神童"。

肃宗至德二年(757年)任度支郎中兼侍御史,领江淮租庸事,开始管理财政。

上元元年(760年)以京兆尹加户部侍郎、度支铸钱盐铁使,次年兼御史大夫。三年进户都尚书平章事。代宗即位后,曾于广德二年(764年)贬为太子宾客。后重任户部尚书,领东都、河南、江淮、山南等道转运租庸盐铁使。

永泰二年(766年)和户部侍郎第五琦分理全国财政。大历十四年(779年),他一人总理天下财政。德宗建中元年(780年),因受杨炎诬陷,被贬为忠州(今四川忠县)刺史,不久被杀。

二、生平事迹

1. 神童少年名噪当时　　刘晏七岁的时候,唐玄宗李隆基到泰山举行盛大的祭天典礼,他听到这个消息后,由长辈领着从家乡曹州来到泰山行宫,向唐玄宗献上自己精心撰写的《东封书》,文中赞扬唐玄宗治国的功绩,写得非常出色。唐玄宗看了,大为惊奇。他不相信一个七岁的孩子竟能写出如此文词优美的好文章,就命宰相张说当面测试,看刘晏是否有真才实学。

张说出题面试刘晏,他出口成章;又问他一些学术上的深奥问题,他也对答如流,说得头头是道。在场的大臣交口称赞。经过当面测试,证实了《东封书》确实为刘晏所作。唐玄宗大喜,便说:"这孩子既然是个神童,就授予他秘书省正字的官职吧。"

秘书省是国家图书馆机构,内藏大量图书。秘书省正字,就是校正书籍中错误的官员。少年刘晏从乡下来到京城,得到了一个很好的学习机会。他抓紧一切时间,拼命地阅读大量藏书,使自己掌握了丰富的知识。

刘晏十岁那年,唐玄宗在勤政殿观赏杂技演出,艺人王大娘表演了《戴竿》,节目演的是王大娘顶长竿,竿顶上用木头制的一座假山,山上有个小孩载歌载舞,边跳边唱。唐玄宗看了表演,非常高兴,便命人把刘晏叫来。

玄宗目视刘晏发问,"正字,正得几字?"刘晏答道:"天下字皆正,唯有朋字未有正得。"此话一语双关,不仅说出了"朋"字的字形结构特点,还寓意深刻地指出了朋党相互勾结的时弊,真不愧是有风趣的字谏。

接着贵妃又让刘晏针对勤政楼下百戏争新和王大娘头戴百尺竹竿的精湛表演吟诗。刘晏应声吟道:

楼前百戏竞争新,唯有长竿妙入神。

谁谓绮罗翻有力,尤自嫌轻更着人。

博得了唐玄宗、杨贵妃和嫔妃等人的一片赞颂。为此,唐玄宗赏赐了刘晏一制象牙笏和一领黄纹袍。

刘晏少年时期才华横溢、名噪当时。宋代王应麟在他的《三字经》里写道:"唐刘晏,方七岁,举神童,作正字,彼虽幼,身己仕。尔幼学,勉而致,有为者,亦若是"。把他树立为青年才俊学习的榜样。

2. 任人唯贤雷厉风行　　刘晏在肃宗时代历任彭原太守,徙陇、华两州刺史,迁河南尹,晋户部侍郎,兼御史中丞,度支铸钱、盐铁等使,为安史之乱后的唐王朝统治作出了突出的贡献。公元762年,刘晏任京兆尹、户部侍郎领度支转运使,分管财政,当时唐朝经济十分萧条,刘晏采取一系列有效措施,发展生产,开源节流,使唐代财政逐步好转。

　　公元763年刘晏被提升为吏部尚书、门下平章事,兼任转运使。刘晏在任期间,办成了三件大事:第一件是改革漕运。第二件事是在办理漕运的同时,着手改革盐政。第三件事是刘晏推行"常平法"进行了财政体制改革,建立了经济情报网。

　　刘晏任人唯贤。其传记载说:"晏常以办众务,在于得人,故必择通敏精悍廉勤之士而用之。"

　　他做了吏部尚书后,主持官员的选任工作。刘晏选用的人,大都是有才干的"士",也就是知识分子。他认为"士有爵禄,则名重于利;吏无荣进,则利重于名。"也有向刘晏请托的关系户,刘晏也不得罪,宁可发工资养活他们,也不让这些人掌握重要实权。所以,他的手下,办事效率都很高。《新唐书》说刘晏"所任者,虽数千里外,奉教令如在目前,频伸谐戏皆不敢隐。惟晏能行之,它人不能也。"他选用了几百名各种专才和实干家,分布各部门及各州县把关。史称"积数百人,皆新进锐敏,尽当时之选,趣督倚办,故能成功。"他以精明能干、忠于职守、廉洁奉公作为用人的标准,的确是难能可贵的。由于刘晏培养选拔了一大批理财专家,所以,他指挥的庞大理财系统,如臂使指,运动自如。直到他遇害之后二十年间,掌管国家财赋有声望者,大多是刘晏选拔出来的人。

　　刘晏雷厉风行。史书说他"为人勤力,事无闲剧,必一日中决之"。他办事还处处从长远考虑,他说:"成大计者不可惜小费,凡事必为永久之虑"。他为了解决关中吃粮困难的问题,官办漕运,在长江边建了十个造船场,每艘船给价一千缗,有人说船价太高,实际费用还不到一半。刘晏不这样认为。他说,考虑到大计,不可以太计较小费,要想得远一点,船场刚刚建立,投入比较大,给予造船费要让人家够用,这样,官船才可以造得坚固牢靠。如果一开始就斤斤计较,怎么行呢? 以后一定会有担心我给得太多而要减少造船费的人,减一半还可以,再多,就不行了。五十年以后,有关部门削减了造船费用的一半,再后来,管理者计费买船,船场已经没有多少利润了,船也脆薄易坏、不堪使用,于是漕运陷入瘫痪。

　　3. 廉洁奉公提倡名节　刘晏廉洁奉公,提倡名节。安史之乱后,天下户口十亡八九,州县多为藩镇所占据,贡赋不入,朝廷府库耗竭。史书说:"皆倚办于晏,晏有精力,多机智,变通有无,曲尽其妙"。刘晏为挽国家之倾危,解人民于倒悬,身体力行,呕心沥血,几十年如一日,孜孜不倦。他上朝时骑在马上,心里还在筹算账目,退朝后在官署批阅文卷,常常是秉烛夜分。他饮食简素,家中甚至没有一名奴婢。死时只留下两车书籍和几斗米麦。在官吏贪暴的封建社会,一个理财大臣,两袖清风,这是非常值得称道的。

　　由于刘晏的理财方针、措施、办法适应唐王朝经济残破的局面和当时社会的需要,所以使唐王朝的经济得到了恢复和发展,人民也得以养息。他初受命为转运使时,全国才二百万户,国家财政收入只有四百万缗。到了 779 年,户口增加到三百万户,财政收入达一千三百万缗(其中盐利过半),而国家并没有增加农民的税收,刘晏真正做到了"敛不及民而用度足"。他的贡献是很大的,无怪乎人们经常把刘晏与管仲、萧何相提并论。

但是,在封建专制制度下,功高犯忌,廉洁遭妒,正直的人常常被冤屈而死。公元 779 年,唐代宗死,唐德宗即位。唐德宗是一位性情急躁、猜忌无情、轻举妄动,刚愎自用的人。他任用奸相元载的余党杨炎为宰相,杨炎发现唐代宗杀元载时,刘晏曾参与密议,便于 780 年进谗言,将刘晏贬出京师,并使唐德宗下诏杀死了刘晏。刘晏无罪被杀,大家都为他呼冤。后唐德宗迫于情势,杀死了杨炎,刘晏得到了历史的公断,人民刻石以传。《旧唐书》、《新唐书》、《东明县志》均有记载。

三、经济思想

1. 以爱民为先　刘晏认为:户口滋多,则财赋自广,故其为国理财以爱民为先,在他看来,发展经济的重点是发展生产,安定人民的生活,使人口、劳动力、社会财富增加。这样国家的赋税收入自然也增加,这就是培养财源。在这一思想的指导下,即使是实行专卖、收税等组织财政收入的过程中,也注意培养财源,运用财政政策促进生产的发展,安定民生。

刘晏特别注意改革那些扰民的弊政。他认为,"官多则民扰"。食盐是国家财政收入的重要对象,又同人民的生活息息相关。盐务办得好与坏,关键在于挑选精干的人员去管理,政策得当,而不在于盐官多少。盐官多了,徒增开支,骚扰百姓。于是他精简了以前的盐务机构,裁去不称职的冗员,清除贪官污吏。

2. 力主办漕运　唐代宗广德二年(764 年)任命刘晏接办漕运,漕运是通过水路交通,将江淮的粮食运至长安。当时由于兵乱之后,运输工具减少,原来的水运路线受破坏,粮食不能及时运往京城,造成关中粮食困难,饥荒四伏。而且使京城附近赋税增重。若水路疏通后,京师三辅的赋税可减轻一半。由于刘晏曾做过一个时期的地方官,对人民的疾苦比较了解和同情。因此,给宰相写了一份报告,表示要竭尽全力完成这一使命,同时也充分表现了他忧国忧民和勇于承担重任的献身精神。

他上任后,首先组织人力疏浚河道,打造了两千艘坚固的漕船,训练军士运粮,每十船为一队,军官负责押运。他不再征发沿河壮丁服役,而是用政府的盐利雇用船夫。他沿用过去裴耀卿的办法,将全程分成四个运输段,使江船不入汴水,汴船不入黄河,河船不入渭水。为此又在扬州、汴口、河阴、渭口等河道的交界处设仓储粮,以备转运。这样比过去用江南民工直运的方法提高了效率,减少了损耗,降低了运费,免除了南方人民一项旷日持久的而又十分艰辛的劳役。江淮的粮食因此源源不断地输送到长安,每年运量达四十万石至一百一十万石。

3. 推行雇佣劳动 刘晏认为,雇佣劳动优于强制无偿的劳役征发。刘晏接办漕运前,州县令富户督办漕运,由征派的老百姓担任船工,待遇极低,在法定的服役期间,更是完全的无偿劳动,甚至有生命的危险。人民都不愿干运粮的苦差。刘晏接手后,训练士兵为船工,或招雇民工运粮,付给合理的工钱。对运输不出安全事故的还规定了优厚的奖励。这样,民工的积极性很高,运输的效益提高了。过去斗钱运斗米,由老百姓出钱,在运粮过程中,粮食损耗很大。改革后,从扬州到长安每石只需七百文的运费,由官府出钱,运输损耗很少。在"不发丁男,不劳郡县"的条件下,大量粮食顺利地运往京城,受到朝野的称赞。

刘晏虽然身为封建官僚,但在他举办的官府事业中,却不是单纯依靠政权力量推行强制徭役劳动,而是大量采用体现封建国家与劳动者经济上买卖关系的雇佣劳动。说明他已经认识到采用这种新的方式更能调动劳动者的积极性,更能提高工作效率,促进经济发展。这是对千百年来封建国家一直推行的强制雇佣劳动的一个否定,也正是刘晏的财政经济思想高于一般封建官僚之处,也表现出刘晏财政思想顺应社会经济发展趋势的历史进步性。

4. 推行"常平法" 刘晏推行"常平法"进行了财政体制改革,建立了经济情报网。他在诸道置设巡院官,选择勤廉干练的士人作知院官,管理诸巡院,诸巡院收集本道各州县雨雪多少、庄稼好坏的情况。每旬、每月都申报转运使司,刘晏又招募善走的人,将各地物价迅速申报。由于刘晏从中及时准确地掌握了全国经济和市场动态,并根据这些情报,调剂有无,平抑物价,扶持生产,积极救灾。他用"丰则贵取,饥则贱与"的办法,防止了谷贱伤农、水旱民散。同时又多购谷物菽粟运往歉收地区,贱价出售,换取农民的土产杂物转卖丰处,这样既救了灾,又不损国用,还刺激了生产。

5. 主张生产救灾,不强调财政赈给 对于救灾,就封建理财家而言,刘晏有其独特的思想和做法。他不强调用财政赈给,而是主张既向灾区贱价抛售粮食,又从灾区收购杂货,使灾民能在生产经营活动中获得经济收入以谋自给。

刘晏认为"善治病者,不使至危惫;善救灾者,勿使至赈给"。他提出赈给有两害:第一是赈少不足以活人,如要活人多则国家的耗费也多,国家的耗费多仍需加重地取之于民;第二,是赈给近于侥幸,由于吏下为奸,可能是强者得的多,弱者得的少。

相反,如对荒歉地区不予赈给而采取贱价抛售谷物的方法,却有两个优点:

其一,能解除灾民的困难而"国计不乏"。其二,大量粮食出售,转运交易,散入村间,可使一部分贫苦人民获得劳动收入,辗转相因,又可维持不少人的生活。

孟子、韩非是持消极的观点反对财政赈给,而刘晏则以积极的观点反对财政赈给,是用贱价抛售谷物的方式来调剂人民生活,以达到促进生产发展,增辟财源的目的。这于国于民都有利,符合"生产救灾"、"生产自救"的度荒原则。刘晏在当时已经把救灾、生产、财政直接地联系起来,这确实是很不简单的。

6. 实现合理的赋税原则　　刘晏主张应用隐蔽的即商业经营的原则,很少借助于封建专制的权力,以充裕封建国家的财政收入。他主张两个必须遵守的原则。

(1)"知所以取人不怨"　　所谓"取人不怨",就是政府采取经济经营手段,通过控制物资和物价来取得盈利,而不是靠增加税收取得财政收入,使人民不易察觉。

他把理财的重点放在盐法的整顿上,他认为食盐是人民生活所必需之物,对这类商品课税,就可以获得充裕而稳定的税源。但又不能重课,因而就必须废除原来的一切扰民弊端,进行盐法改革。

他首先整顿了盐监、盐场等盐务机构,又调整了食盐专卖制度,改变了肃宗时第五琦规定的官运官卖的盐法。规定盐官统一收购亭户(专门生产盐的民户)所产的盐,然后加价卖给盐商,由他们贩运到各地销售。国家只通过掌握统购,批发两个环节来控制盐政。通过实行产地课征,制定"常平盐"制度,改民制、官收、官运、官销为民制、官收、商运、商销,节省了盐务开支,从而降低和稳定了盐价,做到了"官收厚利而人不知贵"。

(2)"因民所急而税之,则国用足"　　政府收取的盐利,原来每年只有六十万缗,到大历末年增至六百多万缗,占全国财政收入的一半,被用以支付漕运费用和政府各项开支。

通过对人民生活必须的物品课征,从而使得赋税的来源既丰富又稳固,容易达到广收薄征的效果。这也是刘晏特别重视盐利收入的重要原因。这样,人民虽出了税,然而并不感到很大的痛苦。国赋又有增收,且把原来分散于富商大贾的利得和社会资财集中在中央政府手中,扩大了财政收入来源。

同时,刘晏还对现行的租庸调及户税进行了整理,减少对人民的干扰。如他采取了"常岁平敛之,荒年蠲救之"的办法,既有利于农民的休养生息,又使每年税收增加了十分之一。

创行两税的 CEO —— 杨炎

一、人物简介

杨炎（727～781 年）字公南，凤翔天兴（今陕西凤翔）人。中国唐代财政改革家，两税法的倡行人。

唐德宗时任宰相约两年，在财政方面进行了重要改革。他将国家赋税从归皇帝私有、由宦官掌握的大盈库收归国库大藏库，恢复了安史之乱前国家公赋予皇帝私藏分管的制度，维护了国家公赋收支独立的原则。但杨炎为人心胸狭隘，执政后，诬陷刘晏而杀之，但事隔不久，自己就被卢杞所诬陷，也被赐死。

二、生平事迹

1. 书香门第　杨炎，玄宗开元十五年（727 年），出生在一个世代官僚地主家庭。曾祖父杨大宝，唐初武德年间当过龙门县令；祖父杨哲，没有功名，以"孝行"称著于世，受过朝廷的表彰；父亲杨播，进士出身，"退居不仕"，玄宗曾召拜他为谏仪大夫，后弃官回家归养。杨炎的家庭既非名门贵族，亦非权贵显达，是一个清高守志、淡泊功名的书香门第。

旧史书有关杨炎的记载，是从他二十岁左右的青年时代开始的。《旧唐书·杨炎传》说他"美须眉，风骨峻峙，文藻雄丽。"《新唐书·杨炎传》说他"美须眉，峻风寓，文藻雄蔚"。综上所述，可以看出，青年时代的杨炎是一个长得眉清目秀，美髯挂腮，才华出众，风度翩翩的漂亮公子。常常妙手得佳作，在家乡和京师一带，已是初享盛誉，号称"小杨山人"。

唐代实行科举制，选拔官吏。据新、旧《唐书》载，杨炎踏入仕途，没有走科举道路，因当时的节度使有自任僚属的权力。杨炎当官，不是受朝廷的征召，而是从担任地方官的幕僚开始。杨炎何时离开家庭到凉州去任职，史书没有记载。但从杨炎一生的经历看，大约在玄宗天宝六年（747 年），杨炎二十岁左右时，被河西节度使吕崇贲任命为掌书记。河西节度使驻凉州（今甘肃武威），兼凉州都督，领辖凉、洮、西、善、河、临六州，掌书记在节度使直接领导下参与军国事务。可以说,他深受吕崇贲的赏识而成为幕僚。

2. 仕途不顺　天宝十二年(753 年),哥舒翰为陇右、河西节度使,杨炎此时二十六岁,撰文赞扬哥舒翰"以纵横之奇,判总军国"。肃宗年代(757~759年),杨炎又受命为河西节度使杜鸿渐的父亲撰写安州刺史杜公神道碑,名气大震。杜鸿渐的故吏以杨炎"交目馨香,托之篆刻",杨炎又再次撰写河西节度使杜公碑。

天宝十四年(755 年)安史之乱爆发,是唐朝由盛转衰的转折点,唐以哥舒翰为兵马副元帅,领兵八万讨安禄山。第二年六月,兵败被俘,投降安禄山,终为安禄山所杀。杨炎经历这一变故,思想上震动很大。这一年,杨炎二十八岁,正是风华正茂的年纪。据史书记载推测,杨炎此时已回到凤翔老家。

叛军占领长安后,凤翔变为唐朝反攻京城的前哨基地。为了拉拢地方势力,肃宗在甘肃灵武即位以后,一面为杨播封官,"即家拜散骑常侍,玄静先生";一面由"副元帅李光弼表杨炎为判官"。但是,杨炎对李光弼的征召"不应征";之后,肃宗又拜杨炎为起居舍人;他又以父死居丧为理由,在家守孝,未参加过肃宗朝的平叛工作。看来,杨炎及其家人对安史之乱,曾一度持观望态度。因此,当安史之乱基本平定,肃宗又回到长安时,只给了杨炎一个司勋员外郎的小官,并不重用。

3. 加入元党　杨炎从肃宗朝进入朝廷,但不被重用。《旧唐书·杨炎传》有"服阕久之,起为司勋员外郎"的记载。意思是说,杨炎为父守孝终制以后很久,才被朝廷起用为司勋员外郎。以此推断,这还是肃宗朝后期的事,时杨炎三十五岁左右。

宝应元年(762 年),代宗继位,元载当权,杨炎的地位才发生了变化,从司勋员外郎"改兵部转礼部郎中知制诰,迁中书舍人","再迁吏部侍郎"。员外郎多为从六品散官,郎中从五品,中书舍人为正五品上阶,吏部侍郎为正四品。由此可见,约在代宗朝十年之内,杨炎官运亨通,步步高升。究其原因,有他才能出众的一面;更重要的是他的才能为权相元载发现,受到元载的重视,仰仗元载的提携重用的缘故,杨炎也就成为元党的骨干。

为了巩固自己的权位,元载在朝廷上下,广树党羽,结成元党,成为代宗朝内势力最大的一个政治集团。

与其他一些权佞相比,元载倒是很有才干。史称他"家本寒微","自幼嗜学好属文,性敏惠,博览子史"。因此,他看上杨炎,既是为扩大个人权势的需要。也是因为杨炎的才能。

《旧唐书·杨炎传》记载:"元载自作相,常选擢朝中有文学才望者一人。厚遇之,将以代己。"在元载选用的刘单死去后,薛邕又遇事被贬,"又引炎,载亲重炎,无与为比"。这就是说,元载很想寻找一个代己为相的人,找来找去,找到了杨炎。

元载有他的长处,就是善于用人、识人。元载看中了杨炎,把他拉入元党,加以重用,还不足以说明这一点。他对唐代另一著名的理财家刘晏的态度,则看出他这一长处了。刘晏从唐肃宗至德二年(757年)起,至德宗建中元年(780年)止,主管唐朝廷的财经工作,达二十年之久,而其主要成就,多在代宗朝。刘晏不属于元党,但元载"乃悉以钱谷之务委之"。在刘晏的主管之下,使安史之乱后的唐朝经济,得到恢复和发展。这说明,元载不仅有知人之明,也有用人之量。

大历十二年(777年)三月,代宗杀了元载。就在这年的春末,杨炎踏上了去湖南道州(今道县)的旅途,去担任道州司马一职。

4. 起用拜相 大历十四年(779年)五月,代宗去世,德宗继位。这年杨炎五十二岁,任道州司马已有两年之久了。道州位于湖南广东交界之处,在唐朝属边远地区。但当时全国的经济重心,已逐步南移。尽管史书上没有记载,但史学家认为,在任道州司马一段时间,对杨炎了解东南地区的经济发展情况,定有帮助。

一朝天子一朝臣。这年八月,杨炎就由于宰相崔佑甫的举荐,由道州司马,一跃而为当朝宰相。尽管史书上说崔佑甫任相,以荐举人为己任,"未逾年,除官几八百员"。他举荐杨炎,是由于杨炎的"器业"。但是,从以下的情况看,杨炎的拜相,主要还是德宗的主意。

要了解德宗为什么要起用杨炎,还得从德宗和元载的关系说起。德宗的母亲沈氏,是个普通的宫女.德宗只是由于是代宗的长子,加以在安史之乱的平叛工作中,成为代宗的重要助手。并在代宗宝应元年(762年)担任元帅,收复了洛阳,立有战功。因此,代宗广德二年(764年),才被立为太子。但是,在封建王朝,争夺皇位继承权的斗争,往往是当时各种政治军事集团争权夺利的集中表现。德宗从被立为太子,到坐上皇帝宝座,也不例外地有过一段曲折的经历。

德宗当了皇帝以后,饮水思源,自然想起了元载拥立之功。但这时元载已死,因而重用杨炎,也在情理之中。只是由于元载任相时,贪赃枉法,买卖官爵,名声太坏,民间甚至流传"元好钱,贤者愚,愚者贤"的歌谣,所以德宗又等待了几年,在兴元元年(784年)才公开为元载平反,"诏复其官,听改葬",连同时以元党罪名被杀的也一律平反了。

德宗所以急于重用杨炎,还有一个重要原因,就是他在东官当太子时,曾经看到过杨炎为李楷洛碑所写的碑文,非常欣赏,"置于壁,日讽玩之。"崔佑甫对此洞察尽悉,举荐杨炎为相。德宗和崔佑甫可谓君臣相知,两相互宜。当时德宗召回的元党不止杨炎一人,但独任杨炎为相,并非由于他是元党,而是欣赏杨炎的才华和能力。

5. 面临问题　　杨炎拜相以后，另一宰相崔祐甫有病，"多不视事，杨炎独任大政"。杨炎本是一个有抱负，有作为的人。这时，他掌握了朝政大权，当然想要有一番作为。这样，他必然首先从解决当时摆在德宗朝面前最突出的问题着手。那么，他所遇到最大的问题是什么呢？就是唐朝借以立国基础的均田制已遭破坏，建立在均田制基础之上的租庸调赋税制度，也已名存实亡，迫切需要根据当时的现实状况，建立一套新的财政制度，以适应形势的发展，代替旧的制度。

于是就在杨炎拜相的第二年，即德宗建中元年（780 年），上疏德宗，提出了用两税法代替租庸调旧法的主张。

租庸调制是在均田制基础上所实行的一种赋税制度。早在唐高祖武德二年（619 年），唐政府就制定了租庸调制，五年后，与均田制同时颁布执行。这种税制，是以丁男能够得到国家的授甲为前提，所以说它的基础是均田制。

按照唐朝均田制规定，男丁授田百亩，老幼残疾授田四十亩，寡妇授田三十亩，户主加授二十亩。从史书以及出土文物的记载，都可证明唐朝是实行过均田制，并授田给农民的。但是，一般都授田不足，而且愈是后来，随着国家掌握的无主荒地的减少，授田不足的情况，越是普遍和严重。

租庸调制是被授田的人"以丁为本"的一种赋税制度。在实行租庸调制时，除了正税以外，还有种种杂税，其中主要的是地税和户税。地税是按亩征收；户税则是按资产多少，划为九等征税。

均田制和租庸调实行之初，曾对社会生产力的恢复和发展，起过良好的作用。但要实行均田制，必须有个前提，就是封建国家直接掌握大量土地。唐初，经过隋末大动乱，特别是经过隋末农民大起义的扫荡，大批地主豪门，或死或逃，离开了土地，出现了大量无主荒地，使唐朝有田可均。到了盛唐，肥田、好田大多落入大贵族、大官僚、大地主之手，"王公百官及富豪之家，比置庄田，恣行吞并"，大批农民被授予的田地，转入豪门地主之手。而农民所负担的租庸调和其他杂税，却有增无减。到了安史之乱前，在开元天宝盛世的背后，已经出现了"丁口转死"、"田亩移换"、"天下残瘵"的局面。而经过安史之乱，土地所有权不断改变，人口流散和户籍变换的情况，当然也不在少数。封建政府所掌握的户籍和实际情况，从不尽符合，发展到无法符合。按户籍丁男征收租庸调已不可能。这样，租庸调实已名存实亡。再加上地方豪强藩镇，利用这种混乱状况，趁机向农民胡乱摊派，任意增税，结果是剥削越重，加税越多，朝廷的税收却更无保证。这就是杨炎拜相后，所面临的严重经济问题。

杨炎拜相后所面临的政治局面，也是十分严峻的，其主要问题是藩镇割据。这时，安史之乱虽已大体结束，但安史余部仍割据河朔、淄青和淮西。他们自成系统，各霸一方，俨然都是独立王国。德宗继位以后，很想制裁藩镇，结束这种分割局面。这样,他手头就必须有钱有粮,因而从政治上又提出了对经济进行改革的要求。

是因循守旧,继续维持过时的租庸调,还是勇于变革,用新的赋税制度代替旧制,这就是杨炎拜相后所必须作出的抉择。

6.实行新法　德宗建中元年(780年)正月,也就是杨炎拜相后的第四个月。杨炎上疏德宗请改租庸调为两税法,经过德宗的批准,在全国推行。

史书上说:"杨炎作两税法,夏输无过六月,秋输无过十一月,置两税使以总之"。所谓"两税",就是分夏秋两季征收的意思。

关于两税法的内容和做法,在杨炎的上疏和与德宗的奏对中,说得十分清楚。主要分"户无主客","人无中丁",都要在现居住地建立户籍,按财产多少确定纳税多少。也就是不问原籍何处,只问现居哪里,就地征收;不问年龄大小,只问资产多少,按贫富决定差等;行商在所在地纳税,税率定为三十税一;废去以前的租庸调和杂税,归于两税,统一于夏秋两季征收。

两税法抛弃了唐代原来以人丁为征课标准的租庸调制,以土地、业产等财富的多寡,按每户的贫富差别进行课征。这使得封建人身依附关系有所削弱,适应了当时社会经济发展的需要。计资而税的两税法代替西晋以来计丁而税的制度,是一项带有划时代意义的措施,在中国财政思想史上是一个大突破。两税法还采用以钱定税的原则,除谷米外,均按田亩计算货币缴纳,反映了唐代中叶货币经济的发展。两税法大为简化了税制,便利了租税的征收,免去了税吏许多催索的苛扰,不但使国家的财政收入增加,而且也减轻了人民负担。

7.悲剧下场　在德宗建中元年(780年)和二年(781年),唐朝发生了两出历史悲剧:一是刘晏的屈死;二是扬炎的被冤杀。可悲的是,前一个悲剧的制造者杨炎,在第二个悲剧中却变为受害者。

德宗继位不久,就在朝廷内发生了这两出悲剧。旧史学家在探索其原因时说:"宰相朋党,上负朝廷,杨炎为元载报仇,卢杞为刘晏报怨"。杨炎"险恶之性,附于其心,唯其爱憎,不顾公道,以至于败"。

杨炎因为刘晏曾经弹劾元载,自己因此被贬官,执政后就想利用机会进行报复。他的亲信庾准上任以后,就捏造了刘晏交结藩镇,"求营救,辞多怨望","又召补州兵以拒命",上报德宗。杨炎又趁机"证成之",再加上这时崔佑甫已死,朝中无人为刘晏主持公道,德宗一怒之下,就派人赴忠县把刘晏杀害了。

刘晏死后,杨炎独任大政。"杨炎既杀刘晏,朝野侧目"。建中二年十月,遭卢杞诬陷,被贬为崖州司马,途中赐死。

唐代宗大历时,杨炎官礼部郎中,知制诰,迁中书舍人,与常衮同掌诏敕的撰写,其文笔受到朝士的赞许;称为"常、杨"。大历九年(774)杨炎升为吏部侍郎。与当时宰柏元载有戚谊,又受到元载的赏识和提拔。十二年,元载得罪被杀,他也遭到牵连,被贬为道州司马。十四年,唐德宗李适即位,崔佑甫推荐杨炎可以重用,因而从贬所召回,任为门下侍郎、同中书门下平章事。

三、经济思想

1. 公私财政的划分　秦汉以前,国家财政与君主私人财政,没有严格划分。公私财政的划分,始于汉代。公私财政的来源不同,支出的方向也不同,如国家收入有田租、算赋,这些收入均赋之于民,用以支付吏禄及军国之用。君主私人财政叫做"私奉养",来源于山川、园地、市井的租税,以供君主个人及宫廷所需的费用。公私财政的管理机构也不同,汉代管理国家财政的机关为大司农,管理君主私用的机关为少府,所以有"大司农供军国之用,少府以养天子"的说法。

到了唐代,天下财富皆纳入左藏库(即唐朝的国库,属太府寺掌管),由太府寺每季上报库藏的账目,由尚书复核。这时只有国家财政而无皇室财政。但事实上是办不到的,如太府卿杨崇礼父子通过对人民苛敛以讨好皇帝,王鉷为户口色役使时,岁进钱千百万缗,除了租庸正额以外,悉数积于百宝大盈库,以供皇帝的私用。当第五琦为度支、盐铁使时,京师豪将索取钱谷,无法禁止。第五琦索性将天下财赋进入大盈内库(即宫廷的内库),以供天子取用,并由宦官主持其事。从此天下之财为人君私藏,有司不得窥其多少,国用也无法统计其盈亏,财政状况的混乱达于极点。

杨炎为相以后上奏指陈国家财政与皇室财政划分的重要性,使国家财政纳入正常轨道,保障国家收支的合理化,对提高封建国家财务管理水平,具有重要意义。

2. 提出"量出以制入"的财政原则　我国古代理财原则,一贯强调"量入为出"。历代理财家无不以"量入为出"理财原则作为难绳。杨炎第一次提出"量出为入"的理财原则,是有其独到见解的。他说:"犯百役之费,一钱之敛,先度其数,而赋于人,量出以制入。"先度其数就是通盘筹算的意思,并非单纯地以支定收,意思是说国家理财要先有一个计划,然后根据这个总的计划,按照支出项目和需要,确定它的收入项目和数量。这从理论上讲也是说得通的,但是在实际执行中却不是这样。因为"量出为入"的原则,往往为统治阶级所利用,肆意扩大支出范围,根据它的需要,确定以榨取劳动人民为手段的各种税收及其他收入。

杨炎提出的"量出为入"财政原则,虽然没有得到什么实际效果,但是就打破传统的"量入为出"原则来说,确是一个创见。这是他的经济思想的一个重要组成部分。

3. 创行两税法 杨炎的经济思想集中表现为创行两税法。两税法是在一定的历史条件下形成的。

唐初,征收赋税实行租庸调制,这是以"人丁为本"的赋税制度。到玄宗末年,户籍制度废弛,居民转移死亡,土地买卖,财产变化,久未调查,也未重新登记造册。这时,均田制已遭到破坏,但征税时,官府不管实际情况,只凭旧户籍向乡里按丁收税。"安史之乱"造成人口的大量流亡现象,户籍残缺不全,按丁收税已无法实行。到至德年间,由于战祸,官吏到处向人民征收赋税,逼迫催促索求,也没有固定标准,官吏巧立名目,随意增加赋税,新旧税接连不断,没有限度,百姓无旬无月不在纳税,因不堪忍受而大多逃亡为浮户,留在本地的百姓百无四五。

唐德宗为了革除税收的弊病,增加国家的财政收入,并解决对藩镇的军事费用,建中元年(780年),杨炎向德宗建议实行"两税法"。德宗采纳了杨炎的建议,可是掌管赋税的官吏反对推行。他们认为租庸调制实行了四百余年,旧制不可轻改。德宗坚信杨炎的建议,使之得以贯彻实施。

有人看到两税法在执行过程中发生了一些弊端,因而归咎于两税法,认为不颁行两税法就不会发生问题,这是一种片面的看法,而没有看到问题的本质。两税法本身是有缺点的,在执行中也发生了一些问题,但它的主流思想还是正确的。

杨炎创行两税法的思想及其对于赋税原则所作的创造性规定,从当时情况看,是有进步意义的。其表现在以下几方面。

(1)简化税制 唐王朝在推行租庸调制时期,租庸调本身内容比较复杂,而且租庸调以前的杂税亦复不少。租庸调制里面包括了粟米之征、布缕之征和力役之征三种征收方式。但规定庸可以用实物代替,又规定用劳役可以代替调,甚至租、调。两税法就比较简化了。它规定,所有课税均统一于两税之中,不许分外更有差率。所以在两税法中包括了租庸调和户税、地税,甚至其他杂税也都包括在内。不仅税目由繁复趋于简化,稽征方式也同样简化,如征收时间由原来的"旬输月送",变为夏、秋两次征收,人民称便。

(2)均衡负担 两税法提出以贫富为差",打破了过去以"丁身为本"的租庸调制,这无疑又是赋税制度上的一大改革,体现了负担均衡的原则。因为,原来农民的负担重于工商业者,豪强富户则想出各种方法使自己成为免役免征户,赋税的主要负担落在农民身上,这是很不公平的。两税法明确提出,以人户拥有的资产多寡作为纳税的标准,无论如何,它比按人丁征税要合理,负担要公平,这不能不说是两税法中的合理因素和进步因素。

当然,在两税法实行过程中,差役依旧,有人说,这与杨炎的奏议中所说的

"其租、庸、杂徭悉省"有矛盾,其实并没有矛盾。两税法规定租、庸、杂徭悉省是正确的,两税法本身并没有问题,而是执行中发生了偏差。我们不能把两税法本身与两税法实行后由于外在的原因而出现的问题混淆在一起。

两税法的提出,是针对当时赋役不均的积弊的。两税法规定在征税时不再分主客户,也不分丁男、中另,商人也同样负担两税,对于王公以下官吏以至僧尼一类特权人物都要征课,只是鳏寡孤独贫苦无依者可以免税。这样不仅扩大了纳税面,而且使赋税负担均衡合理。

(3)租税改以货币交纳　货币税思想在租税缴纳方式的转变过程中,是一种比较先进的思想。在租税最早阶段是以力役或劳役方式来缴纳的,如井田制时期,就是大家同种公家之田,以代租税。到春秋战国时期,由于封建土地所有制的逐渐形成,租佃制的产生,实物纳税形式占了统治地位。到了唐代,由于商品货币有了一定的发展,实物纳税必然为货币纳税所代替,这是符合社会历史发展进程的。正如马克思所说:"商品生产一经发展到一定的程度和范围,货币的支付手段功能就会扩延到商品流通领域之外。货币成了契约上的一般商品。地租赋税等等都会由实物供应变为货币支付。"

杨炎的两税法规定改以货币纳税的思想无疑是进步的。问题在于不能始终坚持以货币纳税。这里有它的客观原因,就是当时的货币流通数量不足以应付纳税的需要。初定两税时,商品价格提高,货币价值跌落,即所谓"钱轻物重"。后来由于社会劳动生产率提高,商品供应量增加,物价降低,货币价值相对提高,货币数量相对减少,形成了"钱重物轻"现象。农民缴纳两税时,就发生了实物与货币之间"折算"上的损失。陆贽和马端临都指出了这个问题。

农民终年劳动,只能拿出粟帛,会使农民贱卖粟帛,纳钱入官,要受到四倍以上的经济损失。陆贽提出农民提供实物,要受到货币折算上的损失,这是实际情况,但这不能完全归咎于两税法以货币纳税的规定。

总之,两税法的推行,在当时确有其一定的优越性,并取得了一定成效。两税法是中国税制史上具有重要意义的改革,对后世有深远的影响。

以人为本的 CEO —— 陆贽

一、人物简介

陆贽(754～805 年)唐代文臣。苏州嘉兴(今属浙江)人,字敬舆。大历八年(773 年)进士,中博学宏辞、书判拔萃科。德宗即位,召充翰林学士。

贞元八年(792 年)出任宰相,但两年后即因与裴延龄有矛盾,被贬充忠州

（今重庆忠县）别驾（州主管官的佐吏），永贞元年卒于任所，谥号宣。有《陆宣公翰苑集》24 卷行世。

二、生平事迹

陆氏家族自东汉末为江南望族，陆赞出生时家门已衰弱，父亲陆侃曾任溧阳县令，早年去世，陆赞在母亲韦氏的教育下成长。十八岁（771 年）登进士第六名，以博学鸿词登科，授华州郑县尉，后改任渭南县主簿。

唐德宗即位，由监察御史召为翰林学士。从此陆赞一生的黄金时期与这位刚愎自用、刻薄猜忌的德宗皇帝相始终。当时藩镇跋扈，朝政紊乱，叛军陷长安，军阀朱泚僭称帝，陆赞随德宗避乱奉天，转为考功郎中。李怀光叛乱，又扈从德宗逃往梁州，转谏议大夫。长安收复后，还东京转任中书舍人。自任翰林学士后，即参赞机要，负责起草文诏，甚得朝廷倚重，号称"内相"。时当危难之际，朝政千头万绪，大量诏书均由陆赞起草，他疾笔如飞，凡所论列，无不曲尽情理。

贞元七年（791），拜兵部侍郎，知贡举。次年任中书侍郎同平章事，为宰相。执政期间，公忠体国，励精图治，具有远见卓识。在当时社会矛盾深化，唐王朝面临崩溃的形势下，他指陈时弊，筹划大计，为朝廷出了许多善策。他对德宗忠言极谏，建议皇帝了解下情，广开言路，纳言改过，轻徭薄赋，任贤黜恶，储粮备边，消弭战争。这些建议有些为德宗采纳，化为实际政策。特别是在藩镇叛乱、举国动摇的情势下，规劝德宗下诏罪己，为德宗起草了诚挚动人的诏书并颁行天下，前线将士为之感动，有的听到后痛哭，叛乱者上表谢罪。由于他善于预见，措施得宜，力挽危局，唐王朝摇摇欲坠的局面得以转危为安。

陆赞秉性刚直，严于律己，自许"上不负天子，下不负所学"，以天下为己任，敢于矫正人君的过失，揭露奸佞误国的罪恶。他认为立国要以民为本，对"富者兼地数万亩，贫者无容足之居"的尖锐对比，深为愤慨，同情人民的悲惨生活。他力劝德宗爱人节用，轻徭薄赋，反对横征暴敛。

陆赞为相期间，户部侍郎、判度支裴延龄以谄佞德宗信用，"天下嫉之如仇"。陆赞仗义执言，多次上书参奏裴延龄的罪行。德宗信用奸臣，不听忠言，于贞元十年罢陆赞知政事，为太子宾客。贞元十一年春复贬忠州别驾，陆赞谪居僻地,仍心念黎民,因当地气候恶劣,疾疫流行,遂编录《陆氏集验方》50 卷,供人们治病使用。唐顺宗即位后,下诏召还陆贽,诏未至而陆贽已逝。

陆贽是唐代贤相,他的学养才能和品德风范,深得当时和后代称赞。苏轼认为他是"王佐"、"帝师"之才。有著述多种,其关于时政的奏议、制诰等文章,传诵古今,被称为"经世有用之言"。

三、经济思想

1. 以人为本　陆贽理财的思路同儒家的经典《大学》一脉相承,即反对统治者向人民聚敛财富,主张行德政,争取民心,让人民努力生产,创造财富,从而达到国用充足。所以,他告诫统治者"以义为本,以利为末,以人为本,以财为末"。财富是靠人创造的,要想取得财富,首先要争取人心。他把"失人心而聚财贿"的做法比作"割肢体以殉口腹"的愚蠢做法。强调理财的方针关系统治者的安危。

陆贽强调理财以德义为本,以财利为末,并不是轻视财利,而是以长久地得到更多的财利为目标。这就是培养税源,首先让人民富裕。在保证人民"家给人足"的前提下,国家"借其暇力,敛其余财"。为了减轻农民的赋税负担,他主张停征一切附加杂税。两税法开征时,将各种杂税并入正税,规定两税之外,再加一钱者,"以枉法论"。但是,一年之后,"两税之外,非法之事复又并存",人民不胜其苦。所以,陆贽将"厚人薄财"作为"当今之要"。主张停止两税之外的一切杂征。希望朝廷"做法裕于人",不要"做法裕于财",懂得民富才可能国富,"人安则财赡"的道理。

2. 以夫定税　陆贽主张以丁夫为本定赋税,反对以资产为宗定赋税;主张纳税人生产什么就交纳什么,反对向农民征货税。

陆贽提出按丁夫定税的理由是:"财之所生必因人力"。财富是通过人的劳动创造的,所以定税就应"以丁夫为本,无求于力分之外"。以丁夫定税就能做到不因努力耕作增值而增税,不因游荡懒惰农活荒废而减税,这可以促进人民努力生产,安居乐业,勤奋向上,惩戒懒人。按资产的多少征税,其害处是:资产的多寡不易测定。常使税负不公平。因资产的大小,价值不一样。有的可以藏在怀里和装进袋子、箱子里,物品虽贵重而别人却难得看见;有的则堆积场院和藏于囷仓,虽不值钱但别人却以为富有;有的是参与流通能够增值的货物,数量虽少却可按日获得盈利;有的则是作为房屋和器具,价值虽高,却整年无利可得。资产的情况这样复杂,不加区分地按资产定税,势必使赋税不均而助长虚假。那些经营浮财而到处游荡钻营的人会长期免征赋税和徭役;那些专心农耕的人,就会常常苦于赋税和徭役负担。这会败坏社会风气,挫伤人们努力生产的积极性，国家的赋税收入减少。他为税制的建设提出了一系列的原则，包括取法久远、立意深刻、敛财均衡、安定民生、税则简明、备变周密等。

陆贽主张征实物税，反对征货币税，是从纳税人的利益着想：

（1）为了方便人民"谷帛者，人之所为也，钱货者，官之所为也　人民只生产谷帛，货币只由官府铸造。要人民交纳货币税，是舍其所有，责其所无，给人民带来不便。而"任土之宜"，交纳实物税，人民感到方便。

（2）为了不增加人民的负担。以货币计税，会因物价的变化而增加人民的负担　由于纳税有规定的时限，农民为了得到货币，必须急于出卖农产品，此时的物价必然下跌，农民要受额外的损失。不是受商人的盘剥就是受高利贷者的盘剥。

实物税向货币税转化要有一定的条件，即商品生产，货币流通有较显著的发展，产品具有接近自身价值的市场价格。唐中期征货币税的条件还不成熟，所以陆贽反对两税法征货币，主张改征实物。他的这一意见在当时的历史条件下是正确的。公元 821 年，穆宗采纳户部尚书杨於陵的建议，两税改征实物。

3. 量入为出　陆贽认为，国家理财应坚持量入为出的原则，君主应带头廉洁奉公。杨炎在推行两税法中，提出了"量出以制入"的理财原则。陆贽认为这是衰世之法。他列举秦始皇、汉武帝、隋炀帝纵情奢用引起横征暴敛的恶果，说明量出制入的危害。指出，只有量入为出，用之有节，取之有度，才能做到人民的税负不重而国家财用充足。

陆贽同杨炎在理财上的共同点是反对将国家公赋收入变为君主私藏。公元 783 年，泾原节度使姚令言率部属到京师，反叛朝廷，拥立太尉朱泚做了皇帝。德宗逃到奉天后，财物匮乏，各地陆续送来一些贡赋，朝廷就在宫殿两厢设库，仍书琼林，大盈两库名，专为皇帝私藏。陆贽得知这一情况后，写了《奉天请罢琼林大盈二库状》，上疏德宗。指出：一国的君主，应示人以义；不应贪财好利，因私废公，因为财聚则民散，财散则民聚"国家作事，以公共为心者，人必乐而从之；以私奉为心者，人心怫而叛之"。他建议德宗"矫失而成德"，将两库的财物赐给有功的人，今后各地的贡物，悉归国库。人思建功，内乱必靖。整饬纲纪，树立廉风，国家财用也会充足。这是"散小储而成其大储"，一举而数得的事情。在他的极谏下，德宗采纳了他的建议。

4. 限田减租　唐代开国以后，实行均田制。至唐中期，由于豪强地主兼并土地，均田制遭到破坏。地主贵族凭借占有的大量土地，疯狂地剥削佃户、贫富两极分化，既起社会矛盾，又影响国家的财政收入。于是陆贽向德宗上疏，陈其利害。他说："天下之物有限，富室之积无涯。养一人而费百人之资，百人之食不得不乏"。均田制破坏后"富者兼地数万亩,贫者无容足之居"。失去土地的农民租种地主的土地,要交繁重的地租,使"贫富悬绝"。

他认为,土地是国家的,粮食是农民生产的,任其下去,势必农民无食,公仓无储,风俗败坏、国家危急。陆贽的"安富恤穷"的主张虽然是一种不彻底的改革,但他看到了佃农同地主的矛盾,而当时彻底改变土地制度"行之实难",提出限田减租的主张,是难能可贵的,在他之前,提出"限田"的不乏其人,而提"减租",则是由他首创。

陆贽提出,通过设置义仓,实行和籴等方法,调剂余缺,调剂粮价,储粮备荒。虞、夏、殷、周四朝,都重视储粮待荒。战国时魏国行平籴法,汉代置常平仓。都是在丰年或谷价贱时国家收购粮食,歉年或谷贵时出售粮食,以平抑粮价。隋代设置义仓,在丰年向民户征粮积贮,荒年则开仓放赈。唐初也实行义仓制度,后因战事而废弃。这种储粮备荒的制度是非常重要的。立国必先养人,养人必先足食,足食必先备荒。建议用每年的茶税钱分发各道,由专人负责,用和籴的办法,购买粮食,设置义仓,除用作救济百姓外,其他一概不准动用。如遇丰收之年,粮价下跌,官府则以较高的价格收购,以免谷贱伤农。官府收购的数量同年成相适应,以维持粮价适中。这样循环积聚与放贷,使那些放债取利和囤粮投机的人无法侵害贫民,以达到"富不至侈,贫不至饥,农不至伤,籴不至贵"的状况。

陆贽主张用市场交易解决国家所需要的某些物资,以代替一般财政征派。凡边镇储粮,收购草料都通过购买解决,既节约了运费,又刺激了粮食生产。

富国安民的 CEO —— 杜佑

一、人物简介

杜佑(735~812 年)唐中叶宰相,是著名史学家和理财家,字君卿,京兆万年(县名,今陕西西安附近)人。父亲杜希望,官至鄯州都督、陇右节度留后等职。杜佑由于父荫,没有经过考试,便进入仕途。

杜佑生平的伟大贡献,就是他写出一部具有重要历史价值的《通典》,这是我国历史上第一部典章制度的通史。他从大历元年(766 年)起开始撰述《通典》至贞元十七年(801 年)进献皇帝为止,整整花了 36 年工夫,才完成这部巨著。

二、生平事迹

杜佑 18 岁补济南参军事。22 岁时,入润州刺史韦元甫的幕下。大历六年(771 年),韦元甫死后,杜佑入朝为工部郎中,后又充任江淮青苗使,容管经略使等职。大历十四年(779年),杨炎辅佐朝政时,杜佑应召入京,历任金部郎中,江淮水陆转运使,度支郎中兼和籴使等,又以户部侍郎判度支。后出为岭南、淮南节度使。在淮南期间,开雷陂以广灌溉,辟海滨荒地为良田,积米至五十万斛。

唐德宗贞元十九年(803年),杜佑入为同中书门下平章事。德宗崩,进检校司徒,兼度支盐铁使,王叔文为副。杜佑与王叔文意见不合,不久,王叔文等人被贬斥。

杜佑历顺宗、宪宗二朝,均以宰相兼度支使、盐铁使。唐宪宗元和初,杜佑以年老,屡次请求致仕,元和七年(812年)六月,杜佑78岁,始获准以太保致仕。十一月病卒。杜佑一生经过玄、肃、代、德、顺、宪六代,从政达六十年之久。

在杜佑生活的年代,唐朝由盛转衰。他目睹安史之乱后唐朝国势的巨变。他历事六朝,长期居官,任相多年,对当时的政治、经济、军事状况比较了解,对朝政弊端也有所认识。作为一个关心唐朝命运的政治家,他以"富国安人之术为己任",针对时弊,提出节省开支,裁减官员的主张,又精于吏道,颇受朝野敬重。他曾以三十六年的功力博览古今典籍和历代名贤论议,考溯各种典章制度的源流,以"往昔是非","为来今龟镜",撰成二百卷的巨著《通典》,为典章制度专史的先河。此外还撰有《理道要诀》一书,系《通典》的要义,被朱熹称为"非古是今"之书,今已亡佚。

三、经济思想

杜佑从政数十年,长期从事有关财政方面的工作,他不仅具有丰富的实际经验,而且也有经济、财政方面的理论素养。其经济思想主要体现在以下几方面:

1. 支持杨炎的两税法　杜佑曾一度受杨炎的提携,负责推行两税法,是两税法的拥护者。他认为两税法实行后,赋税收入增加一倍多,故而得出两税法是"诚适时之令典,拯弊之良图"的结论。两税法在实行之初,由于扩大了征税面,故而在不增加人民负担的前提下,增加了封建国家的财政收入。

2. 主张对田地和山泽征税　杜佑反对"直取之于人"的对人课税,认为对人课税会产生税负不平的现象。因此,主张对田地和山泽课税,他说只有田地和山泽才能增值财货,才能作为赋税的来源。在确定对田地课征税率时,他主张按古人之法,按产量的十分之一课税,高于或低于这个税率都不好。至于对山泽课税,他虽然未说明课征的标准,但也主张税率要适中。

3. 重视农业发展　杜佑在《通典》一书中提出了一个富国安民的中心思想。他认为富国安民,就必须发展农业,使人民丰衣足食。杜佑从政时期,始终注重发展农业、繁荣经济。

杜佑主张对工商业课税,他认为开征工商税可以抑制那些到处游荡,对以逐利为生而不务农桑本业的人起到"重本抑末"的作用。对宅旁不种植桑麻者,田地荒废者以及游惰而无职业者,也要课以重税,以实现"罚其惰,务令归农"的目的。

4. 反对重敛于民　杜佑认为重敛于民会使人民因逃避赋税而沦为富商豪族获利的仆役,对国家带来不利影响。相反,实行轻税,"人知轻税,免流离之患。益农桑之业,安人济用,莫过于斯"因此,他主张减轻赋税,藏富于民。他认为减轻赋税的最好办法在于整理户籍。据他估计,当时的纳税人约二百五十万户,但根据食盐消费量推算,实际可能有五百万户。如果能做好户籍,令隐匿户口都能具实登记,则户数可能增加一倍,即使赋税总额不变,也将使每户负担"自减一半"。

5. 主张裁减官吏　根据当时战乱纷起,民不聊生的具体情况,杜佑认为单凭增加赋税收入是不能解决当时的财政困难的,故提出"救弊莫若省用,省用则省官"的建议,要求精简机构,裁减冗员,减少浮费。并认为这是当时唯一可行之法。杜佑虽未详述减少浮费的具体办法,但在他任户部侍郎时,唐王朝确实颁布了削减官俸的具体办法。该办法按不同官阶规定不同的减俸比例,如每月八十贯以上收入者的减俸比例为三分之一,而六十贯以上、四十贯以上收入者分别为七分之一和十分之一,三十贯以下者不减。杜佑的这种靠省官减俸来减少财政支出,使他的财政思想得以更加完善。

克勤克俭的 CEO —— 白居易

一、人物简介

白居易(772～846 年)生于新郑县城西东郭宅(今河南新郑市城关乡东郭寺村)。字乐天,晚年又号香山居士,是中国文学史上负有盛名且影响深远的唐代诗人和文学家。

白居易的诗不仅在中国,在日本和朝鲜等国都有广泛影响,他还与元稹共同发起了"新乐府运动",世称"元白"。白居易晚年长期居住在洛阳香山,故号"香山居士"。武宗会昌六年(公元846年)八月,白居易去世于洛阳,葬于洛阳香山,享年75岁。他去世后,唐宣宗李忱写诗悼念他。著有《白氏长庆集》,共有七十一卷。

二、生平事迹

白居易生于"世敦儒业"的中小官僚家庭,祖父白湟和父亲白季庚都是诗人,在这种家庭背景下,白居易读书十分刻苦,读得口都生出了疮,手都磨出了茧,年纪轻轻的,头发全白了。至今还有他出生百余天"略识之无"(意思是稍微认识三五个字)和初到长安"顾况戏白居易"等典故。

白居易初次参加科举考试,名声没有振兴,把作的诗投赠给著名诗人顾况。顾况看到"白居易"三字,便诙谐幽默地说:"长安物价正贵,恐怕白居不易!"但是,等到顾况披卷阅得诗中"离离原上草,一岁一枯荣;野火烧不尽,春风吹又生"时,不禁大为惊奇,拍案叫绝,马上改变语气,郑重地说:"能写出如此的诗句,白居也易!我之前说的话只是开玩笑罢了。"

白居易的一生以44岁被贬江州司马为界,可分为前后两期。前期是兼济天下时期,后期是独善其身时期。

白居易贞元十六年(800年)中进士,十八年,与元稹同举书判拔萃科。两人结交后,以诗坛元白齐名。十九年春,授秘书省校书郎。元和元年(806年),罢校书郎,撰《策林》75篇,登"才识兼茂明于体用科",授县尉。作《观刈麦》、《长恨歌》。元和二年回朝任职,十一月授翰林学士,次年任左拾遗。写了大量讽喻诗,代表作是《秦中吟》十首,和《新乐府》五十首,这些诗使权贵切齿、扼腕、变色。元和四年,与元稹、李绅等倡导新乐府运动。元和五年,改京兆府户曹参军。他此时仍充翰林学士,草拟诏书,参与国政。他能不畏权贵近,直言上书论事。

元和六年,白居易母亲病死在长安,白居易按当时的规矩,回故乡守孝三年,服孝结束后回到长安,皇帝安排他做了左赞善大夫。

元和十年六月,白居易44岁时,宰相武元衡和御史中丞裴度遭人暗杀,武元衡当场身死,裴度受了重伤。对如此大事,当时掌权的宦官集团和旧官僚集团居然保持镇静,不急于处理。白居易十分气愤,便上疏力主严缉凶手,以肃法纪。可是那些掌权者非但不褒奖他热心国事,反而说他抢在谏官之前议论朝政是一种僭越行为,于是被贬为州刺史。王涯说他母亲是看花时掉到井里死的,他写赏花的诗和关于井的诗,有伤孝道,这样的人不配治郡,于是他又被贬为江州司马。实际上他获罪的原因还是那些讽喻诗。

贬官江州给白居易以沉重打击,他说自己是"面上灭除忧喜色,胸中消尽是非心",早年的佛道思想滋长。三年后由于好友崔群的帮助,他升任忠州刺史。

元和十五年,唐宪宗暴死在长安,唐穆宗继位,穆宗爱他的才华,把他召回了长安,先后做司门员外郎、主客郎中知制诰、中书舍人等。但当时朝中很乱,大臣间争权夺利,明争暗斗;穆宗政治荒怠,不听劝谏。于是他极力请求外放,穆宗长庆二年出任杭州刺史,杭州任满后任苏州刺史。晚年以太子宾客分司东都。

比起前期来,他消极多了,但他毕竟是一个曾经有所作为的、积极为民请命的诗人,此时的一些诗,仍然流露了他的忧国忧民之心。他仍然勤于政事,作了不少好事,如他曾经疏浚李泌所凿的六井,解决人民的饮水问题;他在西湖上筑了一道长堤,蓄水灌田,并写了一篇通俗易懂的《钱塘湖石记》,刻在石上,告诉人们如何蓄水泄水,认为只要"堤防如法,蓄泄及时",就不会受旱灾之苦了。这就是杭州有名的"白堤"。

三、经济思想

白居易为官多年,有一定的理财经验,他的经济思想可以从他的著作和诗文中反映出来。这些经济思想与观点主要有以下几个方面。

1. 敢于言利　强调均平赋役　由于儒家思想的长期影响,到了唐代"讳言财利"已成为一种传统教条。直到唐代中叶,由陆贽首先提出了虚名实利相辅而行的主张,从而开始改变传统教条的束缚。白居易更进一步发展言利观点,把它与发展农桑结合起来。白居易仕途坎坷,曾多次接触农村生活,对于发展农业的重要性深有体会。他认为农桑是立国之本,曾说:"君之所以为国者,人也;人之所以为命者,农桑也"。

但白居易不是一般地提倡农业,而是进一步要求农桑事业应有利可图,要能创造经济效益。即使是工商事业,若无利可图,不能创造经济效益,人们也将抛弃它。农桑生产事业如能获得经济效益,即使每天都发禁令,人民也一定去做。

白居易除了言利之外,还强调"赋役平均",并以此作为理财的宗旨,他认为只有赋役的均平,才能实现国家的真正富有。要想富有,必须实行均平赋役,而要想实现均平赋役,又必须掌握地籍和户籍。

2. 反对两税法　白居易是两税法的反对者,其原因有两个。

（1）两税法实行以钱定税　易产生货轻钱重的现象，从而出现伤农之害。

（2）两税法的长期施行，带动了其他苛捐杂税的征收　两税法颁布之初曾规定"今后除两税外，辄率一钱，以枉法论"。可是两税法实行后，不但两税钱本身增加了，而且其他苛捐杂税，更是层出不穷。如建中三年（782 年）五月，淮南节度使陈少游请于本道两税钱上每千钱增收二百文。唐朝廷遂命其他各州照办。贞元八年（792 年）四月，剑南西川观察使韦皋又奉请加征十分之二的赋税，两税以外还创行了许多新税，如间架税、除陌钱等，而其他如茶、盐、酒等税照征。人民的赋税负担十分沉重。

白居易为反映当时百姓的沉重经济负担曾写了《重赋》一诗，诗中写道："国家定两税，本意在爱人。厥初防其淫，明敕内外臣，贪吏得因循；没我以求宠，敛索无终春。织绢未成匹，缲丝未盈斤；里胥迫我纳，不许暂逡巡"。

由于两税法存在上述弊端，所以白居易始终反对实行两税法，他主张恢复过去实行过的租庸调制，实行轻敛政策，予富于民，以调动农民的生产积极性，促进农业发展。他认为只有这样才能保持封建统治的长治久安。

3. 反对官府的盘剥　唐代中后期政府除了通过实行苛税杂征来剥削百姓外，还实行了一些其他的盘剥制度，如官府贷放取息、和籴制度等。

官府贷放取息是中国历史上早已存在的财政措施。唐代官府也不例外，他们将从事高利贷的利息收入充作官府经济的一个来源。从当时的情况看，官府高利贷对小生产的剥削似乎比私人高利贷还要残酷。因此，白居易特别反对当时的官府高利贷。

另外，唐代官营高利贷已非完全出自政府的资金。由于各地方政府的公廨本钱（即高利贷资本）因"逋债"者甚多而常有亏蚀，于是便拉拢"捉钱家"（即私人高利贷者）增加本钱与其共同经营。在公廨本钱中，"捉钱家"的出资部分常大于政府提供的本钱，事实上是为私人高利贷造成有利的盘剥和发展条件。其结果是"捉钱家"乘机渔利，本来是私人的放贷也假借官钱名义残酷追逼。更成问题的是，可靠债户归还的本利均作为私人放贷而饱私囊，如有逋欠即作为公廨本钱之损失。因此，唐代的高利贷不仅盘剥了人民，也侵蚀了官府，这也是白居易反对放贷取息的主要原因之一。

和籴制度的本义是官出钱、民出谷，按照市场价格，在双方自愿的基础上进行交易。但实行的结果，和籴变成了强制摊派，并且规定交售的期限，严加催讨。此外，和籴所支付的价款又多是折价较高的布帛，使百姓不免受到双重损失。一方面不生产和籴物品的人须用高价购进以向政府交纳，另一方面所得价款布帛又须大大折价方能出售。因此，和籴是人民在两税剥削之外的一种非常沉重的负担。白居易也对此坚决反对，他认为要实行和籴必须恢复和籴的初衷,主张"开场自籴",而且由封建政府按略高于市价的收购价格以现金收购。若不行则求次之,实行"折籴"之法。将青苗钱折收谷物,减少农民在卖粮换钱过程中再受一次中间盘剥。白居易将他的这一观点归结为"配户不如开场,和籴不如折余"。

4. 注重节用 减少支出 白居易很注重节用,减少财政支出。他的节用范围包括宫室、车马、什御、器服、饮食、宾婚、祠葬等多个方面。他特别反对厚葬与佛教,认为这些都要耗费国家的大量财富。另外,他对节用的看法有其独特之处。过去的一些理财家总是将百姓贫困的原因归咎为最高统治者个人的荒淫奢侈,于是提出了最高统治者必须寡欲节用的对策。白居易则认为这种论断未触及问题的焦点。他认为天下百姓无数,而皇帝只有一人,以众多百姓侍奉皇帝一人,即使皇帝的居处、衣食等穷极奢侈,也不至于造成百姓的贫困。百姓贫困的真正原因在于最高统治者的纵欲和各级官吏的层层索取及上行下效。这是白居易比以往思想家认识深刻之处。

在减少支出的问题上,白居易特别注重军费开支的节约。在府兵制改为募兵制后,最大的弊端是当官的以不实的名额贪污军饷。白居易说:"今若去虚名,就实数,则一日之内,十已减其二三矣。若使逃不补,死不填,则十年之间,十又销其三四矣"。所以要想减少财政支出,关键在于节约军费开支。

为了节约和有效使用财政支出,白居易还提出了精简机构,裁汰冗员的主张,这就是其著名的省官厚禄的观点。他认为精简人员、选用贤能,必须与提高俸给结合起来。厚禄从表面来看是增加了财政支出,但由于它起到了一定的廉政作用,再加之省官选贤提高了经济效率,故而从总体来看,还是节约了财政支出,提高了效益。

轻敛增财的 CEO —— 李翱

一、人物简介

李翱,字习之,陇西成纪(今甘肃秦安西北)人,生于唐代宗大历七年(公元772年),出身于官僚世家。《旧唐书·列传·李翱传》记载:"幼勤于儒学,博雅好古,为文尚气质。"

唐德宗贞元十四年(798年)登进士第,授校书郎。三迁至京兆府司录参军。

唐宪宗元和元年(806年)召为国子博士,以后仕途颇为蹉跎。

二、生平事迹

李翱中国唐代思想家,文学家。贞元进士,官至山南东道节度使。哲学上受佛教影响颇深，所著《复性书》，糅合儒、佛两家思想，认为人性天生为善，"情由性而生"，则有善有不善，"情既昏、性斯匿矣"，提出以"正思"的方法，消灭邪恶之"情"，以达到"复性"而成为"圣人"。

李翱曾从韩愈学古文，是古文运动的积极参加者。所作《来南录》，为传世很早的日记体文章，文风平易。记载元和三年十月自长安经洛阳，由水道至广州的行程，虽极简略，但已具日记规模，开日记体游记散文的先声。著作有《李文公集》等，追随韩愈，曾阐释韩愈关于"道"的观念，强调文以明道。他还主张反佛、"复性"，发挥《中庸》"天命之谓性"的思想，主张性善情恶说，认为成为圣人的根本途径是复性。复性的方法是"视听言行，循礼而动"，做到"忘嗜欲而归性命之道"。做《复性书》三篇，论述"性命之源"等问题。他的思想为后来道学的发展奠定了基础。其散文平实流畅，富有感情色彩。

李翱本人的社会地位也不高，他是凉武昭王李皓的后裔，但他的门第早已衰微以至"穷贱"。

在政治态度上，李翱和韩愈大致相同。李翱在任庐州刺史时，曾下"以田占租"之令，不满"贱市田屋，牟厚利"的兼并，但他主张恢复唐初的均田制"复高祖太宗之旧制"，以期防止所谓"交相攻伐，未始有穷"的社会矛盾，并从"有土地者有仁义"的前提出发，力主恢复古代的所谓"公田"制，从而维护封建专制主义的皇权。因此，他对于王叔文主持的改革，指责说使"天下懔懔"，导致出社会的危机，这和韩愈的反对新政没有多大差别。

三、经济思想

李翱著述不少，其著作汇集成《李文公集》，《平赋书》、《疏改税法》是专门论述其经济主张的著作。他的经济思想与观点就包括在其中，其主要的经济思想有以下几方面。

1. 主张实行什一税制 李翱在他的《平赋书》中重点论述了什一税的种种好处与可行性。他认为夏代的贡献，商代的助法，周朝的彻法，皆为十分之一的税率，也是最理想的税率，实行什一税，国家和老百姓都能得到满足。他认为古代的井田制已不可恢复,但与井田制相关联的什一税制确可以采行。为此,他运用了大量的数据推算来证明其观点的正确。他在《平赋书》中论述道:

故推算可得租税粟三千四百五十六万石,帛一千一百五十二万匹。以全国而论,租税所得的粟帛将增多不知有多少倍。从而可实现"以贡于天子,以给州县凡执事者之禄,以供宾客,以输四方,以御水旱之灾,皆足于是矣"。意思是用来进献给天子,供给州县所有官吏的俸禄,供给宾客,馈赠四方,抗御水旱灾害,都可以从这里得到满足。

2. 主张修改两税法　两税法实施至李翱生活的时代已经历了四十余年,这时的两税法执行的实际情况已远远背离了杨炎提出开征两税法的初衷。其突出问题表现在两税法以钱定税,产生了"货轻钱重"的现象。

豪家大商大量积储钱币,以便在钱币价格的涨落中获取厚利。而农民因此则一天天贫困,一遇水旱灾害,农民则温饱难保,这种兴商抑农的做法,不仅破坏了国家财政收入的基础,也使国家无法保持太平。

所以,李翱主张改革两税法,具体设想是:诏令天下不分地方远近,一律不催逼现钱,都用布帛交纳;凡官府的财政收入和支出,都用布帛作为标准,布帛的宽度不得超过一尺九寸,长度不得超过四十尺。比起开始实行两税法时,还是增加了一尺。但是农民从交纳价格贵的钱币到交纳布帛,必然乐意而且容易交纳,这样就可使农民免受"货轻钱重"之苦。

3. 提出"轻敛增财"的观点　李翱指出:人们都知道征收重税可以获得财利,而不知道轻税薄敛获得的财利更多。为什么这么说呢? 征收重税老百姓就贫困,老百姓贫困,流亡的人就不归乡里,从而天下的百姓也就不归顺朝廷。这样,就会造成土地荒芜而无人耕种。即使耕种了的土地,土地上的生产能力也没有充分利用。这样一来,农民便日益贫困,财富也日益匮乏。……轻赋薄敛,老百姓就安心生产,百姓们安心生产,就安居乐业而不流亡,流亡的人也一天天归顺,那么土地得到耕种,养蚕织布一天天繁荣。

李翱认为重敛并不能增财,重敛会严重挫伤农民的生产积极性,使农民日益贫困,造成税源基础的枯竭,政府的财政收入因此而下降。相反,如果实行轻税薄敛,使人民安居乐业,发展生产,其结果虽然税率低一点,但由于税源茂盛,财政收入反而增加。李翱的这种"轻敛增财"的主张,在古代思想家中是不多见的。

风流富庶的宋元

历史背景

宋朝历经十八帝三百二十年,是中国历史上经济与文化教育最繁荣的时代之一,儒学复兴,社会上弥漫尊师重教之风气,科技发展突飞猛进,政治也较开明廉洁,兵变、民乱次数与规模在中国历史上也相对较少。

宋朝的经济繁荣程度可谓前所未有,农业、印刷业、造纸业、丝织业、制瓷业均有重大发展。航海业、造船业成绩突出,海外贸易发达,和南太平洋、中东、非洲、欧洲等地区五十多个国家通商。南宋时期对南方的开发,促成江南地区成为经济文化中心。

宋代大兴水利,大面积开荒,又注重农具改进,农业发展迅速。许多新型田地在宋朝出现,大幅增加了宋朝的耕地面积。一些北方农作物粟、麦、黍、豆来到南方。棉花盛行种植于闽、广地区。茶叶遍及今苏、浙、皖、闽、赣、鄂、湘、川等地,种桑养蚕和麻的地区也在增加。

宋朝的丝、麻、毛纺织业都非常发达。西北地方流行毛织业,四川、山西、广西、湖北、湖南、河南等地麻织业非常发达,到了南宋时期,广东雷州半岛地区和广西南部成为棉纺织业的中心。两浙和川蜀地区丝织业最发达,宋朝政府还在丝织业最发达的地区设立织锦院,也就是官办的丝织作坊,而相关的印染业也因此发达起来。

宋朝时期,主要的造纸材料包括丝、竹、藤、麻等。四川、安徽、浙江是主要的造纸产地。四川的布头笺、冷金笺、麻纸、竹纸,安徽的凝霜、澄心纸、粟纸,浙江的藤纸等都闻名于世。纸张的大量生产与活字印刷术为印刷业的繁荣提供了基础。

宋朝商业繁盛,通行的货币有铜钱、白银。宋朝海外贸易分官府经营和私商经营两种方式,其中民营外贸又占大宗。与中国通商的国家有五十八个国家。宋朝出口货物包括丝绸、瓷器、糖、纺织品、茶叶、五金。进口货物包括象牙、珊瑚、玛瑙、珍珠、乳香、没药、安息香、胡椒、琉璃、玳瑁等几百种商品。海外贸易对宋代的繁荣起到重要的作用。

元朝是蒙古族所建立的政权,初称为蒙古国,元世祖忽必烈至元八年(南宋咸淳七年,1271年),国号大元。元朝是一个幅员广阔的多民族国家,统治集团以蒙古贵族为核心,被统治的人民以汉族为主体。在经济上,北方草原的蒙古族以畜牧业、渔猎业为主;西北各族也经营畜牧业和农业;雅鲁藏布江流域的吐蕃藏族,也有自己的农业、手工业和商业;云南大理白族等各族人民,以从事农业为主。

元朝农业,建立管理农业的政府机构,由劝农司指导、督促全国各地的农业生产。推广农业生产先进技术,保护农业劳力和农民耕地,禁止占民田为牧地,招集逃亡,鼓励垦荒,储备种子,兴修水利,使全国农业生产得到了恢复和发展。

元朝时期有官办手工业,分属工部、武备寺、大都留守司、地方政府等部门;私营手工业经营纺织、陶瓷、酿酒等。官私手工业主要有丝织业、棉织业和毡纺业等,棉织产品很多,印染技术也有很大的发展。其余像麻织业、兵器业、制盐业、制瓷业都有很大发展。

元朝政府对许多商品进行垄断,垄断形式不同,部分金、银、铜、铁、盐由政府直接经营;茶、铅、锡由政府卖给商人经营;酒、醋、农具、竹木等,由商人、手工业主经营,政府抽分。贵族、官吏和寺院依靠手中的特权,也从事经商活动。商人资金雄厚,善于经营,出现了许多大商贾,民间大商人非常富有,由于蒙古族当时统治的地域幅员辽阔,也就造成元朝经济的发展尤其是对外贸易的交往,是继唐朝之后又一个比较频繁的时期,对当时整个亚洲经济起到了非常重要的作用。

宽国利民的 CEO —— 包拯

一、人物简介

包拯(999～1062 年),字希仁,庐州合肥(今安徽合肥)人。出身于官僚家庭。生于北宋咸平二年(999 年)。天圣朝进士,累迁监察御史。奉使契丹还,历任三司户部判官,多路转运使。入朝担任三司户部副使,请求朝廷准许解盐通商买卖。改知谏院,多次弹劾权幸大臣。授龙图阁直学士、河北都转运使,移瀛、扬诸州,再召入朝,历开封府、权御史中丞、三司使等职。嘉祐六年(1061 年),任枢密副使。后卒于位,谥号"孝肃"。

包拯做官以断狱英明刚直而著称于世。知庐州时,执法不避亲党。在开封时,开官府正门,使讼者得以直至堂前自诉曲直,杜绝奸吏。立朝刚毅,贵戚、宦官为之收敛,京师有"关节不到,有阎罗包老"之语。后世则把他当做清官的化身——包青天。

二、生平事迹

1. 力尽孝道 在《铡包勉》和《包公赔情》等戏曲里,说包拯从小受父母遗弃,由包拯大嫂带养成人,这不符合历史事实。事实上,包拯的少年时代,深受父母宠爱和教养。

　　包拯长大后，也极为孝顺父母。与包拯同时代的欧阳修，曾经弹劾包拯"素少学问"。这里的"学问"，主要不是指读书和文化水平，而是指不懂人情世故。欧阳修其实不是贬低包拯，而是认为包拯"少有孝行，闻于乡里；晚有直节，著在朝廷"，应该给他以更合适、恰当的官职。

　　包拯的青少年时代，曾刻苦读书，在二十九岁时，终于考中了进士甲科。按照宋朝规定，考取进士之后，便可以做官。包拯被派到建昌县（今江西永修）任职。但包拯认为父母亲年事已高，应该尽孝奉养双亲，因而请求回到安徽，在和州（今安徽和县）做官。但是，父母亲希望儿子在自己身边，包拯便决定辞职回家，在家孝敬父母多年，直到双亲去世，包拯守丧期满，仍不想离开故土。当时，这种封建孝道，受到家乡人的称道。安徽合肥曾发现了一块包拯为父亲包令仪立的神道碑。碑上阴刻篆书"宋故赠刑部侍郎包公神道碑"十二字。这既是包拯留下的珍贵文物，又是他力尽孝道的见证。

　　2. 官场生涯　由于家乡父老的劝告，包拯才离开家乡，离开父母灵地，到天长县（今安徽天长）任知县。此时，包拯已是四十岁左右的中年人。康定元年（1040 年），包拯又出知端州（今广东肇庆）。端州出产一种有名的砚台，叫端砚。端砚每年要向朝廷进贡。由于当地官吏和豪绅等层层加码克扣，端砚的产量虽多，却变成了百姓的沉重负担。包拯下令豪强官吏，不得贪污，只能按规定数量，向朝廷进贡。而他自己，直到离开端州，也不曾想要一方端砚。

　　或许由于包拯这种铁面无私的性格，被大臣们赏识，所以朝廷于庆历三年（1043 年）将包拯调到首都开封。这是自从进京考试之后，包拯第二次来到京城。包拯被任命为监察御史。当时，监察御史虽然没有多大实权，但对包拯来讲，却十分重要。这是因为，从此包拯可以直接参与朝政，并且可以对于朝廷各个方面，尤其是用人等方面，提出看法和建议。实际上，包拯在任监察御史期间，确实对北宋的内政外交，提出过许多批评和改进办法，并且还曾出使契丹（辽国），出色地完成了任务。

庆历六年(1046年)夏,包拯调任为三司户部判官。当时的三司是中央财政机构,户部掌管全国户口、两税等,户部判官协助三司使的工作。不久,包拯先后担任京东、陕西、河北转运使,转运使负责一路(相当于省)的财政、监察等行政事务。

在地方,包拯十分重视体察民情,要求朝廷让百姓休养生息而安居乐业。两年之后,包拯被召回开封,提升为户部副使。在此期间,他曾前往河北解决军粮问题,又曾到陕西解决运城(今属山西)盐业问题。在河北,他奏请用作养马的田地,还给地方和农民。在运城,他改革盐税法令,以便利于商贩经营盐业。

出色的工作,利国利民的成效,使包拯在皇祐二年(1050年)被擢升为天章阁待制、知谏院。天章阁是存放朝廷图书文献的地方,待制之衔,有名而无权。包拯又叫包待制,不过是对他的尊称。然而,知谏院即兼任谏官之职,却十分重要。谏官的任务是向皇帝进谏朝政的弊端,它可以涉及朝政的所有方面。

在包拯兼任谏官期间,不但对横行不法的权臣屡次抨击,而且对时政的许多方面,提出了革新建议。可惜的是,两年之后,包拯改命为龙图阁直学士,这也是个虚衔(从此人们又称他为包龙图),并且又一次离开京城,到河北、庐州、池州(今安徽贵池),江宁(今江苏江宁)等地任地方官。直到至和三年(1056年)才回到京城,任开封府尹。

嘉祐四年(1059年),包拯以枢密直学士、权三司使等官职,上升为当时重臣。第二年升任三司使和枢密副使,相当于副宰相之职。但是,年过六旬的包拯,这时身体已经是夕阳西下。嘉祐七年(1062年)五月二十五日,包拯病死在开封。仁宗皇帝到包拯家中向包拯最后一别,追认他为礼部尚书,赐谥"孝肃",所以包拯死后又叫包孝肃。

3. 主张改革　包拯所处的仁宗时代,已经不像宋初那样生气勃勃,冗官、冗兵和冗费成为当时的三大灾害,老百姓的负担加重,各地出现了士兵暴动和农民起义。面对这样的形势,包拯从忧国忧民出发,主张对时政进行整顿和改革。应当说,包拯的改革主张,其目的是为了巩固宋朝的封建专制统治,但从客观效果上看,却有利于当时的下层人民。包拯之所以为天下百姓所爱戴,原因就在这里。

北宋庞大的官僚机构,冗官成灾,包拯认为必须加以整顿和革新。他不但主张用人要用忠直的君子,不能用奸邪的小人,而且建议提拔"奋不顾身,孜孜于国"的"素有才能,公直廉明之人"。他不但七次弹劾"苛政暴敛"的转运使王逵,而且不畏风险,力主将皇帝的亲戚,"凡庸之人"张尧佐免去要职。在包拯看来,"在政府无所建明"的平庸之辈,不论其官职有多大,都必须下台。他曾建议改革选人、用人制度。他主张官员年到七十岁必须离职。他揭露不愿离职的官僚,是不知廉耻。他主张不能任意封官许愿,即使是恩赐即由父亲的功劳而录用的子孙,也要通过考试。这些,都是为了解决冗官问题。包拯其实并不反对范仲淹主持的庆历新政。新政失败,许多官员受到处分,包拯全力为这些敢作敢为的官员鸣不平,主张起用他们。

在经济方面,包拯一方面主张压缩开支,另一方面又主张不能苛剥平民。当时有一种政策,由政府向城镇百姓强行购买国家需要的物资,价格比市场价格低。这就成了剥削民众的一种手段。包拯坚决反对这种害民政策。他列举陕西强购军用物资的危害,因而要求废除这种办法。包拯建议,国家急需物资应该"置场收买",以公平的价格,自由收购。这一建议,无论是对减轻百姓负担,还是对商品流通和商品生产,都是有利的。前面提到的运城解盐问题,也是由于包拯极力支持改革,使解盐的生产与销售,由原来官方垄断,改革为允许商人买卖。这一改革,不仅解除了百姓为政府搬运官盐之苦,而且同样有利于食盐的流通。沈括称赞这种"通商法","行之几十年,至今以为利,"此外,包拯还曾主张方田均税,即丈量地主豪强的土地,防止他们漏税逃役。他还曾鼓励民间采矿炼铁,等等。可见,包拯的经济思想和经济改革,目的在于"宽国利民"。

在宋朝的国防和对外政策方面,包拯同样主张民富国强,改善边防措施,维护国家的独立和尊严。他在出使辽国时,辽国刁难他,他义正词严地据理力争,不卑不亢。回国后,他立即将在辽国的所见所闻,报告朝廷。他说,辽国在山西北部集结兵马,聚集粮草,其意图不可不防。他建议,一定要加强山西宋辽边境的代州(代县)、应州(应县)、雁门关一带的战备。以前,辽国蚕食边境领土,是由于边防之臣胆小怕事,不敢对抗,如今应该下令边臣,让其严加防守,不能丢失一寸土地。另外,原来这里的守将,在军事上是外行,现在必须派懂得军事的人去领导指挥。朝廷采纳了包拯的意见,加强河北,山西的防卫。

更重要的是,包拯对宋代的冗兵之害,提出了裁减"老病冗弱"的主张,以利于训练及加强战斗力。同时,他还提出加强边境民间义勇的训练。宋朝将士经常调动,以防武将专权,造成了兵不知将,将不知兵弊病。包拯认为要改变这种政策,使将官有职有权,不要轻易调动。可贵的是,包拯建议加强国防与军事力量,以不增加百姓负担为前提。当时中原地区,尤其是河北、山西的农民,苦于运送军粮,包拯曾提出,在丰收之年,可以购买当地农民粮食,储备起来,作今后军粮,减少运输困难。

包拯之主张改革朝政以利国利民,是有其思想基础的。他始终认为,普通百姓是国家的根本,只有老百姓日子好过了,不受贪官酷吏欺压了,国家才能富强和太平无事。如果过分榨取,使天下苍生处于水深火热之中,那么,不但国家不能富强,而且会造成官逼民反,动摇封建统治。尽管包拯的出发点和动机,是为了宋朝天下的长治久安,而不是全然为了天下百姓,但比起对被剥削者尽情欺压的"贪官"来,无论对社会,还是对人民,总要好得多。

4. 刚正不阿　一个人的功过历史,要用自己的行动来谱写。一旦自己的行为被实践证明对社会、对人民有功有利,那么,人民终究会给他以恰当的评价。名垂青史的包青天为人民所歌颂与怀念,正是由于包拯一生的实践,有利于社会与人民。这实践,不仅是由于他为当时的人民做了好事,而且也由于他个人的道德品质,确实有不少同时代人,甚至后来人难以企及之处。

包拯为人刚直,他从不趋炎附势,看脸色行事,更不说大话,假话。即使是在皇帝面前,他也是直言不讳,不怕冒犯皇帝。为了立太子的事,包拯曾冒死直谏,公开对皇帝说,我已经老了,而且没有儿子,如果认为我说得不对,也不要紧,反正不是为了自己升官发财。幸而宋仁宗容忍包拯,反而说,可以慢慢商量。包拯又说,宫内的亲信宦官,权力太大,待遇太高,应该精简人员和开支。这当然要得罪皇帝的亲信左右,招来不测之祸。但开明的宋仁宗说,"忠鲠之言,固苦口而逆耳,盖有所益也,设或无益,亦无所害,又何必拒而责之。"

这种刚正不阿的大无畏气概,使当时的老百姓和一些有正义感的臣僚,对包拯都很钦佩。欧阳修就钦佩包拯"天姿峭直"。忠直的包拯,有时甚至不顾有关规定和礼节,当面斥问宰相或其他大臣,弄得大臣们下不来台。欧阳修不赞成包拯这种做法,认为包拯刚直有余,"思虑不熟"。其实,因循守旧、无所事事的宋仁宗时代,倒是十分需要像包拯这样的人。

包拯刚直,却并不主观武断。他既善于调查研究,又乐于听取别人的意见。他的脸上很少有笑容,但当别人指出他的错误时,却能虚心接受。所以司马光称道他"刚而不愎,此人所难也"。

5. 大公无私　包拯不谋私利,一生俭朴,即使是当了官,有了地位,衣食住行及生活习惯,也和普通老百姓差不多。包拯曾经写过一则家训,刻在家中壁上。家训的全文是:"后世子孙仕宦,有犯赃滥者,不得放归本家,亡殁之后不得葬于大茔之中,不从吾志非吾子孙。"也就是说,包拯严厉要求后代不贪不奸,不要欺负百姓,如果有人不如此做,那么,就不是包家子孙,死了之后也不得葬在包家祖坟。这一著名的家训,体现了包拯不谋一家一族之利的高尚情操。

这种情操,并不是包拯故意做出来,以示自己清高,而是他一生的行动准则。早在庐州家乡做官时,包拯就以无私而远近闻名。包拯做了父母官,他的亲戚乡里都很高兴,认为从此有了靠山。然而,铁面无私的包拯秉公办事,即使是自己的亲戚犯了法,他也是执法如山。这样,包青天的名声大振,包拯死后,其威名传播四方。有一个官员,是少数民族,归顺了宋朝。这个官员对宋神宗说,他听说包拯是忠臣,我没有别的要求,请准许我改姓包。宋神宗同意了,将他改姓名为包顺。

6. 维护法制　在小说、戏曲中,包公是法律与正义的典型形象。这是由历史上的包拯演化、创作出来的艺术形象。不过,历史上的包拯确实爱民如子,不畏权贵,执法严明,因而博得当时和后代人民的颂扬。

尽管宋初制定了一系列法律制度,但是,一个被欺压的普通百姓,要想告状还是难于上青天。不但手续很多,而且根本见不到官员的面。这样,官吏豪强狼狈为奸,既可以敲诈勒索,又可以视法律为儿戏。

包拯在开封府任职时,作出了新的规定:大开正门,凡是告状的,都可以进去直接见官,直接面陈案情,任何人不得阻拦刁难,这样有助于百姓申冤,也有助于审理案件,这是一项十分重要的改革,在我国法律史上,既有一定地位和作用,又有进步意义。

包拯不畏权势,反对以权代法,客观上维护了人民的利益。也还有另一种情况,那就是社会上的一批无赖,偷盗者,这些人虽无权势,却同样危害人民。包拯对他们也毫不留情。

包拯任监察御史时,曾出现过一件怪事:转运使王逵,向皇帝告状告的是陈州(今属河南省)地方官任中师苛剥农民,多收钱粮。在当时人心目中,任中师廉洁,王逵贪卑,这是否是恶人先告状? 所以要派人去调查。许多人都畏惧王逵的权势,不愿前往。包拯为弄清真相,为民除害,毅然来到陈州,经过调查,并且掌握了证据,包拯回到首都,向皇帝报告。向农民任意搜括,引起农民不满与无法生活的,正是王逵。包拯要求将王逵撤职,将多收钱粮还给农民。戏曲《陈州放粮》,就是依据包拯这一事迹,加以渲染、虚构而成的。包拯办案,不徇私,不舞弊,所以当时的天下百姓,男女老少都知道包公。京都的群众更把包公传为救世主。他们说:"关节不到,有阎罗包老。"关节就是打通关节,如果你找不到打通关节的路,也不要着急,因为有包拯替我们做主。

历史上的包拯,不愧为值得肯定与歌颂的政治家、改革家与法律专家。他为民请命的一生,将永远使人怀念。

三、经济思想

1. 薄赋敛安民心　关于为何人民不安于生产,常常起而造反? 如何才能使民心安定? 包拯在任三司使时深有体会。他将真宗景德元年(1004 年)岁入额四千七百余万两,同仁宗庆历八年(1048 年)岁入额一万零三百余万两做了比较,在纳税户和农业技术水平基本相同的情况下,国家赋税收入增加两倍有余,他发现横征暴敛是促使社会不安定的重要因素之一。于是他在皇祐二年(1050年)上《请罢天下科率》疏中,向仁宗明确指出"赋敛不已,人怀危虑……相应而起,涂炭海内,此乃心腹之患"。他又在《请出内库钱币往逐路籴粮草》疏中,提出解除心腹之患的良方,在于"安之(民)之道,"即"惟在不横赋,不暴役"。

2.去苛徭宽民力 北宋徭役制度分为徭役和差役两种。徭役即劳役,修河、筑堤、建造城墙与宫室等。不分主客户,政府按人丁户口随时征调。差役分为衙前(掌运输、保管官物)、里正(掌督课赋税)、耆长(掌捕盗贼)等职,本应主户承担,但主户中上官户享有免役待权,其余也设法逃避,完全落到一般农民头上,成为一项严重困扰民力的刻薄之法。

以衙前之役论之,服役者因所运送之官物丢失、损坏"往往破产",或因无力偿还而背井离乡,妻子离散。在包拯看来,欲使社会安定,不仅要薄赋敛,而且还应"宽力役、救荒谨"。所以他在《直勾衙前请限两年一替》疏中指出,民间衙前,"重难之役,例皆破荡。其逃亡非命者,比比皆是,怨嗟愁苦,所不忍闻"。

3.戒兴作省民费 北宋时期,既募养大批军队,又占用大片良田去牧养军马。地处漳河流域的广平监草场,占田一万五千亩,平均每匹牧马占田一百十五亩。仁宗时,由于军队的增加,牧场随之不断扩大,政府决定将已废的邢州等牧地,再作牧场,遭到包拯的反对。他在上疏中,极力主张马场还田。如强迫佃户迁往他乡,以熟地办牧场,既缩小了耕地面积,又使佃户流离失所。何况从效益方面看,也得不偿失。因为"令人户依旧耕佃输纳,兼据一年所得,亦可置数倍鞍马,公私实为大利"。面对事实,仁宗不得不信服,收回成命,使当地百姓避免了经济损失。

4.治水患建粮仓 宋时西江水患频繁,出三榕峡后,分成三支倾泻。每当洪水季节,端州城郊变成泽国。包拯到任后,继前人在城西、城东扩筑西江堤围,与城墙连成一体,把西江河水堵截在城南主河道上。同时,指导民众在城郊开渠、凿池,改造沥湖(今称星湖),排渍水、筑鱼塘、垦荒地发展农业生产。在城内打井七口,改变居民历年来饮用西江河水或沥湖积水的习惯,减少疾病的发生。

包拯在端州时,积极储粮备荒,兴文办学。在今城内中衙巷与米仓巷之间,兴建丰济仓,以储粮备荒。

5.择官吏斥权贵 包拯还认识到官吏的残酷搜求,也是人们心怀异志、起而造反的重要原因。所以他主张重视官员的素质,更应重视掌握国家财政命脉的理财官员。封建社会以人治为本,本不正,源不清,民不安,国不强,所以理财必须重视择官。

包拯在监督理财实践中,努力实现他择官的主张。他一再建议仁宗委任有才能的范祥理财。范祥在陕西任职期间,广泛了解民情与当地财政状况,革除扰民弊政,创行有利于国计民生的盐钞法,包拯据此再次上疏仁宗,"特许就除范祥本路转运副使,责其久任",使其盐钞法在更广阔的区域内通行,以增加政府的财用。

包拯不仅积极荐拔才杰之士为政府理财,而且敢于斥退那些无能之辈,即使是当朝的权贵,也不例外。仁宗宠妃之伯父张尧佐就是一例,张虽无能,但依恃外戚身份,在朝屡次升迁,曾为三司使,掌握国家的财权。然而名不副实,给国家造成极大损失。包拯以国事为重,不顾个人安危,三次上书弹劾张尧佐,并多次面奏仁宗,"授尧佐以他职,别求才杰之士,委而任之,责以实效",仁宗不肯。包拯竟然犯颜相争,终于将权贵张尧佐拉下马。大臣们都惊叹:"阎罗包老"真是铁面无私。

6.免接送　绝三番　改革三番制度,止绝三番索取。三番制度,是宋廷与辽通好后对辽使的外交礼仪之一。按规定,每年两次的互派国信使及其他辽使来宋,宋廷均得分别安排相应官员至国境迎接,全程陪伴和最后送行。

辽使进入国境,派人在边关迎接陪伴,称接伴使;辽使进入京城,另外换人陪伴,称馆伴使;辽使回国,亦派人相送,称送伴使。所派三番使都有正使和副使,正使由文官担任,副使由武官招任。

凡接送辽使,规定由在京三番诸司差派专人,预先前往使者住宿或经过的宾馆听从,安排食宿及一应需用。

包拯曾经于庆历六年(1046年)担任送伴使,亲自了解和体察到三番制度对沿途的骚扰,给百姓造成了极大负担。因此,曾数次上疏,建议改革三番制度,罢免接送辽使三番,止绝三番索取。并提出具体改革方案。

(1)凡辽使往来,不另差派三番使臣,只命近上使臣管理和押送金器,沿路充用,并委托当地州县行政长官应付一切;

(2)若要差派三番使臣等,只能于接伴使出发前一天(送伴使出发前两天)启程,不得提早出发;

(3)只能在辽使应当停留处做接待准备,其余地方不得打扰;

(4)必须经过的宾馆驿站,不得随意索取;

(5)严禁互相宴请和馈赠礼品;

(6)辽使经过的地方宾馆驿站修缮等事务,不得差内臣外出检查督察,由本路转运使指挥辖下州县或该州通判先后督办。通过这些改革措施,减轻了官民的负担,也减少了财政开支。

审度时事的CEO —— 范仲淹

一、人物简介

范仲淹(989～1052年)字希文。和包拯同朝,为北宋名臣,政治家,文学家,军事家,吴县(今江苏苏州望亭)人。少年时家贫但好学,当秀才时就常以天下为己任,有敢言之名。曾多次上书批评当时的宰相,因而三次被贬。

宋仁宗时官至参知政事,相当于副宰相。元昊反,以龙图阁直学士与夏竦经略陕西,号令严明,夏人不敢犯,羌人称为龙图老子,夏人称为小范老子。宋仁宗庆历三年(1043年)范仲淹对当时的朝政的弊病极为痛心,提出"十事疏",主张建立严密的仕官制度,注意农桑,整顿武备,推行法制,减轻徭役。宋仁宗采纳他的建议,陆续推行,史称"庆历新政"。可惜不久因为保守派的反对而不能实现,因而被贬至陕西四路宣抚使,后来在赴颍州途中病死,谥号"文正",有《范文正公集》传世。

二、生平事迹

1. 勤学苦读　宋太宗端拱二年(989年)八月初二,范仲淹在徐州降生。他的父亲范墉,当时做宁武军节度掌书记——徐州军事长官的秘书。范墉先娶陈氏,继娶谢氏,范仲淹是他第三个儿子。范仲淹出生第二年.父亲便病逝了。谢氏贫困无依,只好抱着襁褓中的仲淹.改嫁山东淄州长山县(今山东邹平县附近)一户姓朱的人家。范仲淹也改从其姓,取名朱说,在朱家长大成人。

范仲淹从小读书就十分刻苦,朱家是长山的富户,但他为了励志,常去附近的醴泉寺寄宿读书,晨夕之间,便就读讽诵。他苦读不懈的精神,给僧人留下深刻的印象。那时,他的生活极其艰苦,每天只煮一锅稠粥,凉了以后划成四块,早晚各取两块,拌几根腌菜,调半盂醋汁,吃完继续读书。这样过了差不多三年,长白山乡的书籍已渐渐不能满足他的需要。

一个偶然的事件,暴露了范仲淹家世的隐秘。他惊愕地发现,自己原是苏州范家之子，这些年来，一直靠继父的关照度日。愧愤交集之下，他决心脱离朱家，自树门户，待将来卓然立业，再接母归养。

真宗大中祥符四年（1011 年），二十三岁的范仲淹来到睢阳应天府书院（今河南商丘县）。应天府书院是宋代著名的四大书院之一，共有校舍一百五十间，藏书数千卷。应天府后来改名南京，所以这里又叫南都学舍。

范仲淹十分珍惜崭新的学习环境，昼夜不息地攻读。范仲淹的一个同学、南京留守（南京的最高长官）的儿子看他终年吃粥，便送些美食给他。他竟一口不尝，听任佳肴发霉。直到人家怪罪起来，他才长揖致谢说："我已安于过喝粥的生活，一旦享受美餐，日后怕吃不得苦。"

范仲淹艰涩的生活，有点像孔子的贤徒颜回；一碗饭、一瓢水，在陋巷，他人叫苦连天，颜回却不改其乐。

范仲淹的连岁苦读，也是从春至夏，经秋历冬；凌晨舞一通剑，夜半和衣而眠。别人看花赏月，他只在六经中寻乐。偶然兴起，也吟诗抒怀：

> 白云无赖帝乡遥，汉苑谁人奏洞箫？
> 多难未应歌凤鸟，薄才犹可赋鹪鹩。
> 瓢思颜于心还乐，琴遇锺君恨即销。
> 但使斯文天未丧，涧松何必怨山苗。

数年之后，范仲淹对儒家经典——诸如《诗经》、《尚书》、《易经》、《三礼》、《乐经》、《春秋》等书主旨，已然堪称大通；吟诗作文，也慨然以天下为己任。

大中祥符七年（1014 年），迷信道教的宋真宗率领百官到亳州（今安徽亳县）去朝拜太清宫。浩浩荡荡的车马路过南京，人们争先恐后地看皇帝，唯独范仲淹闭门不出，仍然埋头读书。有个同学跑来劝他："快去看，这是个千载难逢的机会，千万不要错过！"但范仲淹随口说了句："将来再见也不晚"，便头也不抬地继续读他的书了。果然，第二年他就得中进士，见到了皇帝。

大中祥符七年（1014 年）秋和八年（1015 年）春，他通过科举考试，中榜成为进士。在崇政殿参加御试时，他第一次看见年近五旬的真宗皇帝。后来还荣赴了御赐的宴席。

二月的汴京（今开封市），春花满目。进士们坐跨骏马，在鼓乐声中游街："长白一寒儒，名登二纪余"。他吟着这样的诗句，想到自己已经二十七岁，比起旁边的滕宗谅等人，年纪显得大了许多。

不久，他被任命为广德军的司理参军（广德军位置在今安徽广德县一带，司理参军是掌管讼狱、审理案件的官员，从九品）。接着，又调任为集庆军节度推官（集庆军位置在今安徽亳州一带，节度推官是幕职官，从八品）。他把母亲接来赡养，并正式恢复了范姓。从此开始了近四十年的政治生涯。

2. 为民治堰　天禧五年(1021 年),范仲淹被调往泰州海陵西溪镇(今江苏省东台县附近),做盐仓监官——负责监督淮盐贮运转销。西溪镇濒临黄海之滨,镇上虽也可偶见牡丹,其荒远情景毕竟与内地不同。乍听风浪的呼啸及野鹤的长唳,范仲淹不免略觉惆怅。

然而,他很快发现,这里有许多事情需要去做。当地多年失修的海堤,已经坍圮不堪,不仅盐场亭灶失去屏障,而且广阔的农田民宅,也屡受海涛威胁。遇上大海潮汐,甚至水淹泰州城下,成千上万灾民流离失所。官府盐产与租赋都蒙受损失。为此,他上书给江淮漕运张纶,痛陈海堤利害,建议在通州、泰州、楚州、海州(今连云港至长江口北岸)沿海,重修一道坚固的捍海堤堰。

对于这项浩大的工程,张纶慨然表示赞同,并奏准朝廷,调范仲淹做兴化县令(今江苏省兴化市),全面负责治堰。

天圣二年(1024 年)秋,兴化县令范仲淹率领来自四个州的数万民夫,奔赴海滨。但治堰工程开始不久,便遇上夹雪的暴风,接着又是一场大海潮,吞噬了一百多民工。一部分官员认为这是天意,堤不可成,主张取缔原议,彻底停工。事情报到京师,朝臣也踌躇不定而范仲淹则临危不惧,坚守护堰之役。

大风卷着浪涛冲到他腿上,兵民们纷纷惊避,官吏也张皇失措,范仲淹却没有动,他有意看看身旁的好友滕宗谅,宗谅正从容不迫地评论着一段屹立的堤堰。大家发现他们两人泰然自若,情绪也安稳下来。

经过范仲淹等人的努力坚持,捍海治堰又全面复工。不久,绵延数百里的悠远长堤,横亘在黄海滩头。盐场和农田的生产,从此有了保障。往年受灾流亡的数千民户,又扶老携幼,返回家园。人们感激兴化县令范仲淹的功绩,都把海堰叫做"范公堤"。兴化县不少灾民,竟跟着他姓了范。至今兴化仍有范公祠遗址,为父老怀念。

3. 热心执教　"有客狂且淳,少小爱功名","风尘三十六,未做万人英"。这是范仲淹三十六岁时写的诗句。他大约至三十四五岁才结婚,这年得了一子,并被调回京师,做大理寺丞。从此,他跨入京官的行列。

仁宗天圣四年(1026 年),谢氏病故。范仲淹含泪服丧,回南京居住。当时南京留守官晏殊,已风闻仲淹通晓经学,尤长于《易》经。他邀请仲淹协助主持应天府学的教务,仲淹慨然领命,还把另一位青年朋友富弼,推荐给晏殊。

为了便于工作,范仲淹搬到学校去住。他制定了一套作息时刻表,按时训导诸生读书。夜晚,还经常深入宿舍,检查和责罚那些偷闲嗜睡的人。每当给诸生命题作赋,他必定先作一篇,以掌握试题难度和着笔重点,使诸生迅速提高写作水平。

应天府书院的学风,很快就焕然一新。四方前来就读和专意向范仲淹问业的人,络绎而至。范仲淹热诚接待这些千里迢迢而来的学者,不倦地捧书为他们讲授。有时,还用自己的微薄俸禄招待他们吃饭,以至自己家中窘迫不堪。

一次,有位游学乞讨的孙秀才,前来拜谒范公。范仲淹即刻送了他一千文钱。过了一年,孙秀才又来拜谒范公,范仲淹一边送钱给他,一边问他为何匆匆奔讨,不坐下来静心读书。孙秀才悲戚地说,"家有老母,难以赡养;若每天有一百文的固定收入,便足够使用。"

范仲淹对他说:"听语气,你不像乞客。待我帮你在本校找个职事,让你一月可得三千文,去供养老人。如此这般,你能安心治学不能?"孙秀才大喜拜命,从此,跟着范仲淹攻读《春秋》。第二年,范仲淹离开南京,孙秀才也辞去职事。

十年之后,朝野上下传诵着有位德高望重的学者,在泰山广聚生徒,教授《春秋》,姓孙名复。就连山东著名的徂徕先生石介,也师事于他。这位学者,便是当年那位孙秀才。范仲淹感慨地说:"贫困实在是一种可怕的灾难。倘若孙复一直乞讨到老,这杰出的人才岂不湮没沉沦!"

除了孙复之外,范仲淹还联络和帮助过许多著名的学者。如胡瑗、李觏、张载,石介等。或邀聘他们到自己的管界主持教务,或荐举他们出任朝廷的学官,或指点他们走上治学之路。范仲淹每到一处,总是首先兴学聘师,关心教育。后来做到宰相时,更下令所有的州县一律办学。而经他指教和影响过的很多人,往往都各有所成。

4.三贬出京 天圣六年(1028年),范仲淹服丧结束。经过晏殊的推荐,他荣升秘阁校理——负责皇家图书典籍的校勘和整理。秘阁设在京师宫城的崇文殿中,秘阁校理之职,实际上属于皇上的文学侍从。在此,不但可以经常见到皇帝,而且能够耳闻不少朝廷机密。对一般宋代官僚采说,这乃是难得的腾达捷径。

范仲淹一旦了解到朝廷的某些内幕,便大胆介入险恶的政治斗争。他发现仁宗皇帝年已二十,但朝中各种军政大事,却全凭六十岁开外的刘太后一手处置;而且,听说这年冬至那天,太后要让仁宗同百官一起,在前殿给她叩头庆寿,范仲淹认为,家礼与国礼,不能混淆,损害君主尊严的事,应予制止,他奏上章疏,批评这一计划。

朝廷对此默不作答,却降下诏令,贬范仲淹离京,调赴河中府(今山西省西南部永济县一带)任副长官——通判。秘阁的僚友送他到城外,大家举酒钱别说;"范君此行,极为光耀啊!"

三年之后,刘太后死了。仁宗把范仲掩召回京师,派做专门评议朝事的言官——右司谏。有了言官的身份,他上书言事更无所畏惧了。

明道二年(1033年),京东和江淮一带大旱,又闹蝗灾,为了安定民心,范仲淹奏请仁宗马上派人前去救灾,仁宗不予理会,他便质问仁宗:"如果宫廷之中半日停食,陛下该当如何?"仁宗愕然惭悟,就让范仲淹前去赈灾。他归来时,还带回几把灾民充饥的野草,送给了仁宗和后苑宫眷。

　　这时的宰相吕夷简,当初是靠讨好刘太后起家的。太后一死,他又赶忙说太后的坏话。这种狡诈行径,一度被仁宗的郭皇后揭穿,宰相职务也被罢免。但吕夷简在宫廷中的因缘关系,依然根深蒂固。不久,他便通过内侍阎文应等重登相位,又与阎文应沆瀣一气,想借仁宗的家务纠纷而废掉郭后。堕入杨美人、尚美人情网的年轻皇帝,终于决定降诏废后,并根据吕夷简的预谋,明令禁止百官参议此事。

　　范仲淹懂得,这宫廷家务纠纷背后,掩藏着深刻而复杂的政治角逐。他与负责纠察的御史台官孔道辅等,数人径趋垂拱殿,求见仁宗面谈。他们伏阁呼请多时,无人理睬;司门官又将殿门砰然掩闭。范仲淹等人手执铜环,叩击金扉,隔门高呼质问:"皇后被废,为何不听台谏入言!"看看无济于事,大家在铜虎畔议定一策,准备明日早朝之后,将百官统统留下,当众与吕相辩论。

　　次日凌晨,妻子李氏牵着范仲淹的衣服,再三劝解他不要去招惹祸机。他却头也不回地出门而去,刚走到待漏院,等候上朝,忽听降诏传呼,贬他远窜江外,去做睦州(今浙江桐庐县附近)知州。接着,朝中又派人赶到他家,催促着要押他即刻离京。孔道辅等人,也或贬或罚,无一幸免。

　　过了几年,他由睦州移至苏州,因为治水有功,又被调回京师,并获得天章阁待制的荣衔,做了开封知府。前时一同遭贬的孔道辅等人,也重归朝廷。

　　范仲淹看到宰相吕夷简广开后门,滥用私人,朝中腐败不堪。范仲淹根据调查,绘制了一张"百官图",在景祐三年(1036年)呈给仁宗。他指着图中开列的众官调升情况,对宰相用人制度提出尖锐的批评。吕夷简不甘示弱,反讥范仲淹迂腐。范仲淹便连上四章,论斥吕夷简狡诈。吕夷简更诬蔑范仲淹勾结朋党,离间君臣。

　　范、吕之争的是非曲直,不少人都看得分明。偏偏吕夷简老谋深算,善于利用君主之势而最终取胜。仁宗这年二十七岁,尚无子嗣。据说范仲淹曾关心过仁宗的继承人问题,或许谈论过立什么皇太弟侄之类的事。这事虽出于兴旺宋廷的至诚和忠直之心,却不免有损仁宗的自尊。加以吕夷简的从旁中伤,范仲淹便被递夺了待制职衔,贬为饶州知州。后来几乎又贬死岭南。

　　台官韩渎为迎合宰相意旨,把范仲淹同党的人名,写成一榜,张挂于朝堂。余靖、尹洙、欧阳修等人,因为替范仲淹鸣不平,也纷纷被贬边远僻地。从此,朝中正臣夺气,直士咋舌。

　　这次到都门外送范仲淹的亲朋,已寥寥无几。但正直的王质,却扶病载酒而来,并称许"范君此行,尤为光耀!"几起几落的范仲淹听罢大笑道:"仲淹前后已经"三光"了,下次如再送我,请备一只整羊,作为祭品吧!"第二天,有人警告王质说,他昨日送范仲淹的一言一动,都被监视者记录在案,他将作为范党被审查。王质听了,毫无畏色,反引以为荣。

饶州在都阳湖畔。从开封走水路到此,至少须经十几个州。除扬州外,一路之上竟无人出门接待范仲淹,范仲淹对此,也并不介意。他已经习惯于从京师被贬为地方官了。

范仲淹自幼多病,近年又患了肺疾。不久,妻子李氏也病死在饶州。在附近做县令的诗友梅尧臣,寄了一首《灵乌赋》给他,并告诉他说,他在朝中屡次直言,都被当做乌鸦不祥的叫声,希望他从此拴紧舌头,锁住嘴唇,除了吃喝之外,只管翱翔高腾。范仲淹立即回答了一首《灵乌赋》说,不管人们怎样厌恶乌鸦的哑哑之声,我却宁鸣而死,不默而生!

五十岁前后,范仲淹先后被调到润州(今江苏镇江一带)和越州(今浙江绍兴一带)作知州。这时,一桩重大事件震动了全国,也改变了他的命运。

5. 边帅军功 原来住在甘州和凉州(今甘肃张掖、武威)一带的党项族人,本来臣属于宋朝。从宝元元年(1038年)起,党项族首领元昊,突然另建西夏国,自称皇帝,并调集十万军马,侵袭宋朝延州(今陕西延安附近)等地。

面对西夏的突然挑衅,宋朝措手不及,加上宋将范雍无能,延州北部的数百里边寨,大多被西夏军洗劫或夺去。仁宗与吕夷简商议,派夏竦去做陕西前线主帅:又采纳当时副帅韩琦的意见,调范仲淹作另一员副帅——陕西经略安抚招讨副使。后来又把尹洙也调至西线。

五十二岁的范仲淹,先被恢复了天章阁待制的职衔,转眼间又荣获龙图阁直学士的职衔。进京面辞仁宗之后,便挂帅赶赴延州。范仲淹亲临前线视察,他发现宋军官兵、战阵、后勤及防御工事等,各方面都颇多弊端;如不改革军阵体制并采取严密的战略防御,实难扭转战局。韩琦的看法却不同,他低估了西夏军优势,并激于屡受侵扰的义愤,主张集中各路兵力,大举实行反击。

夏竦为请仁宗批准反攻计划,派韩琦和尹洙兼程回京,得获仁宗诏准后,尹洙又奉命谒见范仲淹,请他与韩帅同时发兵。范仲淹与韩、尹虽为至交,却认为反攻时机尚未成熟,坚持不从。尹洙慨叹道:"韩公说过,'用兵须将胜负置之度外'。您今天区区过慎,看来真不如韩公!"范仲淹说:"大军一发,万命皆悬,置之度外的观念,我不知高在何处!"

庆历元年(1041年)正月,韩琦接到西夏军侵袭渭州(今甘肃平凉一带)的战报。他立即派大将任福率军出击,西夏军受挫撤退,任福下令急追。直追至西夏境六盘山麓,却在好水川口遇伏被围。任福等十六名将领英勇阵亡,士卒惨死一万余人。韩琦大败而返,半路碰上数千名死者的家属,他们哭喊着亲人的姓名,祈祷亡魂能跟着韩帅归来。韩琦驻马掩泣,痛悔不迭。

范仲淹的战略防御,并非单纯或消极的防守措施。他初至延州,便全面检阅军旅,并实行了认真的裁汰和改编。他从士兵和低级军官中提拔了一批猛将,由当地居民间选录了不少民兵,又开展了严格的军事训练。按军阶低高先后出阵的机械临阵体制也被他取缔,改为根据敌情选择战将的应变战术。在防御工事方面,他采纳种世衡的建议,先在延北筑城,后来又在宋夏交战地带构筑堡寨。对沿边少数民族居民,诚心团结,慷慨优惠,严立赏罚公约。这样,环庆、泾原等路边防线上,渐渐屹立起一道坚固的屏障。

庆历二年(1042年)三月的一天,范仲淹密令长子纯佑和蕃将赵明,率兵偷袭西夏军,夺回了庆州西北的马铺寨。他本人又随后引军出发,诸将谁也不知道这次行动的目的。当部队快要深入西夏军防地时,他突然发令:就地动工筑城。建筑工具事先已经备好,只用了十天,便筑起一座新城。这便是锲入宋夏夹界间那座著名的孤城——大顺城。西夏不甘失利,派兵来攻,却发现宋军以大顺城为中心,已构成堡寨呼应的坚固战略体系。

在范、韩等人苦心经营下,边境局势大为改观。这时,西夏国内出现了各种危机,西夏军将领中间也矛盾重重。至庆历二年以后,边界自西夏向宋朝投诚的人陆续不断。宋夏两国的百姓,都希望尽快停止军事行动。双方议和的使节,也开始秘密往返于兴庆府(今银川市)与汴梁之间。庆历四年(1044年)双方正式达成和议。宋夏重新恢复了和平,西北局势得以转危为安。

6.庆历新政　从元昊叛宋起,宋军的边防开支便突然膨胀起来。政府为了扩大收入,又不得不增加百姓负担。于是,包括京城附近在内,各地反抗朝廷的暴动与骚乱,纷然而起。

庆历三至四年(1043～1044年)间,急着稳定政局的仁宗皇帝,似乎显得格外开明和进步。他将西线的三名统帅——夏辣、韩琦和范仲淹,一同调回京师,分别任命为最高军事机关的正副长官——枢密使、枢密副使,又扩大言官编制,亲自任命了四名谏官——欧阳修、余靖、王素和蔡襄,后来号称"四谏"。

"四谏"官一声奏言,撤掉了无军功的夏辣,以杜衍和富弼为军事长官。"四谏"官又一声奏言,彻底罢免了吕夷简的军政大权。"四谏"们第三声奏论,则驱逐了副宰相王举正,以范仲淹取而代之。

庆历三年(1043年)九月,仁宗连日催促范仲淹等人,拿出措施,改变局面。范仲淹、富弼和韩琦,连夜起草改革方案。特别是范仲淹,写成《条陈十事》,明确提出了十项改革主张,呈送给宋仁宗。宋仁宗和朝廷其他官员商量,表示赞同,便逐渐以诏令形式颁发全国。

新政实施的短短几个月间,政治局面已焕然一新。官僚机构开始精简,以往凭家势做官的子弟,受到重重限制,昔日单凭资历晋升的官僚,增加了调查业绩品德等手续,有特殊才干的人员,得到破格提拔,科举中突出了实用议论文的考核,全国普遍办起了学校。

范仲淹还主张,改变中央机关多元领导和虚职分权的体制,认真扩大宰臣的实权,以提高行政效率。为了撤换地方上不称职的长官,他又派出许多按察使分赴各地。按察的汇报一到,赃官姓名就从班簿上勾掉。富弼看他一手举簿、一手执笔,俨若无情的阎罗判官,便从旁劝谕:"你这大笔一勾,可就有一家人要哭!"范仲淹回答说:"一家人哭,总该比几个州县的人哭好些!"

改革的广度和深度,往往和它遭到的反对成正比。大批守旧派的官僚们,开始窃窃私议。御史台的官员中,已有人抨击某些按察使——说什么"江东三虎"、"山东四伥"。范仲淹在边防线上的几员部将,也遭到秘密的调查,并遇到许多麻烦。欧阳修等"四谏",企图撵走这些保守派的爪牙,另换几名台官。但他们很快发现,台官背后,掩藏着更有权势的人物。欧阳修本人,反被明升暗撤,离京出使河东。

庆历四年(1044年)仲夏时节,台官们忽然声称破获了一起谋逆大案,该案直接涉及石介和富弼。仁宗不信会有这等事情,石、富两位更觉莫名其妙。但是,台官却有石介给富弼的亲笔信件作证,而信中又隐然有废黜仁宗之意。石介对此,矢口否认。富弼未及辩诬,先已惶恐不迭。其实,此事纯为夏竦一手制造。从他被撤去枢密使职并被石介斥为"奸魅"时起,便秘密买通婢女临摹石介的手迹。

此案一兴,蜚语四起。甚至牵连到范仲淹改革的诚意,乃至扩大相权的居心之类。这时,宋夏之间已正式议和,政治危机也大略消弭。仁宗对于改革的兴致已渐冷漠和淡释,富弼为了避嫌,请求出使边地,范仲淹也自知无趣,带职去视察河东与陕西。

宰相章得象和副相贾昌朝,当初曾附和过范仲淹的新政。但在实际执行中,他们却阳奉阴违。待到新政受挫,革新派遭诬,他们便立即转向。范、富离京之后,他们索性与保守势力联合,对范仲淹等人落井下石,并通过台官,制造新的冤案,将在京的革新人物一网打尽。

庆历五年(1045年)初,范仲淹和富弼被撤去军政要职。实行仅一年有余的各项新政,也先后纷纷取缔。京师内外的达官贵人及其子弟,依旧歌舞喧天。范仲淹革除弊政的苦心孤诣,转瞬间付之流水。他被调作邠州(今陕西彬县一带)知州,准备为这范氏祖先的发祥地,做些力所能及的好事。

7. 先忧后乐 这年冬天,范仲淹已近五十八岁。边塞的严寒威胁着他的健康,他被允许移到稍暖的邓州(今河南省南阳一带)做知州。此时,富弼已贬至青州(今山东省益都一带),欧阳修贬去滁州(今安徽省滁县等地),滕宗谅贬在岳州(今湖南省岳阳一带),尹洙则流窜筠州(今江西省高安附近),并备受凌辱。范仲淹经过申请,把尹洙接到邓州来养病,尹洙临终,极为贫困,他笑着告诉范仲淹:"死生乃是正常的规律。既无鬼神,也无恐惧。"

昔日好友滕宗谅派人送来一幅岳阳楼图,告诉说他已将该楼重新修葺,并将历代有关的赞扬诗赋,也刻石附立,希望范仲淹写一篇岳阳楼记。

庆历六年(1046年)九月十四日夜晚,秋风送爽,月光明媚。范仲淹乘兴挥毫撰写了千古传诵的《岳阳楼记》。

《岳阳楼记》送到岳州,滕宗谅大为感动,他立即命人刻石。记中那两句格言——"先天下之忧而忧,后天下之乐而乐",更是不胫而走,风也似的传诵开来。仁宗闻此,不禁慨然称颂。

"先天下之忧而忧,后天下之乐而乐"这两句话,概括了范仲淹一生所追求的为人准则,是他忧国忧民思想的高度概括。从青年时代开始,范仲淹就立志做一个有益于天下的人。为官数十载,他在朝廷犯颜直谏,不怕因此获罪。他发动了庆历新政,这一政治改革,触及到北宋的政治、经济、军事制度的各个方面,虽然由于守旧势力的反对,改革失败,但范仲淹主持的这次新政却开创了北宋士大夫议政的风气,传播了改革思想,成为王安石变法的前奏。

皇祐三年(1051年),范仲淹又移任青州。这里的冬寒加重了他的疾病。第二年(1052年)调往颍州,他坚持带病上任,但只赶到徐州便溘然长逝,享年六十四岁。这时,范仲淹积蓄已尽,一家人贫病交困,仅借官屋暂栖,略避风雨。

范仲淹死讯传开,朝野上下一致哀痛。包括西夏甘、凉等地的各少数民族人民,都成百成千地聚众举哀,连日斋戒。凡是他从政过的地方,老百姓纷纷为他建祠画像。根据他的遗愿,遗体没有运回原籍苏州,而是葬在他母亲长眠的那块地旁——洛阳南郊万安山下。

三、经济思想

1. 朝廷要厚农桑以强国力 北宋仁宗期间,内朽外侵、纲纪败坏、财力困乏,社会矛盾日益尖锐激化,特别是阶级矛盾尤为突出。当时农业十分萧条,百姓生活十分困苦。正因为民不富足,使北宋当时的国库空乏。北宋农业夏秋两税,从宋太宗至道末年,经宋真宗天禧末年,到宋仁宗庆历年间,占税赋比重一直下降,分别是百分之六十五、百分之四十八、百分之四十。

为扭转逆局,力挽乾坤,范仲淹审时度势,高瞻远瞩,一针见血地指出问题的根本所在:统治阶级忽视了农业生产。为了培植农业这一根本税源,充实国库,他提出了厚农桑的主张,要求统治者高度重视农业生产,优先发展农业生产,以达到"丰稼穑,强国力"之目的。而要做到这一点,必须选择勤政而长于劝课农桑的人担任地方官员。

范仲淹认为,要使农业生产得到发展,官府必须多为农民办实事,不能只停留在口头上。他建议,每年秋天,君主下令各路转运司,要他们发动所辖的官吏和百姓各自提出有利于农桑生产的建议,或者共同开掘河渠,或者修筑堤坝圩岸等设施。并让各州军选派官吏计算所费人工和材料,在每年二月间动用民力兴修农田水利设施半个月,并上报朝廷。这样连读几年以后,农业生产条件会有改善,农田收益会增加,百姓和国家的收入也会有所增长。"此养民之政,富国之本也"。

2. 裁减冗员 节约开支 在北宋仁宗统治期内,军费开支庞大,官僚机构臃肿,冗员颇甚,人浮于事,行政效率极低,官薪开支巨大,统治阶级挥霍浪费十分严重,兴修宫殿,大筑寺院,耗费极大。这些庞大的费用开支最终都落在百姓的身上,对于困苦不堪的百姓来说甚于雪上加霜,苦不堪言。沉重的负担严重阻碍着农业生产向前发展。

为消除障碍,发展农业生产,保证百姓有更多的财力和物力投入生产中。范仲淹主张节约开支,以减轻百姓负担,达到发展农业,涵养税源之目的。

3. 采取措施减轻人民的赋役负担 仁宗时期,徭役、赋敛极多且重,这些沉重的负担,就连中小地主也难逃脱。徭役,在当时一般是名目繁多数量极大的吏役,这些吏役一般由中小地主和困苦的农民来负担。由于当时行政区域划分过多,使得农民因徭役而无暇顾农,于农极为不利。

为解决这一问题,范仲淹主张通过合并邑县来减轻徭役负担,他这一主张对减轻农民徭役负担,发展农业生产有相当的作用。

4. 不能减免商业税 范仲淹认为,国家取之于商贾的税收,是极为重要的财政收入,对此不能减免。要发展农业生产,减轻农民的负担,就必须对工商业者征税,对他们的税收不能减免,用这些税收充实国库。

范仲淹反对减免商税,是从重农的立场出发的。他认识到工商业有存在的必要,国家和人民都离不开它,但工商业的发展必须以农业生产的发展为前提。对那些不利于国计民生的工商活动,则应加以限制和禁止。既然农民要向国家纳税,工商业者也应纳税。在赋税的减免上,他主张先农业、后工商。这表明,他只是反对首先减免商税,并无加重商税之意。

理财革新的 CEO —— 欧阳修

一、人物简介

欧阳修(1007~1072年),字永叔,知滁州(今安徽滁县)时号醉翁,晚号六一居士,吉水(今属江西)人。

他是北宋时期的政治家、文学家、史学家和诗人。与唐代的韩愈、柳宗元、宋代的王安石、苏洵、苏轼、苏辙、曾巩合称"唐宋八大家"。仁宗时,累擢知制诰、翰林学士;英宗,官至枢密副使、参知政事;神宗朝,迁兵部尚书,以太子少师致仕。卒谥文忠。他在政治和文学方面都主张革新,既是范仲淹庆历新政的支持者,也是北宋诗文革新运动的领导者。苏轼兄弟及曾巩、王安石皆出其门下。创作实绩亦灿然可观,诗、词、散文均为一时之冠。散文说理畅达,抒情委婉,诗风与散文近似,重气势而能流畅自然;其词深婉清丽,承袭南唐余风。他又是金石学的研究者,收有历代金石铭刻一千卷,名为《集古录》。著《集古录跋尾》十卷。

二、生平事迹

欧阳修四岁丧父,随叔父在现湖北随州长大,幼年家贫无资,母亲郑氏以荻画地,教其识字。欧阳修自幼酷爱读书,常从城南李家借书抄读,他天资聪颖,又刻苦勤奋,往往书不待抄完,已能成诵,少年习作诗赋文章,文笔老练,已如成人,其叔由此看到了家族振兴的希望,曾对欧阳修的母亲说:"嫂无以家贫子幼为念,此奇儿也!他日必名重当世。"十岁时,欧阳修从李家得唐《昌黎先生文集》六卷,甚爱其文,手不释卷,这为日后北宋诗文革新运动播下了种子。

仁宗天圣八年(1030年)中进士。次年任西京(今洛阳)留守推官,与梅尧臣、尹洙结为至交,互相切磋诗文。

景祐元年(1034年),召试学士院,授任宣德郎,充馆阁校勘。三年,范仲淹上章批评时政,被贬饶州。欧阳修为其辩护,被贬为夷陵(今湖北宜昌)县令。

康定元年(1040年),欧阳修被召回京,复任馆阁校勘,编修崇文总目,后知谏院。

庆历三年(1043年),任右正言、知制诰。范仲淹、韩琦、富弼等人推行"庆历新政",欧阳修参与革新,提出改革吏治、军事、贡举法等主张。五年,范、韩、富等相继被贬,欧阳修上书分辩,被贬为滁州(今安徽滁县)太守。后又改知扬州、颍州(今安徽阜阳)、应天府(今河南商丘)。

皇祐元年(1049年)回朝,先后任翰林学士、史馆修撰等职。至和元年(1054年)八月,与宋祁同修《新唐书》,又自修《五代史记》(即《新五代史》)。

嘉祐二年(1057年)二月,欧阳修以翰林学士身份主持进士考试,提倡平实文风,录取苏轼、苏辙、曾巩等人,对北宋文风转变有很大影响。嘉祐三年六月,欧阳修以翰林学士身份兼龙图阁学士知开封府。五年,拜枢密副使。次年任参知政事。后又相继任刑部尚书、兵部尚书等职。

英宗治平二年(1065年),上表请求外任,不准。此后两三年间,因被蒋之奇等诬谤,多次辞职,都未允准。

神宗熙宁二年(1069年),王安石实行新法。欧阳修对青苗法有所批评,且未执行。三年,除检校太保宣徽南院使等职,坚持不受,改知蔡州(今河南汝南县)。此年改号"六一居士"。四年六月,以太子少师的身份辞职。居颍州(今属安徽省)。五年闰七月二十三日,欧阳修卒于家,谥文忠。

欧阳修陵园位于河南省新郑市区西辛店镇欧阳寺村。该园环境优美,北依岗阜,丘陵起伏,南临沟壑,溪流淙淙。陵园肃穆,碑石林立,古柏参天,一片郁郁葱葱,雨后初晴,阳光普照,雾气升腾,如烟似雨,景色壮观,故有"欧坟烟雨"美称,为新郑古代八景之一。

三、经济思想

1. 写《原弊》指弊端　在经济政策上,欧阳修有一定的改革要求。他曾支持范仲淹在庆历三年推行的新政。他在庆历五年被贬官,实际上是庆历新政失败的必然结果。

早在庆历改革的前六七年,欧阳修就写了一篇专门讨论经济问题的文章《原弊》。在《原弊》中,他首先肯定农业是"天下之本",批评当时的官吏不关心农事,听到人家谈农事还讥之为"鄙夫"。他强调治国要做到务农为先和节用爱农。

在不知务农为先方面,欧阳修指出:由于官吏不重视农事,督促不力,就使农民不能尽力于生产。此外还存在着许多对农业生产起耗损作用的弊端。弊端大的有三个,它们是"诱民之弊"、"兼并之弊"和"力役之弊"。

所谓诱民之弊是指做和尚可以"坐华屋享美食而无事",当兵可以"仰衣食而养妻子",诱使农民脱离农业。

所谓兼并之弊是指地主对农民的残酷剥削。

所谓力役之弊是指自耕农和有一二百亩田的中小地主的繁重的差役负担。有些人因此而"贱卖其田,或逃而去"。

在不知节用以爱农方面,他认为古时一年的生产品,三分之一给公上,三分之一作民食,三分之一备凶荒。而现在却不考虑备荒,没有做到"三年耕必留一年之蓄"。在这种情况下,农民一年的劳动收获,缴纳赋税的部分仅足供当年的国用,留作口粮的只能维持几个月。

欧阳修虽然揭露了矛盾,但提不出什么有效的解决办法。认为只要做到"在下者尽力而无耗弊,上者量民(力)而用有节"就能使民与国俱富。

2. 提出理财三术　宝元年间(1038～1040 年)发生对西夏的战争,财政更加困难,欧阳修于康定元年(即宝元三年)底上书言事。提出了理财三术:通漕运,尽地利,权商贾。

北宋建都汴京,所以对关西的漕运已不再进行。通漕运的意思是恢复秦、汉、隋、唐的办法,运粮食到关西,以支持对西夏的战争。

对于如何增加财政收入,他认为一般的取民之法都已用尽,不能再在这方面想办法了。他认为只能从尽地利即发展农业生产下手。他指出全国未开垦的土地还有很多,主张采取屯田的办法,由官府贷给种子,收获的农产品对分。他特别强调驱乡兵归农。

欧阳修对理财第三术权商贾的分析一反前人的抑商理论,是颇具特色的。他分析了不能抑制兼并的原因,这里说的是商人兼并。他反对"夺商之利",认为"利不可专,欲专而反损";他以大小商人的关系为例,说大商人并不需要亲自到市场零售商品,这样虽然每一笔交易大商人取利有所减少,但因为"货行流速",反而能"积少而为多",国家和大商人的关系也一样。

上述权商贾的观点主要是针对当时的茶法、盐法夺商之利太甚,商人裹足不前,使茶"所在积朽,弃而焚之",盐"积若山阜"的情况而说的。这种对待商人的态度相比前人的抑商主张是进步的,欧阳修公然提出封建国家"与商贾共利",也是前人所没有论述过的。

3. 从创议均税到反对均税　在实行庆历新政期间,欧阳修提出了用千步方田法均税的建议。

嘉祐五年,北宋政府再次决定均税,在执行中产生了很多问题。均税的本意是均定税额,但各地在实行时却乘机加税。针对这些情况,欧阳修提出除在已实行均税的地区按政策执行外,未曾实行的地区则停止实行。欧阳修从均税的创议人之一变成均税政策的反对者,从主观上看是由于改革思想不坚定,从客观上看则是由于当时政治腐败。王安石的方田均税法是欧阳修等人均税主张的继续,由此也预告了前景的不妙。

王安石开始变法时,欧阳修已进入晚年。他对新法的意见仅表现在写于熙宁三年的两个批评青苗法的札子中。他反对变法派对青苗法所作的不是为了取利的解释,指出如果不是为了取利,就应该取消利息。

博学通识的 CEO —— 李觏

一、人物简介

李觏(1009~1059年),北宋思想家、诗人。字泰伯,北宋建昌军南城(今属江西资溪县高阜镇)人,南城在盱江边,故学者称盱江先生。他家世寒微,自称"南城小民"。

他的诗文,今存《直讲李先生文集》(又称《盱江先生全集》)三十七卷,另有《外集》三卷附后。《宋史》卷四三二有传。

二、生平事迹

李觏自幼聪明好学,六七岁始"习字书",十二岁就能写文章。十四岁父亲去世,母亲"垦阅农事,夜治女功",得免冻馁之苦。服丧三年,十七岁始出外游学。二十岁以后,文章渐享盛名。李觏也像其他读书人一样,想通过科举,登上仕途,干一番事业。但是,他在科举仕进的道路上却一再受挫,未能如愿。景祐年间,他步行到京城汴梁(今河南开封),寻求仕进之途,毫无结果而归。次年,参加乡举,又名落孙山。庆历元年(1041年),李觏入京,又未中选,在京城"忧愁经岁",抑郁不乡。遭受这几次打击之后,遂无意仕进,隐居著述。南城立学,被聘为郡学之师。创立盱江书院,教授自资。

李觏博学通识,尤长于礼。他不拘泥于汉、唐诸儒的旧说,敢于抒发己见,推理经义,成为"一时儒宗",四方学子前来就学者常数十百人,曾巩、邓润甫等都是他的学生。

李觏著书立说,大胆创新,在哲学上认为事物的矛盾是普遍存在的;在认识论上,承认主观来自客观,因此,成为宋代哲学唯物主义学派的先导,在我国哲学史上占有重要的地位。李觏还具有比较进步的社会历史观。他卓有胆识地提出功利主义的理论,反对道学家们不许谈"利"言"欲"的虚伪道德观念。他从实际物质利益是人类社会生活的根本这一基本观点出发,解释社会历史现象。他认为"治国之实,必本于财用"。治理国家的基础,是经济,是物质财富。所以,他反对把实际物质利益和道德原则,即"利"和"义"对立起来。李觏认识到,物质财富多寡不均的症结所在,是土地占有的不合理。为了解决土地问题他专门写了一篇《平土书》,提出"均田"、"平土"的主张,引经据典,煞费苦心地为统治者提供解决土地问题的历史借鉴。为了拯救北宋日趋贫弱的局面,缓和阶级矛盾,他提出富国、强兵、安民的主张,写了《富国策》、《强兵策》、《安民策》各十篇,阐述自己的见解。李觏哲学上的唯物主义观点和政治上的革新思想,在当时是独树一帜的,为稍后于他的王安石实行变法进行了哲学理论上的准备。由此看来,他的弟子邓润甫等人成为王安石推行新法的得力助手,也就是很自然的了。

　　李觏不仅是一位思想家,而且还是一位著作家。他主张文以经世、致用为贵,所以他的文章内容比较充实。即使是解经之作,也常常以古说今,有着浓厚的政治色彩。二十三岁作《潜书》十五篇,《庆历民言》三十篇,更是"言言药石,字字规诫"的为民请命之作,人称"医国之书"。这些政论文章,大胆地指责时弊,阐发己见,具有很强的现实性。庆历四年六月四日,他又把《庆历民言》寄给范仲淹。但他哪里知道,六月间范仲淹已被迫离开朝廷,到陕西前线去了。"庆历新政"在贵族官僚的反对下,实际上已失败。这时李觏也因无赖诬陷,被捕下狱,被关押二十多天,这使李觏觉得受了极大的污辱,出狱后,罢教归家。

　　由于范仲淹、余靖等于皇祐元年(1049 年)十一月上书推荐李觏,皇祐二年(1050 年),李觏去杭州拜会范仲淹。这次杭州之行是很惬意的,讨论时事,设宴讲经,讲学之余,游览山水,留下了一些感物抒情的诗作。由于范仲淹的极力推荐,朝廷授李觏将仕郎,试太学助教官职。

　　皇祐四年(1052 年),范仲淹于徐州病故,由于范仲淹的去世,改革的声浪一落千丈,皇祐四年以后的李觏陷于极端苦闷之中。嘉祐二年(1057 年),范仲淹的追随者著名学者胡瑗主持国子监,李觏被举荐到国子监供职,这时李觏又产生了写作的愿望。

　　嘉祐四年(1059 年)胡瑗病,朝廷命李觏代理胡瑗管理太学。因迁葬祖母,七月,李觏请假回乡,由于路上过分劳顿,刚到家就病倒了。八月病危不起,临终前,向其弟子陈次公表示,还有《三礼论》没有写完,他怀着遗憾的心情与世长辞了。终年五十一岁。

哲人长眠了，一些改革家也相继离开了人世，但社会改革运动并没有终止。过了十年，在国内外矛盾急速发展的形势下，著名的改革家王安石登上了历史舞台，一场更大规模的变法运动开始了。

三、经济思想

1. 主张以"平土"来促进农业生产　李觏认为，富国的关键在于增加国家的财富或财用，国家的一切活动，离了财都无法进行。要想增加财富就必须发展农业生产，广辟财源。而发展农业生产的最大障碍在于土地兼并。李觏指出：在土地兼并造成的"贫民无立锥之地，而富者田连阡陌"的情况下，贫民无地可耕，靠做小商贩或非正当的职业来维持生活，这种劳动力与土地相分离的状况，严重阻碍了农业生产力的发展。

为了解决这一问题，李觏设计了一个"平土"方案，并在《平土书》中详细介绍这个方案。李觏十分推崇古代的井田制，但是，在推行"平土"方案时，他又认为完全照搬井田制是不行的，因为此时的土地私有制早已形成，若推行以"王田"为基础的井田制，只能招致民怨，灾及其身。故认为"平土"只能在土地私有制的框架内进行，对任何土地私有者，包括兼并大量土地的大地主在内，都不能"夺其有"。基于这一观点，他提出了一个在土地私有制基础上的"平土"方案，内容大致为：

使原来丧失了土地，被迫靠"末作"、"冗食"为生的劳动者回到农业中去；其次是限制私人占田的数量，"不得过制"。他认为这样一来，土地价格就会下降，无田的农民就会有很大一部分能够买田自耕，农民有了自己的土地就会"一心于农"，这些土地也会"地力可尽"了。

李觏还主张，限制占用的规定只适用于已垦的熟田，至于未垦的荒地，则任人开垦，"不限其数"，而且国家还要用给予爵位的办法，奖励多垦。李觏认为只有实施"平土"方案，才能阻止地主豪强的土地兼并，还地于民，促进农业生产的发展，增加国家财富。

2. 主张推行适合实际情况的税收制度　根据北宋时期的实际情况，李觏提出了简役和轻赋的主张，他认为统治者不能无限制地增加赋役，以免遭人民的反抗。他建议统治者必须"赋敛有法，徭役有时，人各有业，而无乏用"。在确定税率，特别是土地税率的问题上，他主张按谷物收成丰歉有所变通。他认为封建官府应于谷物将熟时派人巡视田野，观其凶丰，再定征收税额的多寡，但最高额不能超出十分之一。但只适用于丰年，凶年就须降低，即"丰年从正，亦不多取也，凶荒则损"。

至于征收的形式,他主张"征其所产"。这种"征其所产"并不完全是征收实物税,也可以是货币税。他坚持反对赋税征课的"取之非其地,求之非其常"的做法。

3. 主张节用　李觏在论述节用时,首先主张要"国用量入以为出"。即要以财政收入的多少来决定财政的支出。要"以岁之丰凶得税物多少之帐计国之用",只有这样才能保证国家财政收支的平衡。在节用问题上,李觏还针对当时国家和社会上存在的严重奢侈现象,力主节俭,反对奢侈。他认为国家首先应当"示俭","为君之道"在于"用富莫若俭"。

4. 主张平籴　平籴思想自经先秦李悝等人创议而由西汉耿寿昌具体体现为常平仓制度以来,一直是封建财政的一种重要措施。平籴的主要目的不在于增加财政收入,而是为了稳定谷物价格。李觏在主张实行平籴时,提出一个与传统的看法大不相同的独特见解。因为到了收获季节,农民急需现金用于还债或交税,便纷纷大量出售谷物,而商人便乘机低价买进谷物,形成"贱则伤农而利末"的现象。到了春季,农民存粮食尽,不得不向市场购买,因"籴者既多,其价不得不贵",于是粮价大涨,商人乘势而夺利。为此李觏提出国家应实行平籴法。他建议由国家于各县皆建立仓储,在收获季节大量收购粮食,在市场缺粮,价格上涨时,出售粮食,以平抑粮价,防止商人投机取利。

在李觏看来,实行了平籴之法,由国家掌握粮食、控制粮价,能使广大农民不至因为秋收崇贱,春天籴贵而受剥削。富商大贾不能因为囤积居奇、垄断市场而巧取豪夺农民的财产,即做到谷贱、谷贵都不伤农,故为君主理财的最好办法。

5. 反对国家专卖　李觏反对国家的专卖政策,主张由私商来经营盐茶的销售,以避免国家对经济生活的过多干预。他说:"今日之宜,亦莫如一切通商,官勿专卖,听其自为"。

李觏认为盐茶专卖会造成商品质量掺假或储运不善而变质、价格高、购买不便等缺陷,从而引起盐茶滞销,专卖收入下降,并直接影响财政收入的增加。他认为如果废除盐茶之禁,改由商人自由经营,由于经销的商人众多,相互竞争,故而不敢掺假,且注重提高商品质量,降低销售价格,吸引顾客,增加商品销路,从而改变盐茶滞销的局面。又由于国家取消专卖制度,改盐税茶税收入取代盐茶专卖收入,因盐茶畅销,盐税茶税收入与盐茶专卖收入相比,不但不会减少,反而会有较大的增加。这样,国家财政收入也因此会有一个较大的增长。

6. 宣扬功利主义　宋代是儒家思想得以较大发展的朝代,儒家所宣扬的"贵义贱利"的论调在此时尤为保守势力所津津乐道。李觏对宋朝积贫积弱的局面感到痛心疾首,他极力主张变法求富。为此,他认为必须首先反对"贵义贱利"的论调,要敢于言利,为变法革新、求强变富扫清障碍。李觏认为财富是成就一切事业的根本,"圣贤之君,经济之士"应该予以重视。他还认为追求财利是人的天性,"人非利不生"。他斥责贵义贱利的论调是"贼人之生,反人之情",是不人道的。自李觏提出这种直言财利,反传统的观点以后,继起者愈来愈多,成为封建后期的财政思想的特点之一。

经济两论的 CEO —— 苏洵

一、人物简介

苏洵(1009～1066年),字明允,号老泉。眉州眉山(今属四川)人。北宋著名散文家,与其子苏轼、苏辙合称"三苏"。长于散文,尤擅政论,议论明畅,笔势雄健。有《嘉祐集》。

后人在唐宋两个朝代七百年中筛选出八位公认的散文界精华人物,称为"唐宋八大家",苏洵和他的儿子苏轼、苏辙均在其列,八人中就占了三人,足可说明其在文学史上的重要地位了。

二、生平事迹

苏洵自幼聪慧过人,结发读书,学句读,属对声律,颇自负。和当时的士子一样,他读书的目的是想通过科举入仕,但他对声律之学兴趣不大,而宋初考试沿唐旧例,重"声律应对"。天圣五年(1027年),十九岁的苏洵举进士落榜,对他这种自负才华的人自是一次当头棒喝,他兴致勃勃地入京,却垂头丧气而归。归家后与程氏结婚,并从此弃学游荡了七八年。所谓游荡是遍游名山大川,并非一般浪荡子。实际上苏洵不饮酒,不近女色,内虽豪侠,而外貌温敦,沉默寡言,少时即有长者风。他弃学游荡,对其学业来说,虽是一种损失,但作为一个文学家的成长,青年时代有这么一段经历,却是非常宝贵的,既开阔了胸襟,又陶冶了情性。

苏洵夫人程氏,秉性贤淑而能文,忧心苏洵游荡下去会废学无成,遂劝导和支持丈夫归于学问。苏洵在二十七岁时,"始大发愤",闭门谢客,日夜攻读,表现出惊人的毅力和远大的抱负。过了两年,他怀着希望离开家乡,东出三峡,赴汴京(今河南开封)报考进士,结果又榜上无名。庆历六年(1046年),苏洵再次到京师参加制策考试,尽管他满腹经纶,但他的政见和文章均不为考官所喜好,再度名落孙山。

苏洵三次离蜀入京,在科举道路上历尽艰辛、屡试不第,使他对科举制的弊端有所认识,思想上产生了变化,决心不再走窒息人才的科举仕进之途,而专心致志地研究自己有兴趣的学问。他愤然焚烧了过去为应付科场而写的几百篇文稿,闭门读书,集中精力钻研诸子百家之说。在这段时期内,他特别注意积累学识,不肯轻易下笔。同时,他悉心教导苏轼和苏辙,寄希望于后人。

几年之后,苏洵学问大长,写出了千古传诵的《几策》、《权书》、《衡论》、《洪范论》等不朽名篇。这些文章风格雄奇,论点鲜明,论据有力,言语锋利,代表了苏洵的文风。如《权书》中的《六国》一文,仅用六百字来探讨战国末年六国败亡于秦的历史教训,文章开头一语道破关键:"六国破灭,非兵不利,战不善,弊在赂秦。"然后紧密围绕这个中心论点,层层深入,反复论证。最后用一句意味深长的话来结束:"苟以天下之大,而从六国破亡之故事,是又在六国下矣!"这显然是针对北宋王朝一再向辽、夏妥协的现实而发,表现了苏洵忧世愤俗的进步思想和雄奇犀利的写作风格。

苏洵对五代以来流行的浮华空洞的骈文,十分反感,经常抨击那些"浅狭可笑"的文坛时弊。他很推崇先秦诸子及历朝一些优美流畅,辞丰意雄的著述,对当代文豪欧阳修的"纵横高下皆如意"的清新古文也很欣赏。苏洵认为,写文章应当有为而作,言必中当世之过,一篇好的文章应当像五谷可以充饥,药石可以治病那样解决实际问题。当时,北宋王朝的社会矛盾日趋尖锐,政治改革的呼声日益高涨,苏洵以他的这种"有为而作"的散文来反映现实,为革新朝政服务的主张,是有积极意义的。正因为如此,苏洵的政论文在当时产生了良好的影响,使这位西蜀布衣成为达官显贵们慕名结交的上宾,一时名满天下。

至和二年(1055年),张方平出守成都。他得知苏洵如此贤能,更大为佩服苏洵的文章,认为可与左丘明、司马迁、贾谊等名家相提并论,便引为座上宾,并向朝廷推举苏洵。雅州(今四川雅安)雷简夫更称苏洵为"天下之奇才",并向宰相韩琦、翰林学士欧阳修推荐,认为"用之则为帝王师,不用则幽谷一瘦叟耳"。

嘉祐元年(1056年),苏洵带着张方平、雷简夫的推荐信,携苏轼、苏辙二子赴京,分别谒见了欧阳修、韩琦等朝臣。他们对苏洵的文章亦大加称赞,认为贾谊、刘向不能超过,比之为荀子。欧阳修还向朝廷呈献了苏洵文章二十篇,乞赐甄录。由于欧阳修等人的大力奖掖,苏洵的文章很快在京师广为流传,博得好评,加之次年二月,苏轼、苏辙兄弟同登进士甲科第,"一日父子隐然名动京师,而苏氏文章遂擅天下"。苏洵父子的文章在士大夫和学子中争相传诵,竞相效法,时文风尚竟为之一变;许多高官名士都以求见苏洵为荣。

正当苏洵父子一举成名,踌躇满志之时,苏洵之妻程氏病逝。苏洵匆忙携二子回家奔丧。嘉祐三年十月和次年六月,朝廷根据欧阳修等人的推荐,两次下诏令眉州遣苏洵赴京试策论于舍人院。这本是对一般士子的特殊恩宠,但苏洵对朝廷竟在欧阳修等人呈文上报两年以后才有答复的拖拉作风非常不满;加之对像他这样一个已年过五旬、著述颇丰,早已名动京师的人,竟不相信其平常的水平,而非得去接受有关官吏按主观框子规定的"考试"的做法非常气愤,就借口生病,推托不去。

由于苏洵一再拒绝应试,朝廷于嘉祐五年八月,任命他为试秘书省校书郎这样一个低级官职。对此,苏洵很不乐意,曾上书宰相韩琦,要求"别除一官",韩琦看信后,觉得授以试校书郎之职确也不妥当,加之朝廷正要编纂礼书,才改授苏洵为霸州文安县主簿,令其与项城县令姚辟一道编礼书。

英宗治平三年(1066年)四月十五日,苏洵修完礼书后数月,病死京师。

对苏洵之死,在朝野引起很大震动。朝野之士为诔(致悼辞)者有133人,盛称其道德文章,痛惜其怀才不遇,赞赏其培养二子,萃贤良于一门的不朽业绩。韩琦身为宰相,对自己深知苏洵之才而不能用,亦以诗二首哭之,其中有"名儒升用晚,后愧莫先予"之句。

三、经济思想

苏洵的经济理论有义利论和田制论,这两种理论都比前人有新的发展。

1.义利论　苏洵还举例说;伯夷、叔齐饿死于首阳山,这是"殉大义",但如果天下都好义,就不会见死不悲,让他们活活饿死。周武王伐纣是"揭大义而行",但却要汲汲于发粟散财以"恤天下之人",单靠义他就不可能取得战争的胜利。

因此只有义利结合而行,单有义不行,单有利也不行。所谓"君子之耻言利",就是耻言"徒利",而不是根本不言利。行义利在则义存,利亡则义丧。除非是天下没有"小人",否则就不能行徒义。讲义时要以利为统率,这叫"利义";讲利时要以义为统率,这叫"义利"。

苏洵的义利论虽然没有揭示义的本质,但对义利关系的阐述却相当深刻。他实际上把利看做第一位的东西,而把义看成是外加于人的一种道德规范。义如果不结合利,只对少数能被称为"君子"的人有约束力,对大多数"小人"(一般人)是无能为力的,根据这一理论,就要求统治者重视人民的物质利益,而不是单纯用义来维护自己的统治,因为单靠后者是维护不住的。显然,这种义利论比较符合义利关系的实际情况。

2. 田制论　关于田制,苏洵分析了井田制废除后的矛盾。明确指出地主的富强是向佃户收取占产量一半的地租造成的,他又指出地主要向国家纳税,如果税额是十分之一,因为他的地租只占产量的一半,所以实际上是十分之二,更何况税额还不止十分之一。这又要使地主"怨叹嗟愤"。由此他得出结论说:"贫民耕而不免于饥,富民坐而饱以嬉,又不免于怨,其弊皆起于废井田。"

如何解决这个矛盾呢? 他说有人认为夺富民之田,富民会作乱,只能行于大乱后,土旷人稀之时,因此以汉高帝、光武帝时未实行井田制为恨。他对此提出了不同看法。他指出:如果复井田,则要按井田规制平整土地,而且还要修道路沟洫,平原才有可能完成。完成后还要"为民作屋庐于其中,以安其居"。所以恢复井田制是不可能的,这一分析是从土地制度的形式上来揭露复井田主张的空想性。

苏洵提出的解决办法是限田。他主张由政府规定一个占田的最高限额,这限额不能像孔光、何武所定的那么高,而且已经超过限额的不禁,未超过限额的则不得过限。富人经过几代以后可能破落,或者田产被子孙分散,从而使田产降到限额以下。限田以后,农民获得土地成为自耕农,这样就能"不惊民,不动众,不用井田之制,而获井田之利"。他想通过承认地主的既得利益来减轻限田的阻力,可这仍然是一种无法实现的空想。

论财利疏的 CEO —— 司马光

一、人物简介

司马光(1019~1086 年),字君实,号迂叟,是北宋陕州夏县涑水乡(今山西夏县)人,世称涑水先生。他是北宋著名政治家、史学家,是我国第一部编年体通史《资治通鉴》的编辑者。司马光为人温良谦恭、刚正不阿,其人格堪称儒学教化下的典范,历来受人景仰。

二、生平事迹

1. 司马光砸缸　司马光出生于宋真宗天禧三年(1019 年)十一月,当时,他的父亲司马池正担任光州光山县令,于是便给他取名"光"。司马光家世代官宦,其父司马池后来官至兵部郎中、天章阁待制,一直以清廉仁厚享有盛誉。

司马光深受其父影响，自幼便聪明好学。据史书记载，司马光非常喜欢读《左传》，常常"手不释书，至不知饥渴寒暑"。七岁时，他便能够熟练地背诵《左传》，并且能把两百多年的历史梗概讲述得清清楚楚，可见他自幼便对历史怀有十分浓厚的兴趣。

此外，还有一件事使小司马光名满九州。有一次，他跟小伙伴们在后院里玩耍。院子里有一口大水缸，有个小孩爬到缸沿上玩，一不小心掉到缸里。缸大水深，眼看那孩子快要没顶了。别的孩子们一见出了事，吓得边哭边喊，跑到外面向大人求救。司马光却急中生智，从地上捡起一块大石头，使劲向水缸砸去，"砰！"水缸破了，缸里的水流了出来，被淹在水里的小孩得救了。司马光遇事沉着冷静，从小就是一副小大人模样。这就是流传至今"司马光砸缸"的故事。这件偶然的事件使司马光出了名，东京和洛阳有人把这件事画成图画，广泛流传。

2. 功名早成　宋仁宗宝元初年，年仅二十岁的司马光考中进士甲科，可谓功名早成。然而，他却不以此自满自傲，不图虚名，立志以仁德建功立业，成圣称贤。此后，他也一直朝这个方向努力。

司马光历来朴素节俭，不喜欢奢侈浮华的东西。考中进士后，皇上赏赐喜宴，在宴席上只有他一人不戴红花，同伴们对他说："这是圣上赏赐的，不能违背君命。"这时他才插上一枝花。这件事，到了司马光晚年，被他写进家训来教育他的儿子司马康要注意节俭。

此外，司马光对双亲特别孝顺。他被任命为奉礼郎时，他的父亲在杭州做官，他便请命要求改任苏州判官，以便离父亲近些，可以奉养双亲。

司马光还是一个有情有义的人。他担任并州通判时，西夏人经常入侵，成为当地一大祸患。于是，司马光向上司庞籍建议说："修筑两个城堡来控制西夏人，然后招募百姓来此地耕种。"庞籍听从了他的建议，派郭恩去办理此事。但郭恩是一个莽汉，带领部队连夜过河，因为不注意设防，被敌人消灭了。庞籍因为此事被罢免了，司马光过意不去，三次上书朝廷自责，并要求辞职，没得到允许。庞籍死后，司马光便把他的妻子拜为自己的母亲，抚养庞籍的儿子像抚养自己的亲兄弟一样,当时人们一致认为司马光是一个贤德之人。

3. 犯颜直谏　步入仕途后的司马光仍然潜心学习,力求博古通今,他通晓音乐、律历、天文、数学,而对经学和史学的研究尤其用心。

当时北宋建国近百年,已经出现种种危机,具有浓厚儒家思想的司马光,以积极入世的态度,参与政事,力图拯救国家。

司马光秉性刚直,在从政活动中亦能坚持原则,积极贯彻执行有利于国家的决策方略。而在举荐贤人、斥责奸人的斗争中,他也敢触犯龙颜,宁死直谏,当庭与皇上争执,置个人安危于不顾。

仁宗得病之初,皇位继承人还没确定下来。因为怕提起继位的事会触犯正在病中的皇上的忌讳,群臣都缄口不言。司马光此前在并州任通判时就三次上奏提及此事,这次又当面跟仁宗说起。仁宗没有批评他,但还是迟迟不下诏书。司马光沉不住气,又一次上书说:"我从前上呈给您的建议,马上应实行,现在寂无声息,不见动静,这一定是有小人说陛下正当壮年,何必马上做这种不吉利的事。那些小人们都没远见,只想在匆忙的时候,拥立一个和他们关系好的王子当继承人,像'定策国老'、'门生天子'这样大权旁落的灾祸,真是说都说不完。"仁宗看后大为感动,不久就立英宗为皇子。

英宗并非仁宗的亲生儿子,只是宗室而已。司马光料到他继位后,一定会追封他的亲生父母。后来英宗果然下命让大臣们讨论应该给他的生父濮王什么样的礼遇,但谁也不敢发言。

司马光一人奋笔上书说:"为人后嗣的就是儿子,不应当顾忌私亲。濮王应按照成例,称为皇伯。"这一意见与当权大臣的意见不同,御史台的六个人据理力争,都被罢官。司马光为他们求情,没有得到恩准,于是请求和他们一起被贬官。

司马光在他的从政生涯中,一直坚持这种原则,被称为"社稷之臣",宋神宗也感慨地说:"像司马光这样的人,如果常在我的左右,我就可以不犯错误了。"

4. 深谋远略　司马光经常上书陈述自己的治国主张,大致是以人才、礼治、仁政、信义作为安邦治国的根本措施。他曾说修心有三条要旨:仁义,明智,武略;治国也有三要旨:善于用人,有功必赏,有罪必罚。司马光的这一主张很完备,在当时有一定积极意义。

朝廷下诏在陕西征兵二十万,民心大乱。司马光认为此举不妥当,便向掌管军事的韩琦询问。

韩琦说想用突然增兵二十万来吓唬敌人。司马光认为这只能欺骗一时,而且庆历年间征兵戍守边地,已经把老百姓吓怕了。韩琦说他不会用老百姓戍边,司马光表示不信。不出十年,事情果然如司马光所料。

司马光在政治上是一名守旧派,与主持变法的王安石发生了严重分歧,几度上书反对新法。他说："刑法新建的国家使用轻典，混乱的国家使用重典，这是世轻世重，不是改变法律。"

"而且治理天下，就好比对待房子，坏了就加以修整，不是严重毁坏就不用重新建造。"

司马光与王安石，就竭诚为国来说，两人是一致的，但在具体措施上，各有偏向。王安石主要是围绕着当时财政、军事上存在的问题，通过大刀阔斧的经济、军事改革措施来解决燃眉之急。司马光则认为在守成时期，应偏重于通过伦理纲常的整顿，来把人们的思想束缚在原有制度之内，即使改革，也定要稳妥，因为"重建房子，非得有良匠优材，而今两者都没有，要拆旧屋建新房的话，恐怕连个遮风挡雨的地方都没有了"。

司马光的主张虽然偏于保守，但实际上是一种改革方略。王安石变法中出现的偏差和用人不当等情况，从侧面证明司马光在政治上还是老练稳健的。

5.编写通鉴 著史，也是司马光从政治国的一种方式。1071年，王安石为相，在政见不同、难于合作的情况下，司马光请求担任西京留守御史台这个闲差，退居洛阳，专门研究历史，希望通过编写史著，从历史的兴衰成败中提取治国的经验。

早在仁宗嘉祐年间（1056～1063年），司马光担任天章阁待制兼侍讲官时，看到几间屋子都是史书，浩如烟海的史籍，即使一个人穷其一生也是看不过来的。于是他逐渐产生了一个编写一本既系统又简明扼要的通史的想法，使人读了之后能了解几千年历史的兴衰得失。他的想法得了好友——历史学家刘恕的赞同和支持。

宋英宗治平元年（1064年），司马光把自己创作的史书《历年图》二十五卷呈献给英宗，过了两年又呈上《通志》八卷本。英宗看后，非常满意，要他继续写下去，并下诏设置书局，供给费用，增补人员，专门进行编写工作。司马光深受鼓舞，召集了当时著名的历史学家，共同讨论书的宗旨、提纲，并分工由刘班撰写两汉部分、刘恕撰写魏晋南北朝部分、范祖禹撰写隋唐五代部分，最后由司马光总成其书，由其子司马康担任校对。

神宗即位后，认为《通志》比其他的史书更便于阅读，也易于借鉴，就召见司马光，大加赞赏，并赐书名为《资治通鉴》，说它"鉴于往事，有资于治道"，还亲自为此书作序。神宗还将旧书三千四百卷赏给司马光参考，写书所需的笔墨纸砚以及伙食住宿等费用都由国家供给，这给司马光提供了优厚的著书条件，同时也促进了这部史书的编修工作。到神宗元丰七年（1084年），此书终于完稿，这部书的修订前后共用了十九年时间。

《资治通鉴》是我国历史上第一本编年体通史，这部书所记述的内容比较翔实可信,历来为历史学家所推崇。而且《通鉴》记事简明扼要,文笔生动流畅,质朴精练,不仅可以作为史学著作阅读,有些篇章也可以作为文学作品来欣赏。

《通鉴》的著述意义已经远远超过了司马光著史治国的本意,它不仅为统治者提供借鉴,也为全社会提供了一笔知识财富。清代学者王鸣成说:"此天地间必不可无之书,亦学者必不可不读之书。"《通鉴》已和《史记》一样,被人们称为史学瑰宝,广为流传,教益大众。而研究者也代代相沿,使其成为一门专门的学问,即"通鉴学"。

司马光一生著述很多,除《资治通鉴》外,还有《通鉴举要历》八十卷、《稽古录》二十卷、《本朝百官公卿表》六卷。此外,他在文学、经学、哲学乃至医学方面都进行过钻研和著述,主要代表作有《翰林诗草》、《注古文学经》、《易说》、《注太玄经》、《注扬子》、《书仪》、《游山行记》、《医问》、《涑水纪闻》、《类篇》、《司马文正公集》等。

6. 司马相公　《资治通鉴》写成以后,司马光官升为资政殿学士。他在洛阳居住了十五年,天下人都认为他才是真正的宰相,老百姓都尊称他为司马相公,而司马君实这个名字,妇孺皆知。神宗逝世时,司马光赴丧,卫士望见他,都说:"这就是司马相公。"他所到之处,百姓夹道欢迎,以至于马都不能前行,老百姓对司马光说:"您不要返回洛阳,留下来辅佐天子,救救百姓吧。"

等到哲宗即位、太皇太后临政时,司马光已是经历了仁宗、英宗、神宗的四朝元老,颇具威望。他建议太后广开言路,于是上书奏事的人数以千计。当时天下百姓,都拭目以待,盼望革新政治。但有些人却说:"三年之内不能改变先皇的政策。"于是,只改革了一些细小的事,堵住人们的嘴巴。

此时,司马光上书直言:"先帝之法。好的即使是百世也不能改变。而像王安石、吕惠卿所制订的制度,已经成了天下祸害,应该像救火灾、水灾一样急迫地去改变它。况且太皇太后是以母亲的身份改变儿子的法令制度,并不是儿子改变父亲的法律。"这样大家的意见才统一下来。于是,废除保甲团教,不再设保马;废除市量法,把所储藏的物资都卖掉,不取利息,免除所欠钱物;京东铁钱及菜盐的法律都恢复其原有的制度。

晚年的司马光疾病缠身,但是不把新法完全废除,他死不瞑目。于是他写信给吕公著说:"我把身体托付给医生,把家事托付给儿子,只有国事还没有托付,今天就把它交给您吧。"于是上书论免役法五大害处,请皇上下诏废除,并请求废除提举常平司;边地的策略以与西戎讲和为主;又建议设立十科荐士之法。这些建议都被朝廷采纳。

司马光被任命为尚书左仆射兼门下侍郎时,又废除了青苗法。两宫太后听任司马光行事。当时司马光功高盖主、权重无边,连辽国、西夏派来的使者也必定要询问司马光的身体起居,他们的国君对驻守边境的将官说:"大宋用司马光做宰相,你们轻易不要惹出是非,使边境出问题。"

司马光对于朝廷可谓是"鞠躬尽瘁"。他带病处理各种事务,不分昼夜地工作。别人劝他注意身体,他却说:"人的生死是命中注定的。"病危时,他在失去知觉的情况下,还不停地呓语,说的全是有关国计民生的大事。

元祐元年(1086 年),司马光逝世,终年六十八岁。太皇太后听到消息后,和哲宗亲自去吊唁,追赠司马光为太师、温国公,谥号"文正",赐碑"忠清粹德"。京城的人听到噩耗,都停工前往吊祭;岭南封州的父老乡亲,也都备办祭祀;都城和周围地区百姓都画了司马光的遗像祭祀,吃饭时必定为之祈祷。

7. 盖棺定论　司马光一生忠孝节义、恭俭正直,他安居有法、行事有礼。在洛阳时,司马光每回去夏县老家扫墓,都要去看他的哥哥司马旦。司马旦年近八十,司马光不仅像尊敬父亲一样尊敬他,还像照顾婴孩一样照顾他。

司马光一生从不说谎话,他评价自己时说:"我没有什么过人之处,只是平生的所作所为,皆问心无愧。"百姓全都敬仰信服他,陕州、洛阳一带的百姓被他的德行所感化,一做错事,就说:"司马君实会不知道吗?"

司马光一生清廉简朴,不喜奢华。史书上记载着他这方面的许多小故事,就连他的政敌王安石也很钦佩他的品德,愿意与他为邻。据说,司马光的妻子死后,家里没有钱办丧事,儿子司马康和亲戚主张借些钱,把丧事办得排场一点,司马光不同意,并且教训儿子处世立身应以节俭为可贵,不能动不动就借贷。最后,他还是把自己的一块地典当出去,才草草办了丧事。这就是民间流传的所谓司马光"典地葬妻"的故事。

司马光的品格德行、修学治史,一直受到人们的高度评价。但对他的政绩,人们却时褒时贬。

保守派主政的时候,对其政绩大加褒扬,宋哲宗还敕令保守派的翰林学士苏东坡撰写神道碑文,洋洋几千言尽是赞美之辞。

而改革派当政时,司马光不仅没有政绩可言,而且被列入奸相之列。宋绍圣年间,御史周铁称其:"诬谤先帝,尽废其法,当以罪及"。朝廷不仅夺去了所有封号,而且还把其墓前所立的巨碑推倒。王安石的学生章淳、蔡京主政时,为报复司马光等人尽废新法的做法,将其与三百零九名朝臣列入"元祐奸党",并要在朝堂和各州郡立"奸党碑"。

但是在立碑时,发生了一件意想不到的事,石匠安民对蔡京说:"小人是愚民,不知道立碑的意图。但司马相公海内都称道他为人正直,现在却要列入奸党,小人不忍心做。"蔡京一怒之下便要处罚他,吓得安民一面求饶,一面哭诉:"大人的命令,小人不敢违抗。只是小人有一个请求,碑上刻匠人名字时,不要把小人安民的名字署上,以免留下千载骂名。"蔡京仔细一想,司马光虽然有错,但毕竟为人正直,享有威望,于是改变了主意,将司马光排除在奸人之外。

可见,司马光的人格不仅为百姓所称道,甚至连对手也为之折服。在封建时代,司马光是孔门的第三个圣人,位列孔子、孟子之下。他给后人留下了一笔巨大的精神财富。

三、经济思想

1. 政策主张　司马光是反变法派的首领。在实行新法之初,他曾当着神宗的面同王安石辩论,还曾写信给王安石对其进行批评。王安石也把他看成是自己的主要对手。

司马光看到自己的主张未被采纳,从熙宁四年到洛阳以后,就"绝口不复论新法"。但在七年神宗下诏求言时,仍上书抨击新法。元丰五年他身体有病,事先做好《遗表》,内容也是针对新法的。在他终于当政时,就尽罢新法。这样做连反对新法的苏轼、苏辙都认为太过分。苏轼指出"差役、免役各有利害",将差役改为免役是"万世之利",只要去除它的弊病,"则民悦而事易成"。

王安石主张"天命不足畏,祖宗不足法,流俗不足恤",司马光大不以为然。他说:"人之贵贱贫富寿夭系于天","违天之命者,天得而刑之。顺天之命者,天得而赏之。"他又向神宗提出"祖宗之法不可变",反对王安石"变更祖宗旧法"。

2. 论财利疏　嘉祐七年(1062 年),司马光写了《论财利疏》,提出了如何解决财政危机的意见。他指出当时的情况是"民既困矣,而仓廪府库又虚",他提出了三条解决财力屈竭的办法:

(1)用人政策　他认为财用匮乏是由于"朝廷不择专晓钱谷之人为之"而造成的,强调要由内行的人来管理财政。他主张财政官员的任期要长。

(2)把财政收入放在发展经济的基础上　他强调治财要从发展农工商业着手,然后收取其有余的部分作为国家的财政收入,这在理论上是正确的。他说:"彼有余而我取之,虽多不病矣。"这好比砍柴,只砍去树木的枝条而"养其本根",柴才不会被砍光;如果连根砍去,虽然一时可以多得,但以后就没有了。

如何做到"农尽力"、"工尽巧"、"商贾流通"呢?司马光分别做了论述。论述得最多的是农业,因为农是"天下之首务"。

司马光认为百工是"以时俗为心"的,而时俗又"以在上之人为心",因此只要"上好朴素而恶淫侈",就能使时俗随之而变。对于在官的百工,则要派人监督他们生产的产品,"取其用不取其数",即要追求质量而不追求数量。

他认为要使商贾流通,就要使"公家之利舍其细而取其大,散诸近而收诸远"。他指出商贾是"志于利"的,但现在政府的政策却是"弃信而夺之",他们见无利可图,就会改行,以致"茶盐弃捐,征税耗损",使国家的利益也受到损失。

(3)节约财政开支和消费 司马光举出了一些竭民财的弊病,对宗室、外戚、后宫及内外臣的赏赐太多,"竭天下之力以资众人"。上行下效,上下都存在着奢侈的风俗。吏胥没有廪禄,全靠"啖民为生",这是"百姓破家坏产"的重要原因之一。官职按期升迁,日积月累,以致"一官至数百人,则俸禄有增而无损"。"兵多而不精",财政开支虽然很大,兵仍患贫。

《论财利疏》中的经济理论基本上还是荀子的开源节流理论,不过是针对北宋的具体情况而提出的。司马光把当时的经济问题仅仅限于国家的财政问题。他的着眼点是地主阶级国家同税收的负担者(包活剥削者和被剥削者)的矛盾,而不是表现在地租和高利贷剥削以及土地兼并问题上的地主同农民的矛盾。欧阳修、苏洵、王安石等都注意到后一种更为根本的矛盾,而司马光却没有。他的保守性在这里表现得很明显。后来他批评新法,有些确是新法的弊病,有些则在代表兼并势力说话。

3. 反对新法 司马光反对新法的理由,具有经济理论意义的主要有以下几个方面。

在《论财利疏》中,司马光把管理国家财政工作称为"治财"。治财和理财的意思好像差不多,但在司马光看来是有区别的。王安石将理财和言利分开,想肯定理财而否定言利,司马光则认为理财和言利是一回事。

在反对青苗法时,司马光提出了为富人辩护的理论。唐代柳宗元(773~819年)既认为穷人要依靠富人,又对富人奴役穷人不满。而司马光则只强调前者。在他看来,人之分为穷人和富人,完全是由于人的才智和勤俭与否的差别而造成的。这本是韩非的理论,司马光继承它并有所发展。

司马光进一步把富人用高利货剥削穷人的关系美化成为"彼此相资以保其生"的互利互助关系。既然富人放高利贷对穷人有利,那么青苗钱即使是高利贷也不是一样对穷人有利吗?可见他这样说的真正着眼点在于富人而不在于穷人。他批评青苗钱随户等抑配,富人要多借,而且地方官怕借给穷人的钱收不回来,还要富人为穷人作保,在穷人无力偿还时替他们还债。这些都对富人不利。实际上青苗法并没有那么大的威力,他这样维护富人的利益,表明他是反对抑兼并的政策的。

新法实行后虽大量铸钱,但仍有钱荒之患。因此司马光等也以唐人反对两税征钱的理由来反对新法。"农民"为了交纳免役钱,在丰收时要减价出售粮食,而一遇荒年,"欲卖田则家家卖田,欲卖屋则家家卖屋,欲卖牛则家家卖牛",无田可卖的,就"不免伐桑枣、撤屋材卖其薪,或杀牛卖其肉"。他强调

"自古农民所有不过谷帛与力,凡所以供公赋役无出三者"。

赋税征钱所造成的这一矛盾在封建社会中是长期存在的,常常有人反对是正常现象。

推行变法的CEO —— 王安石

一、人物简介

王安石(1021～1086 年),字介甫,号半山,抚州临川人。

王安石是北宋的名相,同时也是一名杰出的思想家、文学家。王安石了解北宋中期的社会危机,于是向宋仁宗上《万言书》,要求改革吏治、实行变法。到了宋神宗时期,王安石积极推行"新法",与司马光为首的保守派展开斗争,确保"新法"的颁布实施,被列宁称为"中国十一世纪的改革家"。王安石的诗文造诣也很高,名列唐宋八大家之中,他的文章《伤仲永》,情理兼具;他的"春风又绿江南岸,明月何时照我还"的诗句,至今仍脍炙人口。

二、生平事迹

1. 州县做官　　王安石于北宋真宗天禧五年(1021 年)出生在官宦之家。十九岁父丧,三年居丧期满,正逢科举考试,于是他赴京应试,名列进士第四。不久,他被派往扬州担任签书淮南节度判官厅公事。从前的制度规定,任职期满,准许呈献文章要求考试馆阁职务,可王安石偏没有这样做。

1047 年,他调往鄞县任知县。鄞县本是个好地方,灌溉便利,可王安石去时,水道年久失修,以致渠川堵塞,河底朝天。第一年上任,风调雨顺,收成很好,可王安石并没有放弃大兴水利的打算。在征得上司同意后,他利用农闲时组织乡民浚治水道、兴建堤堰,他还把官仓中的谷物借给百姓,丰收后偿还。王安石做事不辞劳苦,认真负责,确为一般"亲民官"所不及。他在鄞县做的第二件好事,即实行青苗法,贷谷于穷人,抑制土地兼并。当时豪强地主放高利贷,无法偿还的百姓被迫拿土地抵债。他实施青苗法,使官仓中的粮食得以更新,民众也得到方便,有力地打击了高利贷的剥削活动。

王安石目睹北宋吏制的腐败、人才的匮乏,于是大力兴办教育。他一反"近世之法",把鄞县孔庙改为"县学堂"。他还从越州聘请四明山一带颇有名气的学者杜醇当教学官,为了纪念王安石的政绩,鄞县人民为他立祠庙,并且历代祠祭,经久不衰。

1057~1058年,王安石先后担任了常州知州、江南东路提点刑狱。这时文彦博是宰相,向皇帝推荐王安石,说他淡泊名利,请求越级提拔,以便遏制官场上为名利奔走的不良风气。不久,朝廷召他考试官职,他没参加。欧阳修推荐他任谏官,他则以祖母年高为由来推辞。在担任地方官的十几年间,无论是做知州,还是任监司官,他都努力做一些实实在在、兴利除害的事情。

2. 上《万言书》　1058年10月,王安石被调任三司度支判官,成为京官。在外任官十几年,此时的王安石已积累了丰富的地方吏治的经验。体察社会弊病、了解民间疾苦的王安石上任后,决心推行改革。北宋中期,内忧外患并存,酿成社会危机。于是王安石站出来,向仁宗上呈《万言书》,系统地提出了改革的意见。

首先提出:"现在社会财力一天天缺乏,风俗一天天衰败,士大夫们不能为社稷担忧。造成这种形势的症结在于:如今的法度多不合时宜。现在应该从实质上学习先王的政治,进行改革。"他还指出,针对吏治腐败、人才缺乏的问题,要改革学校、科举、恩荫,从地方提拔有用的人才来治理天下。针对财政困难、官吏贪污等问题,他都提出了自己独到的见解,最后提出,改革的关键在于皇帝,皇帝要坚持改革,不能因流俗和侥幸之人的反对而半途废止。

宋神宗还当太子时,就对王安石的《万言书》十分赞赏。第一次召见时,宋神宗就问:"治理国家,首先要抓什么?"王安石回答道:"首先要选择方法。"又问:"唐太宗如何?"答道:"陛下应当效法尧舜,何必说唐太宗呢? 尧舜的方法,非常简便、非常关键、非常容易。只是后来的学者不能理解,就以为高不可测了。"神宗对王安石的回答非常满意,叮嘱他全心全意辅佐改革。在一次讲席以后,神宗将王安石单独留下来,咨询变法措施,王安石趁机要宋神宗坚决排斥反对变法的人。这一年,河北大旱,国家财政由于救灾费用剧增而出现紧张局面。十一月,在祭天活动中,神宗让学士们议论救济的方法时,王安石与司马光争论起来。神宗看出两人争论的焦点反映出了两条根本不同的救弊路线。司马光主张缓变,而王安石要剧变,从根本上解决问题。宋神宗很赞赏王安石的魄力,下决心排除各种干扰,启用王安石变法。

3. 入相变法　1069年2月,宋神宗任命王安石为参知政事,并设置了整顿财政和商议变法的专门机构——三司条例司,由王安石主持,开始实行变法。1070年12月,又任命王安石为同中书门下平章事,即宰相,赋予他更大的权力以推动变法。

在任宰相执政期间,他辅佐神宗实行变法,掀起了持续十六年之久的熙丰改革运动。这场改革发起于熙宁二年(1069年),至元丰八年(1085年)神宗病逝而结束。它可分为熙宁新法与元丰改制两个阶段,宋神宗自始至终是变法的领导者,他对王安石非常信任,甚至王安石顶撞了他也不计较。王安石更是感激皇上的恩遇,以天下事为己任,倾全力实行变法。

熙丰改革的目的是富国强兵,为达此目的,王安石陆续推出青苗法、均输法、农田水利法、募役法、市易法等,属于理财富国一类;将兵法、保甲法、保马法等,则属于整军强兵一类;更贡举、兴学校等,则属整顿吏治、培养人才一类。变法的中心是"理财","理财"的方法是"民不加赋而国用足"。

青苗法于1069年9月颁布。在青黄不接时,政府主动向农民发放贷款救急,一年按春、秋发放两次,要他们二分的利息。春天分发出去的秋天收回。

农田水利法(或称农田利害条约)于1069年11月颁布,规定各地兴修农田水利工程,工料由当地居民照户分派。

均输法发布于1069年7月。朝廷征调财物时,考虑到富商垄断物资,抬高物价,从而使百姓困苦不堪,于是均输法规定征调权统归发运使,由发运使掌管六路、京师生产和府库的储备等状况,然后根据实际需要和各地产品情况征收,由国家调剂有无、权衡贵贱、统一运输,所谓"徒贵就贱,用近易远",从而打击商人牟取暴利的行为,给农民减轻一些负担。

募役法是熙丰变法中影响最大的一项改革。王安石在制订过程中慎之又慎,与神宗商议两年才颁行,从熙宁二年(1069年)到熙宁四年(1071年)才付诸实施。这是王安石最得意的一项新法。募役法又称免役法,北宋中期,差役的危害极大,但官户、将吏、僧道户、女户、单丁户、城市居民户和商贾均可享受免役仅,繁重的兵役就落到农村中的小地主和自耕农身上,对农村生产力摧残极大。王安石改革时规定,按百姓家庭财产多少,分别让他们出钱雇人充役,使本来不服役的家庭也都一律出钱。这样,自耕农免除了差役,而朝廷增加了收入。

保甲法,王安石在上《万言书》中就已经提出过。保甲法实行的目的之一就在于镇压农民各种形式的反抗。把乡村人口编入籍簿,两名男丁取一人,十家为一保,保丁都发给弓弩,农闲时操练,教给他们战斗的方法。保甲法作为改革冗兵弊病的措施,为国家节省了巨额经费。作为封建政治家,王安石的远见卓识,已能窥见一斑了。

在培养人才上,王安石对学校进行整顿,改组太学,扩大太学生名额,增至一千人。为统一上下思想,推动变法的开展,王安石亲自编订各学校统一教材。他注解了《诗经》、《尚书》、《周礼》三部书,凡科举考试,都奉为教材。

熙宁变法使"富国强兵"收到了一定效果,尤以"富国"成效最大。公元1078～1085年间,"中外府库无不充盈","可以支二十年"。边防方面也取得成效,1072年,在变法高潮中,经略安抚使王韶曾取得了打败西夏、收复熙河等五州二千里土地的胜利,使唐中叶以后失陷二百年的旧疆重归故土。由此可见,变法在一定程度上扭转了"积贫积弱"的局势。

4. 面临阻力 王安石在宋神宗支持下进行变法,从一开始就遭到许多人的反对。反对派以司马光为首,在太皇太后和歧王赵颢的支持下,对新法进行了全面的攻击。

守旧派反对改革,首先制造谣言,阻挠王安石上台参与大政,王安石以身许国,义无反顾,面对流言,毫不畏缩。1067年,神宗刚把王安石调到京师,守旧派就预感到力主改革的他将被重用。一时间,朝廷中刮起一股阻挠王安石参政的阴风。当他被任命为参知政事后,御史中丞吕海急不可待地捏造了王安石"十大罪状",攻击他"大奸似忠,大诈似信"。当时王安石刚上任几个月,连司马光也感到惊讶,觉得吕海操之过急。神宗看完吕海的弹劾文,立即退还,弄得吕海难以下台,不得不要求辞官,神宗于是让他做了地方官。王安石推举吕公代替吕海任御史丞。韩琦规劝神宗停止实行变法,神宗有些犹豫,刚想同意韩琦的意见,王安石立即要求辞职。后来司马光为神宗起草的诏书中有"士大夫沸腾,百姓骚动"等言语,使王安石大怒,他立刻上章为自己辩护。神宗深感王安石的说法有道理,于是没有采纳韩琦的意见,而继续任用王安石管理政事。

反对派认为,变法针对那些地方富豪是不应该的,他们是国家政权的基础,如果把他们都挤垮,一旦边境形势紧张,需要兴师动众,军需的钱粮将没有着落。他们反对保甲法,担心保丁习武,一旦灾荒出现,保丁就会拿起武器,成为国家的大患。对于青苗法,反对派认为政府实际上是在放高利贷,有损国家体面,而且荒年借贷肯定要亏本。在推行免役法上,两宫皇太后亲自到神宗面前哭诉,说她们的亲属被强迫交纳很重的免役钱,恐怕京城会因此发生动乱。

对于反对派的责难,王安石据理进行反驳。1070年3月,宋神宗问王安石:"外边传言,朝廷认为'天变不足惧,人言不足恤,祖宗之法不足守',这是什么话? 朝廷哪有过这样的话?"王安石没有正面回答自己是否说过"三不足",而是写了《上五事札子》,对反对派攻击最厉害的五件事进行了反驳。"三不足"口号是1072年王安石提出来的。熙宁五年(1072年)春,司天监灵台郎元瑛奏言:"天久阳,星失度,这是由于强臣擅国,政失民心之故,应当罢免王安石。"枢密使文彦博为了阻挠市易法,居然上书说:"市易,招民怨,致使华山都崩塌了,这难道不是上天在警告吗?"反对派企图借一些自然异常现象动摇神宗,打败王安石,以废新法。因此,王安石勇敢提出了"天变不足畏"的响亮口号。1075 年 10 月,彗星出现,在当时被称做"妖星",反对派趁机又掀起一次反对变法的高潮。由于王安石对天象有朴素的唯物论知识,保守派的阴谋才未得逞。元瑛被刺而发配到英州,文彦博的奏章被扣压并被派出去任魏地的留守。

　　5. 罢相还乡　　王安石任宰相期间,一次礼官讨论确立太庙中太祖牌位方向的位置时,王安石擅自决定把僖祖的牌位奉入太庙中,参加讨论的官员联合起来与王安石争论,也没能改变他的决定。上元节晚上,王安石随圣驾骑马进入宣德门,守门卫士阻止呵斥,并鞭打王安石的马匹。王安石大怒,上章要求惩治这些卫士。御史蔡确为卫士辩解,但神宗最终还是杖打了卫士,斥责内侍。王韶开凿熙河向朝廷报功,神宗认为这是王安石的建议,解下随身的玉佩赐给了王安石。由此可见,王安石在当时是多么受神宗宠信。

　　但宋神宗在反对派的强大攻势面前还是开始动摇了。1074 年 4 月,天下大旱已经八个月了,反对派声言这是上天不满的表现。王安石的一个学生郑侠在反对派的支持下,上书神宗,并献上《流民图》说:"旱灾主要是新法招来的,罢了王安石的官,天就会下雨。"宋神宗反复观看该图,因此对变法有些怀疑。王安石不得不自请辞退。于是神宗罢免了他的宰相职务,而任命他为观文殿大学士、江宁知府。

　　1076 年 6 月,王安石的儿子因吕惠卿等攻击生病死去。王安石再次出任宰相后,曾多次托病请求离职,到了儿子死去,他更是悲伤不已,加上身体有病,他极力请求辞职。王安石想自己任相八年,日夜操劳,不顾毁誉,力排天下异议和诽谤,改革弊政,新立法度,已初具规模。只要神宗在改革上方向不变,新法就不会废。神宗明白,此次王安石求退之心不可回,再三挽留不住,1076 年 10 月,神宗同意他辞职,以带使相兼判江宁府,让王安石回金陵。1079 年又封他为荆国公。这就是王安石第二次罢相。

　　王安石罢相后,宋神宗仍坚持进行了一些变法。选用的执政大臣,都是和王安石共事多年或制定新法的人,基本上遵循王安石的改革方向。神宗于1085 年 3 月病逝,年仅三十八岁,其子十岁即位,称宋哲宗。

　　王安石退居金陵后,一直过着隐士般悠闲的生活。他在江宁府城门外筑宅,离城七里,离蒋山亦七里,称其家园为"半山园"。人们常见他骑马漫游于各地湖山,借山水、参禅来安度晚年,此间,他作了不少诗。

　　在金陵时,常有人来访。其中王安石与苏轼在金陵的交往,被传为佳话。

　　王安石长苏轼十六岁,在青年时代,都以才学出众而引人注目。欧阳修为北宋文坛领袖,他最欣赏的两个人就是苏轼和王安石。王安石、苏轼文学成就均十分突出，均被誉为"唐宋八大家"之一。在政见上，他俩都主张改革，苏轼并非像司马光那般保守，只是在改革的步骤和方法上见解不一。如此两个佼佼者，在熙丰变法中成了政敌。王安石执政时，苏轼曾反对新法，屡遭黜降。然而两人均无害人之心，苏轼对新法并未一概否定。1079 年，苏轼因"乌台诗案"下狱，王安石已不在京师，惊闻之下，立即在金陵设法营救。

1080 年，苏轼由黄州迁至汝州，途经金陵，多年没有交往的苏、王在金陵友好地相会了。在苏轼逗留金陵期间，两人进行了多次交谈。他们在一起谈诗、诵佛。他们在往来的书信和诗中，王安石破例与苏轼谈及了时事，诸如关于用兵西夏等。其中王安石的《北山》诗：

> 北山输绿涨横陂，直堑回塘滟滟时。
> 细数落花因坐久，缓寻芳草得归迟。

这是他与苏轼一道游北山后写的诗中的一首。金陵相会，使苏轼更加了解了王安石的为人，后来他逢人就称赞："不知几百年，方有如此人物。"

1084 年，王安石得了一场重病，神宗派了御医赶赴金陵诊治。病愈后，他把半山园宅第施舍给寺庙，神宗赐额"报宁禅寺"。王安石自己则在城中租屋居住。

哲宗即位后，太后垂帘听政，起用司马光为相，保守派掌权并开始废除新法，坏消息接踵而至，使王安石痛不欲生。1086 年 4 月，终年六十六岁的王安石去世。王安石死后被追封为"太傅"，绍圣年间，赐谥号为"文"，配享神宗的庙庭；徽宗时，又配享文宣王庙。而钦宗时，皇帝下诏停止他文宣王庙配享。高宗采纳赵鼎、吕聪的意见，削去了其"舒王"的封号。

三、经济思想

1. 推行新法　熙宁年间推行的新法除三舍法、保甲法、将兵法（选派将官训练士兵）外，以下均属于理财方面的。

（1）均输法　由总管东南六路财赋的发运使，以 500 万贯钱和 300 万石米作为籴本，根据"徙贵就贱，用近易远"的原则，灵活筹办上供物品。

（2）青苗法（正式名称是常平法）　仁宗时，陕西转运使李参曾在陕西行青苗钱，先贷以钱，俟谷熟还之官"。青苗法是对这一办法的发展，将各路常平、广惠仓的粮食或现钱贷给民户（如贷粮食，按时价折成现钱），预先规定归还的粮食数（按前十年中丰收时的粮价折算），实际归还时还钱或还粮食由民户自己决定。一年贷两次：一次在正月三十日以前，随夏税归还；一次在五月三十日以前，随秋税归还。利率每次两分。贷款数额根据户等：一等户不超过十五贯，二等户十贯，三等户六贯，四等户三贯，五等户一贯半。

（3）**农田水利法**　奖励各地兴修水利和开垦荒田。水利工程所需的工料由受益户按户等负担，不足时由国家贷给青苗钱，利息比一般的青苗钱低，也可向民间借贷，利息依常例。

（4）**免役法**　又叫雇役法或募役法，即把差役变成雇役。过去承担各种差役的民户不再服役，按户等高下出役钱，称为免役钱。过去不当差的官户、坊郭户、未成丁户、单丁户、女户、寺观等也要出钱，称为助役钱。为了防备灾荒时役钱征收不足，平时多收二成，称为免役宽剩钱。

（5）**市易法**　熙宁三年，王安石曾采纳秦凤路（治今甘肃天水）经略司官员王韶的建议，在古渭（在今甘肃陇西）设市易务。熙宁五年，又有魏继宗上书建议在京师设常平市易司，于是正式推行了市易法。先在京师，接着又在一些边境和重要城市设市易务（京师的市易务改为市易司，领导各地的市易务），以收购滞销商品和贷款给商人。吸收参加市易务工作的商人可凭地产或金银作抵押，向市易务借钱，年息两分。一般商人也可以财产做抵向市易务借钱或赊购商品。赊购商品在半年内还款的利息一分，一年内还款的利息两分。过期不还，每月罚款百分之二。外来商人可以将滞销商品卖给市易务，收钱或收其他商品。政府机构所需物资，也可由市易务采买。

（6）**方田均税法**　类似的办法在仁宗时即已推行过，清丈土地，根据土地的肥瘠区分五等，均定税额。各县都以原来的租税额为限，不得增加。此法只实行于京东（今河南商丘南）、河北、陕西、河东（今山西太原）等路。

新法中最重要的是青苗法和免役法。这两法的实行，使货币需要量大为增加，熙宁、元丰年间又大力铸钱，这是宋代铸钱最多的时期。

新法实行后，统治集团中反对或批评新法的人很多，矛盾十分尖锐。王安石的两次罢相，就是这种矛盾冲突的结果。元丰年间王安石虽已失去了权力，但新法仍在执行。直到元丰八年神宗死后，年幼的哲宗即位，太皇太后高氏掌权，在司马光的主持下，才将新法废除。

王安石以理财和抑兼并作为实行理财新法的两个根本理由。理财和抑兼并理论构成了他的经济思想的主要内容。这些理论并不全是他的创见，但表现出某些新的特点。

2. 理财论　王安石以理财为变法的首要目标。早在上书仁宗皇帝时，他就指出当时"公私常以困穷为患"是由于"理财未得其道"。他把理财和言利作为两个截然不同的概念，肯定前者而否定后者。他曾批评"聚敛之臣"的"务以求利为功"。当司马光批评他"大讲财利之事"，违反了"孟子之志"时，他回答说："举先王之政以兴利除弊，不为生事。为天下理财，不为征利。"既要理财，又要避言利之名，这是王安石理论的一个深刻的矛盾。他不敢像李觏那样肯定言利的意义,是因为要把自己打扮成儒家的正宗,避免给反对派以口实。

王安石所说的理财之道,是要"因天下之力以生天下之财,取天下之财以供天下之费"。这是说财政收入的增加要放在发展生产的基础上,理财的重点在于生财。这种方法的出发点只在于"言利",好比关起门来和儿子做生意,"虽尽得子之财,犹不富也"。它只是将民间的财富转移到国家手中,整个社会的财富并没有增加。正确的方法应该是"欲富天下则资之天地",目的是要富天下,即求社会财富的增加,应向大自然索取,也就是"因天下之力以生天下之财"的意思。

"欲富天下则资之天地"是一个很高的要求,说起来容易做起来难。农田水利法可以说是符合这一要求的,其他理财新法就不一定了。

在建议实行均输法时,变法派指出先王制定按地区定贡赋和调节商品流通的制度,不是为了统治者的"专利",而是为了以义理财。实行均输法就是为了贯彻"以义理天下之财"的原则,均输原为桑弘羊所创立,变法派对均输法的作用的说明也同桑弘羊的理论相似,所不同的只是加上了"以义理天下之财"的帽子。但均输法即使取得了变法派所说的效果,也仍然是一种"富其国者资之天下"的方法,它不是通过发展生产而是通过商品流通领域来增加国家的财政收入。

实行青苗法,变法派说使受贷者不仅"足以待凶荒之患",而且"选官劝诱,令兴水土之利,则四方田事自加修益"。这本是"欲富天下则资之天地"的意思,不过只是说说而已。

说青苗法"公家无所利其入",显然是掩饰之辞。青苗法规定二分取息,年息达到四分。有些地方实际上是三分,则年息达到六分。在借贷的具体办法上还存在着折算的问题。借款人实际上借的和还的可能都是粮食,但要折钱计算。借时按当时的粮价折钱,还时却按丰收时的粮价折钱。借时青黄不接,粮价高,丰收时粮价低,虽然归还的本金在钱数上没有变化,而粮食数却比借时增加了许多。这等于是借款人在规定的利息以外又负担了一笔无形的利息。因此,青苗法并不是薄息贷款,也不是"公家无所利其入",而是一种封建国家经营的高利贷,从中可以获得很大的财政利益。这样的政策不仅是"富其国者资之天下"的理财方法的体现,而且是包含有巧取豪夺的成分。

关于免役法,王安石解释的作用在于"举天下之役人人用募,释天下之农归于畎亩",但免役法是否只是或主要是为了便农,却仍值得怀疑。北宋的差役原来由乡村上、中户轮流充当,而实行免役法后下户也要纳役钱。未成丁户、单丁户和女户的经济条件以不好的居多,则要纳助役钱。除规定的免役钱外,还要纳二成免役宽剩钱,而且据说实际上达到四五成。这些都具有向穷人加税的性质。虽然他说是为了发展生产，但承认确是"多取"，表明在这里贯彻的仍是"富其国者资之天下"的方法。

市易法相当于桑弘羊的平准，但内容更复杂，如对商人放款就为后者所无。王安石公开承认增加财政收入的目的。利息是市易法的一项重要收入，神宗曾提出免除商人所欠的息钱，王安石表示反对。这就自己否定了自己所说的理财和言利无关的理论。实行市易法和均输法一样，也和"富天下者资之天地"的方法无关。

王安石提出"欲富天下则资之天地"的理财方法时还没有执政，这反映了他当时的一种理想。在他执政以后，他主观上虽想做到这一点（如重视农田水利），然而在生产力低下的农业社会，要靠这一方法来富国，绝不是短时间所能见效的。迫切的财政需要，是王安石变法所必须尽快解决的难题。无论是对外用兵还是对内实行改革，都要有强大的财政力量做后盾。因此，千方百计增加财政收入，就成为王安石变法的强烈的内在动力。既然"资之天地"以发展生产的远水救不了国库空虚的近火，急功近利的王安石就只能采取"资之天下"的方法以求理财的速效。这样他就违背了自己的最初理想，把求得财政收入的增加放到了施政的首位。他的这一目的确是达到了。

"理财"一词首见于《周易·系辞下》："理财正辞，禁民为非曰义。"经过王安石变法，此词得到了广泛的流传。它也像"富国"一样，具有广狭二义：广义的"理财"指理民之财，狭义的"理则"指理国之财。

3. 抑兼并论　王安石将理财和抑兼并紧密地联系在一起，他把抑兼并看成是理财的目的。但更重要的，王安石是想通过抑兼并的政策来为国家增加财政收入，这样，抑兼并又成了理财的手段。

王安石为抑兼并造了许多舆论。熙宁四年实行免役法后，连神宗都感到"税敛已重"，王安石却说：抑兼并是巩固封建统治的需要。盖自秦以来，未尝有摧制兼并之术，以至今日。"所谓"自秦以来，未尝有摧制兼并之术"，如果是指封建统治者不可能实行行之有效的抑兼并政策，自然是正确的。但如果是这个意思，王安石又怎么能抑兼并呢？可见他的本意是说秦以来都不实行这一政策，以此表明他的主张具有首创意义。

抑兼并政策的效果究竟怎样呢？最明显的效果就是使兼并势力在经济上受到了一些损失。但是仅有这一面还不够，还要看被兼并的一方是否因此而改善了自己的经济状况，否则他们仍不能避免被兼并的命运。市易法要抑制大商人的兼并，但建议实行市易法的魏继宗却在熙宁七年揭发吕嘉问主持市易务"都邑之人不胜其怨"。如果是这样的话，就不见得能改善小商人的经济地位。

封建社会最主要的被兼并者是农民。通过实行新法而增加的财政收入，除可能有少量用作兴修水利的资金而使农民受益外，绝大部分都用来弥补财政开支和贮存国库。实行方田均税法的地区，因为规定总税额不增，均税后自耕农的赋税负担将有所减轻。可是不少地方实际上是增加了总税额，这样，农民的负担能否减轻也就难说了。从全局看，农民从新政中得到的好处并不能补偿因此而受到的损失。他们要交纳比原来更重的赋税（因要交免役钱和免役宽剩钱），要支付青苗钱的高利率，还因要向政府交纳货币而被迫向商人贱卖农产品。这一切又为新的兼并创造了条件。新法既不能防止农民的被兼并，也不能使大地主放弃他们的过限之田。

王安石自己也知道新法对抑兼并的作用极为有限，所以归根到底，他的抑兼并主张又成了高调。它的实际意义，不过是为封建国家向兼并势力分取一些剥削所得加上一个冠冕堂皇的理由。

西汉以来地主阶级中某些人的抑兼并主张，经过王安石变法的实践，进一步降低了人们对它的兴趣。以后反对实行所谓抑兼并政策的议论渐多，而且有一些是出于赞成改革的地主阶级思想家的笔下。

守位聚人的 CEO —— 周行己

一、人物简介

周行己（1067～1125年），字恭叔，世称浮沚先生。永嘉（今属浙江）人。曾师事程颐。哲宗元祐六年（1091年）进士，历任太学博士、秘书省正字、权知乐清县等官。

周行己一生著作颇丰，有《浮沚文集》（因浮沚书院得名，又名《周博士集》）十六卷，《后集》三卷，宋、元、明、清各有刊行。今尚存清《四库全书》及永嘉《敬乡楼丛书》中，此外还有《易讲义》及《礼记讲义》等。

明末清初学者黄宗羲、全祖望在《宋元学案·周许诸儒》中认为，周行己是永嘉学派开山祖，是关中张载之学，伊洛二程之学在温州最主要的传承者。他是永嘉"元丰九先生"之一，他曾两度在温州讲学，创办浮沚书院，培养不少优秀学子，对以后温州学术发展，产生极大的影响。

二、生平事迹

周行己自幼好读书，七岁诵经书，十余岁学属文。十四岁其家迁往郡城。十五岁随父宦游京师。元丰六年（1083年）时年十七岁补太学诸生。从学于陆佃、龚原。元祐二年（1087 年）改从太学博士吕大临"关学"。五年（1090年）又赴洛阳师从程颐受学，遂成为程门著名弟子。元祐六年（1091 年）赴试汴京，登癸未科进士第。

行己登第后，名动京师，在京贵人欲以女妻之，盖行己少年时丰仪秀整，语音如钟，学识渊博，颇讨人喜欢。行己终以"吾未达时，有姨母贫家女，得吾母意，属许婚之约"，故向贵人辞婚。后贫女双瞽，仍归娶焉。而该贵人乃当时参加政事，"三元"出身的右丞相冯京，而冯京又是门第高贵的宰相富弼女婿。行己门高不攀，家贫不弃，这确是难能可贵的美德。

周行己中进士后，迟迟未能得官。直到绍圣四年（1097 年）冬去洛中自行谋职，在水南籴场监当官。原拟就近向程师再度深造受学，但宿愿未偿。五年（1098 年）改在酒务监当官。是年，宋哲宗崩，弟端王佶即位，即宋徽宗。翌年，改元崇宁元年（1102 年），行己已经三十六岁，才正式被朝廷录用，任命为太学博士。但他愿分教乡里，以便养亲，请奏于朝，诏许之，授温州教授，以学官身份在温州兴学、讲学五年（1106 年）除齐州教授。至大观三年（1109 年）新党侍御史毛注弹劾程颐，行己因师事而被罢官。第二次回乡温州，在谢池坊筑浮沚书院，招收生徒讲学。宣和二年（1120 年）徽宗重道，温州道士林灵素得宠，推荐行己，授其为秘书省正字。是年，他写了《上宰相书》。六年（1124年）夏，卧病京师，幸得许景衡资助接济病愈，七年（1125 年）起复被任河南原武县令，旋又辞官。原拟回乡，时因方腊在浙江起义，归途被阻，改赴山东郓州，应太学旧友郓州知府王靓之聘，入幕府为司隶之职，不久病卒。王靓报准朝廷葬于瑞安芳山乡，父正议大夫周泳之墓侧，在今湖岭镇闲心寺附近，其墓尚在。

周行己步入仕途后，道路坎坷不平，一生始终只能做一些六七品小官吏。他是才华横溢、学识渊博，有政治抱负的人物，很想施展自己的才能为国效劳，故在晚年依附了同乡道士林灵素。宣和二年终于被推荐入京，但只当上秘书省正字小官。是年又做了《上宰相书》，这个宰相便是"六贼"之首的太师蔡京。上书不被采纳。后灵素败，行己也被革职，最终穷途潦倒客死他乡。故后人评论他曰："行己中进士及第，辞婚贵室，归娶盲女为妻，其志气可谓'雄'矣！晚年依附林灵素，迎奉蔡京其志可又何其'衰'乎！"

三、经济思想

周行己的政治、经济主张主要表现在写于徽宗大观年间（1107～1110 年）的《上皇帝书》中。《上皇帝书》的基本精神是发挥"守位莫大于得人心，聚人莫先于经国用"的思想，分别就"得人心"和"经国用"提出自己的建议。

1. 得人心 他提出了解除党人党籍的建议,希望以此来缓和统治阶级内部的矛盾。他还提出用人要以德为主,并把人的才德分为四个等级:"才德兼备者,上也。有德而无才者,次也。有才而无德者,又其次也。无才无德,斯为下矣。"

2. 经国用 他对货币、茶盐、吏役、转输等都提出了改进意见,其中以论述货币问题为重点,具有一定的理论意义。

北宋的铸币流通,原来四川用铁钱,其他各路用铜钱,仁宗庆历以后陕西、河东兼用铁钱。铜、铁钱有小平、折二、折三的等级,有时还有当五和当十。微宗崇宁二年(1103 年),在左仆射蔡京的主持下,铸造当十铜钱推行于除四川、陕西、河东以外的各路。又铸造夹锡(铁锡合金)钱,以一当二。通货贬值,造成了物价上涨,私铸盛行。崇宁四年,改当十钱为当五。五年又改为当三。这年蔡京罢相,政府发行小钞来收兑当十铜钱。但大观元年蔡京再相,仍推行当十钱和夹锡钱。周行己的货币主张即是针对以上的货币流通混乱情况而提出的。

周行己的货币理论颇有特色,但在价值观上比较混乱。他认为"钱本无用而物为之用,钱本无重轻而物为之重轻"。"钱本无用"的话过去已有多人讲过了,"钱本无重轻"则是一种新的见解。在他看来,货币本身并无价值的高低,它的重(贵)或轻(贱)是商品和货币交换时由商品所赋予的。他又说:"盖钱以无用为用,物以有用为用,是物为实而钱为虚也。"这很像把钱看成是本身没有实际价值的价值符号。

可是,周行己又认为"本无重轻"的钱币本身却存在着重轻之别。比起小钱来,大钱、铁钱、夹锡钱都是轻的,都是不足值铸币,这些钱的流通造成了物价上涨。"钱与物本无重轻"是说商品和货币交换并不存在等价关系,交换比例的建立起初完全是偶然的。但既然已经用小铜钱来和商品建立对等关系,再使用不足值大钱或铁钱,那就会造成"钱轻而物重"的后果了。根据这一理论,如果一开始就用大钱或铁钱来和商品建立对等关系,就不会出现物重钱轻的问题。所以周行己所说的商品和货币的"等",不是指价值上的相等,而是指惯性的相等。不承认商品和货币交换的等价关系,却承认各种货币有价值上的差别,从而会改变和商品的交换比例。"本无轻重,而相形乃为轻重",这就是周行己价值观的混乱所在。

周行己分析了铸造不足值铸币的弊病,由于不足值铸币流通,使私铸盛行,物价上涨,国家财政更加困难。国家所需要的粮食只有十分之四是从租税中来的,十分之六要用钱去买;"供奉之物,器用之具"也要用钱去买。"物出于民,钱出于官","使其出于民者常重,出于官者常轻,则国用其能不屈乎?"货币购买力降低,买同样多的商品要花更多的钱,自然会加剧财政的困难。他还指出当十铜钱作价的两次变动对人民所造成的危害,而发行小钞,又存在着两个弊病:"小钞之法,自一百等之,至于一贯,民之交易不能悉辨其真伪,一也。输于官而不能得钱,二也。"这些分析都是正确的。

从货币"本无轻重,而相形乃为轻重"的观点出发,周行己提出了解决货币问题的办法。当十大钱相当于小钱三枚,将它改为当三就能使"公私无所损而物价可平"。铁钱和夹锡钱则同铜钱分路流通,使它们不相遇,不能"相形",也就显不出轻重来。他建议河北、陕西、河东三路只使用铁钱和夹锡钱,禁用铜钱;其他各路(应当不包括四川,但他没有明说)则只使用铜钱,禁用铁钱和夹锡钱,照他的办法,一个地区的物价体系是单一了(在河北、陕西、河东三路仍有铁钱和夹锡钱的两种物价体系),但使用铜钱同使用铁钱、夹锡钱地区的物价水平却不一致。他似乎没有考虑到这一点。大概他认为三路由于没有铜钱来"相形",物价水平会和使用铜钱的地区一样。

为了便利三路同其他各路之间的商品流通,周行己又提出在各路"置交子如川法"。设立交子的目的是维持铁钱和铜钱的兑换关系,因为交子既代表铁钱,又能换到铜钱。他说这样做则"铁钱必等",这说明他认为铁钱和铜钱的物价水平是能够一致起来的。

周行己已认识到国家发行的兑现纸币不会被全部拿来兑现,因为纸币流通"必有水火之失,盗贼之虑,往来之积"。他认为由于这些原因而不来兑现的纸币经常占有三分之一的数量。这是中国最早关于兑现纸币不需要十足准备的理论。

独树一帜的 CEO —— 吕祖谦

一、人物简介

吕祖谦(1137～1181年),字伯恭。南宋初年"以恩封东莱郡侯",始定居婺州金华(今属浙江)。当时,学人多称其伯祖吕本中(1084～1145年,字居仁)为"东莱先生",吕祖谦则称为"小东莱先生"。到了后世,一般均称吕祖谦为"东莱先生"了。

二、生平事迹

1. 家世显赫,家学深厚　吕祖谦出身官宦世家。八世祖吕蒙正,字圣功,为宋太宗太平兴国二年(977年)进士第一;七世祖吕夷简(979～1044年),字坦夫,真宗咸平三年(1000年)进士;六世祖吕公弼(1007～1073年),字宝臣、吕公著(1018～1089年),字晦叔均以荫入仕,分别赐进士出身和登进士第。

以上诸吕皆曾入朝为宰相。

五世祖吕希哲(1039~1116 年,字原明),自其以下,包括曾祖吕好问、伯祖吕本中、祖父吕弸中、父亲吕大器等,皆为朝廷命官。如此一代一代连续不断地在朝为官,在宋以前和以后的历朝中不多见。

吕氏家族除官位显赫外,学业上也颇有建树,清人王梓材在校订《宋元学案·范吕诸儒学案》所加按语说:谢山《札记》,吕正献公家登学案者七世十七人,足见吕氏家学之深厚。

2. 少时科试,壮齿隐忧　吕祖谦儿时,随父亲在福建任所,先从师于林之奇,后随父至临安,又从师于汪应辰和胡宪。

林之奇字少颖,一字拙斋,学者称三山先生,是吕祖谦伯祖吕本中的门弟子。从这个意义上说,吕祖谦又成了他伯祖吕本中的再传弟子,足见其在学业上受其伯祖影响最深。汪应辰,本名汪洋,18 岁成进士,因高宗览其应对,颇为赏识,赐名汪应辰,字圣锡。信州玉山人,学者称玉山先生。他受知于赵鼎,也颇得胡安国、吕本中的赏识。这对吕祖谦有至关重要的影响。胡宪字原仲,是著名学者胡安国的侄子,从胡安国学,因居住在籍溪,故自号籍溪先生。这些个人修养,亦对吕祖谦有很大影响。

吕祖谦早年因祖父吕弸中的致仕恩,补为将仕郎,绍兴二十七年(1157年),改为迪功郎,监潭州南岳庙。绍兴三十一年(1161 年),为右迪功郎,授严州桐庐县尉,主管学事。这时,他才 25 岁。但吕祖谦并未看重这些官职,他甚至并没有去上任,而一心要走科举入仕的道路。

孝宗隆兴元年(1163 年),吕祖谦终于实现了他的愿望。这一年四月,先考中博学宏词科,接着又中进士。吕祖谦由此授左从政郎,改差南外敦宗院宗学教授。看来仕宦的生涯已向吕祖谦展开了坦途,但他的命运不济,实际上,他所谓的"隐忧"也随之到来了。

就在吕祖谦连中两科的前一年,即绍兴三十二年(1162 年),他的妻子韩氏去世,所生男亦夭折。乾道二年(1166 年)十一月,他的母亲去世,归葬婺州。由于为母亲守丧,他只得以教授学子为业。乾道五年(1169 年),他再娶韩氏(为原配之妹),并到严州任所。乾道六年(1170 年),他升任太学博士,并兼国史院编修官、实录院检讨官。次年(1171 年)五月,第二任妻子韩氏又去世,所生女亦夭折,在精神上给吕祖谦带来了极大痛苦。接着,乾道八年(1172 年),父亲因病告归,并在这年二月去世。在守丧的三年中,他仍以教授学子和著述为事。淳熙三年(1176 年),守丧期满,因李焘的推荐,升任秘书省秘书郎,并兼国史院编修官与实录院检讨官。这一年,正 40 岁。这时,他已疾病缠身。淳熙四年(1177 年),又娶芮氏为妻,淳熙六年(1179 年)七月二十八日,其妻芮氏又去世,这一年他 42 岁。越二年,淳熙八年(1181 年)七月二十九日他也病故,享年 44 岁。

3. 兼收并蓄,独树一帜　　尽管吕祖谦一生屡遭不幸,但在学业上体现的那种宽宏涵容和兼收并蓄的精神,仍使他独树一帜,成为南宋一位重要学者和思想家。

清代学者全祖望在校补《宋元学案》的过程中,很能发现吕祖谦为学的特点,他说:"宋乾、淳以后,学派分而为三:朱学也,吕学也,陆学也。三家同时,皆不甚合。朱学以格物致知,陆学以明心,吕学则兼取其长,而复以中原文献之统润色之。门庭径路虽别,要其归宿于圣人则一也。"这确是吕祖谦的风格和为学特点,而表现这一风格和为学特点的,莫过于他促成了朱、陆的"鹅湖之会"。

所谓"鹅湖之会",是指以朱熹为首和以陆九渊为首的两个针锋相对的学派,于淳熙二年(1175 年)在江西信州鹅湖寺举行的一次辩论会,这是我国哲学史和思想史上一次重要的聚会。

吕祖谦在任史官时,曾参与编修《徽宗皇帝实录》二百卷,又曾奉旨校正《圣宋文海》,这就是由他重新编选的《宋文鉴》。其他著述主要有:《古周易》一卷、《书说》三十五卷、《吕氏家塾读诗记》三十二卷、《春秋左氏传说》二十卷、《春秋左氏续说》十二卷、《东汉精华》十四卷、《丽泽论说集录》十卷、《历代制度详说》十二卷、《古文关键》二卷等,皆已收入《四库全书》,另还有《东莱集》四十卷传世。

吕祖谦关心朝中大事,极力主张抗金。他对南渡之后五十年,"文治可观而武绩未振"的情况极为担忧,希望能从根本上予以改变,其用意显然是十分深刻的。可惜吕祖谦在从政的十八年间,屡被他所说的"隐忧"所困,未能充分发挥他的才干,实在令人叹惋。

三、经济思想

吕祖谦的经济思想主要反映在《历代制度详说》中,涉及田赋、荒政、货币、盐法等方面,以货币为重点。

1. 田赋　　吕祖谦批评杨炎实行两税法是"千古之罪人"。但在古田制不能恢复的情况下,不得已而求其次,则在赋税制度上保持租庸调的形式也是好的。他认为杨炎实行两税法，曾说"二税之外不许诛求一钱"，实际上根本做不到。如果租庸调制还在，外加的"暴赋横敛"在"有贤君"或"无军兴"时"自可罢去"，改为两税后这些都已改为正税，就不能罢了。

上述赋税理论有它的现实针对性，因为自杨炎实行两税法以来，赋税一直在加重，南宋尤为严重。然而这种情况不应该成为反对赋制改革的理由，并因此说杨炎是"千古之罪人"，这是一种保守的观点。

2. 荒政 吕祖谦说："大抵荒政统而论之，先王有预备之政，上也；使李悝之政修，次也。"所谓"有预备之政"，就是根据《礼记·王制》所引申出来的"以三十年之通制国用，则有九年之蓄"，这本来只是儒家的一种理想。"李悝之政"则是指平粜。他又说："大抵天下事虽古今不同，可行之法古人皆施用得遍了，今但则举而措之而已。"如果真是这样，就不需要有新的创造了。事实上宋人在救荒问题上有新发展，他自己就曾把富弼、赵抃的救荒措施作为可行的救荒事例，这等于是否定了"古人皆施用得遍了"的说法。他批评王安石把常平、广惠仓的粮食变为青苗钱发放，"取三分之息，百姓遂不聊生"，要统治者引以为戒。

3. 货币理论 关于货币的作用，吕祖谦说货币既是流通手段，又是价值尺度。货币是为商品流通服务的，没有商品，货币就不能发挥作用。吕祖谦的说法有一定的道理。只是他把商品限于农产品，而且他所说的"财货之本"不全是从商品经济的角度立论。他不是拿商品来和货币对立，而是拿农桑衣食即生活必需品来和货币对立。这种对立主要不是反映商品经济中的商品和货币的关系，而是反映自然经济和商品经济的关系。它反映了封建社会中自然经济占统治地位的特点。

吕祖谦不了解货币地位的加强是商品经济发展的必然结果，而以为是统治者的主观意志所造成的。在他看来，三代以前的统治者懂得以谷粟为本，所以货币的用处少，货币的权力小，从事农业的人多；汉以后因为统治者不懂得以谷粟为本，所以货币的用处多，货币的权力大，脱离农业的人增多。

不过吕祖谦并不忽视货币的作用。他批评贡禹取消货币的主张是"矫枉过直之论"，"得其一不知其二"。魏文帝时"天下尽不用钱"，然而发生了，"反以天下有用之物为无用"。这证明货币是不能取消的，只是不能使它的权太重而已。

吕祖谦主张铸造钱币应以西汉的五铢钱和唐初的开元钱为榜样，不要实行通货贬值。他称赞南齐孔觊关于铸钱不惜铜爱工的理论"乃是不可易之论"，他把铸造足值钱币以防止私铸、掌握铸币权看作是国家的最大利益所在，是有远见的。但他没有进一步论述建立一个稳定的货币制度对发展经济和安定人民生活的积极作用，是理论上的不足之处。他认为除铸造标准钱币外，想采取其他办法来整顿钱制，"皆是不揣其本而齐其末"的错误做法。

吕祖谦也分析了纸币流通问题。他认为交子产生于四川是由于当地使用铁钱，一千钱大的重二十五斤，中等的重十三斤，"行旅赍持不便"。"铁钱不便，交子即便。"但用铜钱的地区不存在不便挟持的问题，所以"铜钱却便，楮（纸，亦指纸币）券不便"。他说纸币"非经久之计"，不赞成普遍推广，表明他始终坚持金属货币观点。

屯田减员的 CEO —— 辛弃疾

一、人物简介

辛弃疾（1140～1207 年），南宋词人。原字坦夫，改字幼安，号稼轩，历城人。我国历史上伟大的豪放派词人、爱国者、军事家和政治家，与苏轼齐名，号称"苏辛"，与李清照一起并称"济南二安"。有人这样赞美过他：稼轩者，人中之杰，词中之龙。

辛弃疾出生时，北方久已沦陷于金人之手。他的祖父辛赞虽在金国任职，却一直希望有机会"投衅而起，以纾君父所不共戴天之愤"，并常常带着辛弃疾"登高望远，指画山河"（《美芹十论》），同时，辛弃疾也不断亲眼目睹汉人在金人统治下所受的屈辱与痛苦，这一切使他在青少年时代就立下了恢复中原、

报国雪耻的志向。而另一方面，正由于辛弃疾是在金人统治下的北方长大的，他也较少受到使人一味循规蹈矩的传统文化教育，在他身上，有一种燕赵奇士的侠义之气。

辛弃疾一生坚决主张抗击金兵，收复失地。曾进奏《美芹十论》，分析敌我形势，提出强兵复国的具体规划；又上宰相《九议》，进一步阐发《美芹十论》的思想，但都未得到采纳和施行。曾历任湖北、江西、湖南、福建、浙东安抚使等职，在各地上任他认真革除积弊，积极整军备战，又累遭投降派掣肘，甚至受到革职处分，曾在江西上饶一带长期闲居。光复故国的伟大志向得不到施

展，一腔忠愤发而为词，其独特的词作风格被称为"稼轩体"，造就了南宋词坛一代大家。其词热情洋溢，慷慨悲壮。笔力雄厚，艺术风格多样，而以豪放为主。有《稼轩长短句》，辑有《辛稼轩诗文钞存》。

二、生平事迹

辛弃疾出生前十三年，山东一带即已为金兵侵占。绍兴三十一年（1161年），金主完颜亮大举南侵，在其后方的汉族人民由于不堪金人严苛的压榨，奋起反抗。二十一岁的辛弃疾也聚集了两千人，参加由耿京领导的一支声势浩大的起义军，并担任掌书记。

当金人内部矛盾爆发，完颜亮在前线为部下所杀，金军向北撤退时，辛弃疾于绍兴三十二年（1162年）奉命南下与南宋朝廷联络。在他完成使命归来的途中，听到耿京被叛徒张安国所杀、义军溃散的消息，便率领五十多人袭击敌营，把叛徒擒拿带回建康，交给南宋朝廷处决。辛弃疾惊人的勇敢和果断，使他名重一时，"壮声英概，懦士为之兴起，圣天子一见三叹息"（洪迈《稼轩记》）。宋高宗便任命他为江阴签判，从此开始了他在南宋的仕宦生涯，这时他才二十三岁。

辛弃疾初来南方，对朝廷的怯懦和畏缩并不了解，加上宋高宗赵构曾赞许过他的英勇行为，不久后即位的宋孝宗也一度表现出想要恢复失地、报仇雪耻的锐气，所以在他南宋任职的前一时期中，曾热情洋溢地写了不少有关抗金北伐的建议，如著名的《美芹十论》、《九议》等。尽管这些建议书在当时深受人们称赞，广为传诵，但已经不愿意再打仗的朝廷却反映冷淡，只是对辛弃疾在建议书中所表现出的实际才干很感兴趣，于是先后把他派到江西、湖北、湖南等地担任转运使、安抚使一类重要的地方官职，去治理荒政、整顿治安。这显然与辛弃疾的理想大相径庭，虽然他做得很出色，但由于深感岁月流逝、人生短暂而壮志难酬，内心却越来越感到压抑和痛苦。

现实对辛弃疾是严酷的。他虽有出色的才干，他的豪迈倔强的性格和执着北伐的热情，却使他难以在畏缩而又圆滑、嫉贤妒能的官场上立足。他也意识到自己"刚拙自信，年来不为众人所容"（《论盗贼札子》），所以早已做好了归隐的准备，并在江西上饶的带湖畔修建了园榭，以便离职后定居。果然，淳熙八年（1181年）冬，辛弃疾四十二岁时，因受到弹劾而被免职，归居上饶。

此后二十年间，他除了有两年一度出任福建提点刑狱和安抚使外，大部分时间都在乡闲居。

辛弃疾一向很羡慕啸傲山林的隐逸高人，闲居乡野同他的人生观并非没有契合之处；而且，由于过去的地位，他的生活也尽可以过得颇为奢华。但是，作为一个热血男儿、一个风云人物，在正是大有作为的壮年被迫离开政治舞台，这又使他难以忍受。所以,他常常一面尽情赏玩着山水田园风光和其中的恬静之趣,一面心灵深处又不停地涌起波澜,时而为一生的理想所激动,时而因现实的无情而愤怒和灰心,时而又强自宽慰,做旷达之想,在这种感情起伏中度过了后半生。

宁宗嘉泰三年(1203 年),主张北伐的韩侂胄起用主战派人士,已六十四岁的辛弃疾被任为绍兴知府兼浙东安抚使,年迈的词人精神为之一振。第二年,他晋见宋宁宗,慷慨激昂地说了一番金国"必乱必亡"(《建炎以来朝野杂记》乙集),并亲自到前线镇江任职。

宋宁宗开禧元年(1205 年),辛弃疾任镇江知府,时年六十五岁,登临北固亭,感叹对自己报国无门的失望,凭高望远,抚今追昔,于是写下了《永遇乐·京口北固亭怀古》这篇传唱千古之作。但他又一次受到了沉重打击,在一些谏官的攻击下被迫离职,于当年重回故宅闲居。虽然后两年都曾被召任职,无奈年老多病,身体衰弱,终于在开禧三年秋天溘然长逝。

虽然,自中原失陷以来,表现对于民族耻辱的悲愤,抒发报国热情,已经成为文学的中心主题,辛弃疾的词在其中仍然有一种卓尔不群的光彩。这不仅因为辛弃疾生长于被异族蹂躏的北方,恢复故土的愿望比一般士大夫更为强烈,而且因为他在主动承担民族使命的同时,也在积极地寻求个人生命的辉煌,在他的词中表现出不可抑制的英雄主义精神。

三、经济思想

在《美芹十论》和《九议》中,辛弃疾提出了实行屯田、减轻对人民的搜刮和货币建议等经济主张。

1. 实行屯田　辛弃疾批评当时的军屯"利未十百而害已千万",他认为所以造成这种情况,士兵们对屯田缺乏积极性是重要原因之一。因为他们当兵,本来就是想逃避劳动,如果要他们种田,他们何不"从富民租佃以为生"。强迫他们屯田,他们为了发泄"不平之气",平时"则邀夺民田,胁掠酒肉",作战时则"疾视长上,而不可为用"。

针对这种情况,他建议将两淮从金朝归附来的军民作为屯田对象。将他们编为保伍,每家给田百亩,区别两种情况:一种是当兵的,不收地税;一种是不当兵的,收十分之一的税。他认为实行这一办法,"则人有常产而上无重敛"。另外还可以徙州郡的兵卒和归附军民并耕,使他们更加不敢反叛朝廷。上述辛弃疾所主张的屯田办法同传统的屯田制度有很大的不同。照他的办法,屯田军民在经济上比自耕农还有利。这样的办法朝廷肯定是不会实行的。

2. 减轻对人民的搜刮　辛弃疾曾镇压过农民起义,但他清醒地认识到农民起义是被统治者逼出来的。淳熙六年在他任湖南转运副使时,曾在奏折中列举许多"暴政苛敛"的弊端,强调要"讲求弭盗之术",而不要专靠"平盗之兵"。他把减轻对人民的搜刮作为消除农民起义的根本措施,反映出政治上的远见和对人民的同情。

淳熙八年他第二次任隆兴府兼江西安抚使时,正发生严重灾荒。他一到任就出榜禁止闭籴和强籴,"尽出公家官钱银器,召官吏、儒生、商贾、市民各举有干实者,量借钱物",不收利息,限一个月内从外地运粮来城出粜。由于采取这些救荒措施,使粮源充沛,粮价下降,"民赖以济",并拿出三成粮食支援信州(今江西上饶)。

3. 货币建议 淳熙二年,任仓部郎官的辛弃疾提出一个维持会子币值的建议,其中涉及一些货币理论问题。他说:"世俗徒见铜可贵而楮纸可贱,不知其寒不可衣,饥不可食,铜楮纸其实一也。"将"寒不可衣,饥不可食"的说法运用到纸币上,辛弃疾是中国历史上的第一个人。用"寒不可衣,饥不可食"来等同纸币和金属货币,是一种相当彻底的名目主义观点。

辛弃疾认为会子的发行"本以便民",他解释便民的理由说:现钱不便于运输,不同种类的钱有不同的购买力,所以"物货有低昂之弊"。纸币流通的确可以克服上述两个缺点,可是纸币却有贬值问题,说会子"百千之数亦无亏折",则是不符合当时实际情况的溢美之辞。

当时的实际情况是会子已经贬值。正因为如此,辛弃疾才提出了对策。他分析了会子贬值的原因,一个原因是"朝廷用之自轻"。他说,以前人民向政府输纳时,政府要多收现钱少收会子,而支出则多用会子少用现钱,所以引起会子跌价,一贯只能换钱六百一二十文。近来人民向政府输纳,规定现钱、会子各半,会子就上涨,可换现钱七百多文。可见会子跌价是朝廷自己重现钱轻会子而造成的。另一个原因是"印造之数多,而行使之地不广"。这说明他虽然不懂得纸币所代表的价值量的形成原因,却已经约略地知道纸币发行量和货币必要流通量之间的关系。

辛弃疾将纸币和金属货币等同,不过他并没有由此得出纸币可以无限制发行的结论。他为了提高和保证会子的币值,建议暂停印造,而将现有会子的流通地区扩大到福建、江南、荆湖等路,除坚持现钱、会子各半使用外,民间上三等户租赋改用七分会子、三分现钱输纳(僻远州郡会子难得,所以不要中、下户多纳会子)。他没有主张会子兑现,不过实行他的办法确能起到维持会子币值的作用。为了防止官吏营私舞弊,破坏上述政策的贯彻,辛弃疾又提出对州郡的官吏要加强督察,对不法者从严惩处。

辛弃疾从统治者的利益来分析维持纸币币值稳定的必要性。他说如果平时,使一贯会子值现钱一贯有余,那么"缓急之际,不过多印造会子以助支散,百万财赋可一朝而办"。又说稳定会子币值,可以逐步收兑民间现钱,他要把发行纸币作为紧急关头获得大量财政收入的有效办法。为了这一目的,在平时就要慎重对待,不能使人民丧失对会子的信任。这一主张虽然是为统治者的利益考虑,但稳定币值对人民也是有利的。

宋孝宗是南宋比较注意会子币值稳定的皇帝,他曾自称因担心会子贬值而"几乎十年睡不着"。淳熙二年以后,由于注意会子的发行数量,使会子的币值续有提高,有时能和铜钱平价流通。商人在需要运输货币时,宁愿用会子。这情况被人夸大为"楮币重于黄金"。淳熙十年,宋孝宗指出:"大凡行用会子,少则重,多则轻。"这是对纸币发行数量和纸币购买力之间的关系的典型说法。"少则重,多则轻"以后就成为中国历史上关于纸币流通的基本定理之一,常为人们所提起。这定理虽然只是说明了一种现象,但却是符合不兑现纸币的流通规律的,正如马克思所指出的:"流通的纸票的价值则完全决定于它自身的量"。

颠覆传统的 CEO —— 叶适

一、人物简介

叶适(1150~1223 年),字正则,号水心,浙江瑞安人。南宋哲学家、文学家,是永嘉学派的集大成者和主要代表,是与朱熹、陆九渊"鼎足而三"的思想家。

淳熙五年(1178 年)进士第二名(榜眼)。历仕于孝宗、光宗、宁宗三朝,官至权工部侍郎、吏部侍郎兼直学士院。他力主抗金,反对和议。南宋大臣韩侂胄伐金失败,叶适以宝谟阁待制主持建康府兼沿江制置使,因军政措置得宜,曾屡挫敌军锋锐。金兵退,他被进用为宝文阁待制,兼江淮制置使,曾上堡坞之议,实行屯田,均有利于巩固边防。后因依附韩侂胄被弹劾夺职,卒谥忠定。

二、生平事迹

1. 读书聪颖游学婺州　叶适出生在浙江瑞安县城水心街。叶适的少年时代,家境贫困。"自处州龙泉徙于瑞安,贫窭三世矣"。父亲性情开朗,有大志而未入仕途。母亲杜氏嫁到叶家的那一年,正逢水灾,家中器物被大水冲尽,自此更为艰难,居无定址,先后迁过二十一处,"穷居如是二十余年"。

叶适十一岁时,名儒陈傅良在县城林元章家执教,叶适经常在林家嬉戏,他得到机会从陈傅良学习。据他自己的回忆,从此受教、请益于陈傅良的时间,前后有四十年之久。少年时代从学的学人中,还有刘朔、刘愈、刘凤等。

十三岁时叶适随父从瑞安迁到永嘉(今浙江温州);十五岁学诗、学时文,这些对他一生学术深有影响。《宋史》本传称他"为文藻思英发"。

十六岁时,叶适在温州乐清白石北山小学讲舍讲习,为稻粱谋,这样的生活一直维持到乾道三年(1167年)。其间从学与结交的师友,除陈傅良外,还有王十朋的门人叶士宁与林鼐、林蕭兄弟等。

从十九岁开始,一直到二十八岁,即淳熙四年(1177年),叶适主要活动是在婺州地区游学,曾从学于郑伯熊,上书宰执叶衡,结识了陈亮、吕祖谦、周必大等。

这十年间,叶适到过临安,时为乾道九年(1173年);淳熙元年(1174年),叶适上书叶衡,叶衡时为签书枢密院事。叶适在这封《上西府院书》中,纵论天下大势,因此他望宰执能够酌古今之变,权利害之实,以先定国是于天下。具体地说,一是政治上的有为:收召废弃有名之士,斥去大言无验之臣,辟和同之论,息朋党之说。重台谏而任刺史,崇馆阁以亲讲读。二是经济上的措施:据岁入之常以制国用,罢太甚之求,以纾民力。三是军事上的广武举之路,委诸路以择材,鼓舞士卒之勇气,不用增兵而加紧训练,屯田耕种以代军输。四分上流之地,积极准备北伐。

叶适提出中兴的"大略",进一步指出关键在于为政要"诚"、"赏"与"罚"。诚,是指发号出令,必思生民之大计,而不徇乎一身之喜怒。赏,是指爱人之功,求人之善,举之公卿之上而忘其疏贱之丑。罚,是惩人之过,明人之恶。以后,叶适多次上书朝廷,其要点多是这些内容。

这一年叶适才二十五岁,这次上书没有得到应有的反响,他很失望。

淳熙二年(1175),叶适二十六岁,赴武义招明山访吕祖谦,与陈亮、吕祖谦相聚。

2. 廷对批评论政从政 淳熙四年(1177年),叶适得周必大的保荐,漕试合格,中举人。次年春,中进士第二名。自此,叶适踏入仕途。

叶适在廷对中,对孝宗和宰执提出了批评。虽然孝宗也力图精实求治,但十多年过去了,却没有尺寸之效。王业偏安于一隅,庶政积废于今日。他提出不可因循守旧,要革去弊政,收复失地。

淳熙五年(1178年),叶适授文林郎、镇江府观察推官。是年母病逝,服丧。三年后,服除,改武昌军节度推官。同年秋,宰相史浩推荐叶适等,叶适辞不就。淳熙九年,升两浙西路提刑干办公事,居平江(今苏州)。在平江首尾四年,淳熙十二年仍在平江,冬,参知政事龚茂良荐,奉召赴临安。淳熙十三年(1186 年),改宣教郎,任太学正。次年,升太学博士。

叶适在奏对中,论说国事之中有四难、五不可。四难是:国是、议论、人才与法度方面的四难;现实是:兵以多而至于弱,财以多而至于乏,不信官而信吏,不任人而任法,不用贤能而用资格。孝宗早年的锐意恢复的精神此时已没有了,对这一番刺耳的忠言,也无可如何,说自己的眼病很重,这样的志向已经没有了。谁能担当此任的,你就同他说去吧。叶适再次进言,孝宗"惨然久之"。

淳熙十五年(1188 年),叶适除太常博士兼实录院检讨官,他向丞相推荐陈傅良等三十四人,后来证明荐人正确,这三十四人被召,在朝政中发挥了大作用。这一年,林栗发起对朱熹的攻击,叶适为朱熹伸张,说从郑丙、陈贾到林栗,以道学之名指斥朱熹,是没有道理的,是小人残害忠良的惯用的手法。

淳熙十六年(1189 年)二月孝宗禅位,太子赵惇即位,是为光宗。五月,叶适除秘书郎,仍兼实录院检讨官。乞外补,添差湖北安抚司参议官。作《上光宗皇帝札子》,言国家有六不善,即:今日之国势未善,今日之士未善,今日之民未善,今日之兵未善,今日之财未善,今日之法度未善。可是仍然毫无反应。绍熙元年(1190 年)十月,叶适以秘书郎出蕲州。

绍熙五年(1194 年)六月,太上皇孝宗死。光宗称疾不执丧事,又引发出朝政危机。赵汝愚及叶适等人,通过韩侂胄请太皇太后吴氏垂帘,尊光宗为太上皇,立嘉王赵扩即帝位,是为宁宗。

宁宗即位后,朝中又展开新的斗争。赵汝愚为宰相,韩侂胄自恃立宁宗有功,为自己仅迁枢密院承旨,很不满意。韩、赵的斗争不断升级。韩侂胄及其周围一批人,排斥打击赵汝愚、朱熹、叶适等。赵汝愚被贬死于衡阳。叶适也受到牵连。韩侂胄与赵汝愚的斗争越演越烈,说朱熹提倡的学术是"伪学"。由"伪学"之禁,演变成反对"逆党"所谓的"庆元党禁"。

庆元元年(1195 年)叶适为御史胡纮所劾,降两官。庆元二年(1196 年),差衢州。庆元三年,朝廷立"伪学"之籍,名单上共有五十九人,叶适在其中。

嘉泰元年(1201 年),叶适起为湖南转运判官,嘉泰二年,迁泉州,次年,赴任。同年九月,应召入对,叶适对宁宗说:"治国以和为体,处事以平为极。这番话为宁宗所称许。

3. 节制江北守卫国家　韩侂胄发动开禧北伐,叶适说这件事至大至重,一定要考虑周密,"故必备成而后动,守定而后战",要考虑战事给各方面带来的后果。开禧二年(1206 年)叶适除工部侍郎,韩侂胄进行北伐,是要利用叶适的声望,但如叶适所料的一样,这次北伐条件不充分,也没有周密的准备,加上用人不当,吴曦的叛降,虽然战争初期,获得一些胜利,但很快战争的形势发生变化,金兵南下,形势危急。叶适乞节制江北,在和州、滁州等地战斗中,他用劫砦等灵活的战术,给金人以重创。兵退,叶适进宝文阁待制,兼江淮制置使。

叶适在长江以北屯田,设置堡坞,一面屯垦,一面积极备战,这些做法很有成效。开禧北伐失败,史弥远及杨后谋杀韩侂胄,取其首级,以向金人求和。叶适于战端未开之时,极力谏止,晓以利害。在战争中,特别是他节制江北的过程中,解和州之围,实施以江北守江的战略,收到了成效,这些方面是有功的,但中丞雷孝友却弹劾叶适,叶适因此被夺职,回永嘉水心村专心著述讲学十六年。嘉定四年,转中奉大夫,提举江州太平兴国宫,获祠禄,直至嘉定十六年(1223)辞世,终年七十四岁。

三、经济思想

1. 提倡功利思想　南宋时代,工商业已极发达,而讳言财利思想仍为不能触犯的教条,挣脱传统儒家思想的桎梏也就必然在一些先进思想家的头脑中得到反映。永嘉学派的精髓即功利之学,而叶适是集其大成者,他大倡"功利之学",否定"讳言财利",并结合了以往进步思想家的新观点而充分地加以发挥。

叶适认为"既无功利,则道义者乃无用之虚语耳。"所谓"功利"的内容固然不限于物质财富方面,而物质财富必然是"功利"的重要内容。既然必须以功利来决定道义,那么,讳言财利必然是错误的。叶适指出"古之人,未有不善理财而为圣君贤臣,即不善理财就不能成为"圣君贤臣";而一味搜刮并不等于理财。他认为不自利而是为"天下理之"即谓理财,如系"为自利"或"自利之",那就是聚敛,因而主张为封建国家办财政,不是为君主个人办财政。他批判了把理财与聚敛混同在一起的观点,这在当时是有进步意义的。

2. 对重本抑末思想的批判　"本"是指农业和与之相结合的家庭手工业,如"耕织"和"农桑";"末"最初是指手工业方面的奢侈品生产,其后将奢侈品的流通也并称为"末",后来扩大到整个工商业。重本抑末,也称重农抑商,是中国历史上主张重视农业而限制或轻视工商业的经济思想和政策,对巩固新兴的封建制度是起过积极作用的。但随着社会经济的发展,消极作用日益增加,它有着阻碍商品经济发展的一面,南宋以后,反对的人渐多。叶适反对抑商,北宋以来,由于工商业发展较快,出现了不少"富工"、"豪贾"。叶适认为他们是"州县之本,上下之所赖"。因此,他主张扶持商贾,同时也没有轻视农民,反对官僚与君主过分压榨农民。

3. 反对抑制兼并政策　叶适公开而坚定地反对抑制兼并政策,不赞成恢复井田制。他指出制度应能"使天下速得生养之利",有利于扩大财富的生产和疏浚财富的流通,以及节约财政支出以减轻租赋负担之类。如果运用封建政治权力强制地推行抑制兼并政策,那是他所坚决反对的。

4. 主张严格控制货币发行　南宋政权规定大江以北使用铁钱,江南则不能流通铁钱。叶适在淮西任职的时候,看到江淮一带有很多私铸铁钱者,造成价值低落,公私受弊,人心浮动。后来经由政府出面收兑,社会才得到安宁。对此,叶适提出了以下看法。

(1)开民间行使之路　即为铁钱流通创造便利条件,由于官私钱品种繁多,难于辨认取舍,因而使商品交换和官钱流通发生困难。叶适认为应将新旧官钱及私钱样品张榜示众,晓谕民间,使民间能分辨清楚。这样才有利于官钱流通和稳定物价,为最后禁绝私钱创造条件。

(2)责州县关防之要　即责令各州县以官钱收换私钱,通过堵塞私钱流通渠道,逐步杜绝私铸铁钱。

(3)审朝廷称提之政　称提指维持或恢复纸币购买力。称提的主要办法:用金属货币或商品收兑跌价纸币,限制发行总额,设法推广纸币的流通等。南宋时也有人称维持铜币的正常流通为称提。江淮地区铸造铁钱的目的是为了防止铜钱流入沦陷区,但江北铁钱却不能流入到江南,影响江北人民生计。故叶适建议设立兑换机构,使铁钱流入江南和铜钱流入江北时有兑换之处,这样才有利于使用铁钱。

(4)谨诸监铸造之法　即应严格按照一定标准或样品来铸造铁钱,不许粗制滥造,任意增减重量,才有利于铁钱的流通。

(5)详冶司废置之宜　铸造铁钱仍由各州郡负责。因私钱杜绝后,铁冶一司可以不再设置了。

(6)楮币观点　楮币即纸币。叶适认为楮币行则钱少货少,钱贱物贵。因为楮币与钱比较,用楮币较为轻便,故人们宁愿把钱贮藏起来而用楮币了。但仍未至于把所有钱都储藏起来,因为用钱的地方还很多,如军饷、俸禄、课税、贸易等,都大量需要钱,但为什么还感觉到缺钱呢? 这是由于物价上涨,造成钱贬值,因而铜钱数量满足不了流通的需要。而楮币大量发行的结果也造成物贵,物为什么贵,由于物少,而货物不能多出于土地。在货币价值增加时,实物价值并未增加,当然物贵了。因而要解决这些问题只须取消楮币就行了。

叶适能够从楮币的使用价值来分析其盛行的原因,主张铸造规格统一并有足值含量的货币,初步发现了一些货币运动规律,如恶币逐良币,币多值跌等,这在当时是难能可贵的。

5. 否定"什一之税"　认为那是国家对人民不教不养,贫苦忧乐茫然不知,"因其自有而遂取之"。何况以天下之大而专"奉一君",那就"三十而一可也"。

6. 坚持合理安排财政收入和支出的原则　量入为出是封建时代占支配地位的财政原则,指根据国家收入数量来确定支出数额。叶适认为,国家的兴衰不在于财政收入规模的大小,而在于是否善于治国理财,还要考虑怎样的取得"入"。财政上"量入为出"是不是一个好原则,须先考虑收入的来源是否合理,并把收入的是否合理和支出的是否合理联系起来考虑,而不是只从数字上去看入与出的关系。收入如果来自横征暴敛,则收入愈多给人民带来的祸害愈大,则财政支出也会不合乎常规,奢侈浪费的支出也愈大,其结果是收入愈多愈是不敷开支。

因而,叶适主张剔除一切殃民的赋税收入,节省不必要的开支,余下来的便可视为收入常数,亦是支出之常数。然后以此为标准,预算定额,来控制一切收支,便没有流弊了,不正当的苛捐杂税,自可彻底消除了。很显然这已是量出制入的思想了,即根据国家支出需要来制定收入数额,但这里叶适的量出制入理论乃是在减缩支出的前提下,减缩收入,这对封建君主来说是一种限制,当然是办不到的了。

7. 主张精简军队以减轻财政负担　叶适认为南宋财政之所以困难,一是由于兵多,他们不耕不战,全靠国家养着;二是由于北对强敌,年年纳贡称臣;三是由于官僚机构臃肿,行政开支不断增加;四是由于达官贵人,坐食厚禄。而军费膨胀是财政衰竭的根本原因。为了节约开支,提高行政效率,叶适主张君主分权,政权分散,财权也自然分散,特别是军权分散,则中央的军费负担自然缩小。具体的做法:

(1)上宽朝廷　废除一些苛捐杂税,相应裁减兵员,增强战斗力。军队的军费开支主要由驻扎地或就近供给,减轻其他州地的负担。

(2)下宽州县　对于负担军费仍感到紧张的地方,可进一步裁减正规军,而采用军队与民兵相配合的制度,平时为民,战时为兵。通过精简军队,从而减少财政支出,朝廷可以不必再取于州县,州县不必苛取于人民,使社会有宽松的环境,国家便于治理,贤能乐于为国家效力。

8. 推行以田养兵计划　其特点是以购买方式取得土地,虽然用来购买土地的资金来自出售不费官府一钱的度牒、官诰等,但这些在当时民间确是作为商品来买卖的。以购买方式来取得土地,意味着不损害土地私有权力,不损害地主阶级的利益。出卖部分土地的地主不仅可以收回一定的代价,还可享受未出卖部分土地永免夏秋二税四分的优待,其他地主并可因此而免去军费负担。规定购买土地在州治附城三十里以内,其意义在于土地仍由原佃户耕种,以保证正常的劳动生产率,同时对农产品的管理与出售以及各种应用物品的购置均可充分利用商业城市的便利。

叶适对货币、价值、人口及其他经济问题也曾有所论述,其主要贡献在于对许多传统经济观点的批判。

多才多艺的 CEO —— 耶律楚材

一、人物简介

耶律楚材（1190～1244 年），元代杰出的政治家，太祖、睿宗、太宗三朝宰辅。字晋卿。其父耶律履，曾任金朝尚书右丞，母亲为杨氏。耶律楚材作为元朝的奠基者之一，其德其才可与许多中原名臣相提并论，更可使同时期的南宋权臣汗颜。

耶律楚材披肝沥胆地为蒙古用兵金、宋和远征西域运筹划策，为元王朝的创建立下了汗马功劳。他呕心沥血地为蒙古立国中原，定制度、劝农桑、兴文教，加速了这一民族的封建化进程，使武功极盛的军事帝国又收文治之效。死后追赠太师、上柱国，追封广宁王。谥号"文正"。

二、生平事迹

1. 出生乱世西征建功　耶律楚材的父亲耶律履，是金代的著名学者，曾仕金世宗，官至尚书右丞。但耶律楚材三岁时，父亲不幸去世，幸得母杨氏的良好书礼教育，加上他天资聪慧，自幼勤学苦读、博览群书，待至青年时期，不仅在天文、地理、律历、术数等方面颇有造诣，且深谙儒学，并精于佛道、医卜之说。他还多才多艺，善抚琴，好吟咏，更精通汉文，写作潇洒自如，而且文思敏捷，下笔成文，出口成章。

金章宗太和六年（1206 年），耶律楚材十七岁，在应试中脱颖而出，授掾吏之职。从此，他步入政界。以后，他还曾任职开州同知。

成吉思汗的蒙古军事政权确立后，靠着强大的军事实力，开始向四邻征战。从金大安三年（1211 年）起，成吉思汗便大举进兵金国。蒙军"所至都邑，皆一鼓而下"，"凡破九十余郡"，直到兵临金国中都燕京城下。

金宣宗贞祐二年（1214 年），金主完颜永济为了逃避蒙军南下的威胁，一面送女入蒙，以和亲争得喘息的时间，同时决定把首都南迁至汴京（今河南开封）。耶律楚材的全家也随之南下，而他本人则被任命为左右司马员外郎，协助金国右远相完颜承晖留守在中都燕京，时年二十四岁。

成吉思汗十年(1215年)五月,围攻年余的蒙军一举攻克燕京,右远相完颜承晖自尽殉国,耶律楚材眼看金朝的大势已去,在城陷之后便"将功名之心束之高阁",空怀经天纬地的才智绝迹于世,弃俗投佛,在万松老人(行秀)门下钻研佛理,一去三年。

成吉思汗十三年(1218年),成吉思汗听说耶律楚材是位难得的人才,便遣人求之,询问治国大计。耶律楚材得知有雄才大略的成吉思汗要召见他,感到是一个图谋进取的好机会,即应召前往。成吉思汗便把他留在身边,以备顾问。耶律楚材学识渊博,很快受到成吉思汗的宠信,并亲切地称他"长胡子"。

十四年,成吉思汗集中精锐之师进行了著名的西征,攻打花刺子模国。在西征开始的前一年春天,成吉思汗特地派人到燕京,召请耶律楚材随军西征,耶律楚材慨然上路。成吉思汗西征出师的那天,时值夏六月,却忽然狂风骤起,黑云密布,转瞬间大雪纷飞。成吉思汗有些疑虑,不知此为何兆,于是立即把耶律楚材召至帐前,卜问吉凶。耶律楚材巧妙地利用包括成吉思汗在内的蒙古将士对天文、星象知识了解甚少又非常迷信的心理以及蒙古军人对花刺子模国的行为义愤填膺、誓死雪耻的军心,毅然断言:"隆冬肃杀之气见于盛夏,这正是我主奉天申讨,克敌制胜的好兆头。"成吉思汗盼的就是这种吉相。于是发十万大军,离开额尔齐斯河,奔西南越过天山,向花刺子模国杀去。十七年,蒙古军占领了整个花刺子模和中亚。

此次西征大胜,成吉思汗认为与耶律楚材的卜吉有关。从此,凡他出战,总是有耶律楚材随侍身旁,预测吉凶成败,参赞军政大事。耶律楚材也正是利用这种机会,运用自己的文韬武略,阐发自己的真知灼见。

成吉思汗十八年(1223年)夏,成吉思汗驻军铁门关。据传当地人送来一只怪兽,成吉思汗感到奇怪,询问耶律楚材。耶律楚材便借题发挥说:"这种兽名叫角端,它的出现表示吉祥。它能做人言,厌恶杀生害命。刚才的叫声意思是大汗您应该早点回国了。皇帝是上天的长子,天下的老百姓都是皇帝的儿子,愿大汗秉承上天的旨意,保全天下老百族。"成吉思汗听罢,立即决定结束此次西征,班师回国。

成吉思汗二十一年(1226年)秋,成吉思汗开始了对西夏的征讨。蒙古军很快就攻下了甘州(张掖)、凉州(武威)、肃州(酒泉),当年冬天,攻克灵州(灵武)。第二年六月,夏主请降,西夏至此覆灭。在攻打灵州这个西夏的军事重镇时,破城之后,蒙军众将士无不争掠女子、财物,独有耶律楚材却取书数部,大黄药材数担,同僚们对他的行为甚是费解。不久,兵士们因为长期风餐露宿多得疫病,幸得耶律楚材用大黄配制的草药救活万余人。

2. 整肃国政安定国基 成吉思汗二十二年(1227年)冬天,耶律楚材终于回到了燕京。在此前,蒙古军事帝国忙于西征战事,对那些业已归顺蒙古的州郡缺乏完善的社会组织和法律制度,因此派往各州郡的长官常常任意掠取兼并土地,有的竟然随意杀人。面对如此混乱的国情,耶律楚材十分焦急,立即奏请成吉思汗下诏颁律,控制社会的混乱局面。于是,陆续颁布了许多禁令,使贪婪暴虐之风有所收敛,社会秩序初步安定下来。

这一年,成吉思汗病逝。成吉思汗的四子拖雷代理国政,是为元睿宗。在睿宗监国期间,燕京城中社会秩序颇为动荡,有一大批杀人越货之徒。睿宗对此有所闻,认为只有耶律楚材可以处理好这件事。于是特遣耶律楚材和中使塔察儿前往究治。耶律楚材经过细心查询,很快便弄清了这些强徒都是燕京留守的亲属及一些豪强子弟。耶律楚材在掌握大量证据基础上,毫不手软地将触禁者一一缉拿归案,将其中十六个罪大恶极、民愤最大的首犯,绑赴刑场斩首。从此巨盗绝迹,燕京秩序得以控制。

这两件事在一定程度上表明了耶律楚材治国的才干,因而高层统治集团更增加了对他的信任。

成吉思汗二十四年,睿宗拖雷已监国两年,按照成吉思汗的遗命,帝位应传位太祖三子窝阔台,但此时没有任何迹象表明拖雷将移交权力。汗位虚悬或错置,于国于民都不利。于是,耶律楚材与窝阔台面议,商量尽快召开"库里台大会"决议汗位。

是年秋天,成吉思汗本支亲王、亲族齐集克鲁伦河畔议定汗位的承继人。会议开了四十天,仍是议而未决。耶律楚材认为此事不可久拖了,便亲自力谏拖雷:"推举大汗,这是宗庙社稷的大计,应该早日确定。"拖雷不好再敷衍下去,这样窝阔台就即了汗位。蒙古进入了太宗时代。

对于粗犷成性、散漫惯了的蒙古君臣,在日常政务的运作过程中,有许多人仍难以适应。为此,窝阔台准备惩治那些违制的臣子。耶律楚材认为时机尚未成熟,宜暂示宽容。窝阔台采纳了他的意见,果然效果很好。

3.倡兴文教整理赋税　窝阔台汗三年(1231 年),蒙古国经过休养生息,国力日渐强盛,于是窝阔台又把南征灭金的行动提到了议事日程,派遣大将速不台进围汴京。

次年正月,金国将领崔立发动汴京政变。汴京在蒙古军猛攻下城陷指日可待。这时速不台奏请窝阔台:"金人抗拒持久,我军将士多有伤亡,待城陷之日,宜尽屠戮。"窝阔台点头同意。耶律楚材听到屠城预谋,急忙驰骑赶来入奏说:"将士们风餐露宿、野外征战数十年,无非是想得到土地、人民。得到了土地,却没有人民又有何用!"可窝阔台仍然犹豫不决,耶律楚材见以公论尚不足使窝阔台速下决断,便施了个假私济公的伎俩,巧借私欲来打动大汗:"奇工巧匠、大家富户都荟萃于此地。一旦斩尽杀绝,大汗将一无所获。"窝阔台这才动了心,立刻准其所请,下令只把金国皇族完颜氏杀掉,其余一律赦免。自此以后援为定例,遂废屠城之法。窝阔台汗五年四月,蒙古军攻入汴京。当时为逃避战乱留居汴京者共147万人,都得以保全性命。

金亡之后,西部秦、巩等二十余州久未能攻下。耶律楚材献计说:"往年蒙军获罪,多有逃往此地者。因恐新旧二罪并罚,故以死拒战。倘若许以不杀,将会不攻而自克。"窝阔台下诏赦免逃亡旧罪,又宣布废弃杀降之法,由此诸城接连请降。

窝阔台即位后,为了有效治理中原和江淮地区,耶律楚材参照中原礼教,确定了尊君抑臣的朝仪,还经常宣传"周孔之法"的妙用,并推荐了一批名儒到政府任职。蒙军开进金都汴京后,金亡在即,中原已在掌握之中,而偏安江南的南宋也在其预谋已久的铁蹄征掠之下。值此之时,力兴文教、崇奉儒术势在必行。耶律楚材将其作为当务之急,赶忙派人入城搜求孔子后人,得其五十一世孙孔元措,奏请袭封为"衍圣公"。又给林田庙地,为之修孔庙、建林苑。又下令招收礼乐人才,并设置太常吏员,召集名儒,在东宫讲释九经。还在燕京等地建立编修所、经籍所,从事文教活动,文教事业开始兴起,儒学在蒙古上层政权中渐渐据有一席之地。这对于取得战争的胜利,完善统一后的元朝国家机器,尤其对于一向疏于文治的蒙古族历史的发展,均起到了不可低估的作用。

灭金之后,蒙古君臣计议编制中原民户,以便征收赋税。经过再三争议,终于按耶律楚材的想法实行。这样,用老、幼牵制着青、壮,使初步编制的户口比较稳定地存在下来。往年,蒙古将相大臣每俘获人户,往往留在自己所经营的州郡作为私产。耶律楚材奏请核全国户口,使之隶属郡县管理;停止以往实行的将土地、人民分给蒙古贵族之法,禁止贵族匿占民户,违令者杀。

窝阔台汗八年秋,忽都虎献上各地户籍。窝阔台一时忘乎所以,竟许诺把部分州县赐给各亲王和功臣。耶律楚材对此陈述了分封之害:"裂土分民,易生嫌隙。不如多以金帛赠予亲王功臣。"可是窝阔台既已许诺,苦于不便食言,耶律楚材便为之想了个变通办法:"受封州县的亲王和功臣,可以像朝廷任命的州县官吏一样,照例征收贡赋,但由州县收入金帛谷物,使之不得擅自课征。"窝阔台依计而行,遂确定了财政税收办法及数额。这样,蒙古在以畜牧业为主转向农、牧各业并重的经济轨道时,使税制初步健全,形成了按户、地、丁三者并行课税的制度。耶律楚材还着手制定了手工业、商业和借贷等项制度。统一度量衡,确立钱钞通行之法,定均输之制。

4.极诤巧谏忧国而死　蒙古大汗对耶律楚材的奏议,并非每一次都言听计从。有一次,两个道士互争尊长,各立门户,私结党羽。其中一个门派勾结宫中宦官和通事大臣杨惟中,捕捉并虐杀另一门派的道徒。耶律楚材执法严明、不避亲贵,竟然把杨惟中也收捕讯问。宦官畏忌在心,反而向窝阔台控告耶律楚材擅捕大臣,又扯出另外一些违制之罪。窝阔台大怒,竟把耶律楚材囚系治罪。不久窝阔台自悔失策,下令释放楚材。耶律楚材拒绝松绑,并进言道:"我是国家大臣,执掌国政,大汗命令囚系老臣,想来有可治之罪,应当明示百官,论述不赦之理。如今放我。是我无罪,也应明示无罪之由,岂能轻易反反复复,就如弄戏小儿。这样下去,国有大事,何以执行!"一番话使朝中众臣既相顾惊愕,又十分佩服。窝阔台竟也开明,当场认错说道:"朕虽然是皇帝,难道就无过失之举吗?"然后,再三用温言抚慰。楚材借此机会陈奏时务十策:"信赏罚;正名分;给俸禄;官(任用)功臣;考殿最(考查官吏优劣);均科差(调整赋役);选工匠;务农桑;定土贡;制漕运。"这十件政事切合时务,窝阔台准令悉数施行。

蒙古族饮酒之风甚盛,窝阔台更是嗜酒如命,每日酣饮,不醉不休。耶律楚材屡谏而窝阔台不听。后来楚材拿着被酒浸泡腐蚀的铁器,启奏说:"酒能腐蚀铁器,何况五脏!"这使窝阔台幡然醒悟。他对着近臣夸赞说:"你们爱君忧国之心,有像'长髯人'的吗?"于是一方面赏赐耶律楚材金帛,一方面下令近臣,每日只能进酒三盅。

作为一个忠正老臣,久见朝纲难伸,未免忧思伤神。天长日久,耶律楚材终于愤恨成疾,于乃马真后三年(1244 年)抱恨长逝,卒年五十五岁。

三、经济思想

1. 主张财权集中统一　　元初,中央财权极度分散,各个机构都有掌管财赋的权力,而且各路长官、将军自行征敛,随意向百姓征发,"肆为不法"的现象非常普遍。耶律楚材认为国家财权必须集中,不能分散。所以上奏"长吏专治民事,万户府总军政,课税所掌钱谷,各不相统摄"他的建议被采纳后,使财权集中到课税所,维护了赋税的集中统一。

分封制是蒙古统治阶级由来已久的制度,受分封的诸王,既有其土地,又有其人民,又有其财赋,成为一个独立王国。这是对国家财赋的严重分割,使财政上出现了枝强干弱的局面。针对当时统治者企图分割州县作为"汤休邑"分赐诸王贵族的打算,耶律楚材认为这样做会带来后患,不如多赐金帛与诸王贵族,杜绝其领地分封制带来的弊端。对蒙古贵族拥有的食邑封地,耶律楚材建议,其封地内的州县官吏应由朝廷直接任命,实行全国统一的赋税制度,除规定的常赋外,不许诸王贵族"擅自征敛"。

耶律楚材的这种思想,目的在于由国家控制赋税的征收,然后诸王贵族从国家统一征收的赋税总额中再进行分配,从而把赋税征收的权力牢牢控制在政府手中。

蒙古军南下后,大肆掳掠人口,然后分给诸王作驱口和奴隶。所以,王公贵族拥有大量的驱口(即战争中的俘虏,他们的户籍附在主人的名下被称为驱口),史载:"诸王大臣及诸将校所得驱口,往往寄留诸郡,几居天下之半"。耶律楚材认为这种法律直接影响了国家的财政收入,于是上奏"括户口,皆籍为编民"。释放驱口的问题,不仅是国家政权与蒙古贵族集团争夺劳动人手的问题,也是巩固国家财政基础,扩大税源的问题。因为要建立统一的专制主义中央集权的国家,就必须把贵族占有的驱口变为国家统治下的编民,这是建立封建中央集权财政体制所必须做到的前提。

2. 保护税源与平均负担 耶律楚材保护税源的思想,主要体现在他反对中原地区以丁征税的意见。元初,蒙古人以马、牛、羊为课征单位,值百抽一。西域人以丁征税,当时有些人主张中原地区也以丁为户征收赋税。耶律楚材提出反对,他站在保护税源的立场上,认为中原地区是"财赋所出"之地,不仅应"存恤其民",而且州县之官"非奉上令敢擅行科差者"要严加惩办。因为若行"以丁为户"的征课办法,必然引起"丁逃则赋无从出"的严重后果。

耶律楚材指出"以丁为户"的实质,在于将中原地区的以户为课改为西域地区的以丁为课,目的在加重中原人民的租税负担,这样做的结果,必然造成中原人民大量逃亡,使国家主要赋税来源落空。由于税源的破坏,对统治阶级的长远统治是极为不利的,要想增加赋税收入就必须保护税源。在平均负担方面,他认为要改变各族民户之间赋税负担不平等的状况,让内迁居民和中原人民"一体应输赋役"。

3. 反对包税制度 包税制,始于五代,盛行于元。所谓包税制,就是由商人以较低的数额把国家的某些税额或税收承包下来一次交纳,然后包税商以较高的税额,向人民征收。上交数额同征收数额之间的差额,就是包税商的利益。元代包税制(或称扑买)的项目很多,范围广、数额大。包税制弊害是"买扑之利,归于大户;酬奖之利,归于役人,州县坐取其赢,以佐经费;以其剩数上供"。耶律楚材尖锐地指出:推行包税制使"贪利之徒,罔上虐下,为害甚大"。他竭力劝阻太宗不行此法,但未被采纳。耶律楚材反包税的思想虽然未能实现,但他却是对包税制坚决予以反对的第一人,这一思想对后世也颇具影响。

总之,耶律楚材的经济思想,除反对包税制是在当时特殊历史条件下产生的新观点外,其余多属传统的儒家思想。不过,在元代初年战争不止,制度混乱的时期,他的历史功绩不在于创新,而在于用现有的但比征服者原有的观念更为进步的财政思想去说服或战胜落后的思想观点,为元王朝在财政经济上指出了一条稳定正确的道路。

疾足之犬的 CEO ——卢世荣

一、人物简介

卢世荣，名懋，字世荣，以字行。出生于大名府，元朝中书省官员。忽必烈曾称其为"疾足之犬"。

二、生平事迹

阿合马专政期间，世荣以贿赂进用，为江西榷茶运使，后以罪废。阿合马死后，元廷之臣言财利事，均不能符合世祖的财政需求。于是，总制院使桑哥"荐卢世荣有才术，谓能救钞法，增课额，上可裕国，下不损民"。世祖召见，于至元二十一年（1284 年）十一月辛丑，召中书省官与之廷辩，右丞相等辩论失败，均被罢官，世祖重新起用安童为中书右丞相，以卢世荣为右丞，并以卢世荣所推荐的史枢为左丞，他上任的当天，即奉旨中书整治钞法，"官吏奉行不虔者罪之"。次日，同右丞相安童奏，对已被罢黜的阿合马专政时所用大小官员，其间有才能的，"宜择可用者用之"。世祖"诏依所言汰选，毋徇私情"。

1. 改革措施　十二月，卢世荣先后提出几项财政改革措施，被世祖采纳实行。

卢世荣所言的"理财"诸法，主要是官营（如酒、铁、海外贸易）或官商合营而官取其利之大部。世祖除对羊马官营放牧一条表示还要考虑外，其余各条都准许付之实施。这些措施有不少确是"裁抑权势侵利"，欲夺之归于政府，同时也有过分征敛之处，反对者必定不少，卢世荣对世祖说："臣之行事，多为人所怨，后必有谮臣者，臣实惧焉，请先言之。"世祖让他放心，谓"疾足之犬，狐不爱焉，主人岂不爱之"。嘱他"饮食起居间可自为防"。

卢世荣又奏请罢行御史台，尽管御史台及廷臣多以为不可，世祖仍从其言。二月，卢世荣又奏请立规措所，经营钱谷。

卢世荣上任不到十天，御史中丞崔彧即"言卢世荣不可为相"，以忤旨罢职。皇太子真金从儒治角度对卢世荣"以言利进"大不以为然，加上他的"理财"措施有许多因触犯了富豪势要的利益，根本行不通，何况他又是汉人，在等级地位上又低了一等，使其更处于不利的地位。四月初，在卢世荣所上的奏章中，再次表明他内心的忧惧，他希望得到丞相安童的更多支持，并盼世祖能"与臣添力"。世祖说"朕知之矣"，并皆从其奏事。

2. 弹劾处死　四月初八日，监察御史陈天祥就上章弹劾他过去有贪赃劣迹，执政后所奏行者多无成效，其中说到："今取本人所行与所言已不相符者，昭举数事：始言能令钞法如旧，钞今愈虚；始言能令百物自贱，物今愈贵；始言课程增添三百万锭,不取于民而能自办,今却迫胁诸路官司,勒令尽数包认;始言能令民皆快乐,凡今所为,无非败法扰民之事,既及于民者,民已不堪其生,未及于民者,民又难为后虑。"陈天样建议宜将卢世荣"本人移置他处,量与一职,待其行事果异于前,治政实有成效,然后升用未以为迟。"世祖乃命安童集诸司官吏、老臣、儒士及知民间事者,同卢世荣听陈天祥弹文,并令他们二人同赴上都。到了上都之后,在对质和审问过程中,卢世荣承认了一些错误,如"不白丞相安童,擅支钞二十万锭;擅升六部为二品;不与枢密院议,调三行省万二千人置济州,委漕运使陈柔为万户管领"等。加给他的罪名越来越大,同年十一月,卢世荣被处死。

三、经济思想

1.国家低息放贷　元代实行的纸币,从至元十七年(1280 年)开始,严重贬值,物价飞涨,准备金不足。另外,元代西域高利贷资本在中原放贷者甚多,利息极高,时称"羊羔儿利",致使民众妻子为奴犹不足偿,为害巨大。在这种情况下,为了发展生产,卢世荣产生了轻贷的思想。他主张将平准库扩大为平准周急库,把库存金银低利贷给民众,以增加财政收入,充实准备金。他的这一思想有两个目的:一是利用库存呆滞资金贷放取息,以增加财政收入;二是借此打击当时十分猖獗的高利贷资本。这一思想所要达到的目的与王莽的五均赊贷及王安石的青苗钱基本相同。但由于元代高利贷资本的猖獗,又使卢世荣轻贷思想和他以前反对高利贷的思想具有不同的时代特征。他未意识到平准库设立的初意与用它来贷放利息的活动是相矛盾的,作为贷放资本,则贷放出去的现金越多,获利也越大。所以,要获得厚利就不能保证钞法的安全,要保证钞法的安全即无从获取厚利。卢世荣商人阶级的浅见使他只看到获取利息这一眼前利益,而忽视了保证钞法安全的重要作用。然而,在虽有准备却无人敢以钞币兑现的情况下,把它用作短期低利贷放的资本,似乎也还是有道理的。

2.官营与民营并行　元代贸易发展迅速,盐、铁、酒等成为贸易中主要的物品。对这些物品流通采取什么政策,以往的理财家都主张实行专卖。但卢世荣的思想却与众不同,他的基本理财思想是根据不同情况兼采干涉或放任两种方式,具体体现为国营垄断和商营纳税两种形式。他鼓励商营的措施,如:放弃国家垄断经营竹货与渔业,让商民自由经营。对铁、酒等大宗商品,卢世荣主张官府专卖。他强调将部分工商业收归国家经营,主要是为了打击"富豪"、"权势"。此外,卢世荣改革盐法方案也反映了他打击官僚富豪之家的思想,他建议由官府掌握足够数量的常平盐,与提高盐价的官豪商人作斗争。总之,在食盐贸易上,他的主张是官营与私营并行,以私商为主、以官营指导市场价格。

在对外贸易方面,因蒙古势力跨及欧亚,西北的陆路贸易国内国外一向是自由往来。对此,卢世荣主张自由贸易。对于海上贸易,他却主张完全由国家垄断。垄断的方式是:在泉、杭二州设立市舶都转运司,由国家造船并出资交给商人从事海外贸易,所得利润按官七商三分配,严禁私人泛海贸易。由此看来,他的海外贸易垄断主要是借垄断海上运输工具以垄断对外贸易本身。当时进出口货物多依赖外国商船运输,很少有本国制造船舶经营远洋贸易。因此,海外贸易之权常操于外国商人之手,中国封建王朝只是在各港口消极地容许或禁止外商活动。卢世荣的海外贸易政策虽未规定一切进出口货必须有中国船只装运,但自制海船控制本国的进出口贸易这一思想在当时已经是极具特色的见解。除此之外,与商人采取七三分利经营体现了在国家垄断下,卢世荣仍然不忽视商人阶级的技能和利益的主导思想。从当时国际贸易的发展来看,他的观点也为传统的商税思想增添了新的内容。

前代封建王朝也曾引用过商人为国家财政官吏或采用商业经营原则处理财政,而像卢世荣这样广泛而明确地主张扩展商人活动的思想,却还不曾有过。这既是元代统治者崇尚商业精神的体现,也是中国封建地主经济体系内商人资本成长的客观事实在人们思想中的反映。

3. 轻徭薄赋　元代的徭役和赋税是相当繁重的,这样下去必然影响经济的发展和财政收入的增加。在这种政策下,卢世荣产生了轻税的思想。

在封建劳役方面,他较突出的建议是:驿站除驿马外,往来使臣饮食不应由人民供应,改由官府支给。驿站应差是元代人民非常沉重的一种劳役负担,贵族和官吏经过驿站时,当地人民应负担车、马、船、轿或酒食的招待,此外还要贡献财物。这种强迫负担常迫使人民倾家荡产,甚至弃家逃亡。人们常将繁重的苛捐杂税和残酷的"羊羔利",同驿站的强迫负担并列为极难忍受的经济压榨。卢世荣建议往来使臣的供应由官府支给,是他轻税思想的一个重要方面。卢世荣的财政思想,除代表着商人阶级的观点外,也在某种程度上反映了人民的呼声。卢世荣提出轻税思想,不失为一个理财家的远见卓识。

4. 发展经济增加收入　经济是财政的基础,发展经济增加收入是中国古代理财家的共识。卢世荣的经济思想是将封建财政的重点放在发展经济方面。

卢世荣的经济思想及政策和他以前的一些著名财政家一样,都是以扩大经济收入并缩小强制的租税收入作为财政指导原则。但他的悲剧在于,没有获得足够的时间来证实他预期的经济成效。尽管没有能达到预期的目的,但卢世荣的经济思想与经济政策充分体现了那个时代的特征。

直言敢谏的 CEO —— 王恽

一、人物简介

王恽,字仲谋,号秋涧,卫州路汲县(今河南卫辉市)人。元朝著名学者、诗人、政治家,一生仕宦,刚直不阿,清贫守职,好学善文。成为元世祖忽必烈、裕宗皇太子真金和成宗皇帝铁木真三代的谏臣。

二、生平事迹

1. 直言敢谏 王恽直言敢谏,主张礼下庶人,刑上大夫,强调治理混乱的财政。至元五年(1268 年),元世祖建御史台,任王恽为监察御史。他上书《击邪》《纳海》等论一百五十余条。当时负责水利的中央级官员刘,利用治水导河之便,贪污官粮四十多万石。王恽大胆地予以弹劾揭发,经过访查,又将刘监修太庙从中偷工减料终饱私囊的罪恶加以上书。刘做贼心虚,竟惶惶不可终日,忧虑死去。

至元二十六年(1289 年),王恽任少中大夫、福建闽海道提刑按察使时,当时沿海政局混乱,官吏缺额很多。他向皇上上书要求选拔人才到沿海填补空缺。经过一段时间的考察,他果断罢黜了四十多名贪官污吏,任用了一批文武精通,耿直清廉的人赴职,使这里平静安定下来;并在福建沿海首创建造营房,让戍兵居住,改变了以往兵寓民家的陋习,使百姓得以安居乐业。

2. 秉公执法 王恽刚正不阿,秉公执法。在他任承直郎、平阳路总管府判官时,绛州太平县有一陈氏杀了自己的哥哥,株连三百多人受冤,长达五年不能结案。皇帝派王恽前往亲审此案,经过访查、审讯,释放了全部受冤遭株连的平民百姓。

3. 体察下情 王恽虽身居高位,却能够体察下情,同情人民疾苦。至元二十八年(1291 年),燕南一带冬春遭旱,秋季庄稼又遭水灾,王恽察访民情回到大都(今北京)以后,有一高官宴请百官,请他赴宴。入席后,他看到桌子上摆满了名酿佳肴、奇珍海味,如坐针毡,感到很不是滋味。他无法控制为民请命的感情,写了一篇免租谣,词恳情切,皇上终于采纳了他的建议。

4. 忠心事主 王恽的谏政,受到了元世祖的器重。至元二十八年(1291 年),忽必烈专门将他传至京城召见。他又上万言书,提出"改旧制,黜赃吏,均赋役,擢才能"的建议,顺应了忽必烈"祖述变通"的建国思想,对推动统一多民族国家的历史发展有着积极的意义。为此,忽必烈亲授他为翰林学士。

王恽任职从政期间,时常忧国忧民,他把历代明君贤相勤劳思政、治国安邦的经验和事迹系统整理成章,用"顺谏"的方式,奏疏给尚未登基的皇太子参阅。裕宗真金非常赏识他的这种见解,除自己学习外,还将《承华事略》各篇发给皇孙们传读。裕宗真金早薨,他的儿子成宗铁木真即位。王恽给成宗皇帝敬献的供物不是玉帛、珠宝,而是他论述的《守成事鉴》十五篇,表现出忠心事主的一片赤诚。因此,成宗又加封他为通议大夫,知制诰。并委托他同赵孟頫等人纂修《元世祖实录》。

大德五年(1304 年)六月,王恽在汲县去世,终年七十八岁。朝廷的钦差大臣在汲县看到他的故居依然是茅屋陋室,清贫如民,其儿孙们田园生涯,耕稼自给,便如实奏明圣上。皇上赐钞万贯,赠翰林学士承旨资善大夫,追封太原郡公,谥号"文定"。子孙荫封受禄,家乡人民也把他少年勤奋读书的古子涧村誉为"秋涧书声",列为"汲县八景"之一,王恽的言论诗文刊行于世一百卷为后人所传读。他的墓位于汲县(今卫辉市)城郊乡八里屯村西南石人洼内,距县城十华里。墓地前沿有神道,两旁为石刻仪仗,对称排列,每当"清明"前后和春节期间,家乡父老纷纷前往祭扫凭吊,表达深切的怀念和哀思。

三、经济思想

1. 富民丰财 在富国和富民的问题上,中国历史上历来有两种不同的看法:一是主张富国,二是主张富民。王恽主张富民的思想,源于孔子,不过他的认识又有发展,那就是他明确国家的财富是民众生产的,不是国家固有的,也不是天生就能产生的。正因如此,他才产生出富藏于民的思想,认识到竭泽焚林的做法,就是对财富源泉的毁灭,民不能生存,国也不能富强。

相比之下,王恽的丰财思想与其他人的不同之处在于,历史上主张丰财的人往往把注意力盯在增加赋税上,而王恽却把重点放在"去其害财者",也就是说只要不挥霍财富就可以达到丰财的目的了。王恽不赞成增加赋税以丰财,在中国历史上是少见的,他的这种丰财思想不仅有其新发展,而且是有进步意义的。所以,他在理财方法上强调从节约开支下手,量入为出,以节用求丰财。王恽曾列举浮费害财的若干项目,如冗兵、妄求、浮食、冗费及一切不符合常例的支出。在财政措施上,他有不少建设性意见,如他曾谏阻世祖用兵日本,这样做既可恤民,又可节约军费开支。他反对官府假手和买或和雇而随意料配和克扣价钱,主张在和买、和雇时"从实支价";他认为在荒欠地区,对长期拖欠的税款予以免征;给予逃亡归食者免除三年差役。这些措施和建议都体现着以节用求丰财的新特点。

2. 薄敛恤民 王恽薄敛恤民的思想,是当时重赋政策的产物。元代初年,中等以上的民户签充军户、站户(驿站),军事费用都由下户负担;阿合马当政时,和买往往不支价钱,强迫百姓出钱买物交官。即使付给价钱,也不及原价的一半,而且还要被官吏克扣,甚至全部侵吞;和雇民夫,官出的价钱不到实际运费的十之二三。这样就使民户赋税负担,比原来的四两包银增加了二十倍。加上军户、逃户原来的差税(科差)也由现存民户包纳,人民"愁叹不绝,感伤和气,岁旱不收,百物踊贵,衣食艰得"。在这种情况下,王恽从他富藏于民的思想出发,进一步提出了薄敛恤民的思想。他针对当时存在的弊政提出的恤民办法有:和买要由官府"从实支价,责委正官办集其事",以防经办人员作弊;和雇时要从实支价,以抒民力";对饥荒地区,要做好赈济工作,停止在受灾的州县收籴粮食;对累年欠税已经征入官府的赋税,发还民户,未征的赋税免征;对逃亡复业的人,归还他们原来的财产,并免除三年差役。此外,他还建议免收人民一年的赋税,用没收阿合马及其党羽的财产以抵补。

为了实现他薄敛恤民的思想,王恽还建议设立常平仓。他认为常平仓制度既不影响国家经费开支,又能充分发挥恤民的积极作用。他主张各路平准行用钞的工墨钞息(发行纸币所得的收益)作为籴本,分发到各州县购买粮食,三年中间就可得粮一百万石。王恽不仅认为常平仓可以拯济民众,更重要的是通过常平制度调节商品供求,对稳定纸币能起重要作用。由此看来,王恽恤民的思想不仅仅停留在传统的薄敛上,而且通过制度建设增加国家收入,为国家创造恤民的条件和基础。所以,他的这种思想比孔子单方面要求统治者薄敛的思想有了很大发展。

3. 便商贾为利　王恽的便商贾为利的思想,主要体现在盐法上。他认为盐法"最为急务"的是官府不要刁难商人赴场买盐,同时还必须禁止主管盐政的官吏自己出资经营食盐买卖。王恽的"便商贾为利",符合盐商的利益和要求,其根本出发点在于:保证封建国家的财政收入,防止盐利落入官吏的私囊,在客观上对食盐消费者也是有利的。王恽还主张出卖长芦盐场的盐只收钞,不收诸物。这是把便商贾为利的思想和维持纸币购买力联系在了一起。对山西解州池盐,因成本低、盐价高,有些人私煮私卖,事发到官,"往往有破家残生者"。针对这一情况,他建议降低解盐的价格,"使民易得食用"。王恽便商贾为利的思想,一方面代表了商人阶层的利益,另一方面极力杜绝利归官吏私囊,增加国家收入。

王恽的经济思想核心,"是恤军民以固邦本",在这一思想的引导下,产生了富民丰财、薄敛恤民等主张。这一思想虽然都渊源于传统的经济思想,但他却有新的发展。如在富民上提出以节用求丰财,在薄敛恤民上把重点放在创造恤民的条件和基础上,在增加财政收入中强调发挥商人的作用,这些都是元代经济思想中的闪光之处。

天心时政的 CEO —— 郑介夫

一、人物简介

郑介夫,字以居,衢州开化(在今浙江)人,生卒年不祥。曾在湖南道任小官,后又在京任学官多年,去世前任江西金溪县丞。

二、生平事迹

1. 上书议政　郑介夫在湖南和京任上,多次上书议政。在湖南的上书,被地方官所扣压。成宗大德七年(1303 年),又上万言书《太平策》一纲十二目,还有《抑强状》等其他奏疏。明代永乐年间编辑的《历代名臣奏议》中收录了他在大德七年所上的一些奏疏。

2. 刚直敢言　郑介夫刚直敢言,"虽胸中抱负,颇异凡庸",却怀才不遇,屈于下位。他在奏疏中以贾谊上《治安策》自比,敢于用尖锐的语言抨击时弊,并说若贾谊生于今日,"不知何如其痛哭流涕,又何如其长太息也"。《太平策》论及的范围很广,涉及到经济问题的,有抑强、常平、盐法、备荒、俸禄等问题。

三、经济思想

1. 抑强限田　抑强就是抑制豪强的土地兼并,诸如王公之家强占民田、江南豪户广占农地驱为佃户、官府夺民田为屯田、寺院夺民田为寺田,使得大量自耕农破产失地,沦为佃户。

郑介夫愤慨地指出:"今之豪霸,所谓御人于国门之外者,真生民之蠹,国家之贼也"。"圣朝开国以来,轸恤民忧,禁治豪霸,制令甚严,终莫能戢其风。今上而府县,下而乡都,随处有之,大小不侔,而蠹民则一。蜂起水涌,诛之不可胜诛。虽有智者,莫如之何。"他认为抑制豪强的土地兼并的方法,只有实行井田,但他又看到井田制已难以行通,故说:"制之之道,唯有井田一法",可是井田自唐朝"令民得卖其口分,永业",公田逐渐"尽变为私田"的情况下,其"井田永不可复"了。"田既属民,乃欲夺富者之田以与无田之民,祸乱群兴,必然自理也"。因此,他认为只有实行"限田之法"才为可行。他的限田法规定:"每一家无论门阀贵贱,人口多寡,并以田十顷为例。有十顷以上至于千顷者,听令分析,或与兄弟子侄姻党,或立契典卖外,人但存十顷而止。……十顷以下至于一亩者,许令增买,亦至十顷而止。"期限为五年,五年后仍超过十顷的,其超过部分没入官。没官田卖给贫民,所得的田价,一半归官,一半还给原土地所有者。此外,针对社会上存在的"寺观布满天下,田业过于巨室"的大寺院地主,也要进行限制,大寺院田也不得超过十顷,中等寺观五顷。小寺观二顷,其超过部分也没收入官。

郑介夫的限田思想沿袭西汉孔光、何武限田办法,不过针对封建后期土地兼并更加剧烈,土地日少的现实,他认为孔光、何武的限田最高限额定为三十顷是太高了,规定三年期限又感太短,认为十顷和五年为好。

郑介夫的限田思想,虽然不像他所说的如果实行这一限田政策后,能"不出十年"就可使"豪强不治而无",是一种"不惊民、不动众,不用井田之制,而获井田之利"的理想办法,但从思想角度上看,通过规定最高限额,把多余的田或分或典卖,不足田者还可增买,以及没官田转卖给农民,并把田价一半归还原土地所有者等,诸如这些都是企图通过经济手段和政治手段达到稳定租税收入的目的,这和其以前的限田主张者相比,具有时代的特点。

2. 义仓和赈粜 元代的义仓始设于至元六年。此后虽也有关于义仓的规定,都没有认真贯彻执行。郑介夫认为,设立义仓是最重要的备荒措施。他反对官办,即义仓的粟米出入由人民自理,官府只是起拟订办法和监督执行的作用。

赈粜方面,郑介夫指出,在荒年时勒令富户平粜流弊很大,因此,应该由政府自己来进行。政府赈粜,首先要保证政府手中有粮食。如何筹得这些粮食,郑介夫设想的办法是,出卖从七品、正从八品的虚名敕牒和僧道度牒,他说:"二者但费朝廷之一纸,不动声色,而数百万粮可立而致。"但在卖官和卖度牒中应有区别。卖官"可暂不可常,"出家人纳米则可"永著为令"。郑介夫认为僧道是"不蚕而衣,不耕而食",享受全免徭税的特权势力,对这种人应该加以限制。他的出卖僧道度牒就是起着这种限制作用。

3. 官俸 元初,官吏无俸,文官靠赏赐,武官靠掠掳。元世祖中统元年初定官制,给官俸。从此"内而朝臣百司,外而路府州县,微而府吏胥徒,莫不有禄"。但是元朝俸禄制度很乱,有俸钞,俸米、职田等,并且制度多变。

郑介夫分析了俸禄厚薄不均的现象和原因,他指出:

1)地方官官俸十两(中统钞十贯)的有职田二顷,但江南减半;

2)地方官中,只有路府州县和廉访司官有职田,其余没有;

3)有官田的地方才有职田,无官田的地方没有,有的地方虽有官田仍不发职田。无职田的官生活困难,如九品官俸钞十二两,只够十口之家六天的伙食费用。而小吏俸钞虽只八两,每两每月加米一斗,"则六品以下之无职田者,反不如一小吏"。

4)京官俸钞倍于外官,但京城物价高,"以日用计之,实无外任一半所得",更何况京官没有职田。这样,就使"随朝三品、四品之官,反不如外任九品簿尉之俸"。郑介夫感叹说:"制禄不均,则人心不一,放辟邪侈,无不为己,其流弊可胜言哉!"

针对元俸禄制度的弊端,他建议收回职田,以平均其京官和外官的俸禄;官俸一律按俸禄高低支米,以米作为发放俸禄的标准;倘若不愿意领米的,则按支俸时的米价折钞发给。他认为这样做可以免受钞币贬值的影响,做到使俸禄平均。但是,取消职田以平均京内外官俸待遇,只是使高官俸向低俸禄看齐的做法,并没有了解设公职田原来的本意。

4. 盐法 元代盐课是国家的主要财政收入。《元史》说:"国家经费,盐利居十之八,而两淮盐独当天下之半"。元代的盐法,已达到专商运销的阶段,即引岸法。

对于盐法,郑介夫指出各地设立盐运司衙门专管弊病很大。他建议取消盐运司衙门及各盐场所设的官吏、团军、巡卒等监督生产和强迫领销的官僚机关和人员;只在中央设榷盐使;各州县置盐务提调;各产盐处设乡官管理食盐的支拨;在产盐处选富家充当亭户,分认每岁盐额,盐由各亭户自行收储。这办法是将以往由官府出资、由亭户负担差役的办法,改为由富家出资分包盐额的形式。

他主张用刘晏的办法来管理盐政,即各地盐商取得盐引后,即分配到适当亭户处提取盐筋,然后听任自卖。这样一来,可使亭户、灶户、盐商及食盐消费者均可免去团军、巡卒的追迫勒索。由于商人可获取厚利,贩运者必多,于是食盐价格可跌,食盐者可以贱价买盐,政府的盐课既可全部收入,又可节约大笔食盐管理机构和官吏、军卒的开支,这对盐商、消费者和国家都很有利,可说是"官享其利,而民安其业"了。

郑介夫的经济思想,虽无多少独创见解,有些建议也缺乏实施条件,但有如上述之议论,也不愧为关心时政的理论理财者。

客观评价的 CEO —— 马端临

一、人物简介

马端临(1254~1323 年),字贵与,饶州乐平(今江西)人。宋元之际杰出的历史学家。宋时任承事郎,宋亡后隐居不仕,任慈湖、何山两书院山长及台州儒学教授。"用心二十余年",于元成宗大德十一年编著成《文献通考》三百四十八卷。

二、生平事迹

1. 撰写《文献通考》 《文献通考》记述了上古至宋宁宗时历代典章制度的演革。马端临认为,杜佑的《通典》"纲领宏大,考订核(完备)洽",但"节目之间未为明备,而去取之际颇欠精审",于是他继承杜佑的传统,在此基础上有大的发展。例如,杜佑的《通典》共二百卷,《文献通考》扩充到了三百四十八卷。

杜佑《通典》分为食货等八门,强调了足衣食,把农业和手工业相结合的食货放在首位。马端临继承了这一传统,在二十四考中,把封建国家的经济制度也放在前边。

杜佑《通典》中"食货"只占全书的七卷,"礼"就占了一百卷,杜佑仍是把兴趣放在"礼"上,而马端临在《通考》中,关于"食货"的共八门二十七卷,其中关于"礼"的共三门六十卷,相形之下,食货的部分大为增加,礼的部分大为削减了。这反映他对财政经济重视的程度。

《文献通考》中有马端临的《自序》和散见于各卷的按语,从中反映出他对各种问题的见解。他的有些见解受到了父亲马廷鸾的影响。书中还直接用"先公曰"来表达马廷鸾的观点。

2. 评论历史人物 桑弘羊、刘晏是叶适所否定的人物。马端临却对他们持肯定的态度。他称赞桑弘羊、刘晏有过人之才,做到了"国富而民不知"。不过,马端临又认为桑、刘的政策对后世起了消极的影响。他反对借口崇本抑末而实行征榷遍天下的政策,却并不反对崇本抑末政策本身。他想将抑末和夺商贾之利分开,实际上这两者之间并没有一个不可逾越的鸿沟。

对于王安石的理财新法,马端临只肯定其中的免役法。他指出免役法是"救时之良策"。免役法之所以失败,根本原因在于把人民作为榨取对象。因此只能从以"四维"(礼、义、廉、耻)来激励士大夫和整顿吏治入手,单单在役法上进行改革不解决问题。

在总体上,马端临是否定王安石变法的。他还批评王安石说的和做的不一致,在建议行青苗法时用"美言"来"惑上听而厌(压)众论,而施行之际实则不然"。这是符合王安石变法的实际情况的。

虽然马端临也像儒家的传统看法一样,将上古的社会理想化,但他比较注意从客观上寻找历史变化的原因。因此他对某些历史人物或历史事件的评价,要比吕祖谦、叶适来得客观。

三、经济思想

马端临的经济思想,主要表现在以下几个方面:

1. 关于田制 马瑞临认为不能恢复井田。他称赞苏洵、叶适的反对复井田的议论"最为确实",并对叶适的议论进行补充。他补充的理由主要是:授受土地是一个很复杂的问题,"为人上者必能备知间里之利病","然后授受之际可以无弊"。这只有在三代"分土而治"的情况下才有可能。春秋战国,诸侯兼并,井田制就遭到破坏。因此他得出结论说:"欲复井田,是强夺民之田产以召怨谤。书生之论,所以不可行也。"

商鞅被儒家目为历史罪人,杨炎也受到一些人的批评,如吕祖谦就说杨炎是"天下之罪人"。马端临在《文献通考·自序》中将这两人作为历史转变时期的关键人物,对他们作出了自己的评价。他认为商鞅、杨炎虽然为"君子所羞称",但因为"古今异宜",他们的做法却是符合历史发展的要求的。谁违反了它,谁就会受到历史的惩罚。在儒家思想占统治地位的情况下,有这样的认识是很可贵的。

2.分析税法　马端临进一步分析了实行两税法的合理性。他强调"赋税必视田亩,乃古今不可易之法"。两税法的"人无丁中,以贫富为差"符合这一原则,因此"尤为得当"。虽然在计算资产时可能存在着"失平长伪"的缺点,但它所困的只是富人,比"不问贫富而一概按元(原)籍征之"要合理得多。根据这些理由,马端临认为两税法"虽非经国之远图,乃救弊之良法"。

3.革弊之方　对于南宋的财政,马端临除了批评经总制钱等苛敛弊政外,还提出一个"革弊之方"。他认为防止苛敛的关键在于"正其名色",改"暗取"为"明取"。他为宋孝宗及当时"诸贤"都没有想到这个"革弊之方"而大感惋惜。他认为这时只要按此要求整顿一下税制,南宋的苛敛弊政就能够一扫而光,这种想法未免有些天真。

4.传统观点　在经济问题上,马端临还坚持一些传统的观点,如统治者要注意节俭,要"量入为出以制国用"等。为了表明厚敛不足取,他提出"国之废兴非财也,财少而国延,财多而国促"的论点。

5.关于货币　马端临认为货币产生于先王的主观意志。过去有些思想家认为作为货币的币材是无用之物,马端临则认为是"适用之物",明确指出只有纸币才是无用之物。这是货币思想上的一个新的发展。

马端临根据《管子·轻重》中三币的说法,认为作为上、中币的珠玉、黄金是"难得之货","权轻重、通贫富而可以通行者,惟铜而已"。后世由于"钱之直日轻,钱之数日多",难以致远。因此在唐代产生了"飞券、钞引之属",在宋代产生了交子、会子。飞券、钞引只是取钱的凭证,他并没有全盘否定纸币,指出纸币具有分量轻,印造简易,而且用它可以"下免犯铜之禁,上无搜铜之苛"的便利。

然而纸币的便利要以纸币的币值稳定为前提条件。光宗以后的恶性通货膨胀造成了货币流通的严重混乱。

南宋的纸币除会子外,还有川引、湖会、淮交等地方性纸币。马端临对这种纸币流通的不统一性提出了意见。他认为这是"立法之初讲之不详"的缘故,这已经从贮藏手段的角度来考虑纸币贬值所造成的后果了。

6. 人口思想 马端临认为"民众则其国强,民寡则其国弱"的说法只适用于古时,那时人既能为士,又能为农或为兵,因此人口的多少就决定国家的强弱。但人们只能从事于某一项职业,士不会打仗,农不会写字,非农业人口越来越多,这就使"民之多寡不足为国之盛衰"。这一分析认为人口的质量比数量更重要,是一种新的见解。

极盛转衰的明清

历史背景

明朝(1368~1644年),又称大明王朝、大明帝国。明朝疆域达一千一百多万平方公里。1662年郑成功打败荷兰殖民者收复台湾,首次在台湾岛设立行政机构一府两县(东宁府,下辖天兴、万年两县)正式管理台湾全岛,台湾收归中国版图。

明朝经济文化在中国历史上属于发达阶段,无论是铁、造船、建筑等重工业,还是丝绸、纺织、瓷器、印刷等轻工业,在世界都是遥遥领先。

明朝以较短的时间完成了宋朝手工业从官营到私营的演变,而且变化得更为彻底。至明朝后期,除了盐业等少数几个行业还在实行以商人为主体的盐引制外,大多数手工业都摆脱了官府的控制,成为民间手工业。晚明时中国民间私营经济力量强大,民间商人和资本家动用几百万两的银子进行贸易和生产已经很寻常。

明代中后期,农产品呈现粮食生产的专业化、商业化趋势。由于手工业的发展,非农业人口的剧增,经济作物种植面积不断扩大,使本地生产粮食不能满足需求,因而每年需从外地输入大量粮食。不少土地主逐步将资金投向工商业,以徽商、晋商、闽商、粤商等为名号的商帮逐渐形成,并在一定地区和行业中有着举足轻重的地位。

清朝(1636~1911年,1644年起为全国性政权),又称大清,简称清,是中国历史上最后一个封建王朝,也是中国历史上第二个由少数民族(满族)建立并统治全国的封建王朝。清朝奠定了我国今天疆域的基础,鼎盛时领土达一千三百万平方公里。清朝历经十二帝,统治全国二百六十八年。

清朝初期为缓和阶级矛盾,实行奖励垦荒、减免捐税的政策,内地和边疆的社会经济都有所发展。至十八世纪中叶,封建经济发展到一个新的高峰,史称"康乾盛世"。于是中央集权专制体制更加严密,国力强大,秩序稳定。乾隆中叶,平定准噶尔、回部,统一了新疆。这不仅一举解决了中国历史上游牧民族和农耕民族之间旷日持久的冲突,而且采取了一系列政策,发展边疆地区的经济、文化和交通,巩固了中国多民族国家的统一,奠定了现代中国的版图,增强了中华民族的团结力和凝聚力,清朝的人口数为历代封建王朝最高,清末时达到四亿以上。

　　清朝初期推行圈地投充等恶政,破坏了中原地区的经济;重农抑商,制约了资本主义萌芽的发展,把封建专制推向了最高峰。统治者轻视科技和闭关锁国,导致中国的科技落后于西方。1840 年后帝国主义的入侵,使清廷与侵略者分别缔结了大量不平等条约,割地赔款,开放通商口岸,中国的主权受到严重损害,逐步沦为半封建半殖民地社会,人民负担沉重,处于水深火热之中。

开国治国的 CEO —— 刘基

一、人物简介

　　刘基(1311～1375 年),字伯温,谥曰文成,汉族,浙江青田人。元末明初军事家、政治家及诗人,通经史、晓天文、精兵法。他以辅佐朱元璋完成帝业、开创明朝并使尽力保持国家的安定,因而驰名天下,被后人比作为诸葛武侯。朱元璋多次称刘基为:"吾之子房也。"

　　洪武三年(1370 年)进封诚意伯。次年因受权臣胡惟庸构陷而被夺禄,并留京待罪。后来忧愤成疾,太祖于洪武八年遣使护送他回家,一月后病逝于家。著作有《诚意伯文集》。

二、生平事迹

　　刘基的历史功绩在于能顺应历史潮流,积极帮助朱元璋统一中国。至正二十年(1360 年),刘基被朱元璋请至应天(今南京),任谋臣,展现一个非常成功的兵法家的才能。至正二十七年(1367 年),参与制定朱元璋的灭元方略,并得以实现。共参与军机八年,筹划全局。明洪武三年(1370 年),为嘉勉刘基的功荣,授命刘基为弘文馆学士。十一月朱元璋大封功臣,又授命为他开国翊运守正文臣、资善大夫、上护军,并封为诚意伯。

　　1. 协助朱元璋制订"征讨大计"　　朱元璋起于淮右,渡江后,势力发展较快,但仍只局限于浙江一带,且东有张士诚,西有陈友谅,均为劲敌,稍有不慎,就有败亡之危。当时许多人认为张士诚据有苏湖富饶地区,宜先攻取。但刘基认为"陈氏灭,张氏势孤,一举可定。然后北向中原,王业可成也。"朱元璋采用了这战略决策,遂成帝业。

　　2. 在重大战役中,或运筹帷幄,或亲临前线指挥战斗　　刘基因谙韬略,通天文地理,故往往"遇急难,勇气奋发,计划立定,人莫能测"。如 1360 年,刘基针对当时形势,向朱元璋提出避免两线作战、各个击破的建策,被采纳。辅佐朱元璋集中兵力先后灭陈友谅、张士诚等势力,并建议朱一方面脱离"小明王"韩林儿自立势力,另一方面以"大明"为国号来招揽天下义师的民心。

三年后(1363 年 7 月),陈友谅重整旗鼓,号称百万,再度与朱元璋在鄱阳湖作生死存亡的大决战。在这关键时刻,刘基始终和朱元璋在一条船上参与军机,运筹帷幄,最后大败陈友谅,陈也在这次水战中败死。这次战争是我国历史上以少胜多,以弱胜强的战例,历史上称为鄱阳湖之战。

3. 洪武开国之前　1366 年受命拓建南京城;1367 年授太史令,上戊申大统历,并与李善长、杨宪、傅献、陶安等一起定律令。平定张士诚后,有张昶者使人上书称颂功德,劝朱元璋及时行乐,刘基当即指出:"是欲为赵高也。"及时提醒朱元璋"居安思危"。

4. 洪武开国以后　刘基奏立《军卫法》,提出"宽以待民与严惩贪吏"的主张,肃纲纪,整吏治,严惩贪枉。如中书省都事李彬坐贪纵罪,虽丞相李善长出面说情,刘基仍将李彬奏斩。刘基还谏止营建东都,提醒朱元璋不要轻敌。

以上四件大事,前两件帮助朱元璋打天下,后两件帮助朱元璋巩固天下。说明刘基是位卓越的军事谋略家、政治家。他既是开国功臣,也是治国良臣。

三、经济思想

刘基博通经史,长于天文历算之学。他生活在元末乱世,深明元政之弊。在元末最后一次弃官隐居时,"著《郁离子》以见志"。《郁离子》主要是通过书中的主人公郁离子来表达作者的思想。有的采取寓言的形式,也有直截了当的议论。刘基的经济思想基本上都表现在这本书中。

1. 聚民之道　元末农民起义蜂起,中国的封建社会又一次面临改朗换代的时期。民为什么会叛?刘基认为责任在于统治者不会聚民。他把聚民比作聚沙,聚沙的办法不同,牢固的程度也自然不同。

聚民的最重要的办法就是要"聚其所欲,而勿施其所恶"。人们的欲望各有不同,要采取不同的满足欲望的办法。《郁离子》中提到"致人之道",说明只有投人所好,才能聚人。刘基认为只有在经济上使人民得到适当的满足,人民才不至于起来反对统治者。

2. 以农为本　刘基主张以农为本。他说:"耕,国之本也,其可废乎?"刘基将农耕与兵战并提,指出"有国者必以农耕而兵战"。他分析兵农的关系,认为兵的作用在于卫农,这是一种新的观点。

人类通过自己的劳动向自然界索取财富,刘基把这种生产劳动形象地比作盗取天地的财物。所谓"知盗",就是善于利用自然力,使自然界为人类提供尽可能多的产品。"不知"盗则是阻遏自然界的生机,使自然力不能充分为人类所利用,这样就会使产品不足。刘基的盗天地理论,强调了处理好人与自然的关系对发展生产力的重大意义。

和"天地之盗"对立的则有"人之盗"。"人之盗"只是夺取现有的社会财富,因此不是生产问题而是分配问题。参照《郁离子》中的其他有关文章,可以肯定"人之盗"主要是针对封建统治者的横征暴敛而言。意思是说:统治者应该组织人民去向自然界索取财富,没有做到这一点,却只是向人民索取财富,这只能导致民穷财尽的后果。他主张"遏其人盗,而通其为天地之盗",把发展生产放在首要地位。

3. 货币流通　在货币方面,刘基说的话不多,可是在理论上的意义却不容忽视。元代始终使用纸币,直到顺帝至正十年,摇摇欲坠的封建统治者还在发行新纸币。所以刘基以向郁离子提问的形式提出了"币之不行而欲通之,有道乎"的问题。这里的"币"是专指纸币。刘基用币来代表纸币,指出纸币是靠"威令"而流通的。刘基借郁离子之口回答说:"币非有用之物也,而能使之流行音,法也。"纸币是无用之物,它的流通要靠"法",即国家政权的作用。

刘基不懂得国家只是利用了纸币有代替金属货币流通的客观可能性,以为国家政权是能使纸币正常流通的最终原因。刘基既不谈纸币能否兑现,也不谈纸币发行数量,把纸币的流通归之于政府的德政、威刑或威令,这在货币理论上是一种后退。不过,他由此引出了当时人民对政府的信任已发生动摇,因此纸币就不可能正常流通的结论。国家纸币的正常流通的确是以政权的巩固为前提条件,刘基对这个问题的认识是超过前人的。

刘基虽然肯定了金属货币和纸币的区别,但是又认为金属货币也是靠国家政权的力量来流通的。他说:"故铸钱造币虽民用之所切,而饥不可食,寒不可衣,必借主权以行世。"铸钱"是说铸铜钱,造币则是说造纸币。他认为在"借主权以行世"这一点上,两者并无区别。刘基的货币理论可以说是一种货币法定理论。

4. 经济垄断　刘基对国家垄断经济的范围提出了一个原则:即凡是属于生活必需品的生产和流通,国家都不应该垄断,让民间自由经营。他拿货币和盐来进行对比:货币"饥不可食,寒不可衣,必借主权以行世",所以理应由国家垄断铸造;而食盐是生活必需品,所以不应该由国家垄断经营。这反映了刘基对民间疾苦的同情,也同其在野的地位有关。

5. 向往井田制　刘基还表现出对井田制的向往。他曾写过这样的诗歌:"我闻在昔兮,有虞夏商。一夫百亩兮,家有稻与粱,生不饿殍兮死有藏。呜呼! 今不见兮,使我心伤。"他认为在有"大德"的人出来平定"大乱"的条件下,井田可以恢复。

改革为民的 CEO —— 周忱

一、人物简介

周忱,字恂如,江西吉水人。明前期大臣,以善理财知名。永乐二年(1404年)进士,补翰林院庶吉士。翌年进学文渊阁,寻擢刑部主事,进员外郎。洪熙元年(1425年)迁越府长史。正统五年(1440年),进工部左侍郎。六年命兼理湖州、嘉兴二府税粮。十四年迁户部尚书,后改工部。景泰二年(1451年)致仕,四年(1453年)十月卒于家。著有《双崖集》等传世。

二、生平事迹

宣德五年(1430年)授工部右侍郎,奉命巡抚江南,总督税粮。他有经世之才,在巡抚任上,厘奸革弊,抑制豪右,进行了一些有益于社会生产的赋役改革。主要有:创"平粜法",均平官、民田耗米;请官铸铁斛,统一征粮斗式,防止粮长利用职权,从中牟利;设"水次仓",由民交纳,官为监收,杜绝粮长为奸作弊;核减苏州等府税粮,以解民困;置"济农仓",储粮备荒;立兑军解运之制,使不误农时,节省漕费;折征改纳金花银,每两当米四石,解京兑俸,民出甚少而官俸常足。

三、经济思想

周忱在江南工作二十年,着重调查研究,革除积弊。在经济改革上,有不少建树,是明代赋税改革的先驱。在均衡税赋、减轻人民负担上作出了巨大贡献。

1. 创平米法以均田赋　周忱任江南巡抚之初,针对江南地区官田民田赋役负担严重不均衡的状况,曾提出"官田依民田起科"的建议,被朝廷指责为"变乱成法"而遭到否决。于是,他将总督税粮的注意力转移到田赋加耗上,创办了"平粜法",即无论大户小户,加耗米随正米依一定的比例摊派,不分强弱贵贱,并通过加耗调整原有田赋的不均。如重税官田少纳耗米,轻税民田多纳耗米。这种均赋思想指导下的改革,遭到豪强大户的反对。

周忱的"平米法"也称"均征加耗法",除均衡赋税的作用外,还有建立地方财政储备,防止地方官吏贪污中饱的目的。征收耗米是为了弥补漕粮征收、起运、储存过程中的损耗。过去官吏将征收的耗米弥补实际损耗后的剩余任意挪用中饱,周忱则规定作为支付地方公务、赈济、工程及其他杂项工程的基金,使地方公共支出有一定的来源,减少了对人民的征扰。周忱在江南赋税制度改革上的另一个内容,是以征收方式的修改来取得官田和民田赋税负担上的初步均平。

他在苏、松、嘉、湖、常、镇等府的税粮上,奏准朝廷将其中的一部分折纳金花银、银两或布匹,以每一两金花银,折合应纳税粮四石,每一匹棉布,折合应纳税粮一石为原则。一般的规定是,凡是每亩课税原额在四斗以上的田土,可以改纳金花银、布匹等折色;凡是每亩课税原额在三斗以下的,则缴纳白粮、糙米等重等本色。

在这种折征办法下,由于折纳数额的减少或交税上杂派的减少,官田的负担有了显著地减轻。除此之外,周忱在赋税方面还进行了一些其他的改革,其中大部分是为帮助和促进平米法实施而制定的。

2. 改革粮长制 创设济农仓 鉴于各县收粮无囤处,周忱规定各县于水次置囤,囤设粮头、囤户各一人,名辖收。至六七万石以上,始立粮长一人总之,名总收。通过建立公仓,加强管理,不仅杜绝了在粮长囤粮造成贪占的可能,还削减了粮长的权力,办事公道一些。

周忱重视税粮收支的核算。周忱通过建仓和加强储运管理与监督,有效地防止了粮长和官吏贪占滥用,为减少人民的负担创造了条件。

周忱设济农仓。济农仓既赈贷有困难的农民,又做地方公用的垫支,可以避免高利贷者的盘剥,可算是一件公益事业。

3. 改革旧制兴利除弊 周忱经常到民间查问人民疾苦,发现不合理的制度,就进行改革。

(1)改革漕运制度 将原来军民各自运输的办法改为民运到淮安或瓜洲交兑,由运军接运至通州,从而减轻了纳税人户的漕运费用和运粮人户的沉重徭役。

(2)改革马草征收方式和官俸发放办法 将原来向人民征收马草运往两京,这一劳民伤财的征收方式改为每一束马草折银三分征收,运银到南京缴纳,就地买草,或者由南京输银北上,大大减轻了缴纳人户的负担。

将京师百官月俸,在南京领取禄米再折换成银两的极不经济办法,改为官俸直接支取折银的简单办法。过去米贱时,俸帖七八石仅易银一两,改革后,每两银岁米四石,取得了"民出甚少而官俸常足"的效果。

(3)改变征布匹制度　嘉定、昆山诸县岁纳布,匹重三斤抵粮一石。周忱主张废除按重量计算,改为按长宽计算布匹,显然比过去合理。

虽然周忱在江南的改革并不彻底,但他在宣德、正统、景泰三个朝代办理税赋和财政收支方面取得的成绩,受到后人的称道。

因势利导的 CEO —— 丘浚

一、人物简介

丘浚(1418～1495 年),字仲深,号深庵、玉峰,出生在海南岛琼山,别号海山老人,琼山府城镇下田村(今名金花村)人,明朝中叶著名的学者和政治家、经济学家,著有《大学衍义补》等著作。

丘浚为官四十年,历任编修、经筵讲官、侍讲、侍讲学士、翰林学士、国子临祭酒、礼部侍郎、尚书、纂修《宪宗实录》总裁官、文渊阁大学士、户部尚书兼武英殿大学士等职。

二、生平事迹

1. 学术研究　成化十三年(1477 年),丘浚萌发了撰写《大学衍义补》的愿望,于是着手进行,共为书一百六十卷。补前书一卷,目录三卷,总一百六十四卷,名之曰《大学衍义补》。

真德秀所撰的《大学衍义》,提醒统治者要正心诚意,不能对圣人之言虚与委蛇,故其书侧重强调修身。丘浚以其书所衍之义大而简,于是在补阙时侧重实际政事,他指出了两书之间的关系,"其详其简,各惟其宜,若合二书言之,前书其体,此书其用也。"丘浚专意撰述《大学衍义补》,历经十年而书成。

2. 拯救典籍　弘治五年(1492 年),丘浚上疏言经籍图书之事。他十分强调经籍图书的重要性。丘浚认为,图籍中保存了古今帝王丰富的统治经验和臣民必须遵从统治的道德规范,具有极高的政治价值。同时,图籍记载了国家的山川、人物、风俗、物产和朝廷礼乐的演变和发展,这些精神文化财富是十分珍贵的。

丘浚请求朝廷对经籍图书要给予充分的注意和爱护。他陈述了太祖在建国过程中就注意访求遗书,故明初图籍储存不减前代,为一时盛况。丘浚还列举了当前经籍图书保存中出现的种种严重问题,如不采取措施拯救尚存的经籍,将造成不可挽回的损失。他奏请加强典籍的管理工作,自学士而下,至于专司其职的翰林典各官,要积极清理现存图书,访求所缺,珍贵的图籍,务必抄誊正副,分别藏于内阁、国子监、南京国子监。各藏书之处要加强管理和保护,防止遗失和虫蛀等。

丘浚还特别注意对重要档案文件的保存,在他的影响下,孝宗颇为重视图籍和档案,朝廷政治状况大有改善,被誉为中兴之主,这与丘浚等一批富于学行的士大夫的辅佐是分不开的。

3. 革除弊政 明朝英宗以后,皇帝和大臣面议政事很少,都是通过题奏文书的奏进和批答来交通消息的。皇帝深居宫中,易受宦官的影响,丘浚忧之,乃以星变为言,提醒孝宗保持即位之初的良好政治,杜绝弊政。丘浚要求皇帝警惕天变,并列举二十二种时弊,其疏将近万言。孝宗嘉纳其奏,却未能尽行其言。

4. 出谋划策 时两广瑶僮为乱,天顺以来,总兵颜彪、都御史叶盛讨之不能平。丘浚奏记于大学士李贤,言瑶僮之乱在广东宜行驱逐,在广西宜行围困。当屯兵于瑶僮的巢穴大藤峡,蹂践瑶僮所种庄稼,使之无收,再切断其他粮食来源,困其一二年,则可剿灭之。李贤善其言,将丘浚谋划之策献于朝。宪宗诏录其策以示诸将,采纳其直攻大藤峡的建议,拟定了速战速决的战术,获得胜利。

三、经济思想

1. 理财论 丘浚在《总论理财之道》中,阐述了他对理财的见解。他认为理财非常重要,分为为国理财和为民理财两个方面。指出人民是生产财富的主体,首先理民之财,积极发展生产,开拓财源,这才算抓住理财的关键。生财是源,理财是流。

如何处理"国财"与"民财"之间的分配关系呢?丘浚强调国家"取民"要适度。他主张确定一个适当的标准,作为"养民足国之定制"。丘浚还强调,理财不仅要重视励民生财,适度取民,还要做到为民用财。虽然治国用的权力在君主手中,但君主不能将取之于民的国财作为"私有"、"私用"。仁德的君主,知道自己的责任是"为天守财也,为民聚财也。凡有所用度,非为天、非为民、决不敢轻有所费。他要求君主慎重安排国用,按四分之三的岁入,安排支出。这样理财,财用自然充足。从总体看来,丘浚的理财观同儒家相近,但有新的发展。

2. 赋税论

(1) **主张轻税** 丘浚认为国家轻征赋税比重征赋税能得到更多的财富。因为,"重敛则人贫"。人民贫困破产,就逃亡;生产者就减少,不管用什么强暴的手段去征收,也得不到财富。如果"轻敛,则人乐其生",居者不流,尽力生产,财富必然多,国家虽轻征赋税,也能得到较多的财政收入。这是一种培养税源的思想,以"轻税"为手段,以"多得"为目标。

轻税除可多得财外,还可以争取民心。人们都希望得到财富,所以,君主应控制自己贪财的欲望,重德轻财。

(2)以田定税　丘浚主张以田定税,反对以人定税。

(3)以实物纳税　明代中叶,商品货币经济已较为发达,但丘浚仍主张征实物税,反对征货币税。其理由是:生产粮食不容易,制作钱比较容易,应重粮而轻钱。

(4)配丁田法　封建国家除向人民征税外,还征劳役。丘浚认为人民的家屋田产依赖国家庇护,为国家服劳役是应尽的义务。不过,君主应在不得已时才征用民力,怎样征劳役呢? 丘浚提出了"配丁田法",更明确地把力役负担与土地的多寡联系起来,丁多田少的,准许买足田数;丁田合适的,不许再买;丁少田多的,只许售卖。超过定额多买的土地,没收入官。

丘浚的这一方案将土地制度与力役制度的改革结合起来,他希望给官僚地主种种优待,以便方案得到实施,从而清除土地兼并之患。

3. 市籴论　丘浚在《市籴之令》中提出了国家在商品购销和对外贸易方面应遵循的原则和应采取的政策。他反对国家专卖和垄断市场,允许私人贸易,扩大城乡交流。通过交换刺激生产的发展,商品多了,"其价自然不至甚贵"。商人富有了,国家也就富有。所以,国家不应干预市场。

在商品交易中,宫廷、官府应平等地同人民交易,不应强买、勒索或抑配,使买卖变成征税活动。所需要的物资只能按市场价格购买。让人民自由经营各种物资。

对于海外贸易,丘浚主张除日本"不与之通"以外,其他如泰国、印度尼西亚等国,均可与之贸易,不应禁止。

明初实行"朝贡贸易制度",海外诸国入贡,许附载货物与中国贸易。永乐时虽有郑和下西洋,但禁止民间私下与诸蕃互市。他主张开放海禁听任民间贸易的理由是:中国物产丰富,可以"自足其用",无需从外国进口,但"外夷所用则不可无中国之物也"。

值得指出的是,丘浚虽然批评国家干预,要求对商人放宽政策,但并不完全反对国家在稳定谷物价格中发挥作用。他主张在各地设立常平司,按市价收籴余粮,包括谷、麦、豆等。允许人民以货物购粮,官府收到的货物可以充作国用,也可以变卖作籴本。虽然他提出设常平司的目的是稳定粮价,方便人民,不是为了获得财政收入,但在提到设常司的好处时,又包含有财政目的。他想肯定国家经营粮食中对人民有利的一面,又反对与商贾争利的一面。

4. 预算论　丘浚对国家如何编制预算问题,发表了比较具体的意见。预先通知各地方的布政司,每年十月秋收后,至年终,户部根据中央各司和地方提供的"新旧储积之数",编制下一个年度的财政计划,计算嗣岁一年之间所用几何,所存几何,用之之余,尚有几年之蓄,具其总数,向皇帝汇报。不足则取之何所以补救,有余则储之何所以待用。丘浚对国家预算编制的程序作了具体而明确的表述,他的预算思想比较符合量入为出的实际要求。

为了使预算的编制、执行做到合理、可靠,丘浚强调应发挥审计的作用。他强调,司会不仅掌封建财政收支的事后审查,并有权于事前考察财政收支的是否合理,审核与收支记录应分官掌管。

丘浚还建议仿照唐宋旧例,如李吉甫的元和国计簿、苏辙的元祐会计簿等,将明王朝自洪武及弘治各朝的财政收支情况,每朝编成一卷会计纪录以供后世参考。

总体看来,丘浚的经济思想除受儒家传统教条的束缚之外,在一些具体问题上能有周密的考虑,做到合乎时代的需要。

才智兼备的 CEO —— 张居正

一、人物简介

张居正,汉族,字叔大,少名白圭,号太岳,湖广江陵(今属湖北)人,又称张江陵。明代政治家,改革家。中国历史上最优秀的内阁首辅,因其辅佐皇帝治理有效,具有重大历史功绩。

明王朝经过两百多年的风风雨雨,到了嘉靖年间已是百病丛生,危机四伏。幻想长生不死的嘉靖皇帝陶醉于《庆云颂》的华丽词藻,闭着眼睛将朝政托付给奸相严嵩。严嵩父子趁机为非作歹,贪赃枉法。在这样的时代背景下,平民出身的内阁首辅(宰相)张居正被推上了历史前台,以其非凡的魄力和智慧,整饬朝纲,巩固国防,推行一条鞭法,使奄奄一息的明王朝重新获得勃勃生机。

万历十年(1582 年)卒,赠上柱国,谥文忠。死后不久即被宦官张诚及守旧官僚所攻讦,籍其家;至天启时方恢复名誉。著有《张太岳集》、《书经直解》等。

二、生平事迹

明初为了加强中央集权,废丞相,设内阁,其职能相当于皇帝的秘书厅。首席内阁学士称首辅,实际上也就是宰相。万历初年,张居正代为首辅。当时明神宗年幼,一切军政大事均由他主持裁决,前后当权十年,实行了一系列改革措施。作为一个雄才大略的政治家,张居正客观地分析了当时的社会矛盾,正确地把握了问题的实质和关键,这才使他的改革能够顺应历史的潮流,并收到了一定成效。例如,张居正清查地主隐瞒的田地,推行一条鞭法,改变赋税制度,使明朝政府的财政状况有所改善;用名将戚继光、李成梁等练兵,加强北部边防,整饬边镇防务;用潘季驯主持治理黄淮,亦颇有成效。

1. 整顿吏治　张居正从整顿吏治开始他的改革。万历元年(1573年)十一月,张居正上疏实行"考成法",明确职责。他以六科控制六部,再以内阁控制六科。对于要办的事,从内阁到六科,从六科到衙门,层层考试,做到心中有数,改变了以往的拖拉现象。

考成法的实行,提高了各级部门的办事效率,而且明确责任,赏罚分明,从而使朝廷发布的政令"虽万里外,朝而夕奉行",对整顿田赋、增加国家财政收入起了很大作用。张居正整饬吏治的目的主要还是"富国强兵",这条红线贯穿于他的改革始终,实行考成法的最大收获也正在于此。

2. 互市政策　军事上,用戚继光镇蓟门(今河北迁西县西北),李成梁镇辽东(今辽宁辽阳),又在东起山海关,西至居庸关的长城上加修"敌台"三千多座,加强北方的防备,并在边疆实行互市政策,互市使马匹大增,减少了太仆寺需的种马,互市又使边疆在政治经济上保持稳定、正常,如封北方蒙古首领为顺义王,在大同、宣府、甘肃等地立茶马互市,保持贸易往来,长久没有来犯边关。

3. 治理水患　张居正任内阁首辅期间,还经办过一件大事,即任命潘季驯治理黄河水患。1578年,黄河在桃源北的崔镇决口,河水北流,宿迁、沛县、清河县,桃源两岸多被冲坏,迫使淮河南流,高家堰湖堤被冲决,淮安、扬州两府间的高邮、宝应等地都被水淹没,形成大患。张居正深以为忧,推荐刑部侍郎潘季驯为工部侍郎兼右都御史,总理河漕。潘季驯上疏提出治河的六条办法获准实行,至次年十月修筑工程结束。此次全面治理后,接连数年,河道不再有大患。

张居正又改革漕运制度,他认为每年的赋税都在开春后发运,那时水患仍然频发,不是河水冲堤,就是河床干涸。于是,就让漕运在十月到来年初全部运完,这样就减少了水害。这个办法推行久了,中央仓库里的粮食得以充实的,足够十年之用。

三、经济思想

张居正的经济思想的主要特点：一是强调"量入为出"和节约支出的原则；二是适应经济发展需要，主张"轻关市之征"；三是重视财政管理，力图防止贪渎。其经济思想主要有以下几方面。

1. 提倡节用　张居正认为理财还是要以节用为主，坚持量入为出的原则。他所进行的一系列改革几乎都在围绕这个中心进行。例如，他通过加强对官吏的考核，裁减冗员，节省朝廷的俸禄开支。同样，张居正也通过各种途径削减朝廷的军费开支。一方面与鞑靼人修好，通贡互市，保持边境安定，减少战争费用，另一方面也大量削减抚赏开支。

张居正要求皇帝和大家一道过紧日子。他不仅多次向神宗提出"节用爱民"，"以保国本"，而且在皇室的奢侈性花费上，也是寸步不让。万历七年，神宗向户部索求十万金，以备光禄寺御膳之用，居正据理力争，上疏说户部收支已经入不敷用，他要求神宗节省"一切无益之费"。结果，不仅免除了这十万两银子的开支，连宫中的上元节灯火、花灯费也被废止。

对于自己的用度，张居正也是力戒奢华。纂修先皇实录，例得赐宴一次。张居正参加撰修穆宗实录，提出辞免赐宴。他还请求将为明神宗日讲的时间放在早上，可以免晚上的灯火费用。

张居正在整顿吏治、厉行节约的过程中，不仅自己廉洁奉公，对家属也严格要求。儿子回江陵应试，他吩咐儿子自己雇车；父亲生日，他吩咐仆人带着寿礼，骑驴回里祝寿。万历八年，居正次弟张居敬病重，回乡调治，保定巡抚例外发给"勘合"（使用驿站的证明书），居正立即交还，并附信说要为朝廷执法，就不能不以身作则。对于明王朝来说，张居正确实是难得的治国之才。

2. 开辟财源　作为一名杰出的理财家，张居正深知只顾节流尚不足以解决问题。要彻底改善国家财政状况，还需要进一步开辟财源，增加收入。为此，张居正提出惩办贪污，清理欠赋和清查田亩等三项措施，其中尤以清查田亩声势浩大。

万历八年，张居正获准在全国陆续展开清丈土地。全国大部分地区根据户部颁布的《清丈条例》对田地进行了认真地清丈。清丈对象包括庄田、屯田、民田、职田、养廉田和牧地等。他采用了《九章算术》中的开方法，先制定地形，根据各种几何图形用乘除等方法求其面积，然后再将零星土地拼凑为各种几何图形分别计算其面积，最后总加上述两部分的总面积。开方法可适用于山地、平原、田荡、凹地等，计算的面积也比较准确。清丈在一定程度上清理出一大批隐田，使一些无地农民免除了赋役而官豪之家也要负担一定的赋役，在一定程度上保证了国家赋役来源。

尽管张居正清丈田亩、平均赋税的做法并不能真正解决民间赋税不均的问题。但从理财的角度看，清丈田亩对于朝廷比较全面准确地掌握全国的额田，增加财政收入起了积极作用，更为重要的是它还为不久推行"一条鞭法"的赋税改革创造了条件。

3. 赋役改革　张居正清楚，不进一步改革赋税制度就无法保证中央财政收入的稳定增长，将会有更多的贫民倾家荡产，不利于社会的安定。赋役改革是一个十分棘手的事情，一旦过多触犯权宦土豪的利益，弄不好就会引起强烈的反对，使自己的所有心血前功尽弃。万历九年，他终于下令，在全国范围内实行一条鞭法。"一条鞭法"的主要内容。

(1) **以州县为基础**　将所有赋税包括正税、附加税、贡品以及中央和地方需要的各种经费和全部徭役统一编派，"并为一条"，总为一项收入。过去田赋有夏粮、秋粮之分，征收上又有种种名目，非常烦琐，现在统一征收，使国家容易掌握，百姓明白易知，防止官吏从中贪污。

(2) **关于徭役征派**　过去有里甲、均徭、杂泛之分。里甲按户计征，不役者纳"门银"(户银)；均徭、杂泛按丁分派，应役方式又有力差(以身应服)、银差(纳银代役)之分。现在取消里甲之役，将应征的全部门银，同丁银合并一起。"丁银"的计算办法，是将力差的"工"(劳动)和"食"(服役期间全部生活费用)折算为银；如"银差"则按纳银数再加收少量"银耗"(碎银化铸银锭时的损耗)，然后全部役银以"丁"和"地"或(田粮)两大类因素统一考虑编派征收，自此，户不再是役的一种根据，丁的负担也部分转到"地"或"粮"中。

(3) **赋、役之中**　除国家必需的米麦丝绢仍交实物和丁银的一部分仍归人丁承担外，其余"皆计亩征银，折办于官"。赋役银由地方官直接征收，便于交纳、储存和运输。

(4) **官府用役，一律雇人从役**　过去由户丁承担的催税、解送田粮之差、伐薪、修路、搬运、厨役等一概免除。这一改革措施赋役折银征收，既是商品货币经济发展的结果，又必然促进商品经济的繁荣。

"一条鞭法"是中国田赋制度史上继唐代两税法之后的又一次重大改革，它简化了赋役的项目和征收手续，使赋役合一，并出现了"摊丁入亩"的趋势。"一条鞭法"的施行，改变了当时极端混乱、严重不均的赋役制度。它减轻了农民的不合理赋役负担，限制了胥吏的舞弊，特别是取消了苛重的力差，使农民有较多时间从事农业生产。但是，"一条鞭法"所实行的赋役没有征收总额的规定，给胥吏横征暴敛留下了可乘之机，这是它的不足之处。

4. 为民减负　张居正的理财并不限于一味地为朝廷谋利，还十分重视人民的实际生活。他通过多种渠道设法减轻人民的赋役负担,有时直接提出减免人民的税负。万历十年,随着清丈田亩工作的完成和"一条鞭法"的推行,明朝的财政状况有了进一步的好转。这时,太仆寺存银多达四百万两,加上太仓存银,总数约达七八百万两。太仓的存粮也可支十年之用,这年二月,张居正上疏请求免除自隆庆元年(1567年)至万历七年(1579年)间各省积欠钱粮。

另外,张居正反对传统的"重农轻商"观念,认为应该农商并重,反对随意增加商税,侵犯商人利益。这些做法顺应了历史的发展潮流,在一定程度上减轻了百姓的负担,缓和了一触即发的阶级矛盾,对历史的发展起了积极的推动作用。

张居正的变革的目的是为了维护大明王朝的统治,但这一系列改革措施都符合当时的社会实际,促进了经济发展。张居正一生功过兼有之,但作为一个封建士大夫,能任劳任怨地工作,敢于整顿松弛的政治秩序,能使国富民丰,边疆安全,不愧为中国封建社会杰出的政治改革家。

三任首辅的 CEO —— 叶向高

一、人物简介

叶向高,字进卿,明福建福清(今福建省福清县)人。万历十一年(1583年)中进士第,选为庶吉士。

万历二十六年(1598年)召为左庶子,充任皇长子侍班官。

万历三十五年(1607年)任礼部尚书、东阁大学士。次年任内阁首辅。

万历四十二年(1614年)辞官。

天启元年(1621年)再召为首辅。因宦官魏忠贤擅政,他屡与抗争,被阉党指为东林党魁。

天启四年(1624年)遭排挤去官。卒年六十九岁。著有《说类》。

二、生平事迹

叶向高自出仕居官到两次任内阁首辅,正是明王朝后期,表面上繁荣,实际上隐藏着深刻的社会危机,动乱不断。他首次入阁,正值神宗在位的后期。当时,在一班守旧官僚的迷惑下,神宗深居后宫,寻欢作乐。因特别宠爱郑氏母子(即三皇子朱常洵),以致太子迁延不立。为争立储,朝中诸臣争辩了二十余年之久。皇帝虽然不理朝政,却又怕权柄旁落。这种专权而不理事的状况造成阁臣、科、部及监察院派系林立。如东林党与浙、昆、齐、楚诸党人的斗争,东林与阉党的斗争等,犹如水火,势不能容。官场中,贿赂公行,贪墨成风,吏治腐败达到了极点。从社会经济来看,土地兼并日甚,租赋、"加派"累增,而朝廷又因增兵加饷,储积空乏,向全国派出宦官充任矿监、税使加紧搜刮,除矿产征税之外,还有店租、珠宝、盐、茶、木、船等物产税,逼得平民百姓、工匠、商人怨声载道。封建王朝的残酷掠夺,激起了全国人民反抗斗争。在城镇,爆发了手工业工人和工商业者的反矿监、税使的斗争;在农村,农民利用白莲教组织了大规模的武装起义。此时,身居内阁首辅、处在矛盾漩涡中的叶向高,重点治乱安民,虽然能尽忠职守,皇帝表面上也对他"体貌优厚",可是大厦将倾,他也无力回天。不过,其治乱安民的思想在当时具有特定的社会现实意义。

三、经济思想

1. 主张废税安定民生 叶向高在向神宗进呈《请止矿税疏》。当时滥征矿税已经成为一个关系朝廷安危的大问题,自万历二十四年(1596 年)之后,朝廷派宦官中使遍及全国征收矿课、店税及物产税。不数年,因矿税为害,已激起民变。叶向高深切地感到,皇上再贪婪执拗下去,势必"驱迫穷民陷于死地",恐怕秦、隋灭亡之祸将"旋踵而至"。于是"情逼号呼",上疏请停征矿课、店税和物产税,召回中使。

叶向高认为,事态严重,应采取措施安定民心。他说:"今日城中,无一乐土",如同瘦弱的人一样,喂他精美的膳食,还担心不能恢复,怎么可以再挖肉抽髓来加快他的死亡呢? 然而,神宗皇帝只听宦官的话,不但没有革除矿税、店税,还打击迫害反对矿税、店税的官员和民众。叶向高虽幸免于难,但他的意见却未得到采纳。

2. 强调监管治理贪污 天启三年(1623 年),叶向高目击国家面临着覆巢坠卵的危险,写了一份条陈呈给皇帝,他在条陈中列举了当时的弊政,如现任官吏缺乏人才,做官只顾个人迁转,不管国家安危;大官小吏苟且因循,贪污侵占,钱粮不清,朝廷的诏令不能迅速贯彻,人主之权失,国法不能伸及风俗日益刻薄等,并提出了挽救的办法。

关于贪污侵占,钱粮不清的问题,他主张财政监管,加强对内库和国库的管理,互相监督,尽量除去不急需的开支。

叶向高主张用"稽查"、"严核"、"搜治"、"裁减"等行政手段,处治贪官污吏。惩贪必须加强监管,严于执法。

为了解决财政困乏的局面,叶向高还动员全体官员为缓解财政危机而向财政部门献策,并指出,理财的问题十分重要。他强调,只有信任和重用贤能的财政官员,才有利于治贪裁冗,解决财政问题。衙门中掌握典章礼仪的人可以轻闲,掌握选授要职枢纽的权贵,养尊处优则可,但不要排挤理财的贤能官吏。

叶向高虽处于末世,不能拯救时弊,但反映了他有忧国忧民的强烈责任感和切中时弊、振兴经济的见解。

重视经济的 CEO —— 龚自珍

一、人物简介

龚自珍(1792~1841年),浙江仁和(今杭州)人,出身于世代官僚家庭。1818年中举人,1829年中进士,1835年升宗人府主事,1837年礼部主事,1839年辞官。1841年在江苏云阳书院暴病身亡。被近代学者称为十九世纪启蒙思想的主要代表人物。著有《龚自珍全集》。

龚自珍生长在中国封建社会危机加深、外国资本主义侵略向中国进逼的时期,他深感社会危机和责任,一再发出"变法"的呼吁。

二、生平事迹

鸦片战争前后,一部分知识分子提倡经世致用之学,研究和解决现实的社会问题。龚自珍是开这种学术风气之先的主要代表人物之一。他对清末的思想界产生了很大影响。

龚自珍对清王期的腐朽统治进行了辛辣的揭露和批判,指出当时社会表面上似治世,而实际上已是危机四伏,大乱将临的"衰世"。当时的危机是多方面的,包括政治、经济、财政等方面的危机,而统治者只知道开捐例、加赋、加盐价等加强搜刮。他在诗中发出:"不论盐铁不筹河,独依东南涕泪多。国赋三升民一斗,屠牛那不胜栽禾"的悲叹!

龚自珍揭露那些身居要职的官员追求的只是功名利禄、车马服饰和子孙后代的富贵,而不顾国家和人民的利益。他们从做官的时候起,就寡廉鲜耻。官越大的人越追求升官发财,向皇帝献媚。

龚自珍希望通过变法,改革朝政。他指出改革社会才能发展,他警告清王朝要汲取历史上改朝换代的教训,与其被别人推翻,不如"自己改革"。

三、经济思想

1. 重视发展经济 龚自珍重视发展经济,培养税源,于1820年提出在新疆设行省,移民垦荒的建议。移民对象包括江西、福建"种烟草之奸民"和各省驻防八旗子弟的一部分。移民官给盘费,旗人优待。移民到达目的地后,发给土地若干、蒙古帐房一间及耕牛、农具、种子等。以收成的十分之一交给当地官府做粮俸,二十年以后再改照内地纳税标准和办法,这是通过先免税激励垦荒的主张。他认为当时的"屯田"有屯之名,不尽田之力,实际上很难做到兵农结合,他主张将新疆的二十八万余亩屯田作为十万余屯丁的世业,使"公田变为私田,客丁变为编户,戍边变为土著"。他指出,实行移民垦荒,"现在所费极厚,所建极繁,所更张极大",但二十年后"利且万倍"。这是龚自珍提出的一项比较重要而且具体的改革主张,新疆设省一直到六十年后才实现。

2. 主张平均分配论　　1861 年,龚自珍在《平均篇》中指出:治天下的最高理想是使人们平均占有财富。人类社会的初始,君民关系就像人们相聚在一起饮酒一样,到夏商周三代极盛时期,君、臣、民之间的分配就有了差别,后来上向下侵夺,造成了财富分配上的越来越大的不平均,并成为社会动乱的根源。贫富不齐使"人心"、"世俗"败坏,形成"至极不祥之气,郁于天地之间。郁之久,乃必发",表现为兵灾、瘟疫,使生灵涂炭,"人畜悲痛,鬼神思变置(改朝换代)"。他得出结论说:"其始,不过贫富不相齐之为之尔。小不相齐,渐至大不相齐;大不相齐,即至丧天下。"龚自珍将贫富差别的程度作为决定历代王朝兴废的普遍规律,是在总结历史经验的基础上形成的结论。

龚自珍虽然能够认识到"莫高于平之之尚",却提不出实现这一理想的办法。不同的时代,不同阶层的人,对"平均"的理解也不同,龚自珍认识到分配不平均、贫富两极分化严重,将引起社会动乱,希望通过改革、缓和社会矛盾的出发点是无可非议的,他在强调贵贱等级的封建社会,提出平均分配主张是难能可贵的。

龚自珍在《平均篇》中,将矛头指向了大商人,把他们作为兼并势力的主要代表,似乎是有了他们的兼并活动,才使社会上出现富人和穷人。

社会上确实存在着商人兼并的现象,也存在着有害的商业活动。但由此而否定整个商业的积极作用,反对商品经济的发展,只看到商人兼并而看不到地主兼并,则是错误的。造成财富分配不平均的是不合理的社会制度,包括财政税收等分配制度。作为维护封建制度的龚自珍,其认识带有较大的局限性。

3. 主张实物税　　龚自珍主张赋税应以实物交纳,他主张裁减关税,认为赋税"以田计者为上古法;以货(货币)计者为中古法;以人计者,董仲舒曰商鞅法,贡禹则曰实汉法",对清代的赋税进行了肯定。

运筹帷幄的 CEO —— 包世臣

一、人物简介

包世臣(1775～1855 年),字慎伯,号倦翁,安徽泾县人。出身于破落的地主家庭,1808 年考中举人,1810 年移家扬州,次年被两江总督百龄聘为幕僚,分管江西文书并兼办河工,两个月后就因意见分歧而离开。1834 年移家南京。1839 年任江西新喻(今新余)知县,一年后被严劾去官;1842 年回南京,"裹足不出城圈,惟以卖文字自给"。《安吴四种》,是包世臣最为重要的学术著作。

二、生平事迹

包世臣对当时的一些政治、财经问题,特别是江淮地区的漕、盐、水利等问题十分熟悉,发表过改革的见解。

在农政上,他体味民之疾苦,并深以为忧,认为治农要从根本抓起,提出一系列治农细则,诸如养种、蚕桑、树植、畜牧等。

在包世臣的研究中,以河论为最详,他提出一系列治河举措,特别是针对当时治河重视上河的现状,提出了"治河者始自下流,下流既畅,上澜自安"的观点。

包世臣对当时官场中的黑暗腐朽现象做过一定的揭露和批判。对外国资本主义的侵略和官僚的卖国媚外行径表示愤慨。

包世臣的学术思想是清代初中期学术思潮的延续,同时他又对当时的一些学术现象和观点提出批评。包世臣没有因为得不到施展而放弃他的追求,他将一生的精力放在经世致用之学上,其著作颇丰,涉及面广,诗、词、赋、文、书、农、礼、刑、兵无不涉及。讲求实学,注重实地考察,曾为当时的封疆大吏出谋划策,代写文书。此外,他对于诗、词、赋的创作目的也很明确,他不是为了怡情养性,而是认为均有教化功能。他的作品,是经世致用思想的具体表现。

包世臣是以一种改革家的面目出现在清代史上的。在学术上表现出他的改革意图,常常带有更多的改良主义色彩。

三、经济思想

1. 主张利民　培养财源　包世臣深知民间疾苦,他探研国家财政状况不良的原因,指出要让国家和人民两者都有利,而归于民者应该多些。当国与民利不能兼顾时怎样办呢?他强调国家应实行富民政策,通过培养税源达到国富,终究对国家有利。他对国富寓于民富之中的道理有较深刻的认识,利国利民的方法手段,不外兴利和除弊,包世臣总是把兴利与革弊两者紧紧联系在一起,主张在兴利中注意革弊,或通过革弊以兴利。

2. 提出一系列经济措施

(1)治河患　兴水利　今黄河下游河道是清咸丰五年(1855 年)改道而成的。改道前由考城东南行,至清口与淮水合,历云梯关(今江苏滨海县西南)入海。明清两代河害主要就发生在黄淮交汇处,在水利史上称为南河地区。南河所辖还有南运河,运河和淮河是漕粮北运和淮盐运往淮北各地的航道,一旦黄淮出事,常常连及运河,可以治理南河的关键所是黄淮交会处的清河口一带。

包世臣对黄河水害的治理进行了深入的研究,一方面向内行请教,另一方面实地考察,总结明潘季训和清初靳辅的治河经验,很快成为一名治河专家,其意见有益于提高治河的效益,减少财政支出。

他认为应把治河与漕、盐两事联系起来,强调把治水害与兴水利结合起来,有益于农田灌溉。在治河中并利源以节经费,建议重新整顿清初所置的苇荡营,生产芦苇作为修堤物料,改善采苇樵兵的物质待遇。这样做不但节省开支,且是一种"以河养河"的办法。

(2)倡行海运漕粮　海运漕粮创于元,基本上是成功的;明永乐年间停罢。清代每年要从江南北运漕粮,在征粮上有加耗、折银及许多苛勒的弊端;费工费时,且多损耗。因此,包世臣提倡海运。嘉庆八年(1803 年),包世臣根据实际调查所得的知识,写成《海运南漕议》称:先用漕船运粮集中于吴淞口,然后过载到海船上北运。海运北运的具体办法是:雇用船商海船,给予较优厚的运费,另拨给少量原漕运中规定的耗米,耗不完的按价回收归仓,还允许船商自带一些南货。此建议在二十年后获得实施,这时他又为此撰写《海运十宜》,补充了如有漂失由船商集体赔偿这一重要规定和一系列管理办法。这是一套完整的海运思想,只要正确施行,就能做到归仓量多、费时短、运输快、损耗小,运费省。虽由于种种原因,海运实行一年而罢,但到道光末年,终又施行。

(3)屯田建议　包世臣的屯田建议是旨在彻底取消传统漕粮,并根绝由此而产生的一切弊害的一项改革主张。他根据前期和清初在北方军屯水田的经验,提出在河北募民官屯的建议,载于《庚辰杂着四》。他估算四百万石漕粮约合东南好田二百万亩的产量,屯田四百万亩的租额与全部漕粮相当,只要把水利修好,募来东南无田而又善种水田的人为骨干,实种面积及五百万亩,就可以全罢南漕而有余裕。又约计全部费用不过一年南漕经费之数,实行时可逐年推广进行,分十年完成。但他的建议未得到朝廷的采纳。

(4)盐政改革　包世臣最熟悉淮盐,其关于盐法的议论都是就淮盐而言。清盐法袭用明末纲盐制:按产盐地定销售区,由世袭场商垄断盐引,纳官课,官方定盐价,场商直接向灶户买盐,交岸商等运往销售地出卖。名谓民运民销制,实具官商官盐性质。由于场商盘剥灶户过重,灶户无以为生,只有卖盐给私商。私商无官课,故能以低价畅销而获厚利。官盐因此滞销,官课不能达定额,遂求于盐商。盐商因以"捐款"、"报效"形式填补官课,并挟制官方,贷借官款,历年竟借空五千余万两。于是官商、官盐船也竞带私盐,还掺沙子,扣斤两,与私商竞争。结果,对官、商、民都大为不利。盐是生活必需品,质劣价高,人民受害尤大。

1820 年,包世臣提出自己的盐法思想和改革方案,方案包括"中策"与"上策"两部分。1832 年,在淮北盐法改革之前,又应户部官员之托,代拟改革章程,共二十五条。1831 年,两江总督于淮北行票盐制,奏定十条章程,大致上是采用包氏的各项意见制定的。后来,票盐制又推广到淮南等处。

包世臣对经济改革的措施研究较深,也较为实用,在细节上考虑周详,但理论上的创新不多,重微观而轻宏观,属于应用型的专家能手。

著述等身的 CEO ——魏源

一、人物简介

魏源(1794~1857 年)名远达,字默深。湖南邵阳人。著名学者,中国近代启蒙思想家。乾隆五十九年三月二十四日(1794 年 4 月 23 日)生于湖南邵阳。嘉庆二十五年(1820)全家迁居江苏扬州新城。道光进士,官至知州。学识渊博,著述很多,主要有《书古微》、《诗古微》、《老子本义》、《圣武记》、《元史新编》和《海国图志》等。咸丰七年三月初一日(1857 年 3 月 26 日)殁于杭州,终年六十三岁。

二、生平事迹

道光五年(1825 年)受江苏布政使贺长龄之聘,辑《皇朝经世文编》一百二十卷;又助江苏巡抚陶澍办漕运、水利诸事。撰《筹漕篇》、《筹齿差篇》和《湖广水利论》等。

道光二十一年(1841 年),魏源入两江总督裕谦幕府,直接参与抗英战争,并在前线亲自审讯俘虏。后见清政府和战不定,投降派昏庸误国,愤而辞归,立志著述。道光二十二年(1842 年)完成了《圣武记》,叙述了清初到道光年间的军事历史及军事制度。

道光二十四年(1844 年)甲辰,魏源再次参加礼部会试,中进士,以知州用,分发江苏,任东台、兴化知县。期间改革盐政、筑堤治水。

他依据林则徐主持编译的西方史地资料《四州志》,参以历代史志、明以来《岛志》及当时夷图夷语,于道光二十二年(1842 年)编成《海国图志》五十卷,道光二十七年(1847 年)扩充为六十卷本,次年徐继畲的《瀛环志略》问世,魏源汲取该书和其他资料,于咸丰二年(1852 年)修订、增补为一百卷本。它囊括了世界地理、历史、政制、经济、宗教、历法、文化、物产。在魏源所著的作品中,《海国图志》是有较大影响的一部,也是他作为地理学家的代表作。《海国图志》内容丰富,记述了世界各国的地理、历史、经济、政治、军事和科学技术,乃至宗教、文化等情况,并附有世界地图、各大洲地图和分国地图等。此书旨在唤起国人,学习外国的长技,兴利除弊,增强国力,抵抗外来侵略。它与成书时间相近的《瀛环志略》是中国学者编写的最早的两部世界地理著作。

魏源对强国御侮、匡正时弊、振兴国脉之路作了探索。主张学习西方制造战舰、火械等先进技术和选兵、练兵、养兵之法,改革中国军队。为了捍卫中国的独立自主,他号召中国人战胜外国侵略者。他提倡创办民用工业,允许私人设立厂局,自行制造与销售轮船、火器等,使国家富强。他主张革新,"以实事程实功,以实功程实事。"对清王朝夜郎自大,封关锁国的闭关政策和媚外求和的路线予以犀利的批判,实为近代中国改良思想的前驱。

咸丰元年(1851年),魏源授高邮知州,公余整理著述,咸丰三年(1853年)完成了《元史新编》。后以"迟误驿报","玩视军机"革职。旋复职,他以年逾六旬,遭遇坎坷,以世乱多故而辞去。晚年,潜心学佛,辑有《净土四经》。

魏源著述等身,除《圣武记》、《默觚》、《海国图志》等巨著外,主要著述还有:《古微堂诗文集》、《书古微》、《诗古微》、《公羊古微》、《曾子发微》、《子思子发微》、《高子学谱》、《孝经集传》、《孔子年表》、《孟子年表》、《小学古经》、《大学古本发微》、《两汉古文家法考》、《论学文选》、《明代兵食二政录》、《春秋繁露注》、《老子本义》、《墨子注》、《孙子集注》等若干卷。二十世纪八十年代末其诗文被辑为《魏源集》。

魏源留给后人的一句名言是:"师夷长技以制夷",是魏源《海国图志》序。

三、经济思想

魏源是清后期著名的思想家。在赋税问题上,魏源主张培植和保护税源。他指责苛重税敛,认为重税破坏了纳税人的财产,也就破坏了国家赖以生存的基础。

魏源主张国家利用赋税手段保护工商业的发展,他所强调的富民主要是指工商业者。提出这一思想,有助于民族资本主义在中国的发展。

魏源还对生产经营成本高低的原因及其对财政税收的影响做了一定的分析,例如,他认为淮盐成本之高是由于细商所支付的浮费和勒索太多,如果废除细商专卖制度,允许散商凭票运销,即可大大降低成本从而降低价格,这样既可促进食盐销售,抵制走私,又可增加国家的盐税收入。魏源的这一观点在我国十九世纪以前的经济思想中是比较少见的。

熟悉金融的 CEO —— 王茂荫

一、人物简介

王茂荫(1798～1865年),字椿年,一字子怀,安徽歙县人。道光十二年(1832年)进士,咸丰元年(1851年)任监察御史。咸丰三年任户部右侍郎兼管钱法堂事务。后曾调任兵部、吏部右侍郎等职。因其货币主张不为当政者支持,故于咸丰八年(1858年)被迫告病还乡。著有《王侍郎奏议》十一卷。他是一位敢于犯颜直谏的大臣和熟悉商业和金融事务的货币理论家、经济学家。

二、生平事迹

咸丰元年(1851年)为给清政府筹措军费,九月王茂荫上《条议钞法折》,建议发行兑现银钞,未被采纳。因这一期间封建财政极为窘迫,故二年时亦有福建巡抚王韶德、左都御史沙花纳先后奏请行用不兑现钞币。因此文宗咸丰下渝沙花纳、王茂荫会同户部议钞法,并于三年二月开始发行官票。但是部议时王茂荫兑现银钞的主张并未被沙花纳等尊重,咸丰帝终于接受了沙花纳等的不兑现银票、钱票的行钞主张。对此王茂荫极为不满,并对清廷厉行通货膨胀等表示坚决反对,一再上书指陈其弊。

咸丰四年(1854年)三月王茂荫上《再议钞法折》,坚持银票、钱票必须兑现,并说现行官票、宝钞虽非他原拟之法,而言钞实由他始,各方责难均集中在他一人身上,而他的意见又未能见诸实行,此举触怒了咸丰皇帝,被调离户部。马克思在《资本论》第一卷第一篇中曾提及此事。

三、经济思想

王茂荫货币思想的核心是发行以银两为单位的、以银本位为基础的可兑现纸币,这在我国封建社会是最为成熟、最为完备的纸币思想。他主张实行纸币、白银、制钱并行流通的货币制度,反对铸行虚价大钱和钱钞、银票不兑现制度。他对于兑现纸币的发行原则的理解已达到相当高的水平,对历朝行钞经验作出周密而又细致、中肯的总结,远非同时或稍前行钞诸家意见可比拟。

　　王茂荫行用纸币的货币主张肯定白银的主货币地位,要求以制钱为辅助货币,即发行以库平足色银为准的纸币,分为五十两、十两二等,及十两以下支付使用铜钱。主张以银为币,肯定白银的主货币地位,重视制钱在流通领域的现实作用,这是王茂荫货币思想反映商品货币经济发展规律和符合货币流通领域实际需要的科学性、现实性的表现。在当时的商品货币经济发展的水平下,只有以银、(钞)为主,钱、银、(钞)兼行,才能与这一实际发展水平相适应。

　　为了使纸币发行顺畅和流通稳定,王茂荫要求严格限制封建国家为追求巨额财政收入过度发行纸币而破坏钞法,要求维护纸币兑现,反对朝廷违背其发行纸币必须兑现的行钞主张原意,作为救弊方案,将已行的不兑现纸币纠正为兑现纸币,才能使商、民乐于使用。

　　王茂荫认为纸币必须兑现,准备金必不可缺,但不需十足准备。他建议从户部宝泉局解部的新铸钱中积存“三十余万串”作为钱钞的兑现准备金,以各省所收钱粮关税现银为银票兑现金,即“实运法”,并辅以钱店和典铺的出入搭钞,即“虚运法”,保证兑现纸币的发行流通。

　　由于王茂荫所主张的纸币是交由私人银号、钱店从流通中代为抽取现银充作部分准备,以地方财政收入做钞币兑现准备金的保证,实际上封建国家并不直接承担兑现责任,所以他特别重视私商对纸币流通的作用及支持,对钞币在市场流通中的各个环节及过程有深入地观察和精确地分析。

　　王茂荫认为要使封建政府发行的钱钞畅行流通,必须打通以银换钱的普通消费者“官民”、每天以钱换银的普通商店、从事银、钱兑换业务的钱店三个关节。只要钱店在出卖白银时能接受部分钱钞,则商店和消费者也可接受钱钞,钱钞自会畅行无阻。对纸币流通环节的细致深入观察与精辟分析,对私人钱店作为调节货币流通渠道枢纽地位和扶持作用的认识,对市场商情和票据实务的熟悉,使王茂荫成为宋、元以来倡行钞币的地主阶级知识分子第一人。

　　王茂荫认为发行纸币必须争取商人阶级的支持。这种重视商人作用及照顾商人利益的主张和措施,顺应了封建商品货币经济发展的趋势和要求,对于促进资本主义萌芽的增长和发展都极为有利,也符合封建国家长远的政治、经济利益。

　　王茂荫主张制钱足值,反对铸行虚价大钱对人民进行财政搜刮。他对虚价大钱的危害和命运有着清醒的认识。铸币流通的历史经验反复证明,质轻值重之币必然导致私铸,质重值轻则必引发私销问题。这个货币问题极难根治,对国家财政、人民生活及货币流通的危害极深,统治者往往不得不被迫放弃铸行大钱。

　　王茂荫认为货币的实与虚,不应仅着眼于其币材是纸或金属铜、铁,而应考察其实质即纸币与其所代表的金属货币白银或铜钱间,或虚价铜、铁大钱的名义价值与其内容价值间或金属内容间是否相符。纸币虽无内容价值,但由于有兑现的白银或铜钱保证,能"以实运虚",故"虽虚可实";而虚价铜、铁大钱由于其名义价值与其内容价值严重不符,故"似实而虚"。王茂荫对虚价大钱的分析,对虚价大钱与纸币区别的认识以及对纸币与金属货币关系的认识,将我国传统虚实货币理论发展到一个崭新的水平。

王茂荫认为,流通中的大钱既然作为通用货币的一种形式,必须使其法定名义价值与其金属内容相一致,否则便不能顺利流通。这个认识无疑是正确的,也是他以前的货币思想家所不曾深刻认识到的。

王茂荫货币思想的提出,虽时处鸦片战争之后,但当时货币思想领域还少有西方近代货币思想的影响,因而可以说他是中国封建社会最后一位重要的货币思想家。

主张改良的 CEO —— 冯桂芬

一、人物简介

冯桂芬(1809 ~ 1874 年),字林一,号景亭,江苏吴县人。道光十二年(1832 年)考中举人,曾助林则徐校书。道光二十年考中榜眼。咸丰十年太平军占领苏州,冯桂芬逃亡上海。同治九年,经李鸿章力荐,得三品衔。其著作有《校邠庐抗议》、《显志堂稿》、《说文解字段注考证》等。

二、生平事迹

冯桂芬科场得意,仕途平坦,官至三品,他的《校邠庐抗议》成书于1861年,所谓"抗议"——即"位卑言高之意"。该书是他对清代社会进行全面改革的意见集,涉及清代政治、经济、社会、文化、军事等多方面的内容,其中有关财政的论述就有十几议。

冯桂芬对当时的民族危机忧心忡忡,反对外来侵略势力,其目的依旧是维护封建的统治。他提出了学习资本主义国家的"富强之术",实现自强以抵御外来侵略。其思想从多方面揭露了封建政治的黑暗和腐败,并提出了向西方学习的课题,具有时代的先进性。

冯桂芬是近代中国具用开拓意义的、务实、深刻、影响深远的思想家。他重视经世致用之学,注意研究西学,多次建议清廷改革弊政。他的思想上接林则徐、魏源,下启康有为、梁启超,其影响从十九世纪六十年代到九十年代从未间断。

　　冯桂芬主张采西学、制洋器,发展军事工业及工矿交通运输事业,其思想对洋务派影响极大,并被资产阶级改良派奉为先导。

　　三、经济思想

　　冯桂芬的经济思想最大体现就是使国家财政得到好转。清朝作为一个封建王朝,其传统的财政体制主要包括:财政管理办法和财政收支形式。财政管理办法主要侧重在公共管理,包括财政收入和财政支出的管理;财政收支形式主要是指岁入的项目(田赋、盐课及各种杂税)和岁出的项目(军费、官奉等)。

　　1.增加岁入　　冯桂芬的经济思想最大体现就是使国家财政得到好转。

　　(1)**田赋**　　田赋是封建王朝最重要的财政收入,在鸦片战争前可占到全国收入的百分之七十左右。因此重视田赋的作用是冯桂芬经济思想中的一个非常重要的方面。封建经济时代的田赋,每亩土地所负担的税率相差极为悬殊。在苏、淞、太地区的赋税负担,自明初起义因政治原因大为加重,至清代末没有改变。这种负担不均的现象,受到了中小地主势力的普遍反对,致使田赋难入,国家财政收入下降。冯桂芬在《均赋税议》中主张采用近代罗盘、算术方法来清丈土地,其应纳税额以一县应纳之粮均摊于一县之田,按亩均收,以后永不加赋。就这个建议本身来说,在一定程度上缓解了田赋税率负担不均的矛盾,有利于国家赋税的征收。但这只是理想之见,在实际的运行中,由于土地贫瘠状况不同,交通条件等因素影响,使每亩实际收入极大不同。在收入不一样的情况下,让每亩土地都缴纳一样的赋税,还是会造成负担不均的现象。

　　(2)**漕粮**　　在清代传统的赋税中,漕粮也是一项重要的财政收入。漕粮是指由漕运所运的粮食,漕运是指中国历代政府将所征粮食解往京师或其他指定地点的运输。一石漕粮从江南或长江沿岸运到北京,其中贪污浪费的现象十分严重,并且漕运是官府贮运、管理粮食的制度,所以漕粮的运输和管理费用是清代一项重要的支出。针对漕运制度的弊端,冯桂芬提出了就近解决漕粮和南漕折银的办法。通过就近解决市场的办法来解决漕运的种种弊端,从而实现国家赋税的相对增加,不失为一项良策。

　　(3)**盐课**　　盐课也是清王朝的一项重要的财政收入。清代的食盐实行专卖,沿袭着前代的专商引岸制,其内容为:设场制盐,划界运销,签商认引,按引征课。私盐与官盐的争夺是盐课中的一个尖锐的问题,官盐向国家交纳引费,而私盐无。因此,打击私盐,维护官盐,是增加国家收入的又一项重要的措施。冯桂芬提出利用盐票的办法来使盐课的收入有保障,同时针对淮盐的运输问题,提出制造轮船运盐,轮船船运量大,更可拖带驳船,同时"用舟可带米两三百万石"。这是在前人中不曾提出过的建议,虽然魏源也提出过仿造外国轮船的主张,但他是主张先造军舰,再造商船。军舰是不必考虑货运量的问题的,但商船是必须考虑的。如果货运量不足,造了轮船也将搁置难用。而冯桂芬在此提出的用轮船运盐,则解决了货运量的问题。

(4)关税　关税分内地税和海关税。内地税对通过内地设关处所的各类货物课税,海关税在沿海设立海关地点征收。关税对于近代的国家来说是具有巨大的意义的,不但能带来巨大的财政收入,而且可以保护本国的经济。但冯桂芬提出了"罢关征议",他认为关税对于国家的财政收入增加不大,所以冯桂芬提出了"莫若举各关而尽撤之"。他虽然看到了当时关税的种种弊端,但他不是寻求解决的办法,而是选择了弃而不用的直接思维。从而在一定程度上折射出当时士大夫对于近代事务的轻视心理,当然这也是所处时代的局限。

(5)茶、桑出口获利　冯桂芬看到蚕丝是当时中国出口商品的大宗,看到国外市场需要中国的丝、茶销路旺盛,因而主张大力提倡植桑、种茶,出口获利以增加国家的财富。但他并没有提到采用西方技术生产茶、丝的问题,更没有提到采用资本主义经营的方法发展茶、丝的主张。

(6)开矿富国　开矿在清代一直是受非议的事情,遭到很多士大夫的反对,而冯桂芬却把开矿作为富国措施的一部分,并且看作是西方国家的常政,事实上是要把开矿作为一个前所未有的国民经济的新部门。冯桂芬已经觉察到外国侵略者在觊觎中国的矿藏,因而主张开矿可以保护中国的利权,防止外国的侵略和掠夺。

2. 节省岁出　封建国家岁出的两大项目为军费和官俸。军费为国家最大的支出,军费支出中主要为兵饷。官俸主要指封建国家的官员工资。针对这两大支出,冯桂芬提出了改革的主张:

(1)减兵　两次鸦片战争的失败,太平天国起义等一系列的军事战争使清王朝的军费开支不断攀升。在战事不可避免的情况下,冯桂芬提出了减兵强军之道。冯桂芬看到大清虽有兵百万,但毫无战斗力。以这样的军队打仗,耗费了国家的财政。因此,冯桂芬提出了减兵额的建议,这一建议反映了他在经历了两次鸦片战争的失败和太平天国的起义之后,在中外文化交融中对清政府军事力量的认识。通过中西军事力量对比,冯桂芬提出了在军事建制上改革,通过"精兵",使国家的不当军费减少,从而在提高国家军事力量的前提下,实现国家财政的好转。

(2)减官　封建王朝的官俸也是极大的财政开支。冯桂芬认为清王朝已存在冗官的现象。对于这一重大的财政浪费的现象,冯桂芬认为应从以下几个方面着手:中央机关中所有闲曹都应减额之半,将詹事府并归于翰林院。地方机构中,应对地方机关中职能重复的督、抚、司、道和漕运、河务、盐务、税关等衙门中的冗员进行裁减。冯桂芬提出的"汰冗员议"在理论上可以减少中央和地方官员过多的现象,从而实现官俸开支下降,国家财政支出的削减。但在现实操作中,对于官吏的削减——特别是京中诸多大官的削减,冯桂芬没有意识到其困难性。自古官官相护,既得利益者很难让出其所占有的权利。因此,冯桂芬的汰冗员思想与现实的世界是有差距的。

3. 货币理论　　第一次鸦片战争前因鸦片走私猖獗而造成白银大量外流,流通领域里白银数量减少,银贵钱贱,财政情况大为恶化。咸丰二年,冯桂芬针对银贵问题,作《用钱不废银议》。他提出办法,主张由国家核定一个银钱的比价,自后一切"收款放款,起数一以钱也",但并不禁银流通。折价办法是"由部按时定价,每年一易也"。冯桂芬认为这样一来,银在货币流通中的地位就会降低。银价的升降,对于国家财政就不再有什么重要影响。因为,白银在货币流通中的地位已经贬低,不论官方、民间、财政、贸易都不再重视它。冯桂芬不懂得,银价高低以及银、钱之间比价的变化,都是客观经济力量作用的结果,而不取决于国家重视银或钱。这表明冯桂芬对当时货币流通的现实缺乏认识。

三年后,冯桂芬对大钱的发行,又做了《以工巧为币议》。他是反对铸大钱的,为了解决清王朝的财政危机,他设计出了一个补救办法——用工价来补大钱含铜量不足,也就是说在铸大钱时多用劳动,而且是多用能工巧匠的复杂劳动,从而使每枚大钱的价值可能相当于面额,甚至超过面额。冯桂芬认为历代铸造大钱之所以失败,大钱价值不足面额而强使百姓按面额行使,迫使大钱在使用中必然贬值。而且面额超过实值,必然引起私铸风行,从而使贬值更加严重。如果"以工巧为币",则不会有那样的后果。但冯桂芬到上海之后,对西方铸币有所了解,逐渐认识到了"以工巧为币"是行不通的。

冯桂芬作为一个受过儒家教育的传统士大夫,他的所作所为是身为人臣的应尽之责,经济思想自然会承袭"兴利除弊"的这些传统的内容,其焦点集中在田赋、盐政、漕政等传统的国家岁入上;而同时冯桂芬又作为接触过西学的人物,也提出了一些近代的"为国开源增富"的思想。冯桂芬作为转型时期的人物,他的经济思想体现了传统与现代的矛盾。

冯桂芬的经济思想,以逃亡上海为界前后有所变化。他既是中国封建社会最后一个重要的重钱轻银论者,也是中国近代封建统治阶级内部林则徐之外能立足于世界范围考虑货币流通问题的货币思想家。

变法维新的 CEO —— *康有为*

一、人物简介

康有为(1858～1927年),字广厦,广东人,戊戌变法的领导者。十九世纪末受西方资产阶级民主主义影响而寻求救国真理的先进知识分子之一。

他在戊戌变法中发表的激进改良主义主张,载于《戊戌奏稿》、《新学伪经考》、《孔子改制考》、《日本明治政变考》、《礼运注》、《大同书》等著作中。他还有三本专论财经的书,即《物质救国论》、《金币救国论》和《理财救国论》。

二、生平事迹

康有为自幼学习儒家思想,1879年开始接触西方文化。1882年,康有为到北京参加顺天乡试,没有考取。南归时途经上海,购买了大量西方书籍,汲取了西方传来的进化论和政治观点,初步形成了维新变法的思想体系。

1888年,康有为再一次到北京参加顺天乡试,借机第一次上书光绪帝,请求变法,受阻未上达。1891年后,他在广州设立万木草堂,收徒讲学,弟子有梁启超、陈千秋等人。

1895年,他到北京参加会试,得知《马关条约》签订,联合一千三百多名举人,上万言书,即“公车上书”,又未上达。当年五月底,他第三次上书,得到了光绪帝的赞许。七月,他和梁启超创办《中外纪闻》,不久又在北京组织强学会。

1897年,德国强占胶州湾,康有为再次上书请求变法。次年一月,光绪皇帝下令康有为条陈变法意见,他呈上《应诏统筹全局折》,又进呈所著《日本明治变政考》、《俄罗斯大彼得变政记》二书。四月,他和梁启超组织保国会,号召救国图强。六月十六日,光绪帝在颐和园勤政殿召见康有为,任命他为总理衙门章京,准其专折奏事,筹备变法事宜,史称戊戌变法。后因慈禧太后的干预,维新运动失败。变法失败后,光绪皇帝被软禁,康有为之弟康广仁被杀,康有为逃往日本,组织保皇会。为获得国际支持,他还游历列国,会见欧洲各国君主。

三、经济思想

康有为将其经济思想,藏于变法维新之中。鉴于鸦片战争后财政困难,搜刮民众应付赔款,举借外债行自毙之道。他提出了富国强兵之策,即“外修战备,内变法度”。

康有为说:“夫富国之法有六:曰钞法、曰铁路、曰机器轮舟、曰开矿、曰铸银、曰邮政”。他分别论述了如何从这六个方面实现富国。这里以钞法为例加以介绍。"令奇穷之余,急筹巨款,而可以聚举国之财,收举国之利,莫如钞法。令天下银号报明资本,皆存现银于户部及各省藩库,户部用精工制钞,自一至百,量其多少,皆给现银之数,而加其半,许供赋税禄饷。其大者户部皆助资本,其亏者户部皆代摊偿,助其流通,照彰大信。巨商乐借国力,富户不患倒亏。以十八行省计之,可得万万。既有宫银行,上下相通,若有铁路船厂大工,可以代筹;军务账务要需,可以立办;国家借款,不须重息中饱;外国汇款,无须关票作押。公款寄存,可有人息,钞票通行,可扩商务。今各省皆有银票钱票,而作伪万种,利不归公,何如官中为之,骤可富国哉? 此钞法宜行一"。

为了改革自上而下的推进,不至被守旧官僚阻隔,康有为提出成立十二局,以利新法的贯彻落实。他说:"既立制度而总贯彻,宜立十二局分其事"。十二局为:法律局、度支局、学校局、农局、工局、商局、铁路局、邮政局、矿务局、游会局、陆军局、海军局。

因此,地方的官制也应改革。他认为地方官层次多,官员多。"藩桌道府,拱手无事,皆为冗员,徒增文书费厚禄而已。"这既不利于下情上达,又增加了人民的税费负担,建议减少中间层次,为基层与中央直接联系创造条件。"每道设一民政局,妙选通才,督办其事。用南书房及学政例,白一品至七品京朝官,皆可为之,准其专折奏事,体制与督抚平等","每县设民政分局督办。"

康有为提出了增加财政收入的办法,指出:"我民穷国匮,新政何以举行? 闻日本之变法也,先行纸币立新行,财源通流,遂以足维新之用。今宜大筹数万万之款,立局以造纸币,各省分设银行,用印度田税之法,仿各国印花之税,我地大物博可增十倍。然后郡县遍立各种学堂,沿海皆设武备学院,大购铁舰五十艘,急练兵百万,则气象丕变,维新有图,虽不敢望自强,亦庶几可以自保"。在当时的历史条件下这些改良措施是旧制度所不容的。

康有为的经济思想中,值得肯定的是他一方面想通过发展农工商矿等业富国,另一方面想通过办银行、发纸币增加财政收入,夸大了后者的作用。但他提出减少地方行政层次和冗员,从而节省财政支出的观点是可取的。

才华横溢的 CEO —— 梁启超

一、人物简介

梁启超(1873～1929 年),字卓如,广东新会人。中国近代史上著名的政治活动家、启蒙思想家、资产阶级宣传家、教育家、史学家和文学家。戊戌变法(百日维新)领袖之一,曾倡导文体改良的"诗界革命"和"小说界革命",其著作合编为《饮冰室合集》。

二、生平事迹

1889 年考中举人,次年赴京会试失败,经陈千秋介绍拜康有为为师,参加了《新学伪经考》的校勘和《孔子改制考》的分撰工作。

1895 年到北京应考,和康有为一起,发动了"公车上书",并参加了强学会。

1897 年,任长沙时务学堂总教习,在湖南宣传变法思想。

1898 年,回京参加"百日维新"。七月,受光绪帝召见,奉命进呈所著《变法通议》,赏六品衔,负责办理京师大学堂译书局事务。同年九月,政变发生,梁启超逃亡日本,一度与孙中山为首的革命派有过接触。在日本期间,先后创办《清议报》和《新民丛报》。介绍西方社会政治学说,在当时的知识分子中影响很大。

1913 年,进步党"人才内阁"成立,梁启超出任司法总长。

1916 年,梁启超赴两广地区参加反袁斗争。

段祺瑞当政时,梁启超出任北洋政府财政总长兼盐务总署督办。十一月,段内阁被迫下台,梁启超也随之辞职,从此退出政坛。

1918 年底,梁启超赴欧,了解到西方社会的许多问题和弊端,回国后宣扬西方文明已经破产,主张光大传统文化,用东方的"固有文明"来"拯救世界"。

1922 年起在清华学校(1928 年改为清华大学)兼课,1925 年应聘清华国学研究院导师。

1927 年,离开清华研究院。1929 年病逝。

梁启超一生勤奋,在戊戌变法前后,他以流畅而锐利的文字,宣扬改良主义的政治主张,影响很大。各种著述达一千四百万字,体现了惊人的勤奋和才华!

三、经济思想

1. 对关税保护认识的变化　在戊戌变法时期,梁启超主张自由贸易,反对关税壁垒。他认为保护关税政策已不合时宜,这种主张是受了西方资产阶级经济学的影响。梁启超主要是从使用价值、互通有无等观点去看待对外贸易,并没有考虑到当时中国受外国侵略,外贸处于不平等的地位,在西方列强生产力水平高,大量商品涌入中国的条件下,没有关税保护,对中国商业的发展是不利的。不过他提倡自由贸易是有条件的,对于本国民族工业还是主张用国力来保护的。同时,他主张的自由贸易,是以平等互利为前提的。

1902 年,梁启超又放弃自由贸易理论,转而赞成保护关税政策。为了本国工业的发展,他提出仿照西方重商主义,实行限制外货进口,加重进口税的政策。梁启超之所以转而主张实行保护关税,是因为他进一步看到了西方列强经济侵略的危险性,对西方的资产阶级经济学说有进一步的了解,并受到某些西方经济学家重新强调保护主义的影响。

2. 主张利用公债,反对扩大铸币　梁启超认为发行公债不仅利于财政收入,还有促进社会经济发展的作用。他重视货币政策对整个经济形势的作用,反对以扩大铸币增加财政收入,指出:"国家之铸币也,万不能视之为筹款之具。若视铸币为筹款之具,则惟有滥铸辅币之一法,而滥铸辅币,则其流毒视征恶税,剥夺民财,且将十倍也"。梁启超的上述经济思想明显受到西方财政理论的影响,相对传统经济思想而言,有所进步。

3. 主张为民而不浪费　梁启超在《湖南时务学堂课艺批》一文中指出:"凡赋税于民者,苟为民,作事虽多不怨。""苟不为民,作事虽轻,亦怨矣",并强调"预算编制为理财第一要义",但不主张强制追求预算之平衡。

梁启超对财政支出中的浪费现象有较深的认识,他说:"故各国财政学者欲求浪费非浪费之区别,常主四义以绳之:

(甲)有劳费而无效果者则为浪费……

(乙)可以无须尔许劳费而能得同样之效果或更良之效果者,则其额外所用皆为浪费……

(丙)将以求大效果之劳费而用以易小效果,则为浪费……

(丁)当用此劳费时预计可得若干之效果,而后此乃反其所期,或绝无效果,或虽有而不适预计远甚者,则其所用皆为浪费……"梁启超关于经济支出的见解在当时虽然难以实施,但其理论意义是不可忽视的。

不惧牺牲的 CEO —— 谭嗣同

一、人物简介

谭嗣同(1865～1898 年)字复生,湖南浏阳人,是戊戌变法中牺牲的"六君子"之一,他的思想充满了向封建的正统观念战斗的精神。谭嗣同读书务求广博,钻研经世济民的学问,文章写得很有文采,著有《谭嗣同全集》。

二、生平事迹

1884 年,谭嗣同离家出走,游历直隶(今河北)、甘肃、新疆、陕西、河南、湖北、江西、江苏、安徽、浙江、山东、山西等省,观察风土,结交名士。劳动人民反封建斗争精神的濡染,开阔了他的视野,使他的思想富于斗争性。

1888 年,谭嗣同开始认真研究王夫之等人的著作,汲取其中的民主性精华和唯物色彩的思想,同时又广为搜罗和阅读当时介绍西方科学、史地、政治的书籍,丰富自己。

1894 年,中日甲午战争爆发。由于清政府的腐败无能和妥协退让,中国战败,签订了丧权辱国的《马关条约》。1895 年五月二日,康有为联合在京参加会试的一千多名举人上书清政府,要求拒和、迁都、变法。深重的民族灾难,焦灼着谭嗣同的心,他对帝国主义的侵略义愤填膺,坚决反对签订和约。在变法思潮的影响下,开始苦思精研挽救民族危亡的根本大计。他感到必须对腐朽的封建专制制度实行改革,才能救亡图存。

1898 年初,谭嗣同回到湖南协助时务学堂举办新政。他自己担任了分教习,又安排唐才常任中文教习,协助任总教习的梁启超,在教学中大力宣传变法革新理论。他还把《明夷待访录》、《扬州十日记》等含有民族主义意识的书籍发给学生,向他们灌输革命意识,使时务学堂真正成了培养维新志士的机构。

1898 年 3 月,谭嗣同与唐才常等人创建了维新团体南学会。南学会以联合南方各省维新力量,讲求爱国之理和救亡之法为宗旨。为了加强变法理论的宣传,他还创办了《湘报》,作为南学会的机关报,由他任主笔。有人向光绪帝推荐谭嗣同,光绪帝同意召见。八月二十一日,他抵北京。九月五日,光绪下诏授给他和林旭、刘光弟、杨锐四品卿衔,参与新政。次日,光绪又召见他,表示自己是愿意变法的,只是太后和守旧大臣阻挠而无可奈何,并说:"汝等所欲变者,俱可随意奏来,我必依从。即我有过失,汝等当面责我,我必速改。"光绪帝变法的决心和对维新派的信赖使谭嗣同非常感动,觉得实现自己抱负的机会已经在握。他参政时,维新派与顽固派的斗争已是剑拔弩张。九月二十一日,西太后发动政变,慈禧连发谕旨,捉拿维新派。他听到政变消息后并不惊慌,置自己的安危于不顾,多方活动,筹谋营救光绪帝。但措手不及,计划均告落空。在这种情况下,他决心以死来殉变法事业,用自己的牺牲去向封建顽固势力做最后一次的反抗。谭嗣同把自己的书信、文稿交给梁启超,要他东渡日本避难,并慷慨地说:"不有行者,无以图将来,不有死者,无以召后起。"日本使馆曾派人与他联系,表示可以为他提供"保护",他毅然回绝,并对来人说:"各国变法无不从流血而成,今日中国未闻有因变法而流血者,此国之所以不昌也。有之,请自嗣同始。"九月二十四日,谭嗣同在浏阳会馆被捕,九月二十八日,他与其他五位志士英勇就义于北京宣武门外菜市口。

三、经济思想

谭嗣同的经济思想不多,但有独到的见解:

1. 强调征纳双方权益平等 针对孟子讲"劳心者治人,劳力者治于人,治于人者食人,治人者食于人,天下之通义也"的观点,谭嗣同认为征纳双方的权益应是平等的,劳心者与劳力者都应为对方尽责任,应是互相约束的关系。

2. 主张加强预决算约束,改革税收　谭嗣同说:"岁始预算,岁终决算,丝毫皆用之于民,而不私于府库,以明会计之无欺。出口免税,人口重税,涓滴皆操之自我,而不授于外洋,以杜漏危之有渐。食盐与诸土货,则一征于出产之地,而不问所之。

谭嗣同强调裁减官员"凡一官两缺(指满汉兼用),凡专称旗缺,一律裁止。凡宗禄驻防,凡旗厂名粮一律裁止。""广兴学校"、"大开议院"。"练乡隶守令,以代为役之征。"这些观点切中时弊,是可取的。

3. 提出废除漕运,改征折色　谭嗣同说"八省漕米,岁数百万石,由河运则贵银四十两而致一石,从改海运,费仍十七八两,而河运亦不废,嗣不解所谓,叹为可已不已。"运费成本这么高,应废除而不废除,显然责任在官府。他建议"宜将河运海运均罢去,酌量都城每岁用米之数,另由铁路随转运。"原征漕粮的地方,"收征尽可改征折色"。减少无谓的花费,利国利民。

4. 理财重在开源　他说:"理财者慎毋言节流也,开源而已"。他对传统的黜奢崇俭论提出了异议,认为抽象的奢俭的标准是很难确定的,应做具体分析。不能仅以花费多少定奢俭,应从收与支的对立关系去判断。他认为俭不一定比奢好。奢虽然也有害,"然害止于一身家,而利百十矣,锦绣、珠玉、栋宇、车马、歌舞、宴会之所集,是故农工商从而取赢"。这说明谭嗣同已经认识到消费可以刺激财富的生产。

谭嗣同认为国家理财的关键是发展经济多创造财富,人尽其才、物尽其用,"夫治平至于人人皆可奢,则人性尽,物物可奢,财物性尽。"谭嗣同对尚奢的社会作用评价很高,他愤世嫉俗,评论奢俭,也有其均平与改革意识。

参 考 文 献

1. 冯瑞珍主编. 中国帝师传. 北京：中国人事出版社,2006

2. 乙力编. 中国古代宰相传. 兰州：兰州大学出版社,2004

3. 张与弛编著. 法家的管理之道. 北京：中国商业出版社,2007

4. 田建民等选注. 政治智慧：历代名臣治国方略. 大连：大连出版社, 2000

5. 徐寒主编. 中国历史百科全书第 2 卷政治人物. 长春：吉林大学出版社,2004

6. 张南芬主编. 廉吏. 北京：中国方正出版社,2004

7. 孙文学,刘佐主编. 中国赋税思想史. 北京：中国财政经济出版社, 2006

8. 冯国超主编. 中国通史. 北京：中国文史出版社,2004

9. 杨剑宇编著. 中国历代宰相录. 上海：上海文化出版社,1999

10. 陈明光著. 六朝财政史. 北京：中国财政经济出版社,1997

11. 尹黎云主编. 资治通鉴故事全编. 北京：改革出版社,1997

12. 徐树梓主编. 姜太公与齐国军事文化. 济南：齐鲁书社,1997

13. 李沛诚著. 中国历代改革者. 长沙：湖南出版社,1991

14. 赵靖著. 中国经济思想史述要. 北京：北京大学出版社,1998

15. 项斌等编著. 中国古代财政思想史稿. 北京：中国财政经济出版社,1993

16. 李桂海主编. 中国历代名臣. 郑州：河南人民出版社,1991

17. 汪兴益主编. 中外百家谈理财. 北京：中国财政经济出版社,1995

18. 朱绍侯主编. 中国历代宰相传略. 郑州：大象出版社,1997

19. 赵靖主编. 中国经济思想通史. 北京大学出版社,2002

20. 刘德龙编. 齐鲁历史文化名人传略. 济南：齐鲁书社,2004

21. 王俊义主编. 炎黄文化研究. 郑州：大象出版社,2006

22. 亦然主编. 列国争雄春秋战国. 呼和浩特：远方出版社,2006

23. 蔡磊主编. 名人智慧文库. 北京：大众文艺出版社,2007

后　　记

　　本书列举大量历史资料,从通俗易懂的角度入手,阐明了我国古代 CEO 的经营之道,揭示了他们在经济海洋中乘风破浪,治理国家财政的方略。

　　本书在编写过程中,为了更加完善和更具有借鉴意义,参考了相关文献资料,同时得到出版社编辑的大力支持和提出的宝贵意见,在此表示感谢。

　　信箱:hf1681698@126.com

　　　　　hf1681698@sina.com